生活·讀書·新知 三联书店

马衡 著
马思猛 整理

马衡日记
（1948—1955）

Copyright © 2018 by SDX Joint Publishing Company.
All Rights Reserved.

本作品版权由生活·读书·新知三联书店所有。
未经许可，不得翻印。

图书在版编目（CIP）数据

马衡日记：1948—1955／马衡著；马思猛整理．—北京：
生活·读书·新知三联书店，2018.7
ISBN 978-7-108-06046-4

Ⅰ．①马… Ⅱ．①马…②马… Ⅲ．①马衡（1881-1955）－日记
Ⅳ．①K825.8

中国版本图书馆 CIP 数据核字（2017）第 154236 号

特邀编辑	温　暄
责任编辑	唐明星
装帧设计	康　健
责任校对	夏　天
责任印制	宋　家
出版发行	生活·讀書·新知三联书店
	（北京市东城区美术馆东街 22 号 100010）
网　　址	www.sdxjpc.com
经　　销	新华书店
印　　刷	河北鹏润印刷有限公司
版　　次	2018 年 7 月北京第 1 版
	2018 年 7 月北京第 1 次印刷
开　　本	880 毫米×1230 毫米　1/32　印张 24.375
字　　数	420 千字　图 77 幅
印　　数	0,001-8,000 册
定　　价	69.00 元

（印装查询：01064002715；邮购查询：01084010542）

目 录

序一　金石情　故宫梦　单霁翔……………1
序二　关于马衡及其日记　马思猛……………7

一九四八年（民国卅七年）……………1
一九四九年（民国卅八年）……………19
一九五〇年……………183
一九五一年……………313
一九五二年……………435
一九五三年……………531
一九五四年……………629
一九五五年……………727

附录……………751

马衡肖像(素描,徐悲鸿1933年1月16日绘)

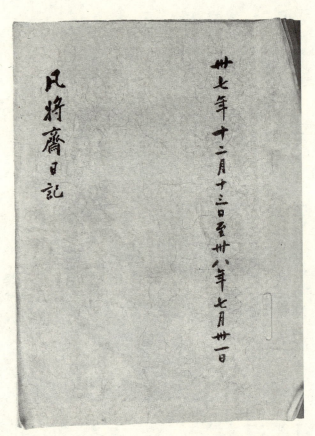

《马衡日记》影印页之一

廿七年十二月十二日陰晨九時半到院此為病後到院蔣公之第二周離有砲聲院中人多注意者蓋演習已為常事不虞有他也下午在家上間之妤詢玉裹出門坦覺即相持曰此西鄰煤舖卸煤聲四時忽烟起來電話謂已全家近城舍惟悟恆所聞者寶蕃砲聲尖乃詢以遠近曰甚近
孟蕃妃約暖急時遷來國会人為之藝煙以待曾隆
其全家吾尚外有陳宣之弟陳磐及其國喬妃却振渝
共上人即以樓下舊見之外空要擱之晚八時後砲聲
漸稀十時就寢

傳作義軍激及中央奈郊酒在左右城外一圃圭皆撒入城可以中南海為陸可令郊傳為僞月此為僞城誤人云此為僞城野戰之街活吏盡詖等未

十四日（星二）晴七時砲聲又起陳磐與孟妃出城畢

垂念會以指導之乙尊未午飯羹暢談卅小時旁晚出院車由北長街往南於任天安門前一睹新廣場亦置有西南長街口印遇軍車由西往東卡車鐵甲車坦克車皆實載五輛候半小時不能通過逐折四仍經景山前囬家事後始知天安門南端將建立人民英雄紀念碑時已由金融江協委員舉行奠基禮也

十月一日（星日）陰天安門廣場開大會余未撥參加本院之一組嗣以時間太久站鄧力不勝而罷所謂宣告不得以助力為神足院中石開放至十二時再聽廣播中央人民共和國中央人民政府秘書長林伯渠宣布與神閣姣中央人民政府主席副主席委員就位禮遂

《馬衡日記》影印頁之三

全體武勇軍進行曲毛澤東主席宣告說中華人民共和國中央人民政府已於本日成立了毛主席親自開動有電線通往廣場中央國旗、擇電鈕使一面新國旗在新中國首都徐、上升這的在軍樂聲中五十四門神砲齊鳴二十八響毛主席宣讀中央人民政府公告讀畢閱音閱始由朱總司令任檢閱司令受閱兵武揚遊街東好天色已晚前提燈游行

二日（星期）陰中國保衛世界和平大會發來通知九時在懷仁堂開成立大會廿一時半至十五分休會歷見
晤掴扆起憂化有生此末已三次矣聞乙尊言近有寶婚鄭巳於九月音訂婚記其特遠徵余同意昨晚民廿

十七日（星二）陰曆三月一日以下不出晴文物局文勤送來以雨後各室屋漏特來檢視玄奘軒修繕保養之工程屋瓦多已生草且有漏雲天順德源皆不可靠陳伯衡自教來書介清華學生孫紀廣來見並贈拓本未晤

十八日（星三）三日陰雨寒朱家濂以痔疾酒後不克入學返院天順德源所修房屋皆漏遍知某院責其重修下午三時詣文物局彙報曉綱伯偕其夫人來蓋新遷上海來北

十九日（星三）三日陰稍又受涼咳嗽命玉書陪往第三醫院診治探玄受源別多大痾此見近太任性且多謊語宜慎防之

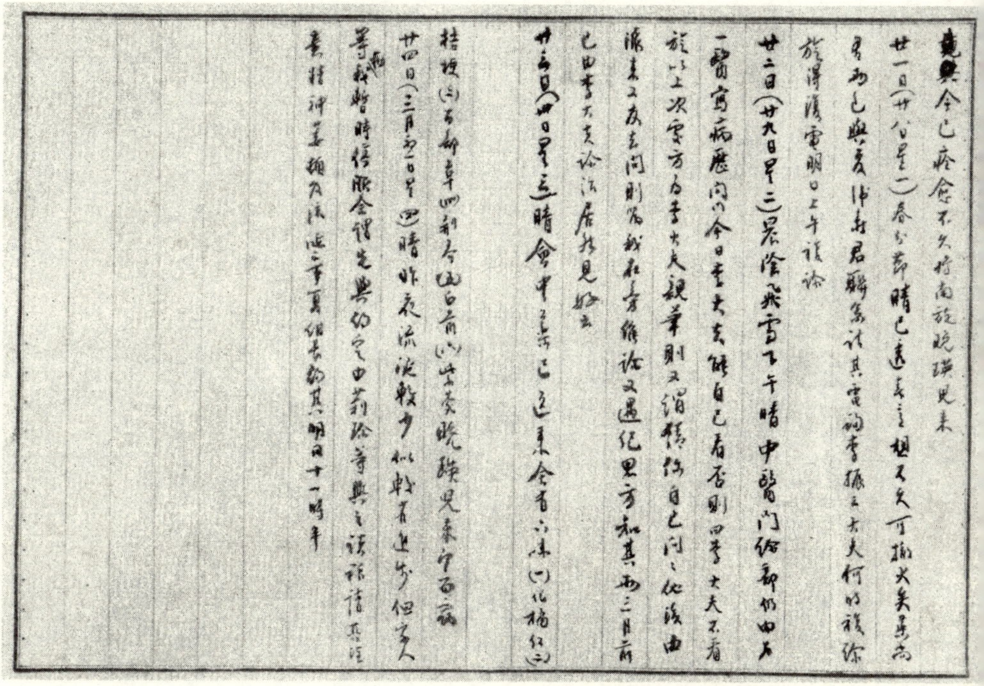

《马衡日记》影印页之六

序一　金石情　故宫梦

单霁翔

马衡先生是近代中国博物馆事业的开拓者,也是故宫博物院事业的奠基者。马衡先生于1924年11月受聘担任清室善后委员会顾问,参与清宫物品点查,筹设故宫博物院。1925年10月至1952年11月,马衡先生在故宫博物院工作长达27年之久,作为故宫博物院第二任院长,执掌故宫博物院19年。他亲历了故宫博物院创立和早期发展,于抗日战争时期主持了故宫博物院文物的南迁和回归,是故宫博物院历史上一位功绩卓越的领导者。

到故宫博物院之前,马衡先生在北京大学研究所国学门任教,担任考古学会主任,主要从事金石古物的收集和有关著录的出版,工作颇有成效。出于对金石学的热爱,以及保护清宫物品的责任,他与国学门众多同人一道,于1924年受聘担任清室善后委员会顾问,冲破重重阻碍,积极推进物品点查工作。

1925年故宫博物院创建之初,马衡先生担任故宫博物院理事会理事、古物馆副馆长。他借鉴在北京大学的工作经验和方法,实际主持了古物馆的日常工作。他起草了《故宫博物院古物馆办事细则》，规范文物保管和提用，同时带领古物馆同人开展文物审查与鉴定，并亲自主持了铜器类文物的审查。这次审查是对院藏文物第一次较为系统的审查与鉴定，对相关文物的研究和展示起到了十分重要的作用。1931年"九一八事变"后，故宫博物院奉命南迁文物。马衡先生带领古物馆同人全力投入文物的装箱工作。从沉重而珍贵的石鼓，到轻薄却脆弱的书画，共63735件、1631箱文物，在马衡等人夜以继日的工作中有条不紊地被安全装箱，陆续离开北平。

1933年7月，易培基院长受"故宫盗宝案"所诬而辞职，马衡先生临危受命，代理故宫博物院院长，并于次年4月实授，负责全院事务。此时故宫博物院外遇侵略者侵扰，内逢文物迁移的辗转颠沛，可谓是危急存亡之际。马衡先生于此时掌管故宫博物院，在纷乱的时局里殚精竭虑地保护故宫和文物安全。在他的领导下，故宫博物院的留平文物和运沪文物得到了妥善的清点并登记造册。南迁文物西迁时，马衡先生亲赴多地考察选址，后又驻守重庆指导各办事处的工作。及至抗日战争胜利，故宫博物院得以复原，文物陆续东归，接收清宫散佚文物，组织陈列展览，恢复博物馆业务。面对南京国民政府遴选留平文物迁台的指令，马衡先生最终以北平本院文物一箱未运的行动，表达了他的坚定信念。

中华人民共和国成立后，马衡先生继续留任院长，引领故宫博物院迈进了新的时代。1952年，年逾七旬的马衡先生离开了故宫博物院。也正是在这一年，他将其所藏甲骨、碑帖等400余件珍贵文物捐赠给了他为之倾尽毕生心血的故宫博物院。

而在他去世后,子女又遵其遗愿将家中万余件拓片、书籍悉数捐赠给故宫博物院。斯人虽已远去,但他的品格与胸怀却已融入故宫精神,成为惠及后世的宝贵财富。

日记,是作者与自身的对话,是所见所感,也是所思所省。它不仅反映作者的生平,也折射出社会的状态。也许日记的作者并未料想到,他的随手偶记会为后世所阅读、探究。但是也正因为如此,日记较之避讳曲笔的史书更接近于历史的现场。《马衡日记》始自1948年12月13日,终于1955年3月24日,前后六年又三月余。这一时期,正值中国命运面临转折的重要时期,也是故宫博物院新旧交替的关键阶段。

《马衡日记》大致可分为三个阶段:第一阶段为1948年12月至1949年6月,马衡先生坚守北平本院并拒绝赴台邀请,历经故宫博物院重新开放、故宫博物院明确新业务方针,以及改隶华北高等教育委员会等重要事件。第二阶段为1949年7月至1952年1月,马衡先生始终有条不紊地主持着故宫博物院事务,开展院内陈列及赴苏联展览,进行文物分类保管和古建筑修缮工程。尤其值得关注的是,这一时期,留存南京的南迁文物开始返回紫禁城,《伯远帖》《中秋帖》等一大批清宫旧藏也陆续回归故宫博物院,各项业务不断拓展。第三阶段为1952年2月至1955年3月,随着"三反"运动的深入开展,马衡先生接受隔离审查。及至1952年11月,他离开故宫博物院,赴任北京市文物整理委员会主任,专心管理北京城古建筑修缮工程。

作为一院之长,马衡先生在日记中对故宫博物院的很多重大事件有非常精详的记述,不少内容为档案文献之所缺者,其史料价值弥足珍贵。例如，1949年10月24日，日记对吴瀛上书华北政府为"易培基盗宝案"昭雪有确切记载，为档案整理和史实还原提供了重要线索。再如，1951年10月至11月间，日记详细记载了马衡先生为收购《伯远帖》《中秋帖》奔走呼吁，以及亲赴广州、澳门接洽协调等种种情状，是档案文献所未能见者。在变幻莫测的时代，马衡先生始终保持的从容、镇定、内敛和豁达，是我深为感佩的！面对杭立武的赴台之邀，他以"弟所希望者，三批即末批，以后不再续运"，淡然拒绝，其萧然独立之书生形象，跃然纸上。联想到马衡先生与德国文化代表谈及柏林博物馆文物之损毁掠夺情状，思及迁台故宫文物之命运，"不觉慄慄危惧矣"，其古稀老者之殷殷垂念，令人唏嘘。

2005年，在故宫博物院成立80周年之际，曾编辑出版了《马衡日记附诗钞：一九四九年前后的故宫》一书，书中收录了马衡先生1948年至1951年间的日记，侧重于展现新中国成立前后，马衡先生在故宫博物院的工作与生活。但这只是马衡先生日记中的一部分，1952年至1955年马衡先生去世前的日记并未收入。此次三联书店编辑出版《马衡日记》，增补了此前未收入的日记内容，正是弥补了这一缺憾，完整再现了马衡先生人生最后六年的点点滴滴。

阅读《马衡日记》，回顾故宫博物院的百年历程，不免令人感慨，心有戚戚。人生不易，为"长"实难。马衡先生受命于危难之际，在民族国家岌岌可危的境地里，顽强地守护着故宫这份珍贵的民族文化瑰宝。即使在动荡流离中，仍然不忘举办各类展览，赴英参加伦敦"中国艺术国际展览会"，赴苏联参加莫斯科"中国艺术展览会"等，以传播民族精神，彰显中国抗战决心。最令我动容的是，在生命的最后时刻，马衡先生仍静心于汉魏石经的整理研究，直至身体疲累不适，才以影印书画略作消遣，待郭沫若先生送来铜器拓本，他又全然不顾病痛，欣欣然对勘考证，以致病情加重。

"桃李不言，下自成蹊。"虽然时间已经过去很久，但人们仍然没有忘记马衡先生这位为捍卫国家宝藏、延续文化命脉而奋斗一生的守护者。"故宫人"也当秉承着前辈们的精神，沿着他们的足迹，继续努力前行！当前，已经迈入21世纪的故宫博物院，虽无战争年代的风雨飘摇，但也仍然面临着诸多新的任务与挑战。2020年，紫禁城即将迎来600岁的生日。我们要通过不懈努力，全力推进"平安故宫"工程，确保故宫古建筑群、文物和观众的安全，"把壮美的紫禁城完整地交给下一个六百年"。同时，不断努力践行博物馆的责任与使命，让文物活起来，让故宫文化与当前时代紧密结合，走进广大民众的日常生活。

《马衡日记》以其独有的方式记录着马衡先生孜孜以求的金石情，也诉说着他念念不忘的故宫梦。今逢日记整理付梓，捧稿细读，感触良多，略陈一二，谨志敬仰！

二〇一八年三月二十三日

序二 关于马衡及其日记

马思猛

马衡，字叔平（1881—1955），别署无咎、凡将斋主人。浙江鄞县（今宁波鄞州区）人。是杰出的金石学家、考古学家、书法篆刻家。少时随父在苏州就读私塾。1901年上海南洋公学肄业。在家自学经史、金石、篆刻等，至中年书法、治印皆有盛名。1929年立于清华园的王国维纪念碑，即由陈寅恪、马衡、林治钧、梁思成四位先生分别撰文、篆额、书丹和拟式。

1917年任北京大学附设国史编纂处征集员，1918年任北京大学文学院国文系讲师，兼教马术。1923年任史学系教授，兼研究所国学门导师、考古研究室主任。1923年至1929年任北京大学图书馆古物美术部主任。1924年底参加清室善后委员会点收故宫文物。1925年兼任故宫博物院古物馆副馆长。1929年至1931年任北京大学图书馆馆长。1933年任故宫博物院代院长。1934年至1952年任故宫博物院院长。1947年至1955年任北京市文物整理委员会主任委员。

抗日战争爆发之际，马衡先生主持故宫珍藏的重要文物辗转西迁，为保护国宝做出了可贵贡献。

马先生毕生致力于金石学研究。对中国考古学由金石考证向田野发掘过渡有促进之功，被誉为"中国近代考古学的前驱"。他在学术上的成就主要表现在：扩大了金石学的研究范围，并对宋代以来的金石研究成果进行了比较系统的总结；从文字的演变和有关铭刻的对比，论定石鼓文是东周时秦国的刻石；根据新莽嘉量等的实际测量，推定汉唐间的尺度比率和长度；对汉魏石经资料做了收集、整理和全面研究。他的著作有《汉石经集存》(陈梦家点校编辑，科学出版社1957年)、《凡将斋金石丛稿》(傅振伦编辑，中华书局1977年)、《凡将斋印存》(紫禁城出版社1987年)等。

马衡的夫人叶薇卿，浙江镇海人。其父是上海赫赫有名的"五金大王"叶澄衷，马衡在"叶家花园"度过了他刻苦自学金石学的青年时代。天道酬勤，1917年，北京大学为既无学历又名不见经传的马衡提供了金石学的讲台，使他有机会展示他的金石学学术研究成果和书法篆刻才艺，并很快得到学术界公认，奠定了他在史学界的地位。也正因如此，1924年冯玉祥发动北京政变驱逐溥仪出宫后，历史赋予了马衡进入故宫服务的机遇，他受聘参加了清室善后委员会对故宫文物的点查工作，并于次年10月以北大学者身份兼任了故宫博物院理事会理事和古物馆副馆长。"余负典守之则"从此成为马衡始终如一的信念。本一心钻研金石学、不问政治的马衡，却在之后二十多年内忧外患的动乱中，与社会各界有识之士为创建守护故宫博物院做出了卓著贡献。

马衡本是不记日记的。在其人生历程的不同阶段，他以不同形式记录着自己的人生轨迹。我们从他的藏书、碑帖中看到大量他亲笔批注的跋文、释文、识文,字字句句凝聚了马衡倾心金石学研究的心血和成果。他在《清拓汉樊敏碑跋》中,就详细记述了自己鉴别古籍的趣事:

> 右樊敏碑,《隶释》录其全文。此后谈金石者不再著录,此碑盖已佚之久矣。上海徐紫珊得顾云美塔影园藏宋拓本,双钩锓木。沪城遭乱,原本又不知流落何所。道光初年,北平杨海琴于庐山荒郊中访得原石,此碑始复显于世。当洪氏释碑时得石已就泐,今又湮没数百年,宜其模糊过半,顾据此拓本,可以补洪氏之缺者三字,正洪氏之误者五字。"浑元垂像"之"像","岳渎□仁兮"之"仁","魂神往兮"之"往",皆洪氏之所缺。"饮汶"洪误作"饮汝","光和之末"作"光和之中","俊艾"作"俊×","浑元"作"演元","火佐"作"大佐",至"刊石勒铭"遗去"石"字,则《隶释》传写之伪也。徐氏双钩本"大选"之"大"作"天","遭偶"之"偶"作"遇",不知何所依据,细审此拓,始知洪氏所释不误。辛亥十一月马衡记。
>
> 昨碑估以一本见示,纸墨俱旧,的是明拓。细审,与徐氏所摹塔影园本无毫发异。始知所谓宋拓孤本者尚是复刻。碑估视为奇货,索值极昂。予不顾以重金购此摹本也。徐氏所摹无额,彼有额,而与此迥殊。设不见此原石拓本,不又为所朦混乎?壬子孟冬衡又记。

1937年7月,全面抗战爆发,国土大片沦丧,家园满目疮痪，亲人不幸离散，眼看着连国家的文化命脉也陷于危境之中，不得不辗转迁移。在护送故宫文物西迁的长途跋涉中，马衡发出了"剑门险峻绝跻攀，到此方知蜀道难"的感叹。在八年全面抗战艰苦岁月里，马衡书写了近百首诗篇。记录下中国人民同仇敌忾、浴血抗日的壮丽画面；抒发着自己忧国忧民、思念故乡和亲友的感人情怀。1938年7月28日，马衡诗简《答五弟》曰："去年今日在牯岭，故都烽火适告警。仓皇下山返京师，塞北江南音讯梗。贼势披猖历期年，九江又复沦腥膻。旧游如梦不堪忆，犹若置身匡庐巅。强寇贪欲无止境，不得武汉志不遑。武汉纵得亦徒劳，侵入愈深愈无幸。君不见，东西南北各战场，土地沦亡民不亡。军民联络誓杀贼，运动游击战术强。外耗寇力内锄奸，后方捷报胜前方。今日之战犹角力，力先竭者先败北。得地虽多亦奚为，一旦山河还故国。人力物力我无虑，坚忍相持莫犹豫。闻胜勿骄败勿馁，不乞人怜不求助。记取寇力崩溃时，即我最后胜利期。嗟彼延颈望和人，当与国人共弃之。"抗战胜利后，满怀和平建国期望的马衡却大失所望。1946年初，他又以《对酒书怀》表达了自己对内战又起的惆怅之情："愁听鹃啼年复年，镜中白发已盈颠。人从避地三巴老，心为还乡一梦牵。棋劫自来终可解，豆萁何事苦相煎。欲浇垒块须凭酒，瞩目疮痍意惘然。"

1948年12月13日，解放军完成了对北平的包围，马衡坚守着北平故宫博物院，婉拒了南京方面要他南飞的电令，选择了和他所守护的国家命脉一起留下，选择了中国共产党，选择了新中国。他在和张元济的诗中唱出了"人为刀俎我鱼肉，近百年来久不平。今日解除旧羁绊，国家独立始形成"的心声。马衡正是怀着这样的情感，坚定不移地开始了他人生的又一个旅程。在中国现代史上被称为两种命运大决战的关键时刻，马衡敏锐地拿起笔，又以日记的形式记录了人民解放军抵达北平城下、北平瞬息万变的形势。作者不仅记录了自己，亦记录了当时从家庭到社会、从同人到亲朋等各种人物的思想反应和心态。《马衡日记》再现了中华人民共和国成立、抗美援朝、土地改革、忠诚老实运动、"三反"运动、北京旧城改造与古建筑保护之争等重大历史事件，以及这些事件当时对文化界、教育界、考古界和位于北京中心的故宫的影响。

马衡还通过日记，记述了他与许多政府要人，上层民主人士，文化界、考古界、教育界的知名人士之间的密切关系。其中与周恩来、傅作义、何思源、杭立武、陈叔通、马叙伦、郭沫若、张元济、裴文中、郑振铎、徐悲鸿、董希文、傅振伦、陈梦家、启功、郑天挺、唐兰、王冶秋、徐森玉、吴湖帆、张珩、张䌹伯、容庚等人物之交往，今天读来，好像先生在为后人讲述着当年鲜为人知的故事。此间，马衡忙于行政，已无暇于学术研究和著述，但他却以日记形式，为后人留下了新中国成立之初那段改天换地的历史瞬间。

《马衡日记》手稿，自1948年12月13日起到1955年3月24日止。中无间断，分装八册。马衡逝世后，家属为了洗刷先生在故宫"三反"运动中蒙受的不白之冤，决定请文化部派员到家将包括《马衡日记》、私人印玺、信札等在内的全部文献和文物封存，后由文化部一并拨交给故宫博物院。《马衡日记》也因此幸运地被保存了下来。

《马衡日记》六年零三个月大致可分为四个阶段：

一、从1948年12月13日解放军完成对北平包围当天起到1949年10月。此间经历了围城、部分南迁文物运往台湾、北平和平解放、军管会代表接收故宫、故宫重新对外开放、故宫文物的分类提集、故宫博物院人事调整及中华人民共和国成立等事件。

二、自1949年10月至1952年元月。新中国成立之初，接待党政军领导、解放军、志愿军和国际友人等参访，举办故宫内外的各种陈列展览，成为马衡日常工作的繁重任务。其中不乏筹备十世班禅进京并接待参观，恢复展开古建筑的修缮，《伯远帖》《中秋帖》等一批国宝级文物回归等事件的详细记载。其间也有故宫人在抗美援朝、土地改革和"人人过关"的忠诚老实运动中表现的记述。

在以上两个阶段，马衡一直处于故宫博物院领导的地位。

三、1952年元月至1952年11月。随着"三反"运动的深入开展，公安部接管了故宫，故宫的留用人员全部撤迁到公安干校隔离审查，马衡也在其中。五个月后回家，在听候所谓故宫全案处理的赋闲期间，马衡完成了《汉石经集存》初稿，11月得文物局秘书口头通知："故宫'三反'运动之领导者（公安部）因尚有七人未处理，全案不能结束。"告知马衡先到他兼职的文整会上班。马衡就此被免去故宫博物院院长职务而保留了北京市文物整理委员会主任职务，离开故宫，专事管理北京古建筑修缮工作。在1952年的最后一天，这位从晚清走过来的古稀老人在日记中写下了五味杂陈的一笔："综结一年来经验教训，知曩日之洁身自好不适用今日，必须联系群众，采取互助方能为人民服务也。"

四、1952年11月至日记终结。这段日记让读者感受到马衡"不为个人荣辱所影响"心怀天下的胸襟。他全身心地投入到北京文整会的工作中，在其日记中留下了这样一段感人肺腑的话："傍晚量之又升至三十九点五度。昨夜梦魂颠倒，口渴如灼，愈饮则愈渴。梦中所阅者，大抵皆故宫、文整两处文件，阅其由即能悉其内容。其中有已解决者，有未解决者，亦有无从解决者。"作者在其生命的最后阶段，仍然惦念着故宫、文整会工作和坚持完成有关汉魏石经著述的坚强意志，令人感念。

《马衡日记》真实地记录了在中华人民共和国建国前后的历史大变革中，故宫内外所经历的各种事情，作者的见闻与思想都真实地映在其中。它不仅使人们回忆起那个风云变幻的年代，而且将作者及其他前辈们的性格、事业和命运点点滴滴地显现出来。光阴荏苒，半个多世纪过去了，今天阅读这部质朴无华的日记时，虽有岁月沧桑之感，却令人感到十分亲切；尽管早已时过境迁，其与今人之思想境界已不可同日而语，却仍不失为一部珍贵的文史资料。

又及，马衡所记日记原文中星期写法，均为"星一""星二""星三""星四""星五""星六""星期"，现为了符合出版物文字使用的规范，此次出版将"星一"至"星六"中间统一添加了"期"字，"星期"则写为"星期日"。

二〇一六年六月廿日

一九四八年（民国卅七年）

十二月十三日（星期一）。阴。

　　晨九时半到院，此为病后到院办公之第二周。虽有炮声，院中人无注意者，盖演习已为常事，不虞有他也。下午在家亦闻之，以询玉襄，玉襄曰："此西邻煤铺卸煤声。"出门理发照相，归四时许。益侄①来电话，谓已全家进城，余始悟所闻者实为炮声矣。乃询以远近，曰："甚近。"盖日前与益侄约紧急时迁来，因命人为之热炉以待。傅作义军队及中央各部队本在城外，一周来皆撤入城，即以中南海为总司令部。传语人云：此为倚城野战之术。须臾，益侄等来。除其全家五口外，有陈宜之弟陈磐及其表侄刘振渝共七人，即以楼下履儿②之卧室安顿之。晚八时后，炮声渐稀，十时就寝。

十二月十四日（星期二）。晴。

　　七时炮声又起，陈磐与益侄出城。磐返清华，益运物资入城。院中及太庙、景山今日起停止开放，景山门内已驻满军队。

---

① 马衡六弟马权之子马益（1914—2005），时在华北农业科学研究所工作。1949年北平解放后与陈宜夫妻双双参加中国人民解放军第四野战军南下工作团到江西南昌，在江西省农业厅工作至离休。

② 马彦祥，原名履，字寿庆（1907—1988），浙江鄞县人。中国戏剧家。笔名尼一、司徒劳。1948年6月，进入解放区。华北人民政府成立后，被任命为戏剧音乐工作委员会主任委员兼石家庄戏剧音乐工作委员会主任。中华人民共和国成立后，历任文化部戏曲改进局副局长、艺术局副局长，中国戏剧家协会副主席，文化部顾问。1954年后，先后当选为第一、二、三届全国人民代表大会代表，第五、六届全国政协委员会委员。马衡之次子。

一九四八年（民国卅七年）

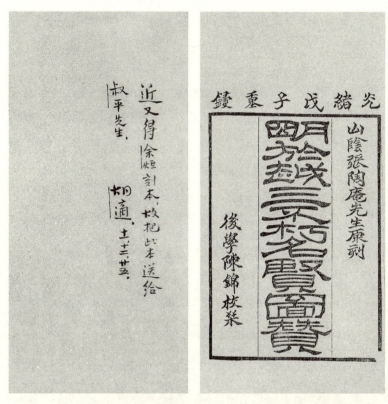

胡适1922年赠马衡《明于越三不朽名贤图赞》，现藏故宫博物院

余自北上门步入,来交涉者无非军队欲入午门或东华门,皆严拒之。星枢①及卢实夫来。葛存悫以《萧厔泉画册》来索题,真恶客也。十二时过孔德,挈思猛②归。饭甫毕,建功③、碧书夫妇来谈,建功甫于一周前归自台北。蒋朴庵来,据其自述,已就联勤总部汽车库秘书职半年,生活赖以维持。本月六日晚南苑空军油库、弹库被焚,朴庵述之甚详,谓油库为空军自焚,弹库则为波及。余疑信参半。送客出门后思欲小睡,而王制五来,言昨夜自西郊干训团移入城,二时后共军占领该团,同事之未归者,多被俘未返。来时过东长安街,见东单广场有小型飞机低飞欲试行降落,盖昨夜西郊机场已被破坏矣。因思适之④不能不走,拟通电话,又恐不便,乃往访之。阍者言不在家,询以何往,则言不知,乃往北大访毅生⑤。座客甚多,农

---

① 俞同奎,字星枢(1876—1962),浙江德清人。化学教育家。1925年10月,任故宫博物院理事会理事兼总务处长。是创建守护故宫博物院的第一代故宫人。1947年1月,调任教育部北平文物管理委员会秘书。而时任故宫博物院院长兼北平文物管理委员会主任的马衡则委托俞主持文管会日常工作。1956年,北京文物管理委员会改为文化部古代建筑修整所,俞担任所长。
② 马衡之长孙,马彦祥之长子,母林斐宇。
③ 魏建功,字盖三(1901—1980),江苏如皋(今属海安)人。1925年毕业于北京大学。随钱玄同研习声韵训诂,曾任《国学季刊》编辑主任、中国科学院哲学社会科学部学部委员,北京大学教授、副校长。著有《古音系研究》,编有《新华字典》等。夫人王碧书,故宫博物院职员。
④ 胡适,字适之(1891—1962),安徽绩溪人。现代著名学者。历任北京大学教授、北京大学校长、驻美国大使、美国国会图书馆东方部名誉顾问、"中央研究院"院士、普林斯顿大学葛思德东方图书馆馆长、台北"中央研究院"院长等职。
⑤ 郑天挺,字毅生(1899—1981),福建长乐人。历史学家、教育家。1920年北京大学毕业,北大国学门研究所研究生。先后任北大中文系、历史系教授及系主任等职。1952年后调南开大学,任历史系教授、主任及副校长。著有《清史探微》《清史简述》等。

学院之人城者纷纷接洽安顿之所，因辞出，毅生送至门外，私语余云："胡先生已走矣。"乃稍慰。取昨日所摄照片至东单广场，不见飞机，意未降落耳。炮声至晚八时后渐沉寂。十时就寝。今日起民航停飞。

十二月十五日（星期三）。晴。

八时炮声又起，闻西直门已不能出入。九时半挈思猛上学过米市大街，军车络绎由北而南，中有坦克一辆。至东连房，由间道入院，免与景山驻军接触，盖此辈兵士多欲瞻仰宫廷，希藉词阑入，无可理喻也。闻复兴门外八里庄核桃园、宛家村大小井、罗道庄、什方院等据点皆为共军所据，复兴门已闭，西直门、阜成门犹可出入，车辆概不能通，各路火车已断。闻适之昨未成行，今始南飞。和谣甚盛，有谓李宗仁、宋庆龄皆已北来者。十二时挈思猛回家。下午闻石景山已为共军所据，电流中断。炮声至傍晚更密，八时后始渐息。是夜月明如昼，万籁无声。

十二月十六日（星期四）。晴。

七时五分炮声又作。电流不知何时已通，阅报知复兴门外各据点又复常态。九时半到院。十一时往北大参观敦煌文物及古兵器、漆器三陈列室，十二时归。炮声至傍晚复密，六时始停。终日无电，七时三刻电流始通，收听新闻广播，九时半就

1948年12月16日，行政院电令马衡执行理事会文物运台决议抄件

寝。满以为今晚又可安然度过，不料十时半，炮声又作，且有重炮声，户牖皆震，终宵未能安眠。以后时断时续，忽疏忽密，以达天明。是日起辟东单广场为机场，限三日竣工。

十二月十七日（星期五）。昙。

八时半兴，九时半到院，十时至北大参加五十周年纪念会。毅生示余立武①电报，促余等南行。晤徐盈，谓昨夜重炮发自

---

① 杭立武（1904—1991），安徽滁县人。教育家、外交家、社会活动家。历任考试院考选委员会编纂主任兼金陵大学教授，中央大学政治系教授、系主任，中央研究院特约研究员，国民参政会参政员。1949年任教育部部长。未几去台湾，任"总统府"顾问。

一九四八年（民国卅七年）

抄呈送 行政院 本院理事会覆文原稿

事由 案示录由

本月十六日奉

钧政院（卅）四池字第五五九六〇号训令 内开以据该院理事会翁理事长呈称 前以国立北平故宫博物院存京文物颇多精粹 值兹勘乱期间 亟宜妥筹安全 经拾本月四日本会常务理事会议决议 先择精品二百箱运存台湾 其余俟交通可能情形陆续搬运一案 应照办 除分饬教行协助保护外 合行

1948年12月28日，马衡复行政院文抄件

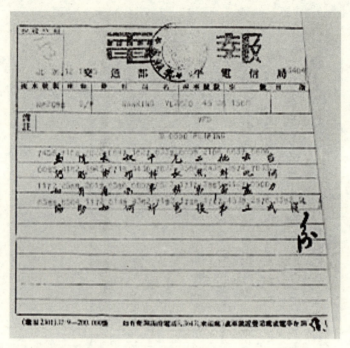

杭立武致马衡电报原件

景山，余笑谓之曰："名记者报道亦有失实之时耶？景山未闻发炮也。"会毕即在校午餐。与枚荪①、今甫②等谈论战局。三时半月涵③、志仁来，皆报载已南去者，相与一笑。闻昨日有中航、央航机数驾抵南苑，后突有流弹数枚落于附近，一时乘客大乱，有已登机而遗下行箧者，有不及登机者，有因登机而负伤者，各机匆遽起飞，乘客大半未能成行。今日南苑已不能降落，恐须候东单完成后始有机场矣。四时半偕月涵、毅生、守和④、枚荪等访焦实斋⑤探消息，不得要领。又赴市府晤刘市长，不遇。与高秘书长略谈而归。立武奉命专电来邀，已托月

---

① 周炳琳，字枚荪（1892—1963），浙江黄岩人。1949年春，拒绝飞往南京。秋，辞北大法学院院长之职，专任经济系教授。次年，兼任抗美援朝总会宣传部副部长。加入中国国民党革命委员会，任中央团结委员。

② 杨振声，字今甫，亦作金甫（1890—1956），山东蓬莱人，现代文学家和教育家。1919年毕业于北京大学，"五四"期间是"新潮"社的骨干之一，曾因火烧赵家楼、怒打章宗祥而被捕入狱。1930—1931年任山东大学校长。1946年负责北京大学北迁筹备工作。中华人民共和国成立后，杨振声仍于北京大学任教，兼任北京市文联创作部部长。1952年调任长春东北人民大学中文系教授兼中国文学史教研室主任，当选为吉林省人民代表大会代表、长春市政协委员、九三学社长春分社委员。

③ 梅贻琦，字月涵（1889—1962），祖籍江苏武进。自1914年由美国伍斯特理工学院学成归国，即到清华担任教员、教务长等多种职务。1931年，梅贻琦出任清华校长，自此一直到他在台湾去世，一直服务于清华，因此被誉为清华的"终身校长"。

④ 袁同礼，字守和（1895—1965），河北徐水人。华裔美国图书馆学家。1916年毕业于北京大学。1942年任北平图书馆馆长。1949年赴美，先后在美国国会图书馆和斯坦福大学研究所工作。著有《永乐大典考》《宋代私家藏书概略》《明代私家藏书概略》《清代私家藏书概略》《中国音乐书举要》《西文汉学书目》（英文本）等。

⑤ 焦实斋，字化南（1899—1987），河北井陉人。1923年毕业于北京高等师范学校英语系。后任天津市教育局局长，河北大学教授。抗战期间，曾任中国远征军外事组主任，中国驻印度加尔各答办事处主任。抗日战争胜利后，任东北中正大学教授兼教务长，北平师范大学教授兼总务长，华北"剿总"副秘书长。1949年随傅作义起义。中华人民共和国成立后，历任政务院参事，国务院法规编纂委员会副主任。

涵代达不能南飞之意。今日竟日炮声,晚六时始停。

十二月十八日(星期六)。阴。

照常到院,电张厉生①催款,候电复。下午王振洲来,谓已被疏散,请求院方发表一事。此君可谓不识时务矣。三时至北大,偕月涵、毅生、志仁等赴御河桥招待所晤秦丰川②、焦实斋聆取消息。秦报告谓张家口战事先起,本拟俟张垣军事解决后移军保卫北平,不料林彪部队突袭北平,措手不及。乃急将南口等处驻军撤守北平。有暂三军部队经四昼夜急行军至北平附近,暂时休息即为共军解决,事后收拾残余退保平城。现在除傅总司令为守城名将外,其余如楚溪春、某参谋亦皆守城名将,一时可以无虞。东单有机二架降落。晚六时炮声复作,七时三刻始渐稀疏,闻有骑兵冲至西南城下故也。

十二月十九日(星期日)。晴。

李涵础昨晨送来铜器、汉印等五箱寄存,今晨又来锁箱。

---

① 张厉生,字少武(1900—1971),河北乐亭人。曾任国民党中央执行委员、中央组织部长、行政院秘书长、内政部长等职。1949年去台湾后,历任"行政院"副院长、"驻日大使"等职。

② 秦丰川(1905—1991),内蒙古丰镇人。曾任北平市代理教育局长,后任傅作义随员,参加了北平和平起义。中华人民共和国成立后,任绥远省人大代表、政府委员会委员兼教育厅厅长,内蒙古教育厅副厅长、顾问。著有《社会主义的苏联》《日本侵华史》《旅德华侨抗日救国运动》等。1984年离休。

命车接席慈①、景洛②来谈公事。徐盈、叶叔衡来。今日城南有炮声，闻系搜索机场。下午往北大，适润章③、月涵、志仁皆到，实斋通知有机降落于东单，嘱行者准备。月涵等赴警备部接洽归，谓二机可搭六十人，由毅生等筹备组织遣送事宜，余与诸人握别而归。

十二月二十日（星期一）。阴。

照常到院，召集各馆处负责人商讨应变，工作限期完成。探询南行诸人尚未起飞。下午晤毅生、志仁，悉南京气候恶劣，今日不能成行。孔德已驻兵，思猛自今日起停止上学。

十二月廿一日（星期二）。晴。

照常办公。炮声断续中闻爆炸声甚厉，探知为飞机投弹于西郊，时正十一时也。偕景洛访焦实斋交涉借款事。月涵、润章、真如、守和等以二时起飞。三时至北大，无甚消息。自

---

① 赵席慈，时任故宫博物院秘书。
② 朱家濂，字景洛（1908—1997），浙江萧山人。朱家溍二哥。毕业于北平大学。曾在故宫博物院工作20余年，"三反"运动后调北京图书馆任中文采访部主任，是一位资深的版本学家。
③ 李书华，字润章（1889—1979），河北昌黎人，物理学家、教育家。历任北京大学物理系教授、系主任，中法大学教授、代理校长，北平大学副校长兼代理校长。1949年7月李书华抵达巴黎，曾任巴黎大学物理、化学和生物学研究所负责人。1952年到美国，曾一度担任联合国教科文组织台湾地区代表，后在纽约哥伦比亚大学做访问学者。

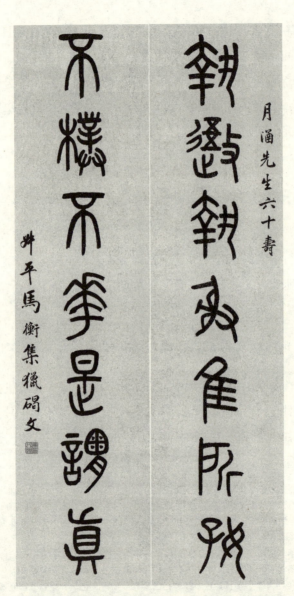

马衡为梅贻琦篆书六十虚寿(12月28日)寿联,因其南飞未能如愿交付。此联现藏故宫博物院

十九日起，电流全停，惟水尚勉强维持，盖专恃洋井供给。余屋后即有一井，终日闻柴油机声。

十二月廿二日（星期三）。冬至节。晴。

照常到院。"剿总"来函，允第五补给区在午门门洞存重要物资。督察总监允故宫、太庙不驻兵，景山仅作瞭望哨，已命令现驻景山部队矣。下午有军人三人来，欲借西房住眷，婉词拒之。张庚楼[①]来，交重印《四明志序》，长谈二小时。今日竟日平静。

十二月廿三日（星期四）。晴。

立庵[②]、寿萱[③]先后来院谈保全文物事。偕寿萱、植耘访楚

---

① 张允亮，字庚楼（1889—1952），河北丰润人。民国藏书家。辛亥革命以后，居于北平，任故宫博物院专门委员。先后在故宫博物院、北平图书馆、北京大学图书馆任编纂员、善本部主任、研究员、图书馆主任。著作有《故宫善本书影》《故宫善本书目》《北京大学善本书目》等，生前将其藏书44箱捐献故宫博物院。
② 唐兰，字立庵（1901—1979），浙江嘉兴人。文学家、金石学家。1936年任故宫博物院专门委员。1939年入西南联合大学任副教授、教授。中华人民共和国成立后，仍任北京大学教授兼中文系代理主任，并应故宫博物院之聘兼任设计员。1952年任中国历史学会候补理事，并调故宫博物院，先后任设计员、研究员、学术委员会主任、陈列室主任、美术史部主任、副院长等职。
③ 韩寿萱，字蔚生（1899—1974），陕西神木人。中国博物馆学家。1930年毕业于北京大学国文系。1947年任北京大学教授。1948年筹办北京大学博物馆专科，任主任，兼北平历史博物馆馆长。中华人民共和国成立后，历任北京历史博物馆馆长、中国历史博物馆副馆长。

总监未晤，约二君二时再往，因以午门及景山事托之。至北大，晤毅生、志仁、光弼等。今日宁静，面价由八百降至六百。益侄等迁居南屋。

十二月廿四日（星期五）。晴。

午门洞已由第五补给区堆沙包备储美援军械，留出正中一门及右掖门。出院时由东连房出，见兵士随意闯入，虽督察总监昨赴景山告诫，亦无用处。下午沈规徵大夫来，出示晶儿①来电，托其力劝余南行，并嘱设法机票，可谓妇女之见。校《急就篇》。琰侄偕纪兴②来晚饭；八时余辞去，旋复折回，谓在门外遇警察一队，声言已戒严，禁止通行。乃为安排铺位，令其止宿。

十二月廿五日（星期六）。昨夜小雪，道途泥泞。

函楚总监请令景山所驻交警队移防，以免日后误会滋深。校《急就篇》。今日无水，闻改装机器尚未完成。八时半又闻炮及机枪声。

---

① 马衡之三女马晶，行医，1949年去台湾，后定居美国。
② 马衡二哥马裕藻之次女马琰，夫黄纪兴。

十二月廿六日（星期日）。先雾后晴。

赵斐云①来，述守和之欺人谎语。馆中同人皆不满。余告以此公恐惧心倍于常人，为生理上之缺陷，应原谅之。王制五来，谓张雨青消息隔绝，欲往其家探听。阅报知昨晚炮声乃大红门一带有警。今日又微闻炮声，恐昨晚之余波也。陈聘之来，黄仲良来，皆在此午饭。水来不畅，命家人储之。

十二月廿七日（星期一）。晴。

景山所驻交警队入寿皇殿割草，见棕毯，坚欲取用。电楚总监谓已令警备司令部迫令迁移。电邢参谋长允即迁。访张溥泉夫人②，告以溥泉移灵来平时，余适在病中，并询灵在碧云寺安否，始知本月十五日为溥泉③周年。余真健忘也。下午校

---

① 赵万里，字斐云（1905—1980），浙江海宁人。著名文献学家、敦煌学家。1925年后任清华学校国学研究院助教。历任国立北平图书馆（今中国国家图书馆）中文采访组组长、善本考订组组长、善本部主任兼故宫博物院图书和文献馆专门委员，并在北京大学、清华大学等校任教。1949年后任北京图书馆研究员兼善本特藏部主任。
② 张继夫人崔振华，字皙云（1876—1971），河北庆云人。早年加入同盟会，为名重一时的革命女杰。1949年赴台，曾任监察委员等职。
③ 张继，字溥泉（1882—1947），河北沧县人。国民党元老。1921年任中国国民党宣传部长，北京支部部长。孙中山改组国民党，张继起初是孙中山"联俄、联共、扶助农工"的有力支持者之一，营救过被当时北洋军阀逮捕的陈独秀，后亲自介绍中共领导人陈独秀、李大钊、蔡和森等人加入国民党。而后又极力反对国共合作，成为反共第一人。1928年后历任国民党南京政府司法院副院长、国史馆馆长等职。1929年2月，张继兼任故宫博物院文献馆馆长，3月，兼任中央古物保管委员会主任委员。1947年12月，苏州名画家吴湖帆请张继写了《枫桥夜泊》诗碑，现代张继写唐代诗人张继的诗一时成为佳话，碑成后与俞樾诗碑并列寺中。而写诗后第二天，在南京病逝。

《急就篇》，知于氏藏太和馆帖实源出松江本，盖清初人作伪，钱泳所谓充头货也。今日闻有机来。

十二月廿八日（星期二）。晴。

今日为侄妇陈宜三十初度，略备酒肴以贺之。下午至北大晤毅生、志仁，知接人机仍未来，意月涵等抵京后中枢已不似前此之恐慌。又有运钞票机到，今后国行可免钞荒之虑矣。理发距上次仅半月，价由十元涨至廿二元。可骇、可骇。是夜就寝后又闻炮声。

十二月廿九日（星期三）。晴。

上午炮声不绝，并有机枪声，午后始止。为启元白[1]跋初拓松江本《急就篇》[2]。

---

[1] 启功，字元白（1912—2005），满族，北京人。国学大师，中国当代著名教育家。主要代表作有《启功丛稿》《启功韵语》《古代字体论稿》等。历任北京师范大学教授，全国政协常务委员，中国书法协会名誉主席，中国佛教协会、故宫博物院顾问等职。

[2] 《急就篇》，相传为三国吴皇象或魏钟繇书，传本最著名的为明正统初吉水杨政据叶梦得所摹旧本刻于松江者。启功曾以此请教马衡互相切磋；后各有撰述，见马衡《凡将斋金石丛稿》和《启功丛稿》。

十二月三十日（星期四）。先晴后阴。

  今日始得珍儿①书。国库款仍未到，令人焦急。终日平静。

十二月卅一日（星期五）。昨夜小雪，晨大雾。

  树枝皆白，盖雾淞也。十时后晴。发一电致适之，请催款。午后启元白来谈。复唐光晋函。晚饮以度岁除，殊凄凉也。

---

① 马衡之长女马珍，字静芳。

一九四九年（民国卅八年）

一月一日（星期六）。晴。

　　研磨试笔，寄珍儿等书。琰侄、理侄①偕纪兴来午饭。今日报纸充满和平希望，亦可占人心之趋向矣。嘱芳若往询李树藩重庆班机，谓无定期。午前午后间闻炮声，后渐沉寂。

一月二日（星期日）。昙。风。

　　跋《天玺纪功刻石卷》②。函伍蠡甫征求港大意见，徇五弟请也。函国璋以刻石卷托李树藩带渝（函件皆以无机，半月后取回）。

一月三日（星期一）。晴。奇寒。

　　榆生一日来电，三个月经费五日电汇，有此消息可以告慰同人矣。为之大慰。各处多已通电，我家独无，殊为不幸。

一月四日（星期二）。晴。

　　行政院对北平中央机关毫无救济办法，所请应变费亦不发，使主管者无以应付，决继续呼吁以去就争之。星枢来，不晤，

---

① 马衡二哥马裕藻之三女马理。
② 天玺纪功碑又称天发神谶碑，三国吴天玺元年（276）刻，篆书中隶书笔法，字体奇伟。原石立于建业城南岩山断石岗上，后几经迁徙，置于上江两县学宫（今夫子庙）尊经阁。清嘉庆十年（1805）毁于火。原石拓本稀少。

以电话告之文整会亦作同样请求。下午，董希文①来，还《武梁祠画像》卷，借《罗印明器图录》去。

一月五日（星期三）。晴。

以呈行政院催款稿抄寄在京诸理事，请代催促。复临侄②高雄书。日来记者多有电询文物是否有他迁准备者，昨晚为《华北日报》，今晚为《北平日报》，奇哉！

一月六日（星期四）。小寒节。晴。

剿总来文请借太庙树阴下存储军械。闻第五补给区接洽者言，约炮弹千吨，此事非同儿戏。设落一炮弹，不特旧禁城毁灭，恐全市无一完宇矣。即偕景洛访焦实斋，请其于汇报时提出报告，并说明其危险性。十二月六日南苑弹药库之炸可为殷鉴。昨今心脏略感不适，复赴北平医院就吴洁医师之诊。据云

---

① 董希文（1914—1973），浙江绍兴人，中国现代油画家。代表作品有《开国大典》《千年土地翻了身》等。据画家艾中信先生《油画〈开国大典〉的成功与蒙难》一文忆述："他（董希文）从敦煌回来以后，所作油画大多是粉艳艳的。如给当时的故宫博物院院长马衡画的肖像（这是一幅非常深入细致的写实油画），色调非常沉着淡雅。"1949 年，在中央美术学院任教；曾任人民英雄纪念碑雕塑创作组组长。1962 年中央美术学院成立董希文工作室，董希文任油画系教研室主任。
② 马临（1924— ），马衡五弟马鉴之五子，浙江鄞县人。1957 年任教于香港大学，任讲师。1965 年任教于香港中文大学，任高级讲师、讲座教授、理学院院长。1978—1987 年任香港中文大学校长。第八届全国政协委员。香港特别行政区基本法起草委员会委员。

马衡为马临题宋辛弃疾《木兰花慢·滁州送范倅》一首

并无大碍，只少吸烟为要。昨夜阜城门外正中书局印刷厂火灾，延烧六小时，全厂精华皆付劫灰。此厂为日人经营之新民印书馆，由正中书局接收者，在华北可称巨擘，今付之一炬，惜哉！

一月七日（星期五）。阴。

电询焦实斋以太庙事，谓须下午解决。久不至北大，特往探消息。至则毅生正往机场送毛子水①等行。盖今日中央有大机两架来接文教人员，去者约六十人，多半为眷属。焦实斋电话谓太庙事已难挽回，其危险性并不大云。自前日起夜间常闻断续炮声。

一月八日（星期六）。晴。

三日来物价暴涨如脱羁之马，猪肉斤三百四十元，面粉袋千二百元。升斗小民将成饿殍矣。命景洛访俞丹榴、焦实斋，皆不得要领。

---

① 毛准，字子水（1893—1988），浙江江山人。1913年考取北京大学预科，三年后升本科数学门。1918年冬创办《新潮》刊物。毕业后留校教预科班国文。1922年，赴德国柏林大学理科研究所学习，曾亲聆爱因斯坦讲课。1930年归国，任教北京大学史学系，兼北大图书馆馆长。1949年初去台湾大学任教。针对猖獗一时的台独言论，毛子水在20世纪60年代初就奋笔疾书严加驳斥："稍能思想的人，都知道台湾是决没有脱离祖国而独立的理由的。"1996年宁波大学校庆十周年之际，毛子水的夫人张菊英女士遵照丈夫生前遗愿，亲自将变卖家产所得的12万美元悉数捐赠给宁波大学，设立"毛子水先生清寒优秀奖学金"基金，并向宁大图书馆赠送《毛子水全集》。

一月九日（星期日）。晴。

席慈电告南京来两电，一为邦华①请示三批五日内起运，应派何人押运；一为适之、雪艇②、立武电告应变费发六十万圆。《新民报》载和平消息，似嫌具体，不可信也。

一月十日（星期一）。晴。

一至三月经费已到，商中央银行一次拨付。因昨报载公教人员待遇于一月起照十一月标准改发廿五倍，故以此标准借与同人。今日物价尚平静。前日《新民报》载奥国笔社社员克莱拉·勃露姆女士为保护文化古城发表一文，题为《北平的不朽之声》。此人于战事起后之第十一日（十二月廿三日）持一函来谒，时余尚在院未回，彼在门房坚候不去，心颇疑之。由陈宜扣其来意，则云新自上海来，由上海作家介绍于彦祥至新民报社，知彦祥早离平，乃转而谒我。候至下午二时始去。值此非常时期，余惟不欲与来历不明之人相晤，乃连日仍以电话来询，

---

① 欧阳道达，字邦华（1893—1976），安徽黟县人。北京大学毕业后，任北大预科讲师和研究所助教。1924 年 11 月，参加清室善后委员会的清点清宫文物工作。1933 年底，调任故宫博物院文献馆科长。中华人民共和国成立后，欧阳道达任故宫博物院南京分院办事处主任。1954 年调回北京，任故宫博物院档案馆主任。
② 王世杰，字雪艇（1891—1981），湖北崇阳人。法学家，国立武汉大学首任校长，历任民国教育、宣传、外交部长。赴台后，于 1950 年出任"总统府"秘书长，1962 年任"中央研究院"院长，兼任中华文化复兴运动推行委员会常委。1970 年受聘任"总统府资政"。临终前遗嘱，将其一生所收藏的所有字画书籍赠予武汉大学。

一九四九年（民国卅八年）

马衡篆书《石鼓文第二鼓汧殹篇》立轴，赠陈寅恪殊属不知进退者也。

一月十一日（星期二）。昙。

剿总致中央银行函，允本院暂借经费二十万，除三个月经费已领外，令景洛再与洽借，以应变费六十万作抵。下午至北大，闻教部专机此后将不来。南下教授可免费搭运粉机至青岛转京。据毅生言，此次做旅行社工作，非为抢救教授，实不啻为台大当差，诚慨乎其言之也。盖中央派机来接，实发动于傅孟真①。孟真荣膺台大校长，意欲将北大、清华名教授罗致于台大，名为抢救，实别有企图。实际上清华南去者仅月涵、寅恪②；北大则真如、子水等数人，且未必皆受其罗致。心劳日绌，何苦何苦。

一月十二日（星期三）。晴。

晨二时左右，西北方炮战甚剧，有重炮数声，户牖皆震。

---

① 傅斯年，字孟真（1896—1950），江西永车人。历史学家、"五四"运动学生领袖之一、中央研究院历史语言研究所的创办者。傅曾任北京大学代理校长、台湾大学校长。
② 陈寅恪（1890—1969），江西义宁（今修水）人。历史学家、古典文学研究家、语言学家。1948年4月，当选为中央研究院院士；其与胡适同机飞离北平，但未去台湾，而于上海转道去广州，同年底应岭南大学之聘任教授。1952年起，任中山大学教授、中央文史馆副馆长、中国科学院哲学社会科学部委员。主要著作收入生活·读书·新知三联书店出版的《陈寅恪集》。

中央银行允借二十万元。下午金静盦①、王有三②来谈。焦实斋电话为傅宜生③约晚餐。李涵础来。五时赴傅约，座有吕剑秋复、何仙槎思源④、袁志仁敦礼⑤、杨今甫振声、周枚荪炳琳、陈振汉、朱孟实光潜⑥、王捷三、冀朝鼎、焦实斋等。饭后傅征询意见，余以太庙事诘之，傅谓此事曾再三研究，其中导火线皆经取出，虽枪击亦不爆炸，决无危险。经多人讨论，结果允再考虑。枚荪言今日南池子相传落一炮弹，傅言无此事，意必东单机场炸毁障碍物，人民误会，以为落弹耳。后谈到停

---

① 金毓黻，字静庵（1887—1962），辽宁辽阳人。历史学家。北京大学毕业。早年曾任奉天教育厅长、满洲学报社主编、中央大学史学系教授等职。中华人民共和国成立后任北京大学教授、中科院近代史所研究员。

② 王重民，字有三（1903—1975），河北高阳人。1928年北京高等师范学校毕业，后至北京图书馆任编纂委员兼索引组组长。1949年任北京图书馆馆长。1952年专任北京大学图书馆学系主任。1957年9月，借调中华书局参加《永乐大典》的整理影印工作。在"文革"中被迫害致死。

③ 傅作义，字宜生（1895—1974），山西荣河（今山西省临猗县）人，抗日名将。1949年1月，他响应中国共产党"停止内战，和平统一"的主张，毅然率部起义，促成北平和解放，使古老的文化故都及其全部珍贵历史建筑完好地得到保存，200万北平市民的生命和财产免遭兵燹。中华人民共和国成立后，傅作义担任水利部（后来的水利电力部）部长长达22年之久，为新中国水利事业的发展做出了重要贡献。

④ 何思源，字仙槎（1896—1982），山东菏泽人。北京大学毕业，历任中山大学教授兼图书馆馆长、山东省政府委员、教育厅厅长。1946年聘任北平特别市长、华北七省市参议会首席和平代表，为和平解放北平奔走呼号。中华人民共和国成立后，任民革中央委员。

⑤ 袁敦礼，字志仁（1895—1968），河北徐水人。1946年任北平师范学院院长，1948年任北平师范大学校长。中华人民共和国成立后，先后任西安师范学院体育系教授、系主任，兰州体育学院副院长，甘肃师范大学副校长。1964年当选为中华全国体育总会第四届委员会副主席。

⑥ 朱光潜，字孟实（1897—1986），安徽桐城人。美学家。1925年先后在伦敦大学、巴黎大学就读。1933年回国，先后在北京大学、四川大学、武汉大学任教授。1946年回北京大学任教授直至逝世。

战谈和,傅言个人极愿和平,须对方同意始可商谈,并言对等言和则可,令余屈服则不可。谈至七时四十分,不得要领,将届戒严时间乃散会。

一月十三日(星期四)。晴。

到院始知昨日南池子、南河沿公安局皆曾落弹。韩寿萱来商保护文物事,嘱余参加。余告以呼吁之事请以超然派任之,余负典守之责,愿任正面交涉。下午院来电话,报告传心殿落二弹,玻璃皆震碎,房屋无损失。旋又报告禁城东南角楼亦中弹,已派人调查。战车三团副团长王绶辉(文冲同期同学)两次来访,新闻记者络绎来访。(一)连日报载余与梁秋水、冯友兰、陆志韦、汤用彤同被推为和平使者,信否?答以不知。(二)盛传明日余将赴京,有何使命?答以绝无此事。(三)昨晚参加晚宴,有何商讨?答以昨局为何仙槎洗尘,余被邀作陪,是应酬性质,虽亦谈及和平停战事,但不得要领。王述人来觅工作,可谓不识时务。夜,斐宇自京来电话,谓雪艇促余南飞,伊拟返遏,请将思猛带去。余告以决不南来。汝能来则来,若赴遏,思猛无法同行。

一月十四日(星期五)。晴。

传心殿及角楼损失尚不重大。电焦实斋速移太庙存物。央行款已借到。工警每人暂发二百元,余款为守卫队垫伙食。蒋朴庵①来谈。致杭立武书。

一月十五日（星期六）。晴。

自昨晚六时起平津电话中断，今日报章亦有报道。王述人

---

① 蒋朴庵，《世界日报》编辑。

【按】马衡院长致杭立武先生函（一九四九年元月十四日）

　　立武先生大鉴：

　　　弟于十一月间患心脏动脉紧缩症，卧床两周。得尊电促弟南飞，实难从命。因电复当遵照理事会决议办理，许邀鉴谅。嗣贱恙渐痊而北平战起，承中央派机来接，而医生诫勿乘机。只得谨遵医嘱，暂不离平。

　　　但事实上围城中戎马倥偬，应付各方实亦疲于奔命。因于十二月十四日将午门、神武门及东西华门等关闭，督率员工做应变工作。上午在院办公，下午各方奔走。最难应付者则为经济问题。本年经费固属毫无消息，而所请应变费又毫无着落。时值岁除人心浮动，岌岌不可终日。幸在一个月前购杂粮二万斤，即以此发给员工警以资年关之点缀。且至本月十日本年经费拨到，又得尊电应变费核准六十万定，是始皆大欢喜。然非得先生奔走呼吁则此项请求等于画饼。因将此意昭告同人，莫不同生铭感。谨代表本院员工警等百余人向先生敬致谢忱，并请以此意及不克南行之苦衷转达于王、胡诸公为感。

　　　运台文物已有三批菁华大致移运，闻第一批书画受雨淋者已达二十一箱，不急晒晾即将毁灭。现在正由基隆运新竹，又由新竹运台中。既未获定所，晒晾当然未即举行，时间已逾二星期，几能不有损失。若再有移运箱件则晾晒更将延期。窃恐爱护文物之初心转增损失之程度。前得分院来电谓三批即末批，闻之稍慰。今闻又将有四批不知是否确实。弟所希望者三批即末批，以后不再续运。

　　　其留存京库者想不能尽量运清，拟与中博院存品庋藏一处，取同一步骤。敬请先生分神照顾。盖森老在沪时须就医，未必能常川驻京应万一之变也。叨在知己故敢直陈，未知先生以为然否？欧阳邦华兄对保管文物有十余年之经验，赴汤蹈火在所不辞，先生如委以库务当可为忠实之助手也。

　　　同舟共济，幸先生有以采纳之。总杂陈词，不觉词费，幸赐裁答，至盼至祷。

　　专此　　　敬颂
　　大安

　　　　　　　　　　　　　　　　　　　　　　　弟马衡上言
　　　　　　　　　　　　　　　　　　　　　　　一月十四日灯下

来交团城家具清册。戴浩①、盛家伦②来谈。访焦实斋不遇。吃鸡素烧以当牙祭。

一月十六日（星期日）。晴。

徐悲鸿③来，谓今晚傅约其晚餐，盖仍为征求意见性质也。琰侄偕纪兴来午饭。景洛电话报告昨夜炮战，筒子河及武英殿后皆落弹，尚无损失。理发（价六十元）。访何仙槎谈次，何得电话，允即往会。余兴辞，何言即将往对方商谈，当请其转请勿再向中区发炮。

一月十七日（星期一）。晴。

到院后俞星枢、卢实夫来谈。卢言昨夜半何市长寓所中弹，

---

① 戴浩，马彦祥之友。电影演员、导演，中共地下党员，中华人民共和国成立后在北京电影制片厂工作。1986年病逝。
② 盛家伦（1911—1957），作曲家，广东中山人。马彦祥之友。1937年为著名电影《夜半歌声》配唱主题曲。1938年任中国电影制片厂作曲，为电影《保卫我们的土地》《塞上风云》谱写主题歌。曾经与光未然合作《抗日游击队歌》，后为舞台剧《为自由和平而战》《民族万岁》等作曲。中华人民共和国成立后任中央音乐学院民族音乐研究所研究员，中国音乐家协会第一届理事。
③ 徐悲鸿（1895—1953），江苏宜兴人。中国现代美术事业的奠基者，画家、美术教育家。1917年赴日本东京研究美术。1917年应蔡元培之邀受聘为北京大学画法研究会导师。与同年入北大的马衡结识，并成为马衡、马彦祥父子两代世交，留下一段佳话。1918年赴法国，师事达仰，继入巴黎国立美术学校。游历西欧诸国，观摩研究西方美术。1927年回国。任中央大学艺术科教授，兼任南国艺术学院绘画系主任、北平艺术学院院长。后任教于中央大学。抗战胜利后任北平艺专校长。中华人民共和国成立后，任中央美术学院院长。擅西画，兼工国画，画马为世所称。

女公子受伤。回家后电话询之,则云皆外出,心颇疑之。偕家人等赴紫房子照相,即往北大。正与毅生谈而枚荪适至,因报告此事甚详。仙槎宿于北屋正中,其夫人及二女宿于东耳房,其二公子宿于西耳房。今晨三时有飞弹落于东耳房,屋顶下塌,仙槎等奔往省视,又有一弹落于仙槎卧处。次女已丧命,仙槎等皆负伤,夫人之伤较重,因戒严关系不能送医院,经延医包扎,分别送协和及北平医院。咸认为日来各处中炮弹者,皆穿房而下,不至塌屋。第二弹又落在正房,均不无疑点,总之微妙而已。至院发一电致分院,不许人员擅离职守。赴北平医院探视仙槎,知伤势甚轻,留一刻而返。过《新民报》访张恨水①不遇。晤曹、王二君,略知琐碎消息。

一月十八日(星期二)。晴。

十二时出院,闻炮炸声甚厉。返家得维钧报告,协和门(太和门前东门)东南角落一弹,外东路锡庆门内外落三弹,皆爆炸,损一树枝,余无损失。而禁城外北池子同时亦落数弹。王振洲来。韩寿萱来,又欲俟局面变后广事宣传,以唤起共方对考古之兴趣。余劝其暂持冷静态度,勿招各方之忌,彼唯唯而返。今日和平使者于三时出城访叶剑英。仙槎力疾参加。同行者有吕复、康同璧

---

① 张恨水,原名心远,笔名恨水(1895—1967),安徽潜山人。著名作家。马彦祥挚友。"五四"时期先后任芜湖《皖江日报》编辑,北京《益世报》编辑兼上海《申报》驻京记者。发表《春明外史》《金粉世家》《啼笑姻缘》等小说。抗战胜利后任北平《新民报》经理,聘马彦祥编辑"天桥"专栏,后因马彦祥发表大量抨击国民党的文章而受牵连辞职。中华人民共和国成立后被聘为文化部顾问及中央文史馆馆员。

（长素之女）等十人。命芳若①取回《天玺纪功刻石》拓本。

一月十九日（星期三）。晴。

电分院派定留守人十二人。榆生来电话请辞职。此人真所谓临财苟得、临难苟免者矣。赵斐云来谈，恐惧现于词色。归家时向东耀堂买可丁止咳，据云非有医生处方不卖。下午挈思猛照相，以前日未照好也。访沈规徵大夫，托其处方。又访李涵础②略谈。仍至东耀堂配药水一小瓶，竟索价百八十元。晚报载和平使者二时返城，结果圆满，未晤叶剑英。闻人传说有全面和平之讯，电询徐盈③，则谓南京已下全面停战之令，并派张治中赴延安谈判。董希文来长谈。

---

① 马雍，字芳若，浙江鄞县人。系马衡远房侄孙辈，备受马衡关照。中华人民共和国成立后，先后在太原山西大学、杭州浙江大学任教。

② 李培基，字涵础（1886—1969），河北献县人。中华民国军事、政治人物。日本投降后，定居北平。1945 年当选国民党第六届中央执行委员。1946 年 11 月，当选为制宪国民大会代表，并先后担任国民政府顾问、水利委员会委员、考试院部顾问官、立法院立法委员。1948 年行宪后，任立法院立法委员。同年 12 月，被国民党中央推为立法院院长候选人。选举之时，平津战役已经开始，北平面临解放，遂拒绝参加竞选。中华人民共和国成立后，于 1952 年 11 月被聘为中央文史研究馆馆员，是第二、三、四届全国政协委员。留有《古鉴斋诗抄》二卷、《古鉴斋漫记草稿》、《辛亥关外革命始末记》等著述。

③ 徐盈（1912—1996），著名新闻记者。原名绪桓，山东德州人。1938 年加入中国共产党。曾任上海《大公报》记者、重庆《大公报》采访部主任。采写了《朱德将军在前线》《战地总动员》《访八路军五台山总部》《两度过太原》《记胡适之》等大量新闻报道。中华人民共和国成立后，历任天津《进步日报》副社长、社长，国务院宗教事务管理局副局长，全国政协文史资料研究委员会副主任。曾为第一届全国政协青联候补代表，第六届、第七届全国政协委员。还曾为中国作家协会会员、中国新闻工作者协会理事。

一月二十日（星期四）。大寒节。晴。

　　院中工役有饲猪者，昨未得我同意，分肉十斤交司机带回，每斤三百，须金圆三千，此岂围城中所应享受者。且京款未来，同人皆翘首以待，余岂能有此巨款。今日命柴显宗还之。昨传全面谈和，乃政务会议所决定，停战令固未下也。对中共所提八条件，只第一条惩治战犯不能接受，拟请中共自动撤回，其余均可商谈。早知今日，何必当初，只重苦吾民耳。北平之和平使者如何谈判，皆严守秘密，不知葫芦中卖甚药也。下午访毅生、悲鸿皆不晤。北大三院于一时后落一弹，未伤人。希文来。报载适之否认赴台湾，可谓尚有羞恶之心，贤于胖子矣。

一月廿一日（星期五）。晴。

　　买《名度集》四册赠葛豫夫；此君为铁道学院教员，到处钻营，无微不至，昨竟托余向北大介绍，欲补毛子水之缺，真梦想也，以后可置之不理。傍晚涵础电告蒋已发表文告，宣布引退，由李宗仁于今日起代行总统职务。亟电询徐盈，果然，并谓文告已到平，明日可见报。

一月廿二日（星期六）。晴。

　　报载蒋文告发表后即乘美龄号机赴杭州转奉化扫墓，闻蒋暂居鼓浪屿。元微之诗云："昔日戏言身后事，今朝都到眼前来。"似为余之预言而发。徐盈来院参观锡庆门落弹情形，备写通讯稿。星枢来谈。下午访悲鸿，知康同璧代表等访中共谈和，虽受盛大招待而谈及傅作义则认为不可赦之。战犯无对等谈和之资格，并言杜聿明已以战犯罪枪决，傅如不放下武器，将为杜聿明第二。康等不敢告傅，拟托悲鸿转达。悲鸿婉谢之。正谈间，景洛电话来，谓傅约三时开会，并盼亲自出席，同时报告有一〇四师兵士来接洽，欲驻景山备作巷战，请于席上诘之。遂辞悲鸿，往春藕斋，见楚溪春、刘瑶章及各机关首长、国家银行经理等三四十人皆在候。一小时傅始出席，报告和平为人民所要求，军人为人民服务，自应徇人民之请，放下武器，已与中共商谈。自今日上午十时起令各部队开始陆续撤退，并诵读条件十四条。因以景山事诘之，焦言不知，楚言调查，傅亦言不知，谓即使有此事，二三日内亦必撤出城外。兹录次日报载协议条文（原有十四条，报纸上将"军统、中统一律不许活动"一条删去成为十三条）如下（有关军事细节从略）：

一、自本月二十二日上午十时起双方休战。

二、过渡期间双方派员成立联合办事机构，处理有关军政事宜。

三、城内部队兵团以下（含兵团）原建制、原番号自二十二日开始移驻城外，于到达驻地约一月后开始实行整编。

四、城内秩序之维持，除原有警察及看护仓库部队外，根据需要暂留必要部队维持治安。

五、北平行政机构及所有中央地方在平之公营公用企业、

一九四九年（民国卅八年） 35

徐悲鸿1918年赴法前绘赠马衡《虎图》。现藏故宫博物院

银行、仓库、文化机关、学校等暂维现状,不得损坏遗失,听候前述联合办事机构处理,并保障其办事人员之安全。

六、河北省政府及所属机构暂维现状,不得破坏遗失,候前述联合办事机构处理,并保障其办事人员之安全。

七、金圆券照常使用,听候另定兑换办法。

八、一切军事工程一律停止。

九、保护在平领事馆外交官员及外侨人员财产之安全。

十、邮政电信不停,继续保持对外联系。

十一、各种新闻报纸可继续出刊,俟后重新登记审查。

十二、保护文物古迹及各种宗教之自由与安全。

十三、人民各安生业,勿相惊扰。

一月廿三日(星期日)。晴。

请规徵大夫来为小孩诊病。思猛业已退热,无须服药。刘振渝亦为感冒,汝慈疑为伤寒,但不能证实。席慈来电话,谓一○四师昨与交警队商换防,因交警队未觅得适当地址,与一○四师同驻观德殿。今晨同时撤出,而由二六九师八○六团第三营移驻。傅维本①来。何海生来,报告履儿消息,谓一度

---

① 傅振伦,字维本(1906—1999),河北新河人。历史学家、方志学家、博物学家与档案学家。1929 年毕业于北京大学史学系,马衡的学生。曾执教北京大学、北平大学女子文理学院,并在故宫博物院、国民政府国史馆筹备委员会、编译馆等处任职。中华人民共和国成立后,历任北京历史博物馆保管部主任、中国历史博物馆研究员,并先后兼任故宫博物院学术委员、南开大学历史系博物馆专业教授。曾任中国博物馆学会、敦煌吐鲁番学会名誉理事。编辑整理马衡遗著《凡将斋金石丛稿》。

至沈阳，不久即将返平。王制五、葛豫夫先后来。

一月廿四日（星期一）。晴。

　　准备开放工作。十二时访焦实斋询以：（一）联合机构何时成立，答一二日内。（二）奉院拟春节开放，请饬景山驻军、午门及太庙速迁。答今晚提出汇报，明晨答复。（三）昨夜今晨炮声何故，答不知。经东长安街归，至东单附近仍不通行，遂回车入王府井大街。三时赴北大晤向觉民，知清华教员三十余人入城，明日拟赴石家庄参观。益侄今日出城返农场探视，晤华北农业机构接收员陈主任凤桐，令各单位人员各守岗位，听候下文，今日报载为傅奔走和平者为邓宝珊①，并闻叶剑英早已入城，由傅招待于旧日本使馆，似太神秘，须待他日证实也。

一月廿五日（星期二）。晴。

　　汇款已到，而中央银行钞票不足，甞言未到，嗣侦知其隐，托其设法百五十万，允明日取现。拟发一月加薪及二月薪。今

---

① 邓宝珊，原名邓瑜（1894—1968），甘肃天水人。国民党陆军上将。抗日战争期间，任第21军团军团长、晋陕绥边区总司令，多次到延安与共产党领导人会晤，赞同抗日民族统一战线政策。与陕甘宁边区建立良好友邻关系。1948年，任"华北剿总"副司令时，应总司令傅作义电邀，到北平率部起义。中华人民共和国成立后，先后任甘肃省人民政府主席、省长；被选为全国政协第一届委员会委员，第三、四届委员会常委，第一、二、三届全国人大代表。"文化大革命"中受冲击，因心脏病发作逝世，后被平反昭雪。

日益侄、陈宜皆赴西郊谒其主任陈凤桐。

一月廿六日（星期三）。晴。

　　中央银行款已提来，韩寿萱昨约今日十一时邀王有三等来谈话，届时有三、静盦先来，寿萱、觉明①继至。觉明言北大借款无着，将不能卒岁。寿萱言彼私人已以四十余分重利向金城贷款，闻之恻然。因电询毅生，有无办法。毅生谓正一筹莫展。余谓本院尚有存款可借二百万，苟央行有钞票即开支票奉借，望径向该行商洽。其后裴文中②、唐立庵继至，因谈博物、图书等社教机关及考古事业今后应取何态度。正谈论间，毅生电话来，谓已向央行商妥，即派人来取支票，因嘱席慈照办付之。寿萱等谈话无结果，约卅一日十时再谈。下午石岚夫妇来，石岚于本月五日为军统捕去，先押于一区署，嗣移押陆军监狱，廿四日始释出。其夫人于廿三日赴良乡，翌日返平，谓履儿已在良乡，虽未晤面，确知其不日即来。访实斋，询景山、午门何时撤兵及移

---

① 向达，字觉明（1900—1966），湖南溆浦人，土家族。1924年后任商务印书馆编译员、北平图书馆编纂委员会委员兼北京大学讲师；1935年秋到牛津大学图书馆工作；在英国博物馆检索敦煌写卷和汉文典籍；1937年赴德国考察劫自中国的壁画写卷；1938年回国后任浙江大学、西南联合大学教授。抗战胜利后，任北京大学历史系教授兼掌北大图书馆。中华人民共和国成立后，任北京大学历史系教授、图书馆馆长、中国科学院哲学社会科学部学部委员。"文革"中惨遭批斗折磨，不幸辞世。

② 裴文中，字明华（1904—1982），河北滦县人。1927年毕业于北京大学地质系。1929年起主持并参与周口店遗址的发掘和研究，是北京猿人第一个头盖骨的发现者。1949年任文化部文物事业管理局博物馆处处长。著作有《周口店洞穴层采掘记》《周门店山顶洞之文化》《中国史前时期之研究》等。

马衡自 1917 年至 1933 年在北京大学服务 16 年，故有借款北京大学以解燃眉之急之举。图为 1924 年 9 月马衡与北大同人合影。前排左起：董作宾、陈垣、朱希祖、蒋梦麟、黄文弼，中排左二起：顾颉刚、马衡、沈兼士、胡鸣盛，后排左起：胡适、徐炳昶、李宗侗、王光伟

运，实斋谓已通知主管部门。辞出后，其秘书魏紫铭（际昌）追来，谓是北大同学，民廿年后曾在余班听讲，并云傅对中央部队无法控制，撤出城外恐尚需周折，若景山为傅直辖部队即无问题。余允调查后告之。赴北大，适值开教授会议甫散，晤诸教授，皆感谢，盖毅生报告也。归家后，益侄见告，谓有北大农学院教员新自良乡归，曾晤履儿，言在文化接管委员会，须候军事管制委员会命令即可来平。最近已移驻长辛店，恐又须移驻青龙桥，俟再度出城时探之。今日午前十一时余，东城有一巨响，窗牖皆震，家人恐怖，以为炮弹落于附近。至晚六时余，北城一带发觉无声之震动，据院警报告，午门沙包被震倒一部分，文华殿

玻璃似有一部分损失，须俟明日调查之。

一月廿七日（星期四）。晴。

　　据孟山调查，昨午之爆炸在城墙之外，正值大雅宝胡同东口，系地雷之声。傍晚之震动已见报，不知其来源。南下共军已抵浦口，南京大震，参议会长陈裕光渡江局部谈和。傍晚赵斐云来，谓北平图书馆昨借七万五千元，不敷分配，欲再借十万，婉谢之。

一月廿八日（星期五）。晴。晨大雾，十时放晴。

　　邦华来电，念劬在沪，榆生、荣华在杭，彼当坚守岗位，维护文物，复一电云：岁寒之心，与君共之。景洛自总部回述魏紫铭之言，曰开放尚非其时，盖形势仍内张外弛也。通州昨夜至今晨又发生战事。午刻前门五牌楼前有人掷手榴弹，伤数人。晚间备肴与家人共酌度此除夕，犹时闻机枪声。

一月廿九日（星期六）。阴历元旦。晴。

　　晨八时半，景洛电话称有卅五军李连长率士兵强登禁城，谓系奉命布防，自午门至西华门一段本院守卫尽令撤去。亟电询楚溪春，据云督察总监部已撤销，当代向总部查询制止，因约其候余同去。正出门时，又得景洛电话，登城士兵已撤下，偕楚往晤李参谋长，则云并无此命令，允即制止。琰侄与纪兴同来，留午饭。下午得履儿书，谓去年十二月二十日即抵西南郊，进城犹有待，但亦不过数日耳。

一月卅日（星期日）。晴。

　　自九时起炮声时作，似来自东北方。电询徐盈亦云不知，惟言今日盛传傅作义离平，但非逃走，意者赴包头或太原耳。今日报载中共发表声明，文中称傅作义将军，或对傅已不认为战犯。至午炮声渐稀，于思泊①来，久谈。五时一刻，东南方有巨响，与廿六日同，或亦东城外地雷爆炸也。

一月卅一日（星期一）。晴。

　　阴历新年第一日到院。寿萱、文中、立庵、有三、静盦来商博物、图书等馆新方案。觉明因事未来。讨论结果推觉明、文中、寿萱三人将各方意见整理汇编，定七日上午十时开会讨论。城内军队已将撤。下午解放军一部分入城。

二月一日（星期二）。夜有严霜，晨有大雾，旋晴。

　　景山驻军已撤清。解放军四十一军一二一师□营□连开入

---

① 于省吾，字思泊（1896—1984），辽宁海城人。古文字学家、历史学家。沈阳高等师范学校毕业。1931年后，历任辅仁大学、北京大学教授，故宫博物院专门委员。1955年聘为吉林大学教授，后又任古文字研究室主任。

填防；臂章为"平警"，由季营长负责，并在最高峰架机枪以控制全城。院内姜有鑫①、常潇二人连日以地下工作者（城工部）身份出现，邀院内各单位派代表开会，并令同人签名，应者寥寥。闻首次在院外开会时，有张国瑞、曹宗儒参加，此不可恕也。下午董希文来，谓城工部将于明、后日派人接收本院。此岂城工部职权？联合机构已成立，设于御河桥二号联谊社旧址，即日本使馆也。往北大晤毅生、有三，探访消息，俞大绂来访毅生，即以接收事询之。据云在良乡时曾晤尹达②，谓系接收社教机关者，并特别提出本院。其接收各大学者为钱俊瑞③。俞大绂曾晤履儿，曾一度在炮火声中来丰台招王瑶卿往晤，则所谓十二月二十日来西南郊者，即此事矣。嗣访觉明、寿萱于图书馆，据觉明云尹达者原名刘耀，本服务于中央研究院，曾参加安阳发掘工作。晚，电询焦实斋联合办事处曾讨论接收事否，答云尚未及此。希文电话，谓城工部接收当派适当之人。

---

① 姜有鑫，据曾参加当年接管故宫博物院工作、1984—1987 年任故宫博物院副院长的于坚回忆：姜有鑫是中国共产党过去在故宫博物院里唯一的地下党员。

② 尹达，原名刘耀（1906—1983），河南滑县人。曾于 1928 年参加安阳殷墟考古发掘。任中央研究院历史语言研究所助理研究员。抗日战争爆发后到延安。曾任马列学院历史研究室研究员。中华人民共和国成立后，历任北京大学副教务长、中国科学院历史研究所副所长、考古研究所所长、《历史研究》主编。

③ 钱俊瑞（1908—1985），江苏无锡人。1929 年任职于中央研究院社会科学研究所。历任左翼文化总同盟宣传委员、全国救国联合会党团书记、华中局文委书记、《江淮日报》主编、新四军政治部宣教部长、新华社北平分社社长兼总编辑等职。中华人民共和国成立后，任文化部党组书记、副部长。

二月二日（星期三）。先阴后晴。

履儿十一时入城，来电话报告旋即来院，谓接收本院者为尹达、王冶秋①。接收者共四处：一为本院，二为北平图书馆，三为历史博物馆，四为文物整理委员会。有三亦来报告已与尹达晤谈，日内当来接洽；则希文所言当不可信矣。履儿又言彼等以本院无地下工作者，故资料感觉缺乏。则姜有鑫、常瀍等为投机分子又显然矣。下午履儿回家，略述别后情况，谓来书所谓西南郊者指长辛店，实无约王瑶卿谈话之事。甚矣，传说之不可信也。至院筹备资料以便交接。赴北大晤毅生、有三、枚荪、锡予、大绂、寿萱等，略谈而别。

二月三日（星期四）。晴。风。

履儿住北池子六十六号，电话来为尹达约时间与余为私人之晤谈，约以午后在家候之。景山驻军换防仍为平警门岗，沙包如故，因启北上门通行，其余四门仍扃闭。下午履儿来家午饭兼候尹达，不至。六时半电灯忽明，别已四十余日矣。晚饭后尹达来谈，因将院内情形约略告之。问以接收之期，则云再

---

① 王冶秋（1909—1987），安徽霍邱人。曾任冯玉祥将军的国文教员兼秘书，从事中国共产党的军政情报工作。1946年秋，受党组织派遣，到国民党第11战区司令将官部任少将参议。1948年，担任解放区北方大学和华北大学研究部研究员，在河北良乡筹备北平的文物接管工作。北平解放后，担任北平军事管制委员会的文物部部长，完成了对北平文物、博物馆、图书馆的接管工作。中华人民共和国成立后，担任文化部文物局副局长、局长。

行约定。是日上午十时解放军自永定门入，军政首长在前门城阙检阅步骑炮兵，一军入前门经东交民巷、东单、东四而达西城，行列延长数里，整齐严肃，蔚为壮观。

二月四日（星期五）。立春。晴。

金圆券与人民券比率已公布。工厂、学校教职员及劳动人民自本日起以一比三，限每人兑五百元，其余平民则照人民银行牌价自六日起兑。下午命芳若率孙辈看杂耍，因至厂肆浏览。商铺多未开门，书摊寥寥可数。火神庙竟无一摊，情况凄惨。在庆云堂见《天玺纪功刻石》整本，有"北平翁方纲来观"刻款，并有黄小松一印，意覃溪拓赠小松者。归途经东单接孙辈归。

二月五日（星期六）。晴。

得焦实斋电话，约十时在御河桥联合办事处开会。晤徐冰、张宗麟、钱俊瑞，参加者有各院校代表。锡予、毅生、劭西、有三等皆与焉。商讨各校及文化机关之应急问题。结果凡教职员、学生、工警每人日发小米一斤有半，学生每人月发人民券百元，工警六百元，教员底薪在百元以下者千五百元；百一元以上至三百元者二千元；三百一元以上者三千元，先发半月，人数于本日五时以前开单送至文化接管委员会，名册限三日内造送。另编一至三月预算，将来在预算内扣还。会散归家，履儿已先在。饭后至院，携本院及文整会名单面交张宗麟。嗣晤尹达，详询城工部接收之事。因以希文传言告之,并谓既未有人来,想系希文传言之误,继询职员中之自称城工部人员之姓名,以姜有鑫、常濬告之,允为彻查。理发,价涨至七百金圆,距上届仅二旬,竟涨至十倍以上,不觉咋舌。本院定七日开放,参加庆祝。

二月六日(星期日)。晴。

王制五来。章矛尘①来。午,赴悲鸿之招,座右沙可夫、钱俊瑞、田汉、安娥。甫回家,黄纪兴来。

二月七日(星期一)。晴。

院门悬宫灯,今年首次开放。金静盦、唐立庵、王有三、韩寿萱来会,修正所拟方案,定十三日二时在北平图书馆开博物馆、图书馆两协会联席会议。访毅生,商扣还款。

二月八日(星期二)。阴。

王冶秋电话,嘱维钧往文管会取维持费,因令景洛、维钧

---

① 章廷谦,字矛尘(1901—1981),浙江上虞人。作家,笔名川岛。1922年北大毕业,留校。1926年任《民国日报》编辑。1930年11月,在南京任教育部审。抗日战争胜利后,回北京大学中文系任副教授。1949年10月,参加中国民主促进会。1956年,当选为民进中央委员,兼北大支部主任。1957年,加入中国作家协会。代表作有散文集《月夜》《和鲁迅相处的日子》等。

1949年2月初,舒赛在北平军事管制委员会工作

同往取之。午饭后,尹达偕刘新权、舒赛①(女)来,二人皆军管会干部。谓解放军万余人将分期参观故宫,请为筹划,允于

---

① 舒赛,又名王藕(1917—1971),湖北江陵人。舒赛到故宫联系组织解放军二十余万人参观工作仅数日,其工作能力和责任心便得到马衡发自内心的盛赞。可惜舒赛后来的遭遇令人唏嘘。1988年湖北应城的鄂中烈士陵园给舒赛竖立了有头像石碑,墓志铭曰:舒赛,女,1917年生,湖北江陵人。抗战爆发后在武汉参加妇女战地工作团,1938年3月入应城汤池训练班学习,11月加入中国共产党。先后任中共京安县委宣传部代部长,云梦和江陵县委社会部长兼公安局长,新四军五师第三军分区卫生部政委,第四野战军南下工作团副政委、总支书记等职。建国后历任中南军政委员会民政部副处长、中央军委复员委员会工作组长、中央建工部人事司处长等职。1958年后,由于坚持正义,反对邪恶,多次遭到错误处理。1966年12月张贴全国第一张反林彪的大字报,受林彪、江青反革命集团迫害,于1971年5月惨死山西狱中,终年54岁。

下午四时半答复之。因召三馆一处负责人筹商，拟以十二日开始每日千二百人，上午九时起六百人为一班，下午二时六百人为一班，三路同时开放，每一宫殿派一人为之说明。舒赛允明日十时先来参观并作最后之决定。

二月九日（星期三）。雪。

晨诣尹达，舒赛来接洽参观事，令维钧招待之。泰侄约晚间来，因约履儿回家晚饭；琰侄、纪兴亦来参加，饭后辩论至十时始散。

二月十日（星期四）。雪。

苏联领事齐赫文来文献馆阅康有为档案。文管会派罗歌① 来院照料参观事。晚，长安有劳军戏，履儿留一券，因赴之，至深夜一时始归。

二月十一日（星期五）。晴。

参观部队改明日来，但今日已停止售票矣。

---

① 罗歌（1926—1993），贵州贵阳人，中国革命博物馆研究馆员。1958年毕业于莫斯科大学博物馆学专业。1958年后先后在中国革命博物馆、文物博物馆研究所、文物局、图（书馆）博（物馆）口领导小组工作。曾参加关于全国性文物、博物馆条例及政策性文件的起草工作和中国革命博物馆的建馆工作。主要论文有《中国革命纪念馆事业的发展刍议》。长期致力于朱德生平研究。

二月十二日（星期六）。雾。阴。

解放军来参观。各界在天安门前开庆祝大会，并游行，与会者十万人以上。午后诣金静盦，以义州《魏元景造像》乞题。晚晴，月色甚佳，盖今日为元宵也。

二月十三日（星期日）。晴。风。

为入春以来最寒之日。下午往北平图书馆开博物馆图书馆二协会联席会议，通过《从事图书馆博物馆及考古工作者的意见》一议案，俾建议于文化接管委员会。候芸圻来，嘱题其尊人遗像。会中晤燕大图书馆主任陈鸿舜，嘱查御膳房

【按】入城解放军参观故宫一事，据接管故宫的罗歌同志回忆，1949年2月10日，文物部接到上级通知：平津前线司令部决定，东北解放军及华北解放军二十余万人将于日内分批游览故宫。时任院长的马衡先生表示热烈欢迎，全力搞好接待工作。当天，平津前线司令部派来某师政委舒赛同志及李营长。舒赛是个女同志，她到故宫博物院，就召集接管故宫的罗歌同志和李营长开会，分了工。舒赛全权指挥部队，李营长负责联络，罗歌负责总导引及供水等事宜。全院600多人，除老弱病残者外，都在做导引、警卫工作，少部分人负责烧开水，用皇宫内原来用以烫猪的大铁锅烧水，用宫内堆积如山的废木料做燃料，从贞顺门到顺贞门一带，十几口大锅一字儿排开，烈火熊熊，烧开一锅锅开水。故宫的同志们将开水一碗碗送给解放军解渴。军民鱼水情谊浓，那热烈而动人的场景，是故宫博物院建院24年来所未见过的新气象。解放军一批又一批乘军用卡车来到午门前广场。他们下车后，排成二路纵队，进入午门，经内金水桥、太和门，参观太和殿、中和殿、保和殿，然后到乾清宫、坤宁宫入御花园，再参观东西各宫，最后从神武门出，乘车返回驻地。军管会命令故宫，每天必须书面报告参观情况，军管会叶剑英主任每天晚上听取有关部门的专题汇报。每天约万余人参观，从2月12日至3月4日，所有部队参观完毕。3月5日，舒赛同志带领李营长向马衡院长告别，对博物院全体职工的热情支持和接待表示感谢。军管会为了慰劳博物院负责同志，当天晚上请他们到长安大戏院看了梅兰芳演出的《贵妃醉酒》。

二月二十日（星期日）。晴。

　　王制五来。三时赴中共当局之约于北京饭店。主人林彪、罗荣桓、聂荣臻、董必武、薄一波、叶剑英四时入席。首由林将军致词，董主席继之。来宾中有京沪来宾及各大学教授。先由邵力子代表南宾发言，继之者有张奚若、陆志韦、许德珩、张东荪等，最后由聂将军、叶市长相继发言。席终看解放东北电影。十时归。

二月廿一日（星期一）。晴。

　　舒赛有其他任务，已不住本院。星枢来谈文整会事。访邵力子于六国饭店，今日投刺后甚顺利，先晤翙云，以家书托其带去。四人者皆各携一秘书，随行严来者为潘伯鹰。为余言临行时森玉再三相托，谓文物运台彼实不赞成，故虽被派为专使而并未去台云云。此事森玉无能为力，余何尝不知。但十年来依附孟真、骝先，而放弃故宫任务，视其地位实有不容宽恕者耳。力子、翙云坚留午饭，惠庆、行严皆熟人，亦不便却之，遂与招待人交际处王铎晤于饭厅。力子与余座相接，固以运台事诘之。邵言："主持人意甚坚决，余虽知其不合理，而以势孤恐非口舌所能争，故两次开理事会均未出席。"是彼之主张正与余暗合。雪艇、骝先、孟真等对中共不共戴天，列入战犯不为过也。下午尹达来电话，询存平文物确数，以电话中不能详谈，遂赴会面谈。告以点收清册所列者不必皆文物，故"复员"以后，由三馆就各宫殿分类提取编写卡片，其所剩余则为非文物，由总务处提取。此项分类工作，非三五年后不能毕事，届时卡片完成则总数亦可稽核矣。尹乃恍然。余约其先游开放地点，后阅各库及不开放地点，始可于本院内容得一概念。彼亦深韪余言。归途理发，价五十元，较上届又略低矣。

二月廿二日（星期二）。晴。

舒赛索员工警名册，谓将有物资赠送以酬招待参观之劳。点收清册有油印本，将以一全分送文管会。

二月廿三日（星期三）。阴。

邀各馆主管人开谈话会，定各单位随时开小组会，每星期五四时开检讨会，有问题时提每月之院务会议共同讨论，并勖以勉力，革除暮气，提高工作效能。下午傅维本来，言东北大学限月内迁回东北，教职员无论去就皆须登记，彼实不愿再往东北，将在平觅工作。余告以机关学校皆在维持现状中，一时恐无机会，不如暂往东北以待时机。

二月廿四日（星期四）。昨夜雨。上午晴。

军管会送来酬金，人各二十五元，谓是半斤肉之值。韩寿萱来，以"从事图书馆博物馆及考古工作者的意见"定稿见示，即由彼送往文化接管委员会。午后诣金静盦及李涵础长谈。至清华园浴并修脚。

二月廿五日（星期五）。朝雾午晴。

昨文管会发维持费，人各八百元，小米人五十斤，并定待遇办法，照去年十一月份标准，折合当时粮价定为应得之数字，再以今粮价折合之。《法书大观》印成。

二月廿六日（星期六）。晴。

颜惠庆等四人于廿二日飞石家庄，廿四日返平。和谈当有进步。因于下午访邵力子传达人谓有客，遂先赴琉璃厂购得积木，再往晤之，则已出门矣。琰侄、纪兴来晚饭。

二月廿七日（星期日）。晴。

梁思成约十时半在团城相晤，同往谷九峰处，商文整会事。至则星枢已先在。九老病新愈，精神尚佳。东北野战军政治部主任谭政、陶铸约三时晚餐，至则为南下工作团事招待各院校有关人士，其实于我无与。发言者甚多，只是交换意见而无结论。饭后有音乐歌舞助兴。颜、邵、江、张今返沪。

1946年初抗战胜利故宫文物回迁前夕，马衡为侄女马琰篆书唐王之涣七言绝句《凉州词》

二月廿八日（星期一）。晴。

招待解放军至今日结束。乃舒赛走后驻此联络者为石浩。睹报端广告，大不谓然；谓尚有两批人来看，三月五日始可结束。乃再登广告，展至三月九日开放。尹达来谈，对全体员工警讲话亦延至六日举行。下午访郭沫若、洪浅哉①、马夷初②于北京饭店，仅晤夷初，余皆他出。

三月一日（星期二）。晴。

九时送思猛上学，即往北京饭店访沫若、浅哉。甫下车即为岗兵所阻，并指门首揭示见示。会客时间为下午二至四时。余知不可以口舌争，幸知沫若房间为二一九号，到院即以电话告之，并订明日之约。

---

① 洪深，字伯骏，号浅哉（1894—1955），江苏武进人。中国电影戏剧理论家、剧作家、导演。1930年3月，与田汉等发起成立中国左翼剧团联盟，任总书记。1938年任国民政府军事委员会政治部第三厅第六处第一科科长，组成19支抗敌演剧队深入战区宣传抗日。中华人民共和国成立后，任文化部对外文化事务联络局副局长兼北京师范大学外语系主任。1953年被选为中国戏剧家协会副主席。

② 马叙伦，字夷初（1885—1970），浙江杭州（原籍会稽）人，古文字学家、教育家。早年参加同盟会，加入南社，曾任《国粹学报》编辑。辛亥革命后，历任上海劳动大学校长、清华大学及北京大学教授等职。1946年发起组织民主促进会。中华人民共和国成立后，历任中央人民政府委员、教育部部长、高教部部长。著有《马叙伦学术论文集》《说文解字研究法》《六书解例》等。

三月二日（星期三）。晴。

　　八日为妇女节。北平市筹备会派代表赍函来谒，拟假太和殿为会场，允之，并拟招待参观。十二时先接思猛。至北京饭店，至第一道岗位即受盘诘，幸洪深、履儿已在门口遥望，亟来解围，同车回家。夷初已先在，悲鸿夫妇亦同时到门，沫若、田汉、安娥乘履儿车先发而后至，以彼等二时开会，遂即入座。沫若已止酒，田汉、洪深亦加节制，盖恐醉后失言也。酒阑客散，稍事休息。傍晚张恨水来，以今日《新民报》王达仁写一文，述《新民报》过去为温崇信、张万里所迫害，语侵恨水，嘱转告履儿，谓王所述，不免有挑拨之嫌，望勿轻信云。

三月三日（星期四）。晴。

　　履儿先我回家，饭后即去。而恨水又至，坚嘱转达履儿约期一谈。察其神情，似受刺激而神经略失常态者。

【按】1946年至1948年间，马彦祥在《新民报·天桥》副刊上，连篇累牍地发表了大量揭批时弊的文章，引起了国民党当局的不满，同时也给时任该报总编的张恨水惹来不小的麻烦。1948年6月，北平《新民报》接到南京内政部批示，因其副刊《天桥》常有"反动言论"，勒令社方必须解聘该版主编马彦祥，否则立即查封。张恨水急找马彦祥商议，次日，马彦祥被迫辞职。7月下旬，我地下党送马彦祥前往石家庄参加"华北人民代表大会"。张恨水设宴为马彦祥饯行。秋，张恨水辞去《新民报》所有职务。至此，结束了他从事30年的新闻记者生涯。1949年3月2日至4日，《新民报》发表了新总编辑王达仁《北平新民报在国特统治下被迫害的一页》一文，认为张恨水是国民党特务迫害北平《新民报》的帮凶，行文尖刻，对张恨水刺激很大。同时担心马彦祥因此误会，故有上述之举。

一九四九年（民国卅八年）

三月四日（星期五）。晴。

　　七时半冶秋电话，言民主人士于九时来院参观，嘱筹备招待，因嘱景洛先行布置。届时李济深等廿余人来，导之。先游东路各陈列室，至十二时一刻始退出。下午仍至院办公。五时归。

三月五日（星期六）。晴。

　　沫若偕丁瓒来院，因导往东路参观书画陈列室及瓷器陈列室，并及郭瓷杨铜。沫若对瓷器颇有兴趣，前此所未知，杨铜之欣赏固无论矣。据沫若言，昨在清华晤陈梦家①，将约余与立庵于星期日往思泊家参观铜器。十二时退出。闻立庵曾有电话，因电询之，则云梦家在其家，约明日三时在思泊家相晤，并公宴沫若。当时征沫若同意，允之。下午仍到院办理未毕各事，招待部队参观即于今日结束。明日下午及

---

① 陈梦家（1911—1966），浙江上虞人。古文字学家、考古学家、诗人。1934年在燕京大学师从容庚习古文字学。1938年春，在西南联合大学主讲古文字学、《尚书》通论等课程。1944年升任教授，同年赴美国芝加哥大学讲授中国古文字学。1947年夏，赴英、法、丹麦、荷兰、瑞典等国收集流散于欧洲之我国铜器资料，同年秋回国，任清华大学教授。1952年任中国科学院考古研究所研究员，并担任该所学术委员会委员、《考古学报》编委、《考古通讯》副主编等职。1957年在考古研究所被划成"右派"，1966年9月3日，在林彪、"四人帮"的政治迫害下含冤自缢而死，年仅55岁。著有《老子分释》《海外中国铜器图录》《汉简缀述》《古字中之商周祭祀》《梦家诗集》等。马衡先生去世后，其遗稿《汉石经集存》经陈梦家先生为之整理编辑誊录排比，徐森玉题签，于1957年12月由科学出版社出版。

梦家先生大鉴 前得
惠书以搆冗未即裁答歉甚。杨宁
史铜器铭文拓本前经商定审查人名
送一分此外别无赠送承
示先赠一部甚感徐涉及秦公簋拓本而误
会端在冯家审查铜器时曾谈及渡
江者离平逾层阁置若特附之专渎敬颂
著祺　　　　　马衡上言八月吾

马衡致陈梦家书

后日休息。

三月六日（星期日）。惊蛰。晴。

　　九时尹达、王冶秋来，与员工警讲话，以风大改在太和殿内举行，至十时三刻甫毕。三时吊杨梦赍之丧，遂至思泊家。沫若已先在，畅谈至六时，同赴森隆晚餐。偕沫若至美琪观程砚秋之《荒山泪》。

【按】当年参加北平军管会接收故宫工作的罗歌先生，于1986年在《燕都》杂志撰文，回顾了故宫那难忘的历史瞬间：

　　1949年2月10日我到故宫，先去拜见马衡院长，当我向他作了自我介绍后，他非常礼貌地站了起来，表示欢迎联络员到故宫开展工作。我很不安，再三说明，自己是北大的学生，而他曾经是北大的教授。但是，马老说："这是故宫，不是北大。这是办公室，不是课堂。你不是学生，你是共产党的代表，应该这样。"此后，对于我传达军管会的指示，他都用毛笔亲自在信笺上简要地记下来。由于他的热情、认真、严肃的态度，使联络工作非常顺利，他亲自召集科长以上的办公会议，让大家要服从军管会的领导，要尊重、支持联络员的工作。半月后，马老同意召开全院大会，请军代表正式宣布接管。大会在哪里开呢？经过再三商议，马老决定在太和殿召开，只有那里能容纳全院职员、工友、警卫五百多人。马老说："我作为院长，必须参加这次大会。"后来，我把上述意见向尹达、王冶秋两位同志汇报后，他们考虑马老年龄太大，太和殿也没有座位，可以不参加大会。但后来马老再三坚持，还是参加了这次大会。大概是在3月6日，接管大会在太和殿召开，除值班站岗的警卫队员外，全体参加，马老也站在职工队伍中，这更增加了会场的严肃气氛。当我宣布请军代表尹达同志讲话后，整个太和殿寂静无声，掉一根针到地上也能听到响声。尹达同志快步登上皇帝宝座，他用力地大声讲话，我至今还能记得其中的一段："几百年来，只有皇帝才能登上这个宝座。现在，我作为北平市军事管制委员会接管故宫博物院的军代表，也登上这个宝座。有人说，老百姓登上宝座，会头晕，会掉下来的。今天，我的头并不晕，也掉不下来。这是为什么呢？因为人民当家做主了，人民成为主人了。现在，我宣布：正式接管故宫，马衡院长还是院长，全体工作人员原职原薪。从今天起，故宫新生了……"尹达同志讲完后，离开皇帝宝座，走到听众中，用力地握着马老的手，此时，我看见马衡院长的嘴唇也微微颤动，（转下页）

三月七日（星期一）。晴。

　　景洛电话报告三八筹备会约定今日来布置，候至四时尚未着手，拟连夜工作。余告以原则上不得燃灯，遂改在太和门外举行。

三月八日（星期二）。晴。

　　送思猛上学后到院。孔德来电话谓今日以妇女节放假，亟命柴显宗接来。旋觉体中不适，挈思猛归。下午就医于吴洁，谓系感冒，予三日药。

三月九日（星期三）。晴。

　　在家休息。齐长（如山之女）来。余劝其将借陈于堂子之国剧资料暂行收回，以免别生枝节。

三月十日（星期四）。晴。

　　咳嗽已止，胃尚不适。继续休息一日。终日读《毛选集》。

（接上页）泪花在他的双眼中闪烁。我也激动了，赶忙请他和尹达同志先离开会场。此时，全体职工警队伍中突然爆发出雷鸣般的掌声，欢送着他们两人走出太和殿。可惜，那天没有照相。那时，太和殿还没有装灯，故宫的老式照相机也无法把这个珍贵的镜头拍摄下来。然而，这场景却常常映现在我的眼前。我相信，那天参加大会的五百多位职员、工人、警卫也是永远不会忘记的，是不会忘记故宫的历史开始了新的一页的。

三月十一日（星期五）。晴。

到院晤罗歌，转达尹达之意，将使其来家探病，谢其盛意。星枢来谈。饭后小睡，疲倦甚于往日。至院处理兑换金圆券事。判云：赵振赓办事疏忽，复图借机营私，本应重惩，始念其坦白陈述，深自改悔，着记大过一次，予以自新之路，以观后效。刘鸿奎疏于督饬，咎无可辞，应予记过一次。归途理发，价五十元。

三月十二日（星期六）。晴。

罗歌来谈，谓工警对兑换金圆券事将有讨论，希望候其开会后再行处理。因将昨日所处理者暂为压置。至武英殿观新布置。傍晚陶北溟①来谈。

三月十三日（星期日）。晴。

刘盼遂②偕陈君来谈，知葛天民明日回东北。诣北溟，看

---

① 陶北溟，名祖光，字北溟（1882—1956），江苏武进人。民国时期北平故宫博物院书画顾问。金石家、书法家、收藏家，精于碑版之学，精鉴赏，富收藏。著有《翔銮阁金石文字考释》，1931年辑成《金轮精舍藏古玉印》一卷。

② 刘盼遂，名铭志，字盼遂（1896—1966），河南息县（今属淮滨）人。1925年考入清华大学国学研究院。毕业后历任中州大学、北京女子师范大学、河北大学、河南大学、北京师范大学教授。从事古文字学、音韵学、训诂学研究。著有《文字音韵学论丛》《段玉裁年谱》《论衡集解》等。

毓祖丁卣。

三月十四日（星期一）。昙。

  得杭立武一月抄复余十四日书，存卷，亦文物迁台之重要文献也。

三月十五日（星期二）。昙。

  发本月上半月薪。

三月十六日（星期三）。雪。

  下午一时，文管会召开文物座谈会于北京饭店；主要问题为故宫博物院、北平图书馆如何改进业务。到者数十人。尹达出示所提草拟方案，中有历史博物馆归并故宫。余报告本院成立经过后，谓本院所接收、保管、整理者，完全为清宫建筑及其文物，非清宫旧有者不在此列。今历史博物馆性质不同，且已属于北大。北大原有教学博物馆似无归并本院之必要。钱俊瑞主席允再讨论。嗣又谈及南京六机关文物移往台湾事，佥主向国民党抗议，令其迁回南京。指派沫若、有三及余三人起草。散会后郭留晚饭，即于其室内商谈。约十九日十时在文管会晤商。

三月十七日（星期四）。昙。

与席慈、景洛商改进方案。先由各单位在各小组中提出意见，再行汇齐检讨。午后维本来，谓已辞去东北大学事。蒋朴庵来，谓将被遣回籍。

三月十八日（星期五）。晴。

沫若电话谓郑西谛①等今晨到平，对文物事有新资料。因赴北京饭店访沫若，同诣六国饭店。据西谛言，主张迁移文物最力者为王世杰、傅斯年、朱家骅。王并取得蒋之同意而积极进行者。陈叔通②为余言，傅于开会时对余反对迁移大加攻击，

---

① 郑振铎，别名西谛（1898—1958），浙江永嘉人。现代作家、学者和文学史家，曾在北京铁路管理学校学习。"五四"时期与瞿秋白等一起参加学生运动。1921年与沈雁冰（茅盾）等发起成立文学研究会，主编《文学周报》《小说月报》。1927年去英国留学。1929年回国后，在燕京大学和复旦大学等校任教。主编生活书店的《世界文库》，与靳以主编《文学季刊》等。抗战胜利后创办《民主周刊》。中华人民共和国成立后，曾任文化部文物局局长、文化部副部长、中国科学院文学研究所所长等职。著作有插图本《中国文学史》《中国俗文学史》《取火者的逮捕》《新月集》等，编有《中国版画史图录》等。
② 陈叔通，名敬第（1876—1966），浙江杭州人。中国政治活动家、爱国民主人士。清末翰林。甲午战争后留学日本，曾参加戊戌维新运动。辛亥革命后，任第一届国会众议院议员。曾参加反对袁世凯的斗争。此后，长期担任上海商务印书馆董事、浙江兴业银行董事等职。抗日战争期间参加抗日救亡活动。抗战胜利前夕，参加筹组上海市各界人民团体联合会。1949年9月出席中国人民政治协商会议第一届全体会议。中华人民共和国成立后，任中央人民政府委员，全国人大常委会副委员长，全国政协委员会副主席，中华全国工商联合会第一、二、三届主任委员。

并于蒋前大进谗言,果不出余所料也。叔通与马寅初、张绚伯①皆于今晨同抵此者。

三月十九日(星期六)。阴。

先赴院。北大、文整会、图书三机关所借款皆还清。十时如约诣文管,沫若已先在。抗议书已草成。有三对傅、杭列为文化战犯一点述翦伯赞、向觉明之意,谓中共中央对傅斯年之战犯案闻曾精密研究,杭则仅供奔走,不足重视,请加考虑。余谓座谈会翦、向皆出席,傅为主动之人,会中有报告傅应从宽处理。翦、向应在会上说明。郭谓傅为主动罪,故不容赦。杭之列入,亦不为苛,我等之起草尚须经军管会之审核,苟有窒碍,自当修正,于是定稿签名。偕沫若、丁瓒诣陶北溟观铜器,顺道挈思猛归。四时如约访绚伯,知华儿②时与往还,何家书中未有道及耶?

---

① 张晋,字绚伯、迥伯(1885—1969),浙江鄞县人。是马衡的同乡同学挚友。民国时期钱币学家、银行家。23岁在上海南洋公学毕业后赴日本留学读商科一年。回国后在宁波任教员。1933年于青岛建东海饭店。抗日战争爆发后回上海,拒与日商合作经营。抗战胜利后,参加爱国民主运动,加入中国民主建国会。1946年6月23日,被上海各界人民团体推举为和平请愿团11名代表之一,与马叙伦等赴南京请愿,至南京下关车站遭国民党宪警围殴。嗣后数度掩护帮助青年学生转赴解放区。1948年底,在中共党组织帮助下去香港,次年初至北平。9月出席中国人民政治协商会议第一届全体会议。中华人民共和国成立后,历任第一、二届全国政协委员,第一、二、三届全国人民代表大会代表,政务院外交部条约司专门委员。

② 马太龙,原名震,字寿华(1906—1985)。马衡之长子。

三月二十日（星期日）。雪。午霁。

王畅安①夫人来，谓畅安来信，预备返国，已定七月八日舱位，约二星期可抵上海。允届时办理手续。葛存念来托进行港大事。

三月廿一日（星期一）。春分。昙。

葛豫夫又来院相嬲。李响泉②来，此老已八十二高龄，健步健谈，真可羡也。

三月廿二日（星期二）。晴。

诣叔通长谈。晤包达三③，知华儿曾伴谦儿谒包谋出路。

---

① 王世襄，字畅安（1914—2009），福建福州人。文物专家、收藏家。1938年燕京大学文学院国文系毕业。抗战期间，到故宫博物院工作。抗战胜利后，由马衡、梁思成推荐，参加"文物清理损失委员会"平津地区办公室工作，任助理代表，代表国家追还抗战时期被劫夺之文物2000余件。1947年3月任故宫博物院古物馆科长及编纂。1949年8月后在故宫博物院任古物馆科长及陈列部主任。"三反"运动中，被列为重点审查对象，蒙冤被拘留审查达十个月，经查明无问题开释后，文物局竟令其去劳动局登记自谋出路。1953年开始在民族音乐研究所工作，1962年调回文物局工作。其在美术史、建筑营造、明式家具等方面钻研至深，成就斐然。著作有《髹饰录解说》《锦灰堆》《明式家具珍赏》《北京鸽哨》《自珍集》等。
② 李响泉，字浚之（1868—1953），山东宁津人。著名画家、书法家、收藏家、金石鉴赏家。历任山西省灵丘县知县、故宫博物院顾问、文史馆馆员。
③ 包达三，字楚（1884—1957），浙江镇海（今宁波）人。早年留学日本，先后学习商科和法律。加入同盟会，参加武昌起义及反袁活动。1918年弃政从商。1946年参加上海人民和平请愿团，与黄炎培等积极支持中国共产党的统战工作。李公朴、闻一多遇害后，在《群众》杂志发表《哀悼与愤慨》。1949年到北平，出席首届中国人民政治协商会议。后任华东军政委员会委员、浙江省副省长。

继访西谛,始知森玉果以□□为外室,生子已十龄左右矣。

三月廿三日(星期三)。晴。

　　景山及天安门皆遗有弹药,函文管会设法撤除之。晚纪兴、琰侄来晚饭。

三月廿四日(星期四)。晴。

　　本月下半月经常费商诸文管会,借收入款六万元,已得同意。

三月廿五日(星期五)。晴。

　　与罗歌谈甚久。昨晚浴后受凉,腰疼。下午以热水袋熨之。

三月廿六日(星期六)。晴。

　　腰疼仍未愈。又借收入款六万四千元。贾乐山于昨晚病故,家境萧条,赙以五百元。下午召集工警讲话。毛主席、朱总司令及周恩来等于昨日来平。

三月廿七日(星期日)。晴。

　　中央宣布与蒋政府谈和,派周恩来、林伯渠、林彪、叶剑英、李维汉为代表,日期定四月一日,地点为北平。钱玄同夫人开吊,稻孙亦在焉。挈思猛偕芳若游中山公园,花尚未开。至市场吃栗粉。上午王利器①来谈,考证颇精密。

三月廿八日(星期一)。晴。

昨奔波半日,腰疼乃大减,此体贵劳动之验也。捐五百元劳军。

三月廿九日(星期二)。朝雾。午晴。

世界和平大会代表团于下午一时廿分启程赴巴黎,郭沫若为团长。

三月三十日(星期三)。晴。

开组至禁城西河沿城隍庙看房屋。金静盦来,未晤。下午又来电话,谓寄存景山寿皇殿文物将运回东北,明晨来面洽。蒋朴庵来托谋事。此君自命名士,思想落伍,实不可救药也。

---

① 王利器,字藏用(1911—1998),四川江津人,著名国学大师。1940年在四川大学中文系毕业,次年考取北京大学文科研究所研究生,1944年毕业后,历任四川大学、成华大学、北京大学、政法学院的讲师、副教授、教授。北平解放后,参加《杜甫集》和《水浒全传》的整理工作。1954年调到人民文学出版社文学古籍刊行社后,着力于文学遗产的整理工作。王利器著作众多,另有单篇论文约百万余字发表。1979年离休后,任中国社会科学院特约研究员和北京大学历史系兼职教授。

三月卅一日（星期四）。晴。

　　王冶秋来谈，知沈阳博物院移入关内文物将悉数迁回。谈及《天禄琳琅》书籍之悬案，亟待解决，乃命办稿，由维钧送去。晚观剧华乐。

四月一日（星期五）。晴。

　　访王冶秋。《天禄琳琅》书事已请军管会批示。下午五时楚图南来学习会演讲。夜雨。南京谈和代表张治中、邵力子、章士钊、黄绍竑、李烝、刘斐等到平。人民政府加派聂荣臻参加。

四月二日（星期六）。晴。

　　常任侠①来谈。彼于卅四年冬就聘于印度国际大学，常为民主刊物写稿，为驻印大使罗家伦所忌，不能安于其位，辞职归国。过港曾访季明，由民主同盟送之来平。诣王冶秋，略谈。下午一时送思猛至孔德参加儿童节预演。遂至团城看燕下都文物，积尘寸许，无从著手。到院略坐，挈思猛归。纪兴、琰侄携肴馔来共饭。

---

① 常任侠，别名季青（1904—1996），安徽阜阳人。著名艺术考古学家、东方艺术史研究专家、诗人。主要从事中国以及中亚、东亚、东南亚诸国美术史以及音乐、舞蹈史的研究，对中国与印度、日本的文艺交流史研究做出了开拓性贡献。与马衡、马彦祥父子均有交往。

1937年5月18日中国艺术史学会在中央大学成立摄影。前排左起：常任侠、梁思成、商承祚、朱希祖、胡小石、马衡、陈之佛、裴善元

四月三日（星期日）。晴。

韩寿萱来。李响泉来。下午蒋朴庵来。晚观《白毛女》歌剧于国民戏院。

四月四日（星期一）。晴。风。

韩寿萱来谈，知维本入历史博物馆补其南下工作团人员缺额。约下午同往团城看燕下都文物。三时诣团城候之。寿萱偕维本同来，决定由该馆估价迁移，由原经手人维本整理之。诣

任侠吾兄大鉴久不晤

教惟

兴居佳胜为颂昨得唐立庵兄昆明来画谓近撰战国铜器铭文研究一书已觅得材料四五百种但断戈残剑立刻文一般人所不甚重视者辗转搜集同好中及中大史系如有此等材料而为兄所知者尚希

广为介绍毋任感谢此颂

著祺　弟马衡上言　四月五日

马衡致常任侠书

王述勤①长谈。

四月五日（星期二）。清明节。

诣王治秋。张䌹伯来，知仲恕于阴历二月十六日作古，已证实；有人以告叔通，适值其胆病复发，悲感可知矣。

四月六日（星期三）。晴。

下午问叔通病，确是黄胆，以余之经验告之。因以仲恕噩耗语余，老泪盈眶，不胜悲悼。晤张䌹伯、包达三、盛丕华②，约后日晚饭。访福梅龄③小姐于协和医院。

四月七日（星期四）。晴。

有人游武英殿，见说明中有李自成登极于此殿之语，以

---

① 王继曾（1882—？），字述勤，王世襄之父，马衡同学，福建闽侯人。1902年毕业于上海南洋学堂。后赴法国留学，入法国高等学校及巴黎政法大学。毕业回国后，任张之洞之幕僚。后任清政府驻法、日使馆随员，外务部主事。中华民国成立后，任北京政府外交部佥事。1914年后，先后任外交部政务司司长、驻墨西哥公使兼驻古巴公使、国务院秘书长、英美烟草公司北平分行经理。
② 盛丕华（1882—1961），浙江宁波人。1927年任中国银行汉口分行行长洪荟西秘书，开设武埠公司，经营房地产业。1930年回上海，任证券物品交易所常务董事，并兼任中一银行董事、上海总商会会董。中华人民共和国成立后，历任上海市副市长、中国民主建国会副主任委员、全国工商业联合会副主任委员。
③ 福梅龄，马衡就读南洋公学时的老师、教育家福开森之女。

为不然。检《明史》,果于甲申年四月廿九日称帝,御武英殿。下午,单士元来谈太和殿宝座并无雉尾障扇之记载,应即撤除。

四月八日(星期五)。晴。

于立订五时来院讲演。余以约定绸伯等来家晚饭,不克招待。绸伯外有包达三、盛丕华,皆同乡之民主人士也。惜叔通以病、任侠以有约,皆期而未至。邀述勤作陪,谈甚欢。

四月九日(星期六)。晴。

闻国共和谈尚未接近,大致为战犯及改编军队二问题,尤其张治中临行前赴奉化,一行大受指摘,张无以自解。曹德馥(名启蔚)来谈。晚观剧于大华,盖招待和谈代表及民主人士也。

四月十日(星期日)。晴。

李叟响泉来。终日未出门。傍晚董希文偕二客来,一王□擅、一□精□,皆华北大学教授。

四月十一日（星期一）。晴。

宋麟征为工友控诉，情节显然，而彼犹狺狺置辩，真不知羞耻也。王冶秋电话言《天禄琳琅》佚书十四箱，军管会批暂留平以待合理解决。东北文管处已同意交换缂丝等，遂诣冶秋商交接办法。嗣询金静盦，已与他书混合装箱，须清理重装，始能交付。遂订后日往运。

四月十二日（星期二）。风霾。

太和门茶馆月租千八百元，招商承办者，乾清门等三处乃少数工友承办，历有年所，因命重行调整，院方仍可不收租金，但须全体工人加入，方为公允。晚挈思猛赴述勤家晚饭，除履儿外，尚有其从弟彦强。风息月明，步行归。

四月十三日（星期三）。晴。

接受佚书八十二种，以七种交还东北文化管理处。下午始毕，尚有宋本《经典释文》一种已提交北平图书馆。王有三允亦归本院。五时与全体职员谈话，强调提高工作效能。

四月十四日（星期四）。晴。

以张三畬堂所藏缂丝、古钱、玉器等二十七箱点交东北文化管理处,盖张学良之财产,昔由中央银行保管,后交本院者也。纪兴、琰侄来晚饭。报载和谈于今日开始,前十三日不过交换意见而已。

四月十五日(星期五)。晴。

杨孟雄来运张学良文物,此君头脑不甚清楚,不知东北文管处何以遣派此类人也。接顾鼎梅讣,于三月廿七日卒于杭,年七十五。金石老友又殁一个。赵斐云来谈。员工警晚会订六时举行,留院以待王冶秋来,因与长谈。七时晚会开始,以北上门为舞台,神武门前广场集合,观众不下千余人。中以妇稚为多,半为院外人,秩序极乱,人声嘈杂,无法维持,余立待甚久,尚未启幕;废然而退。

四月十六日(星期六)。晴。

昨晚会以秩序不能维持戛然中止,草草开幕,十余项节目皆未能表演,罗歌引为遗憾,以此知组织群众非易事也。斐宇自港电履儿云:"据姚妹言君已与其姊同居,甚慰,不复北返,当如北平面订字约。思猛如念母切,请遣之来,如留伴爷爷,余亦放心,但盼日后得见,免蹈小白覆辙。丁芝事盼复。"真怪事也。晚问王冶秋电话,谓美国人有行李将离平,内有文物,须检查,请派人偕罗歌于后日晨九时赴东车站执行。因派朱家潽^①、李鸿庆同往。泰侄偕虞女士来，言将于明日在平订婚。

---

① 朱家溍，字季黄（1914—2003），浙江萧山人。文物鉴定专家。1945 年至 2003 年，在故宫博物院工作长达 58 年。朱家溍先生兄弟四人于 1953 年、1976 年、1994 年先后将家藏的大批珍贵碑帖、明清家具等文物，无偿捐赠给故宫博物院、中国社会科学院、承德避暑山庄博物馆和浙江省博物馆等单位。

【按】朱家溍先生是当年北平围城时马衡与故宫同人守护故宫的参与者和那段历史的见证人，他对马衡在北平解放前夕守护故宫的逸事是这样讲述的：

  1949 年前，故宫博物院分为三馆一处，即古物馆、文献馆、图书馆和总务处。各馆处下设科室。我初到故宫工作时，各馆处的领导人员是古物馆馆长徐森玉、文献馆馆长沈兼士、图书馆馆长袁同礼、总务处处长张廷济。北平解放前夕，有一次马先生召集院务会议。正值徐馆长在上海，由我代表古物馆出席。沈馆长逝世不久，南京新派的姚从吾尚未到任，由单士魁、张德泽代表文献馆出席。此外，就是应该出席的袁同礼、张廷济和秘书赵席慈。在那次会议上，马先生宣布："行政院有指令，要故宫把珍品选择空运南京，当然空运重量、体积都有限得很，所以要精选。"袁同礼说："《四库全书》和《天禄琳琅》本来就在南京，此地书库宋元本少得很，共装一箱就够了。"马先生说："图书馆很简单，文献馆的档案怎么样？"单士魁说："档案无所谓真品，应该说选择重要的，可是重要的太多了。如果在重要中再选更重要的，势必弄得成案谕折离群，有时附片比折本更重要。档案装箱很容易，可是选择太难了，实在无法下手。"马先生想了一想说："好像行政院意在古物，所以文献馆我看不装了吧！"单、张二位都笑了，说："好极了，那我们省事了！"马先生接着说："看起来，古物馆是要费事的。先把精品选出来，造清册，交总务处报院，这个工作要求快，至于包装，一定要细致谨慎，古物馆的藏品都很娇嫩，你们都是有经验的，只要求稳重妥当，要保证不损坏，不要求快，记住！不要求快。先准备板箱、木丝、棉花、纸等，用多少做个计划交总务处购置。"这个会散了以后，我和当时古物馆管理延禧宫库的杨宗荣、汤有恩，还有古物馆编纂李鸿庆共同商量了一下。我把会上马先生的原话告诉了他们。我分析马先生的原话，不像真心要空运古物，因为我想起了前几天，文献馆信赖的吴相湘，曾向马先生请求调南京分院工作，马先生没有答应，后来他就不辞而别乘飞机走了。马先生知道以后，曾说："这种人，真没出息。"我想马先生如果真心想要空运古物，那就说明他自己也打着走的主意，那么就必然会同情吴相湘的走。既然骂他走是没出息，那么他自己一定是不打算走。所以他说选精品，造清册，报出去要快，可是包装古物不要快，又重复一句，记住！这不是很明白了么。他们三人也同意了这个看法。杨宗荣说："过几天看他催不催，这也是检验他真装假装的尺度。"于是我们一面选，一面造册。其实，如果要真的包装，我们很快就能够完成。因为板箱、棉花、木丝，在延禧宫库都有现成的，我们选的同时就可以装箱。当我们打开绘画皮藏柜，挑选（转下页）

四月十七日（星期日）。晴。

罗歌电话，言检查文物须于明日晨七时许到达，九时开车。余谓仓促不能毕事，莫如今日下午执行，罗以为然。公安局约定五时，余又电家潘："我等任务非鉴别真伪，乃鉴定其为文物与非文物，苟系文物，即应守不得放行之原则，真伪又属另一问题。"诣纲伯谈并晤叔通，病已大减。偕纲伯游中山公园，晤其戚周抡元及王却尘，纲伯邀至玉华台晚饭。和谈已有成议，共八条廿四款，定二十日签字。

四月十八日（星期一）。晴。

同人拟借薪，商诸文管会，暂由收入项下借垫。止票后朱德总司令、林彪将军来参观东路，出院时小雨。与冶秋谈古物

（接上页）精品时，看到韩滉《文苑图》。杨宗荣说："这本唐宋元明集锦册，那年南迁装走了九开，这一开正在照相室，就无意中留下了，这回就看它的命运吧！"说着就写上这个品名了。这项造册工作很快就完成交出。日子一天一天过去了，马先生没有催，国内大形势一天一天地变化。有一天，院长室的尚增祺告诉我："今天袁馆长（指袁同礼）来电话，问古物装箱的事，我听院长回他说星期五装不完，你要星期五就先走吧，总之要派人押运的。"我听了尚增祺的话，立刻到延禧宫告诉杨宗荣、李鸿庆。我们是这样分析的：马先生自从把清册寄南京以后，对于古物装箱的事，不但没催，连问也没问过，他怎么能知道星期五装不完呢？从这句话就可以判断，他真心是不打算空运古物，才这样敷衍袁同礼的。过了星期五，我们知道袁同礼已经飞走了，马先生还是不问不催。又过了两天，王府井南口戒严，断绝交通，听说要使用东西长安街做机场跑道，准备在城内起飞和降落。这件事吵嚷了几天，没见实行，航线便停了。后来北平和平解放了，我问马先生，是不是一开始就不打算装运古物？马先生连吸几口雪茄烟，闭着嘴从鼻孔冒烟，不说话，这是他经常表现的神情。等烟冒完了，才慢慢说："我们彼此算是'会心不远'吧！"

禁止出口令，仅订一原则，施行时似应专设机构负鉴定放行之责，凡非古物一律予以出口证，冶秋亦以为然。

四月十九日（星期二）。晴。

　　文管会电话，四月份薪给暂按旧标准发给。据家潘报告，检查出口货多系北平手工艺及日用品，二三日即可毕事。

四月二十日（星期三）。谷雨节。昙。

　　邀韩寿萱来谈，今日为和谈签订之最后一日，黄绍竑携八条廿四款去南京，后每日无飞机声，恐事不谐矣。李宗仁何无能至此。晚约泰侄及虞小姐晚餐。

四月廿一日（星期四）。晴。

　　与罗歌谈。接文化界拥护巴黎和平大会通知，下午二时在北京饭店开座谈会，因将院务会议改至明日举行。座谈会推夏康农主席，讨论结果拟发三电。会议中吴晗报告毛主席、朱总司令命解放军渡江令。

四月廿二日（星期五）。晴。

　　开院务会议至午未完，留待明日继续。王冶秋报告文管会正拟改订本院员工警薪给，希本院自己拟定，然后呈会核定。晚五时景山试验警报。晚饭后吴荣培①来。

四月廿三日（星期六）。晴。

继续开院务会议。解放军百万横渡长江，从九江到江阴，势如破竹，《解放军》出号外。

四月廿四日（星期日）。晴。

挈思猛游太庙公园，遇郑毅生、向觉民、赵斐云、韩寿萱等。继至中山公园，丁香盛开。遇胡愚若、俞丹榴等。归家后李叟响泉在寓相候，略谈即去。履儿在家宴客。与冶秋长谈。沙可夫报告解放军已于今晨入南京，太原亦于同时解放。进军神速，实为始料所不及。报载蒋介石由溪口到杭，召集军事会议。奈大势已去何。

四月廿五日（星期一）。昙。

函文管会请电南京军事当局，保护朝天宫仓库，并电邦华接洽。三时与同人商防空问题，为万一之准备。

---

① 吴图南（1884—1989），原名吴荣培、乌拉布。蒙古族人。生于北京，原籍辽宁省。武术教育家。

四月廿六日（星期二）。上午雨，下午晴。

得邦华复电，库藏文物无恙。罗歌介孟宪臣来谈，文管会添派之联络员也。上午维钧召集有关人员为筹备防空之谈话，油印送各小组讨论应变方法。二时余召集全体职员报告南京分院情况，并详述防空之重要意义，希望大家贡献意见，以备明晨开会决定办法。傍晚访范仲云[①]详谈。唁鼎梅之世兄肄雅，附挽词一联，并说明汇率紊乱，奠仪缓汇。

四月廿七日（星期三）。晴。

商榷薪给标准，起草草案。组薪给标准评拟委员会，用自报公议办法，以革命式调整各级薪给。接冶秋电话，谓新华总社拟借太庙内太极拳社社址为防空准备，允之。

四月廿八日（星期四）。晴。

防空司令部借景山内房屋二间为办公处所，允之。赵斐云来谈。至清华园浴并修脚。

---

① 范文澜，字仲云（1893—1969），浙江绍兴人，中国历史学家。1917年，于北京大学毕业后赴日本留学。1921年回国后在天津南开大学、北京大学、北京师范大学、辅仁大学等校教授中国文学。1939年参加中国共产党，1940年到延安，任马列学院历史研究室主任，1941年任中央研究院副院长兼历史研究室主任。中华人民共和国成立后，历任中共第八届中央候补委员、第一届至第三届全国人大代表、中国科学院近代史研究所所长等职。著有《中国通史简编》。

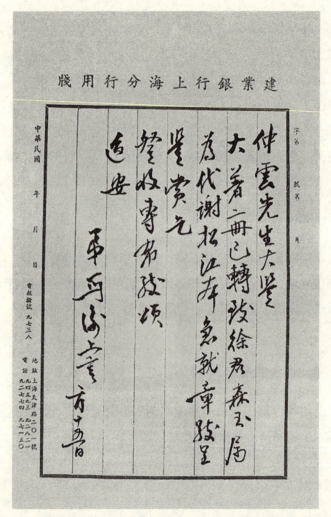

马衡致范文澜书

四月廿九日（星期五）。

张䌹伯、包达三来参观，导至钟粹、景阳二宫即先退出。牡丹初开，丁香已谢。函总工会、学联会订"五一""五四"分别招待团体参观。下午散值后理发。

四月三十日（星期六）。风霾。

市民贺孔才以其累代藏书捐献北平图书馆，又以所藏文玩等捐献历史博物馆，将于明日陈列展览。二时开预展会，到者数十人，由韩寿萱、王冶秋及贺孔才说明动机及其经过，贺君可谓看清时代，大彻大悟，牺牲一己，公诸大众，虽文物无甚精品而忘我之精神令人钦佩。席间冶秋报告《赵城藏经》在敌伪时期为日人所觊觎，解放军与之争夺，死伤十人，终获保全，移藏太行山中。今日运到，即送北平图书馆。又有霍明志者，于庚子乱时以打鼓收旧货起家，设达古斋古玩铺，专售洋庄。今已七十一岁，拟将其残余藏品捐献国家。冶秋约定期同往一观。霍为天主教徒，余于三十年前识之，北大所藏殷墟甲骨四匦即其所赠也。

五月一日（星期日）。

昨报载苏州、吴兴、长兴等城皆已解放，沪、杭极为紊乱。下午访䌹伯。于北平医院视叔通病，夷初在座，叔通已起床，惟眼尚黄耳。偕绹伯至英古购印石及墨，值五千元。又至通古访黄伯川①，见章乃器买铜爵、陶鬲尚不恶。沿途过工人游行队，甚夥。

五月二日（星期一）。

昨为劳动节，机关工厂皆放假一日。故宫以开放，故不得休息。原拟轮流补假，而守卫人员少，独不可轮，遂拟全体不补，已于前日与罗歌等商定矣。今晨罗又来商，同人仍拟补假，余谓只有停止开放一日，罗欲定明日。余谓须登广告，俾众周知，三四两日皆不能停，今日登报，定五日全体补假，议遂定。余于三十年前购得吴若準集证本《洛阳伽蓝记》，曾以《古今逸史》本校之，尚缺一卷有半，今日向王藏用借得《逸史》本，将以两三日之力完成之。

五月三日（星期二）。晴。

偕冶秋、有三诣霍明志家，看其拟捐献之文物，霍已长髯飐拂，不见将二十年矣。

---

① 黄伯川（1880—1952），名濬，以字行。北京琉璃厂古玩商人。原籍湖北省云梦县。黄伯川在同文馆读书八年，成绩优秀，通晓德、英、法三国语言。毕业后，入德国奇罗佛洋行做译员，兼在尊古斋做古董生意。后因"东陵盗宝案"事发而关了尊古斋，改开通古斋，让乔友声当经理，让他的儿子黄金鉴（字镜涵）在通古斋管账。1945年通古斋由黄镜涵经营，直到1956年参加公私合营。马衡与其有30年之交往。

一九四九年（民国卅八年）

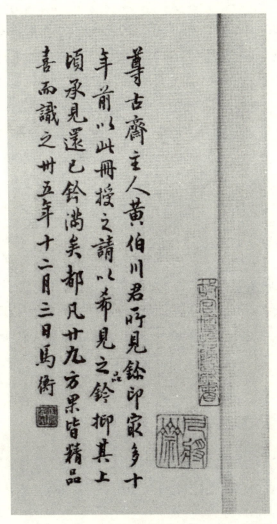

黄伯川赠马衡名家印谱。马衡于上题跋

五月四日（星期三）。晴。

　　晨七时半有空袭警报，敌轰炸机六架在南苑投弹，十时半解除。各校纪念"五四"，秧歌、高跷颇为热闹。本院于六时半举行晚会，以节目多恐太晚未与。校《洛阳伽蓝记》毕。"逸史"本、"如隐"本互有得失。赵斐云语余云："曾在天一阁见某文集，乃吴中陆采著，后有嘉靖年刻于如隐堂字样，版式与《伽蓝记》相同。"董康谓不知谁氏刻者，至是得一证矣。

五月五日（星期四）。晴。

　　十时半又有空袭警报，未闻机声，十二时解除。二时至北京饭店开会，乃文管会召集北平学术界交换关于今后中国学术工作之意见。周恩来、范文澜讲演极为精彩，七时半始散。

五月六日（星期五）。立夏节。

　　王冶秋来谈，物管会拟接管天津溥修宅、衣物等，盖昔年敌伪产业处理局送来，经本院退还非文物部分，该局迄未取去，物管会拟提取以结束此案。

一九四九年（民国卅八年） 85

五月七日（星期六）。晴。

物管会、文管会开始在绛雪轩点查溥修宅物资，散值时，与总四科同人谈话一小时。报载前日警报为敌机炸太原。纪兴、琰侄、芳若来晚饭。

五月八日（星期日）。晴。

履儿在家终日未出，亦无客来。燥热不可耐，室内温度八十二度。

五月九日（星期一）。晴。

偕维钧察勘外东路出口，拟改道不经倦勤斋走廊，而由颐和轩后小屋中开门直出，以减少迂曲。又拟于乐寿堂等处略加改善。下午开分类委员会，前往参加。说明分类提集①乃本院初步工作，自成立至今已廿四年，此项工作尚未完成，虽其间

---

① 提集是古物馆的工作人员配合总务处的工作人员一起进行的。到一处后，总务处的人员拿着清室善后委员会点查的原始册子，去找登载在册子上的物品。找到后，如此物属于古物馆的范围，即由古物馆提走，原始册子上将此物注销，表明此物不再由总务处经管，而归古物馆保管。从1946年起，古物馆建立总登记簿，是种流水账式的账册。凡新提到古物馆来的文物，不问属于何类，一律按提集日期的先后，在总登记簿上登记，填写：品名、原始号、件数、提集日期、经手人、备注、分类号等项，然后将该物送到古物馆库房，由库房的负责人签收。提集的目的有时是为集中文物而去提集的，有时则主要是因需用房屋，结合腾挪而去提集的。

不无种种困难顾及，但苟全力以赴则完成似亦不难。今距明年双十节廿五周年纪念日尚有一年有半，希望届时全部做完。再期以五年至卅周年，将全部文物制成目录卡片，愿同人勉之，甚愿以残年岁月获观其成也。

五月十日（星期二）。阴。昙。

阅《参考消息》，解放军已逼近绍兴，吾郡之解放不远矣。与罗歌长谈。履儿已晤及香港来人，言斐宇之误会甚深，奇哉。

五月十一日（星期三）。雨。

诣王冶秋长谈两小时。函约梁思成来城（即团城）商文整会事。雨量未霈足，下午又放晴。履儿谈斐宇事，所谓姚妹者乃其外交部同事姚（依林）君之姊，为清华教员。去年秋因家庭不谐与乃夫离婚，适亦于八月初赴石家庄，故有此误会，其实履儿与之不熟，亦未同行，且到解放区后一在石家庄、一在正定华北大学，故风马牛不相及也。晚有名陈袮者来谒，自言为北大史学系学生，丰润县人。向随宋哲元办事，宋故后又随雷鸣远来北方，为日人所捕，系狱数年。胜利后仍在国民军服务，解放后落魄，今已断炊矣。余假以千元，劝其归耕，始冒雨而去。

五月十二日（星期四）。昙。

　　读昨日《人民日报》所载陈援庵①致胡适之公开信，自认从前未认识且不知新民主主义，自解放后得读新书如《中国革命与中国共产党》《新民主主义论》《论联合政府》等书，始大彻大悟，自信不离北平之得计，劝适之及早觉悟。句句忠实，语语透彻。此老真不可及。一般顽固分子经此当头棒喝，当受影响不浅也。散值后往访之，拟与长谈，适值其往校中闻会，怅然而返。

五月十三日（星期五）。晴。风。骤寒，与四日前相较，温度相差二十度。

　　世界和平大会代表已自苏返国，两周后可到达矣。《参考消息》载国民党反动派造谣，谓毛主席函傅作义请结束其生命，傅已于十日自杀。奇哉！由此证明历来所谓谣言者皆类此也。

---

① 陈垣，字援庵（1880—1971），广东新会人。中国历史学家、宗教史学家、教育家。他毕生致力于教育事业。陈垣从教 70 多年，任过 46 年大学校长，对广大青年学者热心传授，影响深远，造就了众多的人才。他曾任北京大学、北平师范大学、辅仁大学的教授、导师，辅仁大学校长、北京师范大学校长，还担任过京师图书馆馆长、故宫博物院图书馆馆长。1949 年后，还任中国科学院历史研究所第二所所长。历任第一、二、三届全国人民代表大会常务委员会委员。

1922年北京大学《国学季刊》编委会同人留影。左起：徐炳昶、沈兼士、马衡、胡适、顾颉刚、朱希祖、陈垣。

五月十四日（星期六）。晴。

　　下午北平图书馆展览《赵城藏经》，赵斐云述其在佛藏中之重要性。张文教说明与日本人竞争及护持之经过。范仲云追述华北大学典守之情形，并承认从前对此之不认识。至六时半散会。

五月十五日（星期日）。晴。

　　下午诣范仲云，请介绍文献馆长人选，范谓华大工作甚忙，无人可以担任，惟可从旁协助，并有所贡献云。

五月十六日（星期一）。昙。

　　访冶秋。同诣周汉南，许看玉器。并访鹿瑞伯，询宋哲元所藏党拐子之铜器。鹿云曾见之，中有铜案桌一，盖禁也。据鹿言，宋在陕劫获时，蒋介石在洛阳，宋拟以之赠蒋，已装入火车东运矣，忽又追回，遂讳莫如深，不以示人。问以今在何处，则亦不知。

五月十七日（星期二）。晴。

　　观杨宁史铜器①，所定名称、时代间有未当处；俟与立庵再斟酌之。归接思猛，而履儿已在孔德门首，并与何海生、丁芝偕行，经介绍后始悉丁芝②甫由香港来。彼等同去吃饭，余独归。傍晚，履儿挈思猛来，询知斐宇决计回暹，余终不能谅之也。过市场时闻卖"号外"声，知武汉三镇已解放矣。

---

① 杨宁史铜器：杨宁史是德国侨商。北平沦陷期间，他从市肆收买了大量古铜器，藏于东交民巷瑞典百利公司。1946年1月22日，杨宁史把这批铜器献给故宫博物院。包括铜器121件、兵器120件，不少是商周遗存的精品。同年6月7日，杨宁史又献出周蟠虺簠1件，可惜已经碎成几十片，胶粘修补后，仍能显示原状。
② 丁芝，女，著名电影演员，代表作品有《芳魂归来》《返魂香》《赛金花》。

五月十八日（星期三）。阴。

　　下午挈思猛赴协和医院访福梅龄女士，知外科主任医师姓吴，技术高明。是日适请病假，因托其访问缝缀上腭之事。散值后赴北京眼科医院访毕华德医士，以近日眼甚劳累，恐花眼程度加深，请其验光配镜。据毕大夫言，非镜之故，恐眼有病，须将瞳仁放大再行诊视。放瞳期间须休息三日。因约后日来诊。

五月十九日（星期四）。晴。

　　时敏行、李杰三二老来，要求参观铜器并为之讲解。适张䋤伯、包达三、盛丕华亦来参观。王冶秋偕天津军管会王参谋长游东路。盛邀余至鸿兴楼午餐。

五月二十日（星期五）。昙。

　　终日与医生为伍。晨诣毕华德放瞳仁，检查至十一时余始毕。又介绍至法国医院魏毓麟处检查神经。下午陪思猛至第一卫生所诊视足创，后至沈规徵处请其每日为我注射。持毕方赴中法药房购药，需款万元，回家取款，令柴显宗向各药房比价购之，值八千九百元。

一九四九年（民国卅八年） 91

马衡庚子年(1900)照

五月廿一日（星期六）。小满节。大雨竟日。

  农田需足，惜太晚也。目光已恢复，即赴院办公。下午冒雨诣沈大夫家注射。魏、毕二大夫坚嘱沈规徵劝余戒吸雪茄，谓眼病乃中尼可丁毒所致。医生负责，吾于魏、毕二君仅见之，可感、可感。

五月廿二日（星期日）。晴。

  李涵础来谈，并观《天发神谶刻石》整本。开始戒雪茄，遵医嘱也。

五月廿三日（星期一）。晴。

　　文管会约审查老解放区文物。有华北图书馆负责人刘北斗君自石家庄来，赍到图书文物目录及照片，其来源有出土者，有土改后自地主家没收者。瓷、铜、书画、珠宝无一不有。据刘君言，此目乃选精品装箱拟运平者，并择优照相。余谓审定非看实物不可，请其全部运来。其中景县所出封磨奴、封子绘、封延之等墓之明器等尤精美，惟有一《楚曾侯钟》，文与王复斋、薛尚功两钟鼎款识所著录者相同，惟行款变易，恐非一器。疑宋时仿造者，须看实物始能辨之。诣毕大夫诊目疾。据云较日前有进步，且右眼胜于左眼。

五月廿四日（星期二）。晴。

　　韩寿萱约往北大化学实验室观卢教授洗古铜锈。盖依美国Fink所著书而试验成功者也。

五月廿五日（星期三）。晴。

　　注射霍乱、伤寒混合预防针。往造办处看提集文物情形，又至诚肃殿看布置陈列室。下午偕丁芝挈思猛赴协和医院诊视口腔。据吴大夫言，宜及早缝完，但本院儿科设备未完成，介绍至北大医院朱鸿荫大夫诊视。有一疯人来院，声言将接收本院。审知为精神病人，询其家世，电告其家属领回。

五月廿六日（星期四）。昙。

昨闻上海解放之讯，未能证实。今报载苏州河以南繁盛市区已被解放，亟发电询儿辈消息，闻昨曾通电，今复阻。下午始发出。傍晚于门首见卖《晚报》者，买一张，知吾乡宁波亦解放矣。

五月廿七日（星期五）。小雨。阴。昙。

郭沫若偕其夫人于立群及子女五人来游故宫，余导往内东路各陈列室参观一周。始知法政府虽限制各国和平大会代表人数，而我国代表无一人其境者，因法政府借口于代表未经驻平领事签证故也。下午偕王冶秋至文华殿参观新辟革命史料陈列室。又至传心殿一游，然后诣文管会，略谈而归。

五月廿八日（星期六）。昙。

梁思成来，并约王冶秋共谈文整会事。金以该机构应予保留并直属中央。惟目前人民负担太重，庞大之事业费一时将无所出。都市建设委员（会）既已成立，不如将文整会及所属工程处暂行移交建设局,俟十月间联合政府成立后再行设置。其中余鸣谦、赵小鹏二人暂由故宫留用。下午三时在传心殿招待各界参观新设之革命史料陈列室,报告设置经过,发言者有郑振铎、翦伯赞、郭沫若、范文澜等,至六时半散会。

五月廿九日(星期日)。晴。燠。

下午三时偕冶秋至冯大生家(公度之子)看古物,有玉刀一、玉钲一,皆有文字。据云端方为陕抚时命人修召公陵墓,其人私盗墓中文物,献诸端方。此二件乃其人据为己有者。审之,则文字皆伪。冯氏指为国宝,欲以出售,且索重价,实妄想也。诣北京饭店晤郭沫若、陈叔通、邵力子等,至六时归。益侄、琰侄、纪兴、芳若皆在家相候。

五月三十日(星期一)。晴。

黄仲良来谈西北考察团事。下午约何海秋赴后海竞业小学观载沣家庙中之铜佛,亦甚平常,无历史、艺术上之价值。晚赴长安观赵荣琛之《碧玉簪》,较前有进步。

五月卅一日(星期二)。晴。

柳亚子来参观珍妃井。借发六月上半月俸,小米照五月上半月减半，每斤折合五十八元。薪给评议完成，候核定。以陈白阳画《枇杷》赠沈规徵大夫，酬其注射之劳。

六月一日（星期三）。昙。端午节。

以考核表交各主管单位填报，群情惶惑，以为进退升降悉系于此。填报者亦觉左右为难。因召集各主管人谈话，说考核之事本为故事。裁员减政，虽为政府当前政策，但为淘汰不称职之冗员，其数不至太多。进退升降亦不尽准此表。惟此确为参考资料之一种耳。守卫队举行聚餐晚会，坚邀参加，因携酒赴之。群情欢畅。余未终席而归。芳若买对虾来，大嚼。

六月二日（星期四）。晴。燠。

各主管人商讨填表方式，决定第一项"思想"由各人自报，余由主管人填。诣毕大夫看眼，已恢复常态。验光无甚出入，眼镜似不必重配。毕大夫并嘱雪茄非绝对禁止，但须少吸耳。

六月三日（星期五）。晴。

北大助教王藏用得晁公武刻《古文尚书》残石拓本，为"禹贡""多士"各一段。成都城垣中出土，嘱为题字。久未著笔，今日草成一跋，散值后拟录墨本之后。忽琰、理二侄及纪兴相继至，欲写未果。

六月四日（星期六）。昙。晚雨。

十时注射第二针，十一时有客来，谈话间几不能支，即于十一时半往孔德接思猛回家，酣睡一小时，精神恢复。盖第一针为半CC，今日为一CC也。下午休息，为王利器跋《古文尚书》拓本。丁芝已入华大，今日偕履儿来，即留宿。

六月五日（星期日）。昙。

候益侄、陈宜不至。填考核表，颇为费斟酌。

六月六日（星期一）。芒种。晴。燠。

下午雷雨骤凉。终日填考核表，臧否人物，颇费斟酌。

六月七日（星期二）。晴。

龚业辉以查保证人事与刘达之龃龉，因说服之。韩寿萱来谈图、博、考古工作者协会星期六开会事。下午二时余雷雨，余适在途，幸车篷设备尚好，衣履未湿。郑毅生来谈。

六月八日（星期三）。昙。午后雨。

与于坚①详谈调整人事及评定薪金事。委托学委会草拟《选举法》并筹备选举。成绩考核表大致办完，惟总五科未齐，约明晨交来。

六月九日（星期四）。昙。

冶秋来谈并约俞星枢来。昨日高教委会开会，委员会以市建设局未肯接受文整会，佥拟保留仍为独立机构。委托学委会草拟《选举法》并筹备选举评薪委员会。将考核表交于坚。

六月十日（星期五）。晴。

高教会秘书长张宗麟来谈北大拟接景山事，并言政府不作主张，只须两方无异议，政府方能核准筹备调整机构及人事。散值后访汤锡予，未晤。晤郑毅生，略谈。

六月十一日（星期六）。晴。

连日为调整人事，颇费周章。下午赴图书馆开图、博、考

---

① 于坚（1925—），原名张德生，祖籍辽宁。1947年清华大学肄业，1948年华北大学读研究生。1949年2月参与接管故宫工作。中华人民共和国成立前，接管工作结束，即转到文化部文物局博物馆处工作。1984年任故宫博物院副院长，直至1987年退休。

古工作者协会筹备会，推定裴文中、向达、韩寿萱、黄仲良、王有三及余六人起草，定本月廿二至廿四日中任何一日开第二次筹备会，并推梁思成、郑振铎加入开会名单。四时到院与于坚谈人事问题。晚丁芝、琰侄、纪兴来家晚饭。

六月十二日（星期日）。晴。

访徐悲鸿，不遇。钱端升为北大商用景山事来谈，谓政府已同意，惟不欲以命令行之，须故宫与北大商妥，方可执行。余谓升平署房屋五十六间拟作宿舍，同人之未得宿舍者皆已知之。惟北大亦需要，尚未宣布，事关同人福利，恐未必能同意。拟请许楚生、曾昭抡诸先生约期先往视察一次，然后商谈。彼允晚间或明晨答复。午睡为所搅，不能继续入睡，因往北京饭店访郭沫若、郑西谛诸人，未遇。晤叔通、达三、绸伯等，叔通将返沪一行。葛豫夫偕一刘君来访，时值晚饭，略谈而去。葛君入南下工作团，在华语学校学习并未南下也。

六月十三日（星期一）。晴。昙。

昨选举评薪委员会会员，职工警共选出五十二人，今又由三委员会各选三人，草拟评薪办法。职员会中选出赵儒珍、杭承艮、许协澄三人。与俞星枢商文整会人事调整事。与于坚商本院人事调整事。

六月十四日（星期二）。昙。晴。

北大郑毅生约看景山，来者有许楚生、曾昭抡、闻家驷、向达、韩寿萱、李晓宇及毅生约八九人。将景山全部视察一周，最后至西北角空地即文整会借作材料库者约二十亩左右，诸人见之大乐。余谓升平署房屋本院拟作职工警宿舍，如欲借与北大，余无理由可说服群众。若以此空地转借或易商量。惟建筑房屋必须经文整会设计，使与景山和谐方可。至景山作生物学系实验场，寿皇殿用作植物陈列馆，由两方合作如前所议拟者，亦未始不可；但，（一）不装电灯，（二）冬季不生火，（三）不住人，与故宫原有规则不冲突方可。诸人亦以为然。王畅安夫人来言畅安改乘六月十七日船，七月八日可抵香港，嘱办此间入境证。下午访冶秋及张宗麟，报告北大视察景山经过。冶秋谓东北运来杜聿明书籍八十箱，约赵斐云来看，邀余参加。检视四五箱皆普通书籍，误至五时，不及到院而归。陈援庵来谈。纪兴来。

六月十五日（星期三）。晴。

连日为调整人事颇费衡量。下值后访叶叔衡①、王述勤，皆不晤。

---

① 叶景莘，字叔衡（1881—1986），浙江杭州市人。中华人民共和国成立后，任外交部条约委员会专门委员，1956年2月7日任第二届全国政协委员会委员，1959年4月任第三届全国政协委员会文史资料委员会委员。

六月十六日（星期四）。晴。

七时消防队在太和门前演习，偕王冶秋参观。压水机三架皆能用，效能相等，就御桥下吸水能及太和门屋顶。遂由新右门北行过隆宗门视察其他消防工具，尚称完备。同至办公室谈院务。冶秋自往造办处观提集文物情形。余即约见被淘汰人员，计退休者三人——王孝缙、廉春野、赵玉昆；讽以辞职者七人——黄鹏霄、李益华、王乃恕、王崇义、缪辉曾、王利民、关树贤。其中惟关树贤自言在院服务二十年，自问尚无贪污情事，希望明示理由。余允为代达。晚，叶叔衡来，言其兄揆于四月廿八日作古。老友中今年去世者顾鼎梅、陈仲恕后又殁一个，年皆七十以上。

六月十七日（星期五）。晴。燠。

王利民老奸巨猾，不允自辞，必欲知其理由。又与于坚纠缠，颇难对付。关树贤则理直气壮，以为不公，此殆于坚之过信人言也。上午益侄、陈宜赍书、物五箱来寄存，谓下午再来，且宿于此。候至七时半不至，乃进晚膳，后得电话，谓明午来此。

六月十八日（星期六）。晴。

诣王冶秋谈院务，回家时益侄、陈宜已先在。始知彼二人受所长陈凤桐之压迫奉调至天津附近一农场作垦荒工作，其实即为变相淘汰。同时被调者有职员近十人，工人五十余人，其中大半不愿前往，则又指为益、宜二人所鼓动。二人乃投南下工作团，结果以益侄年龄太大不收，正在进退两难。陈所长加入共产党廿余年而有此官僚作风，意必病态心理也。诣叶叔衡谈，即赴院。黄鹏霄来，言家境困难，自身又无大过，希望挽回。余告以不可能。彼吃亏在科长地位，去职理由为：（一）无领导能力，（二）责任心不强，若为科员即不至被淘汰矣。闻历史博物馆正在需人，允为设法。于坚来谈，即以此托之。琰侄、纪兴来此晚饭。

六月十九日（星期日）。晴。

傅维本来谈。益、宜二人往谒范文澜，拟入华大。晚与益、宜、履及芳若晚餐。

六月二十日（星期一）。晴。

今日为阴历五月廿四日，余生日也。阴阳历与降生之年（1881）适合，平生凡四过之。第一次为庚子年（1900）二十岁，第二次为辛亥年（1911）三十一岁，第三次为庚午年（1930）五十岁，今为第四次而又逢闰七月，其中惟庚子至辛亥相距十一年，余皆十九年也。工程开标。呈报退休及辞职人员名单，侯芸圻送诗酒来，即在此晚饭。此外有芳若、益侄、陈宜三人。琰侄未来。

六月廿一日（星期二）。晴。燠。

王利民、关树贤辞呈终未来，因与郭堉铭三人同免职，并将调整机构、调整人事二事呈会核定。昨方药雨偕悲鸿来，欲得一名义以湔汉奸之耻，此事恐无能为力也。

六月廿二日（星期三）。立夏节。阴。昙。风。

诣王冶秋谈院务及文整会事，调整机构、人事案已得复文，完全照准。方药雨事不易实现。下午公布调整机构、人事案。

六月廿三日（星期四）。晴。

诣冶秋谈院务。派许协澄接收三科，常惠接收二科。黄仲良、常任侠先后来谈。下午李霁野[①]来谈离台湾经过，谓傅孟真已不参加政治活动，四月初台北曾发生学潮，被捕者千余人。召集全体职员报告调整机构与人事之动机及经过，希望安心工作，全心全意为人民服务。王冶秋讲评薪之意义及应注意之偏

---

① 李霁野（1904—1998），安徽霍邱人。著名作家、翻译家，鲁迅的学生。曾任孔德学校教师，河北女子师范学院、辅仁大学、重庆女子师范学院、台湾大学教授。中华人民共和国成立后，任南开大学外语系主任、天津市文化局局长、天津市文联主席，曾当选为天津市政协委员和全国政协委员。有《简·爱》《被侮辱与被损害的》等著名译作。

向。六时半始归。

六月廿四日（星期五）。晴。

评薪自报，余填六十六份（年资栏未计）。刘厚滋①来，谓天津海关发现瑞士领事馆人员行李中夹带商周铜器四十一箱，经其鉴定，多系精品，中有一器铭与杨宁史所藏葡贝尊同，因告知王冶秋，请其注意。

六月廿五日（星期六）。阴。

以天津海关扣留《铜器节略》交王冶秋。刘厚滋来电话，谓吴季荃之世兄日内将见访，其家所藏《天禄琳琅》残书尚未出卖，其中有可补院藏之缺者。十余年前李玄伯②曾与议价未谐，今拟重提旧案收之。下午开院务会议，对北大要景山事汇齐小组会意见。大抵激昂慷慨，斥北大之无理由，因决议除以景山隙地双方合作供作植物场圃外，其余一概拒绝。葛豫夫、丁芝来晚饭。大雨倾盆。

---

① 刘蕙孙，原名厚滋，字佩韦（1909—1996），江苏镇江人。1931年入北京大学研究所国学门史学系读研究生。马衡的学生。1952年起移居福州执教福建师范大学，任副教授、教授。
② 李宗侗，字玄伯（1895—1974），河北高阳人。早年随叔父李石曾留学法国，毕业于巴黎大学。1924年返国，执教于北京大学、中法大学。1926—1933年任故宫博物院秘书长，参与故宫文物清理和接收。1948年故宫文物迁台，参与清点整理，设立台北故宫博物院，安顿国宝。后任台湾大学历史系教授。著有《中国古代社会新研》《中国史学史》《历史的剖面》等。

六月廿六日（星期日）。阴。雨。

徐旭生①、黄仲良为西北科学考察团事，约午餐于欧美同学会，有北大等代表及王冶秋。经交换意见，以为应由在平常务理事请求高教会接管，将考古组材料交北大整理，将地质组材料交清华整理，方是正当办法。三时请翦伯赞、郑振铎、裴文中在传心殿演讲苏联、捷克之图书馆及博物馆事业，至六时半散会。昨夜雨后受凉，今日竟日水泻，惫甚。

六月廿七日（星期一）。阴。昙。

俞星枢、夏纬寿来谈文整会事。刘厚滋（字佩韦）介吴典培（字玉年）来谈。吴为故人季荃之子，家有《天禄琳琅》藏书残本数十种，抄一目录见示，当交庚楼一查，再与议价。典培为北大研究生，研究边疆史料，亦浊世佳公子也。水泻仍未愈，服砂碳银两次而胃不适。夜又大雨。

---

① 徐炳昶，字旭生（1888—1976），河南唐河人。先后任北京大学哲学系教授、北京大学教务长、北平女子师大和北京师范大学校长。参加西北科学考察团任考查团中方团长。在协调团中的各项工作和与地方当局的联系方面发挥着重要的作用。回来后出版了《斯文·赫定小传》和《徐旭生西游日记》。受此次考察的影响，后来他一直致力于史前研究和考古研究。中华人民共和国成立后在中国科学院考古所工作，代表作有《中国古史的传说时代》等。

六月廿八日（星期二）。阴。

二时腹鸣起泻一次，晨起又泻二次。到院觉疲惫，拟于午后就医。午睡后如厕，泻已止矣。得谦儿①香港电，欲来平，复电招之。致珍儿书。

六月廿九日（星期三）。阴。

楚溪春来。至景仁宫厘定铜器名称，又至诚肃殿看新辟玉器陈列室。芳若偕王利器来谈，遂约芳若来家共饮。饭时大雨如注。

六月卅日（星期四）。昙。

黄仲良来，以科学考察团理事会呈高教会请接管该团文物稿见示，为改易数字。傍晚散值时召集全体职员谈话，以有人认为前次调整人事尚未彻底，尚有工作不力而据高位者，嘱各单位于明日清晨讨论有无再度调整必要，视可否两方之人数决定之。如有必要则举行民主投票，上午汇齐各单位意见决定之。

七月一日（星期五）。晴。

共产党廿八年生日，院中同人将于止票后举行晚会。各单

---

① 马文冲，原名谦，字寿昌（1916—2006），马衡之四子。

位对调整人事投票多数不赞成，遂作罢论。三时赴北京饭店开中国新史学研究会筹备会，六时半散会。丁芝放假，午前即来。

七月二日（星期六）。晴。

八时赴怀仁堂参加中华全国文学艺术工作者代表大会开幕典礼。晤汤锡予，谈西北科学考察团事。余谓无北大即无此项资料，况汉简为绝无仅有之物，北大接受此项资料，义不容辞，亦责无旁贷。劝其以北大名义召开理事会，请求高教会接管。彼亦首肯。谈毕，会犹未开，因偕锡予离会。散值时召集馆、处负责人拟具下半年发展计划。天阴欲雨，匆匆归家。琰侄、纪兴、益侄来晚餐，偕丁芝、思猛赴大华看《反"翻把"斗争》独幕话剧。热闷不可耐。九时半即散，吃冰淇淋而归。

七月三日（星期日），阴。雨。下午晴。

赴艺专参观艺术展览会，颇多新颖之作。共有陈列室十八，阅竟，感足力不胜矣。会场中遇建功夫妇。芳若来晚餐。

七月四日（星期一）。阴。

高教会以本院工人最多，须加以教育而难其人。欲以联络员孟宪臣充之，嘱于坚征余同意。余以职员中无能胜此任者，孟君来亦大佳，惜其文化水准不高，暂屈以助理员，请会中来

一九四九年（民国卅八年） 107

马衡篆书《无事著书七言联》赠陈垣

文。下午冶秋至文整会讲话。陈援庵七十生日将近,以焦里堂书联赠之。

七月五日(星期二)。昙。

许姬传①来谒。老友徐超侯在沪,近患胃病,半年余未出门。以许北来,托其传语致候。下午全院人员重新分配工作,与席慈颇费斟酌。

七月六日(星期三)。昙。

下午途遇陈养空夫妇来访,即邀来家。彼与谦儿同事,新由香港来此。六月十三日尚与谦儿计划北来。闻濮绍戡在沪时被送入闵行某医院治疗九阅月,病已痊愈。去年春间即来北平,在傅作义处有一名义。解放后被送至石家庄学习,今尚未回也。

七月七日(星期四)。小暑节。阴。雨。

今日为抗日十二周年纪念日,院中应放假,以开放故,于九

---

① 许姬传,字闻武,号思潜(1900—1990),浙江海宁人,出生于江苏苏州。1919年到天津,在直隶省银行当文书。对京剧发生浓厚兴趣,经常向京胡圣手陈彦衡学习谭(鑫培)派声腔,并结交京剧界人士王瑶卿、杨宝忠、言菊朋等。长期任中国剧协和梅兰芳剧团秘书,并致力于文物鉴赏和收藏,工书法,亦擅楹联。中国当代业余曲家,著名梅派艺术研究家,戏曲评论家。徐超侯者,当是许姬传之娘舅也。

一九四九年(民国卅八年)　109

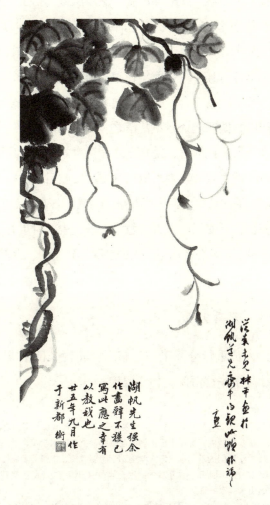

马衡绘《葫芦图》跋曰：湖帆先生强余作画，辞不获，已写此应之。幸有以教我也。廿五年九月作于新都。衡，钤印。右下为沈尹默跋曰：从未见叔平画。于湖帆学兄斋中得观此帧眼福之。尹默

日补假一日。吴湖帆①致书郭沫若，愿以所藏文物十余种捐献政府，郭以原书送高教会，冶秋以电话见询，余谓识其人并知此事。盖湖帆收得无款山水一开，审知为黄公望《富春山居图卷》②之前段，骑缝印章各占其半。余前年在沪，与森玉往说之，劝其让与故宫，俾与所藏此卷复合。湖帆谓俟政治清明，当将一切财产献与政府。初以为搪塞之词，不甚信之。湖帆见余怀疑，乃略露其子不肖状，今果实践前言，是真出之诚意也。因将此项诺言签注书后，并请电沪军管会与森玉取得联络，接收后由故宫接受。冶秋允照办。下午往访郑西谛告以此事，请其函告森玉，借此北来。六时余有警报，天安门庆祝大会暂行疏散，俟八时重开。闻飞机至山海关，闻以气候恶劣而退，旋即解除。致念劬、森玉两书。

七月八日（星期五）。阴。雨。

各单位人员重行分配工作公布之。评薪今日完成，送会核定。挈思猛赴毕华德医院，检查眼疾。

---

① 吴湖帆（1894—1968），初名翼燕，字遹骏、东庄，别署丑簃，书画署名湖帆。江苏苏州人。擅长中国画。历任上海中国画院画师，上海美术学校、上海美术专科学校、浙江美术学院国画教师，上海大学美术学院副教授，中国美术家协会上海分会副主席。20世纪中国画坛一位重要的画家，他在中国绘画史上的意义其实已远超出他作为一名山水画家的意义。
② 《富春山居图》是元朝画家黄公望的作品，是黄公望为同门师弟郑樗（别号无用师）所绘，以浙江富春江为背景，全图用墨淡雅，山和水的布置疏密得当，墨色浓淡干湿并用，极富于变化，是黄公望的代表作，被称为"中国十大传世名画"之一。明朝末年传到收藏家吴洪裕手中，吴洪裕极为喜爱此画，甚至在临死前下令将此画焚烧殉葬，多亏吴洪裕的侄子从火中抢救出，但此时画已被烧成一大一小两段。吴氏所藏前段称《剩山图》，现藏浙江省博物馆；后段较长称《无用师卷》，现藏台北故宫博物院。

七月九日（星期六）。阴雨竟日。

挈思猛检查眼疾。据毕大夫言为先天花眼，程度深余四倍，亟宜配一眼镜，否则将贻身之累。傍晚挈思猛买球鞋。益侄、陈宜、丁芝皆宿于此。益侄已将三小孩送入香山慈幼院，该院原在香山，今移入城内光明殿。

七月十日（星期日）。阴。

迻录端方藏《天发神谶刻石》拓本跋语，共十四段，皆一时显贵。晚芳若来共酌。

七月十一日（星期一）。昙。

为胡步曾①书"静生生物调查所"等门榜两方。裴姓书估送宋本《古文苑》来看，为《天禄琳琅》书，有曹栋亭印记，想亦东北来者。嘱其问一实价，再行决定。晚赴北京饭店开会，商讨古物保管会组织。与会者为马夷初、郭沫若、郑振铎、王

---

① 胡先骕，字步曾（1894—1968）。植物学家和教育家，中国植物分类学的奠基人。从1918年起，先后任南京高等师范学校、东南大学、北京大学、北京师范大学等校教授，中正大学校长，中央研究院评议员、院士。1928年参与创建北平静生生物调查所，任植物部主任。1930年当选国际植物命名法规委员会委员。与秉志联合创办中国科学社生物研究所、静生生物调查所，发起筹建中国植物学会。1949年静生所被新成立的中国科学院接收，改组为植物分类研究所。"静生生物调查所"之名不复存在，胡先骕特请马衡书写"静生生物调查所"存念。

冶秋及余五人。商讨结果，此会应属中央，推振铎草拟草案，俟将来中央成立后以备采用。

七月十二日（星期二）。昙。傍晚雨雷。

席慈肺病加剧，请假一周。据庚楼言，《古文苑》宋本有两本，一无注，一有注。此一函六册必系无注之九卷本也，宜在应收之列。景洛来言，陈亚牧于十日前由港来平，上火车时中风，死于车站。以其只身旅客，检其身畔及行李，始得其姓名，辗转通知景洛。盖景洛之夫人虽为其甥女，而素未谋面也。现在槁葬于车站附近，拟为募捐改葬，余拟赗以千元。亚牧于卅五年冬离平不知何往，今始知其往依沈贻，服务南京市政府。去年年底迁广州被疏散，今始北来也。

七月十三日（星期三）。昙。午后雨。

青年假太庙后河开会，昨忽欲改在太庙殿前院内。几经交涉，依原议。到者近万人，秩序甚佳。午后有清华学生岳绛申自甬来，带到五万元，系华儿托带者。

七月十四日（星期四）。晴。

召开馆、处、科长谈话会，以人事调整后工作是否适合须加注意。王冶秋未来，嘱于坚转述今后工作应注意各点。为思猛赴毕大夫处付钱取眼镜，余试之，昏眊不能用，可见度数之深矣。下午三时赴勤政殿中国社会科学工作者代表会发起人会议。由郭沫若致开幕词，林伯渠报告筹备经过，朱德、周恩来讲演，六时半散会。

七月十五日（星期五）。晴。

与李濂镗谈话，劝其改就古物馆，致力于锦绣缂丝，并告以今后工作之态度，彼允考虑后答复。又与方绍烈、朱家濂谈学校事：（一）宜办四年级，（二）宜酌改学费以冀持久。发鬓间生一疖，已一星期，由关植耘介绍至济众医院杨绍涟大夫处诊治。挑破患处敷药而归。二时至勤政殿开会，林伯渠主席，李达、史明、陆定一相继演说，通过全章及常务委员人选。散会时正六时半。地上微湿，似曾有微雨者，不意行止东华门大街，道途泥泞，甫经大雨，相隔一禁城而东西各一天矣。

七月十六日（星期六）。昙。

闻景洛言席慈热度甚高，医生言非旧肺病，乃新得肺炎。后席慈夫人来，谓经中和医院钟院长诊断，乃急性肺病，颇为严重，须先退其温度。惟此药甚贵，必先筹款。余为代借七万元。下午三时赴怀仁堂开中苏友好协会，到者五百余人。郭沫若主席致词，钱俊瑞报告筹备经过，继由朱德、周恩来、吴玉章、李济深、沈钧儒、叶剑英等演讲。时已六时,余先退席。途遇小雨。

七月十七日(星期日)。阴。

电故宫询席慈病状,闻已稍瘥,甚慰。张联元自张家口来谒,谓已重入教育界,学习程度自其谈话中可考验其颇有进步。下午维本来谈。三时赴社会科学工作者代表会发起人会议,由沈钧儒①主席讨论提案。晤陶孟和②,昨晚自南京来。询以中研院事,谓社会研究所亦奉迁台之命,彼以去就争之,始得免,知孟真对强项者亦不能屈之也。会中发言者十人,无聊者占三之一。思猛生日,履儿请其看戏,由芳若陪去。

七月十八日(星期一)。晴。

闻席慈病略瘥。下午王冶秋来电话,谓工商部来文,自四月至六月津海关扣留古物甚多,欲本院派员前往鉴定,允之。

---

① 沈钧儒,字秉甫,号衡山(1875—1963),浙江嘉兴人。著名法学家、民主人士。早年留学日本法政大学,回国后先后参加立宪运动、辛亥革命,后又参与护法运动,"五四"运动期间,撰文提倡新道德、新文化。中华人民共和国成立后,沈钧儒历任第一任最高人民法院院长,第一、二、三届全国政协副主席,第一、二届全国人大常委会副委员长,民盟中央主席等职,是我国德高望重的老一辈国家领导人之一,著有《寥寥集》《家庭新论》《制宪必携》等。
② 陶孟和(1888—1960),天津人。早年留学日本东京高等师范学校、英国伦敦大学,后任北平高等师范学校教授、北京大学教务长。著有《社会与教育》《社会问题》,译有《公民教育》等。

益侄来谓将于廿一日离平南下,子女等费用已付至十月底,且其外祖母来信将接往南京,无须多款。余所筹之四万元不拟带去,留此以备子女不时之需。

七月十九日(星期二)。阴。雨。

以《法书大观》一册赠郦衡叔①,托王淦昌带杭,其同事也。晚琰侄、纪兴来,闻益侄廿四日行。

七月二十日(星期三)。先阴后晴。

昨晚受凉腰疼,以热水熨之。晚周恩来、林伯渠约晚餐,座中有陶孟和、钱乙藜。饭后论教育问题,至十一时半始归。

七月廿一日(星期四)。阴。时有阵雨。

王冶秋订今日五时来讲话。后晤邓初民②,知其将赴津,

---

① 郦承铨,字衡叔(1904—1967),江苏南京人。他是在小学、史学、诗文方面学识渊博、学术成就斐然的学者,又是书画篆刻成就卓越的书画家。1947—1949年受聘为故宫博物院专门委员,曾应马衡院长之邀到南京分院参加书画审查评鉴工作,有缘获观院藏历代书画名迹。自1951年起长期担任浙江省文物管理委员会副主任。1956年为浙江省博物馆购进吴湖帆家藏黄公望的《富春山居图》,现已成为"浙博"镇馆之宝。
② 邓初民(1889—1981),著名社会科学家。1949年初到北平,9月出席第一届全国政协会议,被选为全国委员会委员。历任华北行政委员会委员,山西省人民政府副主席兼山西大学校长、山西省政协副主席兼山西省体委主任、省文化教育委员会主任,中国民主同盟中央副主席等职,曾当选第二至第五届全国政协常务委员、第一届至第五届全国人大常务委员。

遂以此时间让之。由罗歌往迓。在神武门楼讲"学习",以极通俗之词句阐明马列主义、毛泽东思想,极受群众欢迎。讲毕,同往市场大鸿楼晚饭。

七月廿二日(星期五)。阴。雨。

王冶秋上午来,至理事会库检视绸缎皮毛情形,甚佳。三时,教育工作者代表会议开筹备会于协和礼堂。董必武主席报告组织经过,通过主席团廿一人,约一小时散会。至院处理琐事。李乙尊①今日由沪来,寓六国饭店,李任潮②所约也。昨得蒋朴庵来函告急,今日以二千元赠之。

七月廿三日(星期六)。大暑节。昙。

教代会筹委会开幕,通过主席团名单。董必武致开幕词。朱德、陆定一、沈钧儒、吴玉章、徐特立、李德全等讲演,一时半散会。下午李乙尊来。益侄等行期尚未定,来洗澡且宿于此。

---

① 李乙尊,马衡世交李菘圃之子,京剧名伶李世济之父。上海名流,经商,是民国政要李济深的幕僚,中华人民共和国成立后任上海市政府参事。
② 李济深,字任潮(1885—1959),原籍江苏,出生于广西苍梧。国民党陆军二级上将。曾于黄埔军校任教,北伐期间协助蒋介石在广东清党,之后又多次反蒋,曾于福建事变时成立中华共和国人民革命政府,任政府主席。抗战胜利后脱离蒋介石之国民党,另成立中国国民党革命委员会。中华人民共和国成立后任中央人民政府副主席、全国政协副主席、全国人大常委会副委员长等职。

七月廿四日（星期日）。阴。

　　赵企之来，欲觅工作，彼于敌伪时任伪北大教授，胜利后投入中共，任图书、文物保管员职。沈兼士之第三女名阿满者，来为其伯父投一书，略谈而去。

七月廿五日（星期一）。昨彻夜雨，午前始止。

　　教代会筹委会分组会余在第三组。尹达召集一时开会，仅丁浩川、王重民、尹达及余四人到会。对章程草案无甚意见，惟第五条有特设各种委员会之规定，图、博工作者是否即为此等委员会之一，应请主席团解释。三时统战部招待茶会于北京饭店。六时教育部高教会、市教育局招待晚餐于东兴楼。七时赴长安观梅兰芳之《霸王别姬》。四大名旦中未改当年风度者惟梅一人。张我良自南京来，未晤，带到衣物等。

七月廿六日（星期二）。晴。

　　赴教代会筹委会。通过筹委会章程及筹委会常务委员名单。

七月廿七日（星期三）。晴。

　　赴教代会筹委会，董必武主席。通过出席新政协代表名单，十七人全体照相。余先离会。下午二时半开会。孙起孟①告余明晨先参观故宫,因电院筹备招待陆志韦主席。有韦慧等讲演,董必武致闭幕词并邀聚餐。

七月廿八日(星期四)。阴。凉。

教育代表十时至绛雪轩休息,余略与周旋。彼等欲参观东路,因特别出组招待之。下午四时召集馆、处谈话会,讨论业务计划。八时赴北京饭店茶会,听周恩来演讲。十一时半归。

七月廿九日(星期五)。雨。凉。

室内温度仅七十五度。赵斐云、张庚楼来谈。席慈病略减,拟请假两个月,所代总务处长职务拟令科长四人商同处理,并推一人处理例行事务。

七月三十日(星期六)。大雨竟日。

街衢水深盈尺,室内温度(华氏)七十二度,于人、于农作物皆大不利。午后未出门。履儿久不归,忽冒雨而来,旋又

---

① 孙起孟(1911—2010),安徽休宁人,中国著名的教育家和社会活动家,中国民主建国会和全国工商联领导人,第七届、八届全国人民代表大会常务委员会副委员长,中国民主建国会第七届、八届中央委员会名誉主席。

因事而去。

七月卅一日（星期日）。昙。

李乙尊来谈，留饭。吴玉年来，其尊人所藏《天禄琳琅》残书，拟作价小米二万斤。

八月一日（星期一）。阴历七月七。昙。

章乃器建议政府发掘"文化矿"，并准不重要之古物出口以换取外汇。高教会交余与寿萱提供意见，约寿萱谈。对前者，主张由高教会核准之，文化机关为有计划之发掘；后者只可与国际博物馆交换，不可出卖。王冶秋接南京来文，知本分院将于今日开展览会，励乃骥[①]且为负责人之一，大有脱离本院独立之概。问余接得信息否。此诚怪事。因嘱景洛约张我良来询之。晚与芳若携思猛观剧于吉祥。

八月二日（星期二）。昙。

张我良来，谓其父现在南京分院，乃文管会函其家令其来者。库门已于七月间开启，邦华、德人终日在库开箱工作，八

[①] 励乃骥，字善湛（1897—1969），福建东溪人。1920年北京大学毕业。1935年2月，任国立北平故宫博物院南京分院总务科长，曾随故宫文物赴苏参加莫斯科中国艺术展览会，受聘为鉴别古物专员。中华人民共和国成立后，历任上海中学、新沪中学教员，上海文史馆馆员。

月一日开展会，即以工作室为陈列室，闻以后每隔一月开一次，并不售票云。五时有高教会秘书唐腾义来讲演。

八月三日（星期三）。晴。

访王冶秋谈分院事。天津王副司令偕高树勋来参观，高言及李杏村，因询其石经所在，谓在宜阳，请冶秋注意。右额角又生一疖，颔下淋巴腺微肿，再请杨绍涟大夫诊治。琰侄、纪兴与芳若来晚饭。十时大雨。

八月四日（星期四）。昙。

王冶秋晤董必武主席，言故宫经此大雨房屋渗漏坍塌，在在皆是，仅恃每月收入之款维持保养无济于事，应于下半年筹款兴工，以抢救逐渐摧毁之建筑，否则一二年之后，所费将更大。董老深韪其言，允为设法。因与星枢商，由文整会派员就已列计划之各处会同复查，造具概算款，由院请工，由会做。

八月五日（星期五）。阴。

与杜仙洲谈本院修缮保养工程之复查，刻期造具概算，请款兴工。乙尊电话谓李任潮请其住入西总布胡同宅内，复为民革党所嫉，引共党统战部干涉之，致任潮愤而辞主席职，势不能不迁去。因令其即日移居我处。

八月六日（星期六）。晴。

访王冶秋，以裴孝先送来之宋本《古文苑》样本示之，志在必得。据裴云，燕京大学欲购之。因与冶秋商先函陆志韦，请其留与故宫，不必竞争。冶秋甚赞成。新政治协商会议将召开，冶秋拟扩大展览以祝其开幕。乃召集馆、处开谈话会，仅二星期布置新陈列室三处，并加强旧陈列室。泰侄①自天津来，将来协和医院学习一月，因留晚餐。

八月七日（星期日）。阴。雨。

沈士远②自上海来已一周矣，今日来谈，适邵力子亦来，因纵谈蒋介石近年来之倒行逆施，言论矛盾，为余所闻所未闻者。沈规徵大夫来询晶儿消息，因告以现在台湾。芳若来。

八月八日（星期一）。立秋节。晴。

以《古文苑》示张庚楼，"瑗"、"丞"、"宛"等字皆缺末

---

① 马泰，马衡二哥马裕藻之次子。
② 沈士远（1881—1955），浙江吴兴人。曾任北京大学国文系教授、庶务部主任，燕京大学国文教授。1930年以后历任中央政府和省级高等考试委员会委员、委员长等职。1950年被聘为故宫博物院编纂委员。沈士远、沈尹默、沈兼士三兄弟皆与马衡交厚。

笔,庾楼亦不能道其详。夷初约往北京饭店一谈,因晤郑西谛。颔右肿渐大,赴北平医院访吴洁,谓须就医于骨科。罗子期①送履历来。

八月九日(星期二)。晴。

文献馆员金震昨忽失踪,原因不明。履儿陪思猛至北大医院访朱鸿荫大夫,拟缝上腭。朱赴东北未回。颔右肿未消,亦不痛,诣孟继懋诊治,谓骨无病,恐系假牙作祟。又诣朱砚农,真牙假牙皆无病状。只得暂将假牙取下,并作热敷。

八月十日(星期三)。晴。昙。

院中小学校务委员选出十一人,职方九人,执教者皆当选;工方二人,警方候补者一人,可谓差强人意。金震为公安六分局拘留,闻原因为金在北海调戏妇女,案情不甚严重,乃具函保释之。肿处经连日热敷已渐瘥。

---

① 罗福颐,字子期(1905—1981),祖籍浙江上虞。古文字学家。罗振玉之五子。1939年进入沈阳博物馆工作。抗战后迁居北平,任职于北京大学文科研究所。1949年,经马衡介绍调入文化部文物局工作。历任故宫博物院研究员、文化部副研究员和业务秘书、文化部国家文物局咨议委员会委员、中国考古学会理事、中国古文字学会理事、杭州西泠印社理事等。他对各种古文字资料都很熟悉,研究范围涉及青铜器、古玺印、战国至汉代竹木简、汉魏石经、墓志乃至尺牍、量器、镜鉴、银锭等。

八月十一日（星期四）。阴。昙。

校务委员会选金书琴为校长，金为师范出身，且曾兼该校教员，甚适宜也。新聘教员一人，请教育局推荐。晚与乙尊、思猛观剧于吉祥。

八月十二日（星期五）。昙。

下值后诣士远长谈。

八月十三日（星期六）。昙。

诣王冶秋告以陈万里①事。冶秋谓已物色一人名张景华，

【按】据《紫禁城》2006年第7期金玉琢《一位平凡的故宫人——忆父亲金震》一文载：父亲金震，字震之，生于1912年，1984年去世。中华人民共和国成立之后，金震被留用并调至陈列部管理保和殿东庑库房，任助理员。随着"三反""五反"运动的开展，也是因父亲犯了两次生活作风错误，他被调往成立不久的北京戏曲实验学校约两年。后因工作需要，于1954年1月调回故宫博物院。至1956年12月，人事科通过考查，认为"几年来（金震）表现有好转"，并得到朱家溍、郑珉中两位先生做保，撤销了我父因生活作风问题而受的两个记过处分。之后，他又被人事科提请升为科员。1958年间，在陈列部宫廷组工作的父亲再度被提升为馆员。

① 陈万里（1892—1969），江苏吴县人。陶瓷学家。1917年6月毕业于北京医学专门学校，曾任北京大学校医、厦门大学国学院导师、浙江省卫生处长、江苏省卫生署长等。1949年11月任故宫博物院研究员。他将考古学的方法用在古陶瓷研究中，把田野窑址调查作为开展研究的基础，首先进行了越窑、龙泉窑等古窑址的调查，拍摄了大量照片，发表了一系列调查报告和论文。著作有《宋代北方民间瓷器》《中国青瓷史略》《中国历代烧制瓷器的成就与特点》《建国以来对于古窑址的调查》等。

刻苦耐劳，颇有才具，堪胜总务处长之任，拟约其一谈。陈万里聘为研究员，在森玉未来前令其暂代馆长。谈至罗子期时，冶秋谓其在北大时于广众中漫骂共党，思想顽固，恐难改造。电询立庵，亦谓曾闻此语。乙尊令其家厨小邵来做菜，约履儿、琰侄、泰侄及纪兴来晚饭。

八月十四日（星期日）。昙。

罗子期来。王述人来。芳若来。终日未出门。写纪念冯焕章①文。

八月十五日（星期一）。晴。

冶秋函介张景华来谈，人颇英俊敦厚，常识亦甚丰富，可用之材也。邦华来一私函，述其前后经过甚详，一切皆委之于文教会。大专部赵部长谓一切行文皆须经联络员核署，在军管时期总、分院恐难取得联络云云。然则私函往来如此，函者岂

---

① 冯玉祥，字焕章（1882—1948），原籍安徽巢县。民国初期著名军事家、爱国将领、著名民主人士，国民革命军陆军一级上将。1924年第二次直奉战争中任直军第3军总司令，趁直、奉两军在石门寨、山海关等地激战，回师发动北京政变，推翻直系军阀政府，驱逐清逊帝溥仪出宫，电邀孙中山赴京共商国是。1948年7月应中共中央邀请参加中国人民政治协商会议筹备工作，在苏联驻美大使潘友新的帮助下，自美国乘"胜利"号轮回国。途经黑海在向敖德萨港（今属乌克兰）行进途中，因轮船失火，于9月1日与女儿冯晓达一起遇难。1949年9月，在冯玉祥遇难一周年之际，中共中央在北平隆重举行追悼会。马衡以历史见证人之身份，写文章纪念冯玉祥将军当年驱逐溥仪出宫并建立故宫博物院的历史贡献。

亦受限制耶。理侄来晚饭，谓又欲考华大。昔日考取而不去，今再投考，恐未必取也。

八月十六日（星期二）。晴。

九时赴华北政府参加高教会召开之各大学及文物机关会议，由钱俊瑞主席讨论三项问题。一课程，二经费，三人事。上午讨论第一项费时三小时半。下午讨论二、三两项又费时三小时半。课程已经高教会常会决定者，由各校适应实际情形分别执行之。经费因今年灾荒，收成不佳，加以支援前线，农民负担太重，各机关开支庞大，收支难望平衡。希望各机关提倡精简，节约人事。各校及机关多有不合理者，须本精简之旨，大加裁汰。最后就二十一机关中选出七人，组织委员会，研究并推动精简节约运动。王世襄自美归国，夜间来谈，并带来五弟①函及衬衫等。

八月十七日（星期三）。晴。

王世襄来院报到。王冶秋言聂荣臻司令员将设立军事博物馆，中有飞机、大炮，而无适当地点，意欲以太和殿暂行陈列。冶秋亦以为不妥，商量结果拟将景山全部借予暂用。退公后在神武门楼开大会，报告昨日开会情形，并发动群众推动精简节

---

① 马鉴，字季明（1883—1959），浙江鄞县（今宁波市鄞州区）人，文史学者，早年就读于南洋公学。曾任教于北平协和医学院、燕京大学国文系，并担任国文系主任、燕京大学文学院院长、燕京大学图书馆主席，1946年后出任香港大学中文系主任。

约运动。

八月十八日（星期四）。晴。

工人聂崇厚等八人呈请减领小米各五斤，以减轻人民负担，批交各单位传，然后呈会核示。下午至历史博物馆审查古物，自五时至六时半，疲惫不堪。甚矣，吾衰也！归来小酌，始略恢复。晚九时，乙尊之姊及其女自上海来，寓此。乙尊已于午前移至中国旅行社。

八月十九日（星期五）。

前日发动群众精简节约运动，有工人聂崇厚等八人愿减月薪五斤或十斤，以减轻人民负担。余亦请减百斤以为全院倡，各单位多有响应者。下午与维钧赴北京饭店参加政协筹委会，副秘书长余心清召开之筹设印铸局谈话会。余主张一律用方印，约二寸余见方，字体仍用篆文，以便安排章法。邓哲熙[1]独持异议，以为元首之印宜加大。余谓故宫藏有《南巡图》，人物比例为皇帝像独大，乃表示尊崇之意。其如

---

[1] 邓哲熙，字仲芝（1894—1981），河北大城人。1933年经冯玉祥介绍任南京立法院委员。抗战胜利后，担任河北省高级法院院长职务，他秉公办案，曾依法处决了大汉奸陈济棠、齐燮元、殷汝耕、金碧辉（川岛芳子）等。北平解放前夕，为北平和平解放做出了贡献。中华人民共和国成立后，历任民族学院办公室副主任，社会主义学院总务处长，第二、三、四、五届全国政协委员。

不合理，何在封建时代？不顾及此也，如元首之印独大，将与《南巡图》同一见解矣。邓始折服。

八月二十日（星期六）。晴。

往南路看新辟之陈列室。古物馆于武英殿之东配殿陈列纺织物，大致就绪。中有西南、西北边疆产品颇为精致。图书馆于文华殿之西配殿陈列禁书，已完成。文献馆于文华前殿辟帝后生活史料陈列室，尚未布置完成。贫民服用之物未征齐，大约尚须三日，即可预展。闻山西大学已决聘芳若，为之稍慰。

八月廿一日（星期日）。昙。

挈思猛游中山公园，欲观反特治安展览会，会场拥挤不堪，在入口处候十余分钟，见已入场者寸步未移，意非老弱所能堪，乃放弃参观。游园一周而出。约叔通、力子、夷初、西谛、士远，述勤、畅安父子等午餐。由乙尊命小邵备菜一席。须减轻油量，客皆称善。晚仍备数肴招待李氏姑侄，邀芳若及琰侄夫妇作陪。得丁洁平书，悉其乃翁辅之①于本月六日作古。王福

---

① 丁辅之（1879—1949），近代篆刻家、书画家。原名仁友，后改名仁，字辅之，浙江杭州人。其家以藏书之丰闻名于海内。名印金石，代有收罗，尤以西泠八家印作为多。1904年与王褆、吴隐、叶铭等发起创办西泠印社于杭州孤山。与马衡有40余年金石印学之交。

盦精神亦不如前。

八月廿二日（星期一）。昙。

　　产瓷地图绘成，尚须小加修正，得福盦①、醉石②函，闻印铸局将成立，皆愿来效力。邓叔存③来，以其甥葛君著作见示。小白自上海来，谓珍儿亦将启程。

八月廿三日（星期二）。处暑节。昙。

　　至文华殿观布置陈列室，尚有两三日可完。下午诣协和医院访梅龄女士，承告小儿科设备已完成，著名外科医士下月亦可由美来，如思猛欲施手术，可先告之。又谈福氏寄存文物，应催金陵大学速来运去，以了此一重公案。裴文中来讲现在及将

---

① 王褆，字维季，号福盦（1880—1960），杭州人。承家学，喜蓄印，自称印佣。工书，钟鼎、楷、隶无不能。又精刻印，得浙派神髓。1904 年与叶铭、丁仁、吴隐共创设西泠印社于西湖孤山。民初至北京，任印铸局技正。1924 年由马衡推荐，参加故宫清点清宫文物工作，曾任故宫博物院专门委员会委员。中华人民共和国成立后，为上海中国画院画师。著有《文部属拾异》《麋研斋作篆通假》《福盦藏印》《麋研斋印存》。
② 唐醉石，原名源邺，字李侯，号醉石（1885—1969），湖南长沙人。曾任北洋政府国务院印铸局技正科长、所长，故宫博物院顾问，南京政府印铸局技师，湖北省文史研究馆副馆长。是西泠印社创社社员，东湖印社创社社长。列名中国美术学院《20 世纪篆刻大师》专著。存世有《醉石山农印稿》。
③ 邓以蛰，字叔存（1892—1973），著名美学家，邓稼先之父。1917 年赴美入纽约哥伦比亚大学专攻哲学与美学，1923 年夏回国，任北大哲学系教授，1927 年到厦门大学任教，1929 年任清华大学哲学系教授。

来博物馆之任务，须配合政策，适应要求，约一小时又半。

八月廿四日（星期三）。昙。

冶秋约谈院务。沉阴欲雨，散值时大雨如注，久候不止，冒雨而归。致函陈裕光，催运福氏之物。唁丁洁平。

八月廿五日（星期四）。晴。昙。

季潢、兆鹏赴津海关审定古物。呈高教会请任张景华为总务处长，改任张允亮为图书馆长。

八月廿六日（星期五）。晴。

得罗莘田[①]电话，谓陈万里已来平，正在彼家。因约在同

【按】福梅龄之父福开森 John Calvin Ferguson（1866—1945），美籍教育家，文物专家，慈善家，社会活动家。1896年，受聘出任上海南洋公学（上海交大前身）监院（校长）之职，马衡1899年考入南洋公学后与其师福开森建立了40年的友谊，他们在北大和故宫博物院都曾共事，福氏也是故宫博物院文物鉴定委员会中唯一一位洋委员。1934年，表示愿将家中数十年全部收藏品捐给金陵大学。1938年10月福开森夫人在北平居所病故。1943年福开森被日本遣送回美国，1945年在波士顿去世。1950年由其女福梅龄女士完成福开森遗愿，将其生前在北京故宫存放的全部收藏移交金陵大学。1952年金陵大学和南京大学合并，其捐赠藏品陈列于南京大学考古与艺术博物馆。

① 罗常培，字莘田，号恬庵（1899—1958），北京人。满族。1919年他从北京大学中文系毕业，又到哲学系学习了两年，接受了西方的学术思想和治学方法。曾历任北京第一中学校长、西安西北大学教授、中央研究院历史语言研究所研究员、北京大学教授、西南联合大学中文系主任等。中华人民共和国成立后，筹建中国科学院语言研究所，并任第一任所长，中国文字改革委员会委员。

和居午餐相晤。饭后莘田先行,余与万里又谈一小时而别。

八月廿七日(星期六)。晴。

　　高教会文来,同意任张景华为总务长,改任张允亮为图书馆长。琰侄夫妇来晚饭。自称为北大史学系学生之陈祄又以昏暮来,谓返丰润原籍后为乡里所不容,不得已又来平。今已考入内蒙古自治政府服务。今欲购置零星日用品而囊空如洗。因以二千元赠之,亦不知其真伪也。

八月廿八日(星期日)。晴。昃。

　　方绍烈之夫人来报告,昨日三时公安六分局召集开会,本院有国民党籍者八人参加,独绍烈被押,不知何故。允明晨到院询明再作道理。陈铭德①及其夫人邓季惺来。陈万里来,即在此午饭。

---

① 陈铭德(1897—1989),四川长寿人。中国报业发行人。1929年9月9日在南京创刊《新民报》(南京),任社长。抗战胜利后,《新民报》反对内战,要求和平民主,对国共两党重庆谈判和政治协商会议做了大量客观的报道。同时积极扩展报业,在重庆、成都、南京、上海、北平五地出版了8种《新民报》,成为拥有"五报八版(或称五社八刊)"的大报业系统,陈铭德任总经理,夫人邓季惺任协理,陈因此被誉为中国报业巨子。中华人民共和国成立后,任上海《新民报晚刊》副社长、顾问,北京市社会福利局副局长。他还是北京市人民代表大会代表,北京市政治协商会议副秘书长,中国人民政治协商会议第二、三、四、五届全国委员会委员,第六、七届全国委员会常务委员,中华全国新闻工作者协会理事,中国国民党革命委员会中央委员会常务委员、团结委员会主任委员、中央监察委员会副主席等。

八月廿九日（星期一）。晴。

七时挈思猛往午门前看试验灭火机，共有三家，效果皆不相上下。李乙尊来交利息。下午历史博物馆开辟新陈列室，展览人民捐赠品及接收品，邀往参观，至六时半始散。致季明书。昨得节侄①书，言中山大学大捕教授、学生，彼平日与学生接近，且好谈论，不得不避往香港，静待广州解放。因嘱其于解放后亟回校，勿离岗位。

八月卅日（星期二）。晴。

吴荣培来纠缠拟来院服务，婉却之。下午与冶秋谈院务。罗福颐拟聘为副研究员。本院工会今日选举筹委，余于投票前简短讲话。

八月卅一日（星期三）。阴。昙。

工商局召开特种手工艺座谈会，参加者有厂商、贸易行、银行及教育文化界熟人如梁思成夫妇、韩寿萱、徐悲鸿、吴作人、邓叔存皆与焉。程宏毅局长主席，厂商、联合会代表、贸易行等先后发言，说明困难。在座者皆次第发表意见。余说明北平所以成为特种手工艺生产城市者，盖为封建之残余，当清

---

① 马节，马衡二哥马裕藻之三子。

十年離亂後長大一相逢問姓驚初見稱名憶舊容別來滄海事語罷暮天鐘明日巴陵道秋山又幾重 蘭姪索書 无咎衡

抗战期间，马衡与马节久别重逢，感怀留书。现藏故宫博物院初——尤其乾隆时代帝王玩物丧志,在宫里设造办处,百工皆备,臣民等因而效尤,造成一种风尚,一直传到如今。现在政府提倡改变消费城市为生产城市,实际上此种手工艺多为奢侈品,与民生日用品无关。然而从事工人数千,作坊百十家,不能皆全转业。现应提倡生产,一以维持数千人之生活,二以之换取外汇,三以保留不绝如缕之技术,一举而三善备焉。从前造办处之作品,现皆保存于故宫,分类陈列,集体参观可以免费招待,备各业之观摩改进博物院之任务,在此希望与教学及生产者打成一片。会中备午饭四桌,直至六时半始散。终日未到院。

九月一日(星期四)。晴。昊。

张景华就本院总务处长职,为介绍四科长。其人精细干练,颇有才具。庚楼来谈,以光绪丙午年(1906年)厘定官制王大臣在那桐别墅摄影见示,共十五人(载泽、世绪、那桐、荣庆、奎俊、铁良、张百熙、戴鸿慈、瞿鸿禨、葛宝华、徐世昌、陆润庠、寿耆、袁世凯、端方),与余所藏端方旧藏《天玺纪功刻石》拓本中题名大致相同(题名中无瞿而多一载振)。惟摄影为八月初六日,题名则为二十日耳。下午二时赴冯玉祥追悼会,李济深主祭。发言者除主祭者及家属李德全外,有周恩来、郭沫若、沈钧儒、黄炎培等。散会后访陈万里、顾颉刚,皆不晤,因在乙尊室中闲谈。晤赵荣琛。乙尊姊女迁入乙尊寓,将于明日赴西郊暂住。

九月二日（星期五）。昙。

畅音阁工程隆记得标，超过底标甚多，盖工资暴涨故也。今二、四两科研讨改善出组①时间问题，拟照厂商规定时间工作，令厂商减低标价。约冶秋三时看新辟陈列室，五时始散。过历史博物馆与韩寿萱略谈。

九月三日（星期六）。晴。

与俞星枢及景华、景洛商讨畅音阁作工时间问题。"隆记"愿于延长时间条件下减价五十四万元，允之。

九月四日（星期日）。晴。

清华研究院旧同学七人约在公园上林春午餐。二时预展，四陈列室，一帝后生活史料，二禁书皆在文华殿，三玉器在诚肃殿，四纺织品在武英殿。招待来宾于传心殿。到会者有成仿吾、范文澜、郑振铎、裴文中、邓初民等。至六时始散。晚观剧于吉祥。

---

① 出组是指工作人员结合成小组离开办公室到别的地方做事。对于古物馆人员来说，出组是经常的，如果到库房或宫室工作，还配有警务人员监督。

九月五日（星期一）。阴。

呈高教会免方绍烈职。与景华谈院务。䌹伯来已数日，尚未晤面。散值后往访之，与包达三同住 508 号。甫坐定，叔通亦来，䌹伯提议约我至小馆中吃饭，盖彼等皆好吃，得此借口，便可尝新。步行至敦厚里，吃刘家菜，殊不见佳，惟便宜耳。

九月六日（星期二）。昙。

石家庄运来古物一批，在历史博物馆开箱，约往参观，沫若、西谛、冶秋皆在。惟景县封氏墓中物为可贵，有陶俑、瓷器，皆精绝。共三墓，一封魔奴（正光），二封延之（兴和），三封子绘（河清），皆有墓志。其他缴获之物，除燕陶外，多无足观。访皮肤科医士李洪迥，以二千元电烧头上肉痣，并无痛苦。

九月七日（星期三）。晴。

吴荣培来谈，此人不但神经不正常，且思想顽固，完全封建头脑，无可救药也。送思猛入孔德小学一年级。晚约纪兴夫妇来家食蟹。

九月八日（星期四）。白露节。晴。昙。

陈万里持夷初函来谒。据云余越园以白血症于月前作古。其症于毛孔中随处出血，亦奇症也。至图书馆（寿安宫）巡视书库一周。跋《秦泰山廿九字》拓本一册，许氏跋已模糊莫辨，乃清初拓本也。

九月九日（星期五）。晴。

嘱畅安往晤福小姐，商撤收文华殿所陈文物，以金陵大学复函即派人来运也。傍晚冶秋来讲话，亦发动群众之意。所讲三点：一、精简节约；二、清除反动分子；三、新陈列室尚属满意，但须采集众意，逐渐改进。第二点系为方绍烈事。方为国民党员，向极活动，解放后虽已登记，但未尽坦白，日前在其家中又搜获未缴出之证件，故即予扣押。

九月十日（星期六）。阴。昙。

至寿康宫看古物馆提集工作。家具种类甚多，大可辟一专室陈列。天安门广场尚未完工。高教会提倡各机关劳作，本院提早一小时散值，余未参加，盖老者不以筋力为礼也。蒋朴庵谓欲回籍而旅费不敷，余于半月前赠以三万元，昨得其来书，谓已于九日行矣。此君不自振拔，思想尤难改造，从此远别，计亦良得。

九月十一日（星期日）。阴雨。午晴。

有孙某者于电话中谈《古文苑》事，请其约期来院面谈。下午至琉璃厂访张越丞，以栖霞残像托其觅工刻记。据云尚须重书。继至庆云堂①，以所题《泰山廿九字拓本》还。据彦生言，其子明善不日返平。叔通托觅《三希堂法帖》，嘱其明晨送去。又至尊古斋，黄伯川父子皆在，适李莘痴来，别十余年矣。莘痴谓有人藏《皇甫诞碑》唐拓本求售，姑漫应之。芳若携蟹来共酌。

九月十二日（星期一）。阴。昙。

星枢来谈。下午参观北平因举办之三展览会。唐立庵约吃晚饭，座中仅周叔弢②、顾颉刚③二客。

---

① 庆云堂，琉璃厂碑帖铺。店主张国材，字彦生，后以字行，河北吴桥人。于1930年开设庆云堂。张彦生精于鉴别，著有《善本碑帖录》。
② 周叔弢，原名暹，字叔弢（1891—1984），安徽东至人。中国古籍收藏家、文物鉴藏家、著名政治家、实业家。出身于封建官宦家庭，他幼年住在扬州，后移居青岛，1914年又移居天津。曾任唐山、天津华新纱厂经理，启新洋灰公司总经理。1936年拒绝与日本人合作，愤然离职。是中国北方民族工商业代表人物。解放战争时期，赞同中国共产党和平建国、召开新政协的主张，出席中国人民政治协商会议第一届全体会议。历任中央人民政府政务院财经委员会委员、天津市副市长、天津市人大常委会副主任、天津市工商联主任委员、中国佛教协会常务理事、天津市国际信托投资公司董事长、全国人大常委会委员、全国工商联副主席、全国政协副主席等职。
③ 顾颉刚（1893—1980），江苏吴县人。原名诵坤，字铭坚，著名历史学家、民俗学家。1920年毕业于北京大学本科哲学门，留北大图书馆任助教做编目工作。后历任厦门大学、中山大学、燕京大学、北京大学、云南大学、中央大学等校教授，中山大学历史语言研究所主任、中央研究院院士。中华人民共和国成立后，任复旦大学教授、中国科学院历史研究所研究员、中国民间文艺研究会副主席、全国政协委员、民主促进会中央委员等职。

九月十三日（星期二）。阴。昙。

冶秋约在太和门谈话。除景华、景洛外有寿萱等参加。冶秋言政协代表七百余人，定十五日来本院及历史博物馆参观，决是日停止开放历史博物馆西栅门。先至武英殿而文华殿，在太和门休息，再经由三大殿而入东路及外东路，在皇极门休息，由珍妃井出神武门。交景华等筹备。下午至东车站接森玉，由西谛等送至。三时，学会赵元方①邀至同和居晚餐，为森玉洗尘。

九月十四日（星期三）。阴。雨。

森玉来谈效贤阁书铺，讲定《古文苑》价百二十万元。得玉堂电，珍儿十二日离沪，命履儿往接。二时到站，三时到家。五时半在神武门对全体职工警讲话，并介绍张景华。

九月十五日（星期四）。阴。雨。

院中招待政协代表。余在太和门招待，晤章元善、马寅初、沙彦楷等。下午雨渐盛，余在宁寿门枯坐，未晤一人。

---

① 赵钫，字元方，蒙古族人。世居北京，历职银行界。夙爱古籍，喜藏书，室名"无悔斋"。中华人民共和国成立后，择其精本，献给北京图书馆，多是罕传善本。

九月十六日（星期五）。阴。雨。

冶秋约同访森玉，虽未允就，但谓必须返沪。一行访张菊生①师，谈二十分钟。菊师今年八十三，丰采尤昔。望之如六十许人，盖养生有术也。欲阅《天禄琳琅》书而苦于不能确定时间。约临时电话再约。归途访周叔弢于椿树胡同。

九月十七日（星期六）。昙。

文整会"古建筑法式展览会"招待参观。晤思成、冶秋。归途至市场买葡萄归。芳若来晚饭。

九月十八日（星期日）。晴。

薇卿②逝世九周年，香花供养之。乙尊等来午饭。午后珍儿、小白③、思猛游故宫南路，由芳若陪去。傍晚雨，有雷。

---

① 张元济，字筱斋，号菊生（1867—1959），浙江海盐人。为近代著名出版家，以扶助教育为己任。出身于名门望族、书香世家，清末中进士，入翰林院任庶吉士，后在总理事务衙门任章京。1902 年，张元济进入商务印书馆，历任编译所所长、经理、监理、董事长等职。中华人民共和国成立后，担任上海文史馆馆长，继任商务印书馆董事长。主持出版有《四部丛刊》《百衲本二十四史》《续古逸丛书》等。著有《校史随笔》等。
② 马衡夫人叶薇卿，上海富商叶澄衷之女。
③ 马衡之孙女、马彦祥之长女马伦，马伦的母亲是作家沉樱。

九月十九日（星期一）。晴。

宋本《古文苑》议价至百廿万，会中以节约关系议从缓购。但须令书主登记，以备日后收购。效贤阁奔走数日，书主不允，正僵持中，周叔弢、赵斐云来，以此事告之。叔弢索观，遂同到院，斐云以为强令登记，则文物将逃避吾辈耳目，殊属不妥。傍晚冶秋来向四机关同人讲话。归寓后森玉来，言顷与唐立庵、谢刚主①在东安市场劝立庵脱离北大，就古物馆长，立庵已同意。彼不日仍返沪，云云，使余无从置喙。

九月二十日（星期二）。昙。

访森玉，劝驾不得要领。午饭后访西谛、叔通，以此事告之。两君允为代劝，殊可感也。

九月廿一日（星期三）。晴。

得金陵大学校长陈景唐（裕光）书，派李小缘等四人来平移运福开森所赠文物。致邦华书。冶秋来院列席文献馆所开总结会，有所指示。六时半回家，乙尊、履儿、芳若等皆在，酌酒食蟹。

---

① 谢国桢，字刚主（1901—1982），河南安阳人。1925年考入清华学校国学研究院从事研究。后至北京图书馆担任编纂兼金石部收掌之事。1938年任北京大学史学系教授。1957年底，调历史研究所工作。著有《清开国史料考》《南明史略》等。

九月廿二日（星期四）。晴。

中国人民政治协商会议于昨晚七时在怀仁堂开幕。午间散值时于景山前街遇陈万里、章矛尘，邀往同和居午餐。寿同自台湾经香港来平，五弟交其赍来一书，已被遗失，但口述大意而已。

九月廿三日（星期五）。秋分节。晴。

人民政协开第三日会。九时冶秋召集四机关在院开会，报告本月底将有国际友人来平，商招待参观，组织四机关招待委员会，并邀请会外人士襄助。下午访王叔枚。召集各馆处科长谈话，商筹备事宜。

九月廿四日（星期六）。阴。雨。

开招待国际友人委员会第二次会。决定说明书不用外国文。下午又召集馆处科长谈话。纪兴夫妇携蟹来晚饭。

九月廿五日（星期日）。晴。

黄静涵派人送书来。徐正庵①、周希丁②先后来。余右眼皮

---

① 徐正庵，北京制泥高手。出自皇宫，曾为皇帝制泥。其所制印泥堪称"天下第一"。时人将其与"西泠印社"之张鲁庵并称为"南张北徐"。
② 周希丁（1891—1961），原籍江西临川，长居北京。先后在北京文博界从事古器物传拓及文物保管、鉴定工作。亦精篆刻，20世纪40年代曾出版《石言馆印存》，收自刻印章千余方。并传拓众多铜器、玉器、甲骨文、钱币、石经等。所拓精美绝伦

发生障碍，距今已三日，今且累及眼球，殊感苦痛。除为思猛取眼镜外，终日未出门。

九月廿六日（星期一）。晴。

张全新来，以协会方面尚未取得联系，尚无进展。说明书已付印，英文、俄文仍须翻译，惟不付印。访毕华德大夫看眼疾。据云是针眼之严重者，须休息。下午未出门，既无事做，又不能看书，真苦闷也。

九月廿七日（星期二）。晴。

寿同赴津南旋。上午到院，闻国际友人将于十月二日到平，心为之一宽。下午仍休息。

九月廿八日（星期三）。晴。

报载政协会议决定中华人民共和国以公元纪年，定都北京。国旗用五星红旗，国歌暂用《义勇军进行曲》。赶制国旗备用。就医于毕大夫。乙尊来谈，始忆及汇款卅万忘未取来。至院取款，交其四姊。

九月廿九日（星期四）。阴。

中苏友好协会派来四人参观历史博物馆及本院，由冶秋陪去。余以目疾未与。一区第十派出所吴副巡官昌，偕一警员来家两次，据云为治安关系，将取联系。惟询及张处长，告以业经免职，又问识其子否，答以更无关系。始恍然为张我良案而来调查也。

九月卅日（星期五）。晴。

布置筹备事宜。由御花园至午门外巡视一周。报载政协《共同纲领》《政协会议组成法》《中华人民共和国中央人民政府组织法》。于中央人民政府下设政务院、人民革命军事委员会、最高人民法院及最高人民检察署。政务院下设三十单位如下：内务部、外交部、情报总署、公安部、财政部、人民银行、贸易部、海关总署、重工业部、燃料工业部、纺织工业部、食品工业部、轻工业部、铁道部、邮电部、交通部、农业部、林垦部、水利部、劳动部、文化部、教育部、科学院、新闻总署、出版总署、卫生署、司法部、法制委员会、民族事务委员会、华侨事务委员会。又设政治法律委员会、财政经济委员会、文化教育委员会、人民监察委员会以指导之。乙尊来午饭，并畅谈两小时。傍晚出院，车由北长街往南欲经天安门前一睹新广场布置。甫至南长街口，即遇军车由西往东。卡车、铁甲车、坦克车无虑数百辆。候半小时不能通过，遂折回，仍经景山前回家。事后始知天安门南端将建立人民英雄纪念碑。时正由全体政协委员举行奠基礼也。

十月一日（星期六）。阴。

天安门广场将开中华人民共和国中央人民政府成立大会。余本拟参加本院之一组，嗣以时间太久，恐体力不胜而罢。所谓老者不以筋力为礼也。院中不开放，坐至十二时归。三时收听广播，中华人民共和国中央人民政府秘书长林伯渠宣布典礼开始，中央人民政府主席、副主席、委员就位，乐队奏《义勇军进行曲》。毛泽东主席宣布说："中华人民共和国中央人民政府已于本日成立了。"毛主席亲自开动有电线通往广场中央国旗旗杆电钮，使第一面新国旗在新中国首都徐徐上升，这时在军乐声中五十四门礼炮齐鸣二十八响。毛主席宣读中央人民政府公告，读毕，阅兵式开始，由朱德总司令任检阅司令员。阅兵式接近结束时，天色已晚，开始提灯游行。

十月二日（星期日）。阴。

中国保卫世界和平大会发来通知，九时在怀仁堂开成立大会，亟往参加。十二时十五分休会。履儿婚姻屡起变化，有生以来已三次矣。闻乙尊言近有罗氏女郎已于九月五日订婚，托其转达，征余同意，并约晚间在正昌饭馆一晤。余告以履儿个性极强，好胜心极重，短处在此，长处亦在此；过去婚姻之屡次失败亦基于此。希望彼此慎重，多观察一时期以期得到更深切之了解。且其目前地位不便与一艺人举行婚礼，致为尽忌者所中伤，妨碍事业前途更有进者。履儿既无积蓄，又无遗产，全恃薪金维持生活，亦希注意。罗亦自述其身世盖亦饱经忧患者。

十月三日（星期一）。阴。

得高教会电，国际友人改明日下午来参观。金陵大学派李小缘等来运福氏所捐文物，为介绍曾广龄商装箱等办法。下午赴怀仁堂继续开会。六时半返寓。晚饭后偕珍儿往长安戏院观程砚秋之《锁麟囊》，以乙尊坚约，勉赴之。归途大雨。

十月四日（星期二）。昙。

同古堂代刻《栖霞残造像题记》成，计价七千二百元。下午招待国际友人参观故宫，先在传心殿招待，报告本院成立经过及其组织与一切概况毕，导游文华、武英两殿，再经中路至御花园绛雪轩休息。由西蒙诺夫代表致谢辞。以时间仓猝，允以书面批评送达本院。当场赠以建筑照片，人各一组，以为纪念。六时散会。

十月五日（星期三）。晴。

院中补假一日。森玉来谈，仍欲赴沪。甚矣，妇人之败事也！下午赴怀仁堂参加中苏友好协会。五时先归。月色甚佳。芳若来共饮。

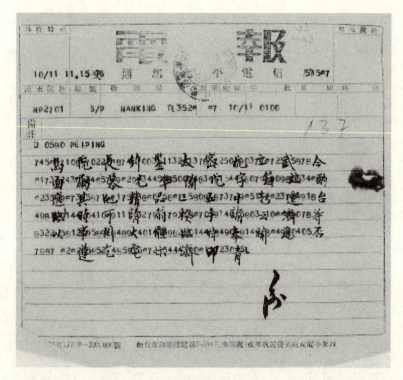

1948年11月10日，故宫博物院理事会在翁文灏主持下，做出挑选南京分院文物精品运台决议。张庭济于15日急电马衡请示文曰："马院长钧鉴（太密）：杭立武今面属慕兄准备院字箱兹酌选其他精品三五日起迁台，临时可请翁揆手谕云。济等以事关大体临时奉谕应否？遵乞电示。济叩（青）

十月六日（星期四）。中秋节。昙。

李小缘来商移运福氏文物并入宝蕴楼库内参观。下午往六国饭店接张菊生先生及其公子树年。又至北京饭店接西谛，同到绛雪轩看书。除东北所收者，又将《唐音统签》十集各提一册示之。文献馆提光绪十八年殿试黄榜，菊老为二甲第二十四名，唐文治、蔡元培皆同榜。张谓同年中惟唐蔚芝健在，其余多不知究竟矣。最后古物馆出王仁煦《切韵》示之。五时始出院。晚饭时雷雨。芳若邀往长安观剧。归时星月皎洁，天气转凉。

十月七日（星期五）。晴。

访森玉不遇。李小缘来。下午参加教育工作者座谈会于北京饭店。

十月八日（星期六）。晴。

商本月十日纪念本院成立节办法，不放假，在礼堂开一纪念会。晚间纪兴夫妇来晚饭。询悉张我良被捕后情形甚详。余嘱其作一记载，以为日后佐证。

【按】张我良之父乃原北平故宫博物院总务处处长张庭济，南京解放时离职返乡探母病。南京解放后，南京军管会在安置南京故宫博物院原工作人员时，作出了解放时人在故宫就留用，人不在就不留用的规定，张庭济因此失去了工作。

现有史料已无从查考当年所谓张我良案情，偶见记者金星、蔡美兴于2009年11月19日所撰《张庭济，一个不该忘却的文化人物》一文提及张我良，文曰："张庭济的儿子张我良回忆道：'当时我父亲担任北平故宫博物院代院长（编者注：故宫文物南迁后，留守北平本院之主要负责人。后北平伪政权任命了伪院长，张庭济仍坚守故宫八年到抗战胜利，使故宫文物未遭劫掠），日本人打来以后，汉奸政府为了进行某庆典活动，准备把故宫的一些宫灯拿出去。他就不同意，他说凡是故宫里面的东西，不能有一样东西拿出宫外。经过他的坚持，当时留在宫里的东西，没有被他们拿到外面去。'""1948年，国民党败退台湾之前，张庭济在南京（转下页）

十月九日（星期日）。寒露节。晴。

李涵础来，将寄存箱件（五）取出。午赴福梅龄女士（福开森女）之邀，有李小缘、陈梦家夫妇、李宗恩夫妇及米女士（美国人，在北大习新文学者）。下午李小缘来。侯芸圻、刘盼遂来。齐树平①来晚饭。小白买得车票，将于明晨赴沪。丁芝亦于明日同车行。

十月十日（星期一）。晴。

"双十"已非国庆而为本院之纪念日。本年为成立之廿四周年，却为新生后之第一次生日。在神武门楼上开会说明此意，请王冶秋及工会代表杭承良讲话。张难先②来，自谓在廿一年曾来北平于易寅村座上与余见过。须发皓白，年已七十有六，

（接上页）（博物院供职，国民党政府令其将博物院文物珍品清理后运往台湾，张庭济坚决不从。即将败亡的国民党政府一怒之下，另换他人。张庭济的儿子张我良曾回忆道：'他后来给我们讲他为什么不去，因为当时战争情况已经明显说明了国民党将会失败。把国家那么多的宝物运到台湾去，纷乱扰攘中究竟落到谁人的手里呢？他说他不愿做一个千古罪人，所以他后来没有去台湾，结果留在了大陆。'从此文中可知张我良今健在而无恙。

① 齐念衡，字树平，生卒年不详。马衡旧友。马衡 1925 年任故宫博物院古物馆副馆长时，他曾任古物馆研究科科长。著有《中国古器物学》《散盘集释考》等专著。曾任河北大学、齐鲁大学、北平女子文理学院教授。所集诸家彝器拓本二千余种。
② 张难先，谱名辉澧，字难先（1873—1968），湖北沔阳（今仙桃市）人。民主革命家、爱国进步人士，1949 年出席中国人民政治协商会议第一届全体会议。中华人民共和国成立后，历任中南军政委员会副主席，全国人民代表大会第一、二、三届代表及常务委员会委员。著有《义痴六十自述》《六十以后续记》等。

由其长女陪来。下午赴北京饭店参加中苏教育座谈会。苏教育部副部长杜伯洛维娜解答各种问题，甚为详尽。

十月十一日（星期二）。晴。风转凉。

成福宫成立工艺小品陈列室。畅安来，请审查，为周览一遍，纠正错误数处。工人晚间聚餐，特往参加。宾主轰饮，逾时而归。

十月十二日（星期三）。晴。

张菊老电话询张庚楼寓址。下午诣菊老，未晤。答张难先。晤富介寿。晚间又有工人聚餐，肴馔甚精，略饮即归。履儿在家相候，再进一杯。

十月十三日（星期四）。晴。

黄仲良自南方归，谓西北科学考察团存汉口劫余文物四箱，此次解放后又损失二箱。两年前理事会曾促其设法运存南京或上海，竟未执行。此君无责任心，只知争取一己之名誉或地位而已。后又谈到将请求高教会接管此事，曾于六月杪一再商讨并已具稿，迄今三月余，竟不投递。闻北平研究院续聘故亦中止耳；办事如此，成何体统。福开森藏王齐翰《挑耳图》、仇英《烈女图》、沈周《梅花》三卷将装箱，约森玉、西谛、悲鸿来观，西谛又约丁惠康同来。森玉谓《烈女图》最佳，其余皆不足观。约森玉、西谛至五芳斋小酌。

十月十四日（星期五）。晴。

 方叔章、程星龄来。二人皆湘籍。程为寅村弟子，曾任本院秘书，此次皆随程潜来京者。右眼又作痛，为前次内针眼之余波。下午诣毕大夫求诊。由其女公子敷药而归。

十月十五日（星期六）。晴。

 下午程颂云①偕叔章、星龄及其公子来参观。嗣闻世界工联、国际妇女等代表亦来。景华至南路迓之。余四时在绛雪轩相候，至六时始到。由工会副主席刘宁一陪来。略进烟茶而散。

十月十六日（星期日）。昙。

 阴历八月廿五日，为先母九十冥寿。去年曾与五弟有约，拟于此时会于宁波，就七塔寺设奠讽经，今此愿未偿，且候他日。

————————

① 程潜，字颂云（1882—1968），湖南醴陵官庄人。清末秀才。同盟会会员。日本陆军士官学校第六期毕业。国民党陆军一级上将。曾任湘军都督府参谋长，非常大总统府陆军总长，广东大本营军政部部长。1949年8月，在长沙宣布起义，同年9月出席中国人民政治协商会议第一届全体会议。中华人民共和国成立后，任中央人民政府委员、全国人民代表大会常务委员会副委员长、国防委员会副主席、湖南省省长、中国国民党革命委员会副主席。

世风转移甚剧,未可预期也。阅报,欣悉广州于十四日晚间解放,较国民党预计撤退之期,尚少一日,较我所预计者早四日,甚矣。反动派之军无斗志也。傍晚答方叔章,未遇。诣荣长厚钱庄,叔章已先在。沈克字公侠,为颂云旧部,今为该钱庄董事长,宴请颂云,邀余作陪,且以鎏金铜鼎嘱余鉴别,赝鼎也。而于公侠口中得知宋哲元掠夺党拐子之铜器,大半由萧振瀛处分,尚有十余件,因托其探听,拟收归国有,如能实现,亦奇遇也。

十月十七日(星期一)。晴。风。

畅安自津取回仪器,试以收音机。诵老杜《秋兴》诗半首,立即放送,不似余固有之音。难怪哑噪如余叔岩者,其所灌唱片仍响亮也。诣毕华德诊眼疾。得芳若太原书,已于今日上课矣。

十月十八日(星期二)。晴。

森玉非回上海不可,不便坚留;闻已定廿一日车票矣。高教会介绍苏联友人来拍洋钟电影。下午选举工会小组组长及干事,景华当选组长。关植耘、罗文则、孟宪臣、白玉佩当选干事。

十月十九日(星期三)。晴。

李善祥自锦县来,偕其女又兰来谒。贵阳别后不见者六年矣。彼自贵阳赴衡阳,值日寇来侵,间关出走。胜利后浮海赴锦,在海岸落水，几濒于危。锦县解放后，将生生果园献与国家。今改为辽西省立第一农场。彼全家仍住场内，由场供给其生活。今因避寒将赴沪甬过冬，来春返场。因约其来家食蟹，畅谈并留宿。

十月二十日（星期四）。晴。

福氏文物已由金大李小缘接收毕，今日开始装箱。福梅龄女士日前请假返美。彼对新中国印象甚佳，于是平日谈话中可以征之。回国宣传甚于自我宣传也。陈紫蓬①来谈，欲在历史博物馆取得一名义，为人民服务，以免去其地主头衔。

十月廿一日（星期五）。晴。

赴古物馆观《惠崇溪山春晓卷》，并见《乾隆职贡图》大幅及《明宣宗画大折扇》。王毅来言文化部文物局②即将成立，拟

---

① 陈紫蓬，河北易县乡绅。1930年春，马衡率北京大学与古物保管委员会、国立北平研究院合组燕下都考古团，赴河北易县发掘。曾得陈紫蓬之大力协助。
② 文化部文物局　1949年1月31日，北平和平解放。中国人民解放军北平市军事管制委员会文化接管委员会设有文物部，尹达任部长，王冶秋任副部长，于坚、罗歌、李枫为联络员。文物部负责接管市内的文物、博物馆、图书馆单位。驻地在北池子66号大院内。自2月中旬至3月初，文物部先后接管了故宫博物院、北平图书馆、北平历史博物馆、北平文物整理委员会等单位。同年6月6日，华北人民政府高等教育委员会成立。北平市军事管制委员会文化接管委员会的文物部并入该会，改称图书文物管理处，王冶秋任处长。原接管的图文博单位随同划归该会领导。8月，图书文物管理处迁至西单人木仓胡同37号办公。同年11月1日，中央人民政府文化部文物局成立。文物局是以华北人民政府高等教育委员会的图书文物管理处为基础建立的，图书文物管理处的工作人员也随同调到文化部文物局工作。局机关设在北海团城。局长为郑振铎，副局长王冶秋，博物馆处处长裴文中，副处长王振铎，文物处副处长张珩。

设团城,来询团城沿革,并拟移文整会于神武门内东群房。余谓两方不便,不如设于景山观德殿。因将陈紫蓬事告之,请其转达冶秋,为之设法。森玉赴沪,余于晨九时诣其寓所,已整装待发。握手而别。

十月廿二日(星期六)。晴。

罗子期始终不得谅解,已由高教会取得华大同意,令其学习,将来是否分在本会,尚不能必,请立庵告之。珍儿买鳗一尾,价三千元,未免奢侈。晚纪兴夫妇来,共啖之。履儿下午挈思猛赴北大医院诊视上颚,定星期一住院缝治。

十月廿三日(星期日)。昙。

诣张庆松询头皮应诣何科诊治,承介绍北大皮肤科主任胡传揆。下午富介寿兄弟来谒,陈百年之甥也。

十月廿四日(星期一)。晴。霜降节。

闻吴瀛①以"易案"经十余年沉冤莫白,特上书华北人民政府,请予昭雪。董老搁置未复,顷又上书于毛主席,发交董

---

① 吴瀛,字景洲(1891—1959),江苏武进人。民国初年湖北方言学堂毕业。1924年11月,任北京政府内务部警政司第三科科长,同月清室善后委员会成立,任顾问,12月故宫博物院维持会成立,任常务委员。1927年6月,改任市政公所秘书。1929年2月,任国立故宫博物院秘书。1935年5月,应聘为古物馆专门委员。1939年任国防最高委员会秘书。1946年4月,任行政院参议。1949年5月,任上海文物管理委员会委员。著有《故宫盗宝案真相》《故宫博物院前后五年经过记》。

老调查。晨诣冶秋始知吴瀛之请昭雪"易案",完全对余攻击。谓张继、崔振华之控诉易培基①,为余所策动,殊可骇异。因请冶秋转达董老,请拨冗延见,以便面谈,并希望以原书见示,俾可逐条答复。陈万里来,拟于下月一日就职,亟为预备宿舍。

附录:吴瀛致毛泽东主席状告马衡的第二封信,原载《中国文化报》(2010年1月6日)

主席先生:

去年十月,因为易寅村先生在故宫博物院的冤狱,请求申雪上书,附同证件由董老转达。当时以政府新建,您正忙于开国,董老允诺稍后代陈,后来谅必入所言了。董老于去年十二月,因公来申召谈,指示您同他关于此案意见:因为事隔十余年,双方当事人,死的死,逃的逃,无法对证,法办为难。又以您同易先生有师生之谊,若一旦偏差或有不便,指示不若私人出面,以所陈经过、证件,令继任的院长现尚在位的马衡先生写一自白文字一同发表,政府默认登报并即一小册图书馆保存,则此案大白于世。即再表白是非,私人恩怨自可从宽云云。我感于您们的宽大为怀,而且原不重在私人,虽然感觉私了之为难,但不得不接受原则,求与

---

① 易培基,字寅村(1880—1937),湖南长沙人。早年毕业于武昌方言学堂,加入中国同盟会,从事反清活动。1920年任湖南省立第一师范学校校长,翌年,兼任湖南省立图书馆馆长。1922年至广州任大元帅顾问。1924年任广东大学教授。11月任北京政府教育总长,后任清室善后委员会委员。1928年6月任故宫博物院理事、院长兼古物馆馆长。1933年,因"故宫盗宝案"被起诉,藏匿于天津日本租界。后居住于上海法租界。

当时同来的文物局郑振铎局长研究技术问题，也蒙允诺了。

经与郑局长数度会谈，并且陈阅了我另补写的一部二十余万言的长篇记载之后，我以最后请定的五项办法答复董老，这是今年一月的事，许久没有得到下文。

本来，在愚见看来，马先生是不肯坦白，也不敢坦白的，因为他实在是案中的一个煽动的主要分子，董老说的他"案中无名"，正是他取巧的巧着，也就是他所谓"爱惜羽毛"，岂肯投入漩涡。解释是：卖友得官而不投入漩涡，现在要他正面说话，当然不易。但是也侧面说：郑振铎局长在农历元旦，仍宣布了董老的命令，要他写一篇坦白陈述，他带着怒气拒绝了，所以郑局长一再催索，无法复命，也无法答复我，一直到现在。

但是，马先生是有办法的，他在本年一月，用十四年前得到一位朱先生写的，用来作为他纪念张菊生先生七十寿的二篇纪念文，封面背上写了一段侧面文的附识（附照片为证）由现在事实上故官博物院的主管人、文物局副局长王冶秋先生转给了董老，于是董老也觉得不能相强。但是指示我说：这篇文字确也对申雪易案是有帮助的，只得连同以前证件一并，郑重地托统战部秘书长周而复代还了我，命我参改。

我感觉到我的力量，不足以解决此事的，我无法做片面的印发小册，报纸也不能在这般情况下为私人宣传，而此事的申雪，非政府莫办，此时是值得政府做主的！

尤其是，伪法院对封存认为易案内盗换的文物十余箱，政府不应该不查究清楚而含糊了事（前言答复董老书所提办法第三项），我只得根据我这些意见惶恐地再向董老同您力争，理由都在上。董老书中抄复，请您注意，双方当事人现在还有：一是我，一是马衡，如缺其一，便完了！

易先生死也有十年了，他是与共产党有深切关系的，现在：共产党成功之日、政府之下、在您领导之下，这样的冤狱而不得申雪，这是偏差的。谨冒死再向您们呼吁，请您垂听，再细细翻检一下我的证件。

专此奉达。

吴瀛再拜

十月廿五日（星期二）。晴。

庾楼来谈。丁惠康医生自上海来，携小电影机自神武门入御花园为守卫员所阻，声言为上海军管会派来，经院长许可者。维钧来询有无其事。余谓并无接洽，令其来函证明申请，后维钧偕之来，始知为丁惠康，入门时彼此误会。所谓军管会者，乃来时军管会所给之身份证明书。所谓院长许可者，日前晤及时，确有此言。当场令其写一请求书，听其入内。

十月廿六日（星期三）。晴。

九时开馆处会议，商明年度业务及人事，未做决定，俟后馆处业务计划拟成后再开会决定，同时商讨政府欲提地毯、呢绒、绸缎，或提用或价购，应否遵办。佥以呢绒、绸缎乃处分未完之物，可以动用。地毯数量不多，可以为陈列品，属于文物部分，以不动用为宜。晚间陈紫蓬率其外孙女方铁楣来谒，求觅工作，晤谈而去。

十月廿七日（星期四）。晴。

郑西谛来谈。李响泉来。昨冶秋电话以吴瀛上书，董老不愿于此时出以示人，因其足以刺激人之情绪，允俟将来见示。现望余将所知事实，写一节略，以为对照资料。因于办公时间内抽空写之。苦于记忆不清，又托席慈为我采访。

十月廿八日（星期五）。晴。昱。

节略写成，请席慈誊清。冶秋来商文物局将于下月一日开始办公，而文整会尚无法腾房。拟先借堂子一用。目前正看一房，或买或租，尚未决定。因嘱景洛派人诣齐如山家，令其家属即日迁移国剧学会文物。适西谛亦来征询聘沈士远为研究员，余无意见，允即呈会。下午开会决定馆处来年业务。增员六十四人。

十月廿九日（星期六）。晴。寒。

派人陪星枢察勘堂子。赴北大医院访胡传揆院长，并令珍儿挈思猛诣朱鸿荫大夫，访问缝上颚有无危险。据云此症应及早缝合，今已嫌迟，因其发音已不正确。缝合后再加矫正，不免费事。在手术方面，绝无危险，其有危险性者，只在全身麻

1922年马衡访梅宅与中外人士合影。左五梅兰芳、右三马衡

陈垣、马衡、马叙伦、梁思成应嘱为梅兰芳书写扇面

醉，但危险性并不大。今日即可住院，作初步手术。出院两三月再来施行大手术。余告以俟其父决定，亲自陪来，今日且不作决定。思猛去后，余候胡院长，约一小时始来，为余处方，试涂发际，并嘱以蛋青（清）洗头，姑试之。下午齐长持梅兰芳书来谒，为迁移国剧学会陈列品事①，嘱其加紧撤收。

十月三十日（星期日）。晴。

章乃器②约看铜器，数量甚多，精粗真伪参半。据云铜器、磁（瓷）器约收千件，费美金六千余元。李小缘约午餐。冯大生将其父公度③所藏玉器二件及金文砚捐入本院，并将铜器百

---

① 1932 年，梅兰芳举家南迁上海，抗日战争爆发前，梅兰芳委托北平之齐如山找马衡将国剧学会文物寄存故宫博物院，以防日寇劫掠。
② 章乃器，字子伟（1897—1977），浙江青田东源（今小源）人。1936 年 5 月，在上海成立全国各界救国联合会，发表声明，响应中国共产党"停止内战，一致抗日"的主张，同年 11 月，在上海与沈钧儒、邹韬奋等七人同时被国民党政府逮捕，是为七君子事件。1949 年 9 月出席中国人民政治协商会议第一届全体会议。中华人民共和国成立后，历任中央人民政府政务院政务委员，中央财经委员会委员，中央人民政府粮食部部长，第一届全国人民代表大会代表，中国人民政治协商会议第一、二届全国委员会常务委员，第三届委员，中国民主建国会中央副主任委员，全国工商联副主任委员。1957 年被划为"右派"。1980 年恢复名誉。1954 年、1960 年两年间，章乃器将所藏文物总计 1192 件无偿捐献给故宫博物院，其中宋龙泉窑五管瓶、宋邢窑瓶、周提梁卣、夔纹鼎等皆是精品。为丰富故宫博物院文物藏品做出了重大贡献。
③ 冯恕，字公度（1867—1948），浙江慈溪人，著名书法家。清末曾任海军部参事、海军部军枢司司长、海军协都统等职。民国时期在家从事文物收藏和鉴赏工作。昔日大栅栏"张一元茶庄"和西四"同和居饭庄"等多处老字号的匾牌，均为冯恕手笔。冯恕还积毕生心血收藏文物古籍。冯恕逝世后，其子女遵照他的遗嘱，将他平生收藏的文物精品古玉、石屏、金文砚台 174 件，所藏图书 1.76 万册等，无偿捐献给国家。1950 年 3 月 21 日，由当时的文化部部长沈雁冰、副部长周扬主持，向其后代颁发了褒扬奖状。

余件寄存。今日下午送来,办理交接手续,便道往视察之。

十月卅一日(星期一)。晴。

　　星枢来言:乾隆花园日前由隆记营造厂得标,计千六百余万元。隆记承做戏衣库工程极不满意,而此次得标后忽声言计算错误,将来必将赔本,而又不肯弃权。并谓会方必欲使之承做,亦属无法,但将来赔累不起。言外之意似欲增价,否则不能负责。因反复开导之,当场声明弃权,遂嘱其书面声明。次标、三标皆为千九百余万元。托会方约次标来商。候至五时,星枢未来电话,想尚未商妥。

十一月一日(星期二)。晴。

　　陈万里来院就职。电星枢知次标昨未来,今已谈妥,愿承做,但要求封冻后赶做木活,须拨工作房舍,许之。下午二时开院会议,有议案二十起,至六时半始散。

十一月二日(星期三)。阴。

　　同乡马积祚来谈。因留午饭。马君在重庆时相识,善于营运,不数年积赀巨万。今在上海营上海纸厂,并营五金业。此次由沪来,将自津赴港,便道来津观光。因以致五弟函,托其赍去,并托其晤文冲时促其速来。

十一月三日（星期四）。晴。昙。

致季明书送达。马积祚将去，并以杨惺吾联赠积祚。吴作人①来商艺专图案系实习事。

十一月四日（星期五）。晴。

晨八时至院。途遇北大工警整队来院，神武门外已有本院工警列队以迓。至神武门礼堂接见，作简短之致词以勖勉之。至造办处看拆队房屋。便道至古物馆，与陈万里略谈。下午至堂子，文整已全部迁来。赴艺专参观清华大学举办之少数民族文物展览会。

十一月五日（星期六）。晴。

复沈士远书。李小缘来，以楹联嘱书。晚间琰侄夫妇来，询以念劬近状，彼亦不甚详悉。询益侄有无消息，谓在南昌仍理故业。陈宜已有进步，颇悔前非。

---

① 吴作人（1908—1997），安徽泾县人，生于江苏苏州。1926 年入苏州工业专科学校建筑系，1927 年至 1930 年初先后就读于上海艺术大学、南国艺术学院美术系及南京中央大学艺术系，师从徐悲鸿先生，并参加南国革新运动。早年攻素描、油画，功力深厚；间作国画富于生活情趣，不落传统窠臼。晚年后专攻国画，境界开阔，寓意深远，凝练而准确的形象融会了中西艺术的深厚造诣。是继徐悲鸿之后中国美术界的又一领军人物。

十一月六日（星期日）。晴。

为李小缘书联。丁梧梓①来谈。谓到此已将两月，仍在史语所。系去年九月返国，曾在美结婚，已生一子。夫人两年后可毕业。下午偕珍儿挈思猛游中山公园，继至市场，允思猛吃栗粉。过书摊时思猛要求购童话一册，愿放弃栗粉。余嘉其求知心切，遂两许之。

十一月七日（星期一）。阴。雨。

古物馆以库房编目组无随组外警，深感责任重大。开会讨论要求出席聆取意见，解释库房编目仍为提集未竟之工作，应有第三者在场始可分谤。余深然之。因念自经议决，提集组外不用警察，则警察有余，可以随组入库。遂将决议案加以解释，仍用警察随组。

十一月八日（星期二）。立冬节。晴。昙。

张难先来。已移寓北京饭店一一〇号，即叔通所居之室。叔通已赴沪矣。下午郑伯奇自西安来，寓永安招待所二三九号。程仲皋托其致书问候。庚楼将其藏书四十四箱捐赠本院，丛书

---

① 丁声树，号梧梓（1909—1989），河南邓县人。1932 年毕业于北京大学国文系，入中央研究院历史语言研究所，1941 年任研究员。1950 年起，任中国科学院语言研究所研究员、哲学社会科学部学部委员、《中国语文》杂志主编。

十余种,此外亦多珍本。李小缘来家辞行,未晤。

十一月九日(星期三)。阴。昙。

诣文物局晤冶秋、西谛略谈。效贤阁伙友夏姓来交涉取回《古文苑》事,无结果而去。乾隆花园北部工程开标为"宝恒"所得,与南部同一厂家,亦甚便利。晚有贺一凡者来谒,谓自香港来,赍来蒙侄①所赠维太命丸一瓶。彼欲谒邵力子、郑伯奇二君,悉以地址告之。

十一月十日(星期四)。晴。

发际涂药似奏效,即往理发,价千元,旬日物价腾跃,殊可怕。西谛来访陈万里,陪至古物馆晤之。

十一月十一日(星期五)。朝雨午晴。

王冶秋来,召集三机关开会,商本月廿七、廿八等日招待澳亚工会代表、国际妇女代表参观事。从事筹备。下午霍明志来鉴定地毯,中有明代物及康、雍、乾时西藏毯,皆极名贵。

---

① 马衡五弟马鉴之次子马蒙,曾任香港大学中文系主任,第六、七届全国政协委员会委员。

十一月十二日（星期六）。晓雾。终日阴。昙。

购大米数斤，不旋踵而涨至一千二百，小米亦售千元，不知是何原因。虽以鼠之故封锁京绥线，口米来源断绝，亦不应如此狂涨。下午至文整会。乾隆花园工程"宝恒"以三千八百余万得标。连日物价波动，允以增加千五百万，终不肯订立合同。只有废标，以待来年再行招标。院中举行游艺，晚有唱歌、京剧等节目。

十一月十三日（星期日）。风。寒。

侯芸圻、刘盼遂前曾以其同学陈彤伯事相嘱，久无以报。昨冶秋谈戏曲改进局杨绍萱欲觅一旧文学有根底者，余即举陈君。履儿今日适来，告以此事，并以履历付之，令其约谈。

十一月十四日（星期一）。晴。寒。初见冰。

出组，至乾隆花园，先至符望阁。阁凡三层。下层四面周回皆有宝座，南面又分作两层，中设一座，两旁设暗梯。二层为暗楼。三层设一座，座后为多宝格。余无陈设。下层屏风、隔扇皆以金玉镶嵌。地下积尘数寸，尘土中皆有碎玉坠落，须先清除积尘，拣取碎片，始能修复。继至禊赏亭视察修缮工程。据监工人言，卸下之琉璃瓦，有刻"流杯亭"三字者。维钧云：山石后有一井，且有大缸一口，外有明沟，意此亭中必有曲池，以为流觞之地。今其上铺砖，失其故迹耳。余以为设计时此亭为修禊之用，初未有名，以有曲水，姑以流杯名之。禊赏则弘历所赐之名也。

十一月十五日（星期二）。晴。

至图书馆视庚楼所捐之书。庚楼以移家未来。因以禊赏亭事语士元，嘱其一查《乾隆诗集》。询知馆中藏有《宝薮》一书，取来一观，计五册。康、乾、嘉、道、咸各一册，乾隆最厚，咸丰仅数叶，凡生平所用者钤其中。宫廷行苑之斋名，有颇生疏者，大可供掌故之参考也。下午访士远于永安饭店。

十一月十六日（星期三）。晴。风。寒。

文物局电话，嘱预备一九五〇年概算，订明日十时在团城开会。下午召集各单位商概算原则。

十一月十七日（星期四）。晴。寒。

赴文物局开会，郑西谛报告所属四机关业务之方针，并谓历史博物馆担任纵的使命，本院则担任横的方面。计划甚是。继就明年度预算之编制有所指示。十二时散会。李方禹为亚东之子，开设彩华印刷所，专制珂罗版，近以营业寥落处境极困。眼又失明，极可悯。电话谓棉衣尚无着，余允为设法。

十一月十八日（星期五）。晴。

以旧缊袍及款二万托常克明赍赠李方禹。召集各单位商明年度预算及改进计划。

十一月十九日（星期六）。晴。

中央防疫处处长李志中陪苏联防疫队第二队来院参观，以茶点招待，谢其协助防疫工作。李处长为孔德学生，十九年离校赴沪学医，后加入共党。下午赴北大医院访胡传揆院长，告以头皮敷药收效甚微，请其改予他药。胡陪同挂号，以X光治疗六小时，一星期后复诊，仍为试验性质。五时赴北大参观博物，对华北资源模型最感兴趣。归，感寒。与纪兴共饮。

十一月二十日（星期日）。晨霜甚重。先晴后昙。

总工会韩君来电话，欲于廿三日借太和殿开会。允之。惟不许生火及吸烟。会员约三万人，外宾约二百人。意群众皆在露天而外宾则在殿内耳。彼又欲借桌六十张，椅二百把及茶壶、茶杯等，答以无有。郭世五之女昭文来，欲觅工作。谌亚达来，重庆别后，已五年余矣，今在师大任地理课。

十一月廿一日（星期一）。昙。

总工会韩君来接洽太和殿事。对炉火、吸烟坚请许可。余谓此系本院责任问题，无已只有请示主管机关。电询冶秋，亦不敢作（做）主，将请示于文化部。顿群来，谓福盦等候信久无下文，遣其先归，已两旬矣，今始来谒。余谓何不早来，余正以此事到处探听。有谓福盦已到京者，余未之信。初不料其尚在候信也。亟电冶秋询之，允为转询。顿君者，本福盦之舆夫，后习刻印，居然成名。曾在印铸局任技工，亦奇人也。

十一月廿二日（星期二）。晴。

黄仲良持西北科学考察团致科学院请求接管函来请余签名。余谓余忝为常务理事，事先毫无所闻，今强余签署，不啻一种侮辱，最低限度亦须开一常委会，为希渊、旭生入城之便利，请其任何一人召集之。下午往太和殿观总工会布置情形，手忙脚乱，毫无经验，只得听之。停止开放一日之广告须明日始能登出。

十一月廿三日（星期三）。小雪节。晴。

北京各界庆祝亚澳工会会议成功大会在太和门举行。本院参加百余人。冶秋电话来告，亚澳工会代表团将于今日下午三时参观南路，亟令筹备。闻大会二时散会，与景华、景洛由新左门至南路。访冶秋于历史博物馆,同至武英殿相候。来宾国别及语言皆甚复杂,幸有工会派人翻译,然亦不甚流利。传心殿招待茶点后散会,已过五时矣。侯芸圻偕陈彤伯来谈。

十一月廿四日(星期四)。晴。

往乾隆花园(退位后游憩之所)南北部视察工程并公决应芟除之树。李方禹来函声谢,并乞再予以被褥。晚五团体在文化部开会迎赛扬等,由世界工联执行局委员托列达诺及北朝鲜代表李北鸣演讲。托强调脑力劳动者与体力劳动者必须互相结合,李介绍北朝鲜文艺工作状况。散会已近十一时矣。

十一月廿五日(星期五)。晴。

徐旭生、袁希渊、黄仲良来开西北科学考察团常务理事会,决定请求科学院接管。赴文物局开会,商出版问题。赴师大图书馆访张云波,适刘盼遂亦在,因同观王羲之《应速帖》,有唐太宗跋,后有诸臣题名,宋有苏辙、米芾,元有赵松雪、柯丹丘,明有文征仲,皆无一是处,废然而返。下午召集馆处商出版计划。

十一月廿六日(星期六)。晴。

赴北大医院电疗头部。下午沫若偕苏联友人费德林来。费在重庆时任苏联大使馆秘书,从沫若研究屈原,归国后以其论文获得博士。此次首次来新中国首都，因陪同游览西路、中路，印象甚佳。

十一月廿七日（星期日）。晴。

李鸿庆来报告周肇祥①家文物八十余箱，颇多珍品。有一王莽嘉量，向所未见。书画多明遗民及清初小名家作品，真而且精。至传其盗换古物陈列所物件则尚未发见。齐树平来谈，至下午始去。

十一月廿八日（星期一）。晴。

钱粮库修缮工程于覆屋下获金属砖一由，长方如城砖，重六十余斤，上有文字二行曰："庚寅年造贵西道周"八字。不知

---

① 周肇祥，字嵩灵，号养庵（1886—1954），浙江绍兴人。中国近代书画家，北洋政府官员，古物陈列所第四任所长。1933年1月，日军攻入山海关，华北告急。故宫博物院理事会决定选择精品文物迁往南方保存，国民政府批准了这一计划。但此事一开始就引起了以周肇祥为首的一些人的极力反对，并公开表示以武力阻止文物南迁。后来北平市长周大文派法警将周肇祥秘密逮捕，文物专列遂于2月6日平安出平，10天后才将周肇祥释放。周晚年从事绘画，任东方绘画协会干事、委员，在北京主办中国画学研究会。著有《山游访碑目》《辽金元古德录》《辽文拾》《宝觚楼金石目》《辽金元官印考》《石刻汇目》等。

【按】据三联版赵珩《彀外谭屑》一书（158—159页）所引琉璃厂老人马宝山的话说，周肇祥20世纪50年代初锒铛入狱，家产抄没，1954年年初在狱中患病，始获保外就医，马宝山先生听说后，前往探望，似乎还有一些未了的债务。到达周的寓所后，已是家徒四壁，只见周养庵头缠绷带，面色蜡黄，原来一部美髯（周养庵素有"周大胡子"之称）也荡然无存，一个人在屋中糊纸盒，屋内摆满纸盒成品与原料，凌乱不堪……两个月后，马宝山听说周已去世。不想一代闻人，晚境竟然如此凄凉。

是银是锡，函请人民银行派人前来鉴定。诣文物局晤西谛、冶秋。下午赴历史博物馆参观革命照片。

十一月廿九日（星期二）。晴。昙。

亚澳工会代表卅余人来参观中、东两路，绛雪轩招待烟茶。张菊老托马寅初①带来一书，将壬辰殿试卷头捐赠本院，复谢之。

十一月卅日（星期三）。晴。晨霜甚重。

世界工联代表又有十余人来参观，未及招待，匆匆即去。下午召集各馆处开会，商布置两路问题。

十二月一日（星期四）。晴。连日霜重，积阴处终日不消。

与同人赴西路视察，自九时至十二时，除养心殿外皆遍历焉。拟查点查报恢复各宫陈设，至二月底布置完成，四路同时开放。

---

① 马寅初（1882—1982），浙江嵊县（今嵊州市）人，中国当代经济学家、教育学家、人口学家。中华人民共和国成立后，他曾担任中央财经委员会副主任、华东军政委员会副主任、北京大学校长等职。1957年因"新人口论"方面的言论文章而被打成"右派"，党的十一届三中全会后得以平反。1993年8月获首届中华人口奖"特别荣誉奖"。

十二月二日（星期五）。晴。昙。

访费德林①不晤。文物局召集各单位会计人员开会，说明明年度财政仍不宽裕，文化建设不能不置之次要。本院事业费由六百余万斤减为一百廿万斤。因召集各馆处商讨分配成数，六时半始归。

十二月三日（星期六）。

昨晚降雾，今晨更重，十步之外，不见人物，为北方从来未有之现象，至午始渐消。下午细雨如尘，街衢泥泞。余谓重庆解放后气候亦变矣。午前赴北大医院治疗头皮，胡院长不在，陈大夫嘱就王光超大夫诊视。王云电疗虽已奏效，但不宜频数，可继续涂药膏。午后访叔通畅谈，知纲伯失望之由，仍以明华银行之故。

十二月四日（星期日）。昨日雨雪侵，晨风寒甚。

义和成铜胎烧瓷品厂经理张德明来，以椭圆盘见赠，并求书市招，允之。张君在二十年前为王府井大街协利成古玩铺学

---

① 费德林，原名尼古拉·特罗菲莫维奇·费多连科，专攻中国古典文学。出于对中国的倾心和向往，他舍弃本名与父名，只留家姓，并按中国人取三字名的习惯，改称费德林。1939年进入苏联外交部，旋即被派遣到苏联驻中国大使馆工作。他先后在中国工作12年，从普通外交官擢升为文化参赞，直到大使。他目睹了中国人民抗日战争的伟大胜利。20世纪50年代中期，他由苏联外交部第一远东司司长升任为副部长，一直主管中国事务。

徒,余时有交易,故犹相识。苟张君不自我介绍,余亦莫之识也。郑阿祖来言,彼在聋哑学校授缝纫课,月薪米三百斤,妻考入被服厂,月薪四百斤,生活较曩日为佳。其弟已将同福西服庄关闭,仍不改旧习,前途殊无希望。

十二月五日(星期一)。晴。寒。

农会代表约来参观,期而未来。院中今始生火。景华以儿病请假。缪光甫从余十余年,抗战以来,日趋没落,今年复解职,近以穷困书来告急,馈以两万元。

十二月六日(星期二)。晴。

重庆解放后,大军数路并进,泸县、内江皆下,闻成都恐慌,恐不出旬日矣。缪光甫来致谢,几无慰之。芸圻送陈彤伯诗词来。

十二月七日(星期三)。大雪节。

诣文物局晤冶秋,询印铸约王福庵、唐醉石事。西谛定明日赴宁。

十二月八日（星期四）。晴。

赴北大医院访院长胡传揆不晤，仍由王大夫诊治。余以电疗最见效，要求再烤电。王谓六个月内不能再烤电，此症名为耆斑，乃老年人所常有，不必过于注意，因别处方给药膏试涂之。

十二月九日（星期五）。雪。旋霁。

刘厚滋字佩韦，刘铁云之孙，罗叔韫之外孙也。来书述其舅父君美年已六十五，与其子继祖①近状。在旅顺大云书库之书已收入大连图书馆，即令继祖整理，足以糊口。君美则赖凿石辽山供建筑之用，以易升斗。嘱向沫若呼吁，以救其父子。窃恐未必有效也。

十二月十日（星期六）。晴。

有欧世华者，德人之外甥，前在本院为帮书工友，七月间辞职，今犹未归，来告帮，并言章矛尘允予周济。拟凑集川资，

---

① 罗继祖，字奉高（1913—2002），浙江上虞人。罗振玉长孙。继承家学。无学历，但学贯文史，博涉多通，在历史、考古、文博、图书、书法等领域皆有建树，尤其在文献学和东北史研究方面有突出贡献。1950年起，历任东北博物馆研究员、旅大市图书馆研究员、吉林大学历史系教授。1988年，罗继祖离休后到大连市定居。著有《明宰相世臣传》《辽汉臣世系表》《辽史校勘记》等。

令其南归。与于坚、沈洪江长谈。纪兴夫妇携绍酒来共饮,酒为长生号出售。长生以税重无能营业,以廉价尽售其藏酒。拟购卅斤以度岁除,亦无聊之享乐也。

十二月十一日(星期日)。晴。昙。

张德明来。托其代觅去香港便人,托带鹿茸素与五弟。得五弟香港、曹国璋台南书,即分别答之。

十二月十二日(星期一)。晴。昙。

与景华谈明年计划。造办处群房拆除工程招标,"德源"以千五百余万得之。今年工程毕于此矣。

十二月十三日(星期二)。晴。

去年今日开始围城,期年之间,全国将近解放,破竹之势,古今鲜见也。赴古物馆与万里、畅安略谈。傍晚工会举行初选。

十二月十四日(星期三)。晴。

陈万里介绍炭儿胡同华古山房卢雨亭持吴瓷灶来,索十五万元,木座上有题字,谓光绪十年出乌程天纪墓中。所谓天纪墓者,必墓砖有天纪字样也。暇当检《千甓亭砖录》

一考之。

十二月十五日（星期四）。晴。

与万里商瓷灶价值。万里以为五六万元，否则即令取回。卢于晚间来询，知还价大失望，匆匆持去。上午至文献馆，看装灯处所室内皆有档案橱柜，告以不便打破原则。嗣与景华商在前星门外新修守卫员宿舍中学习，张淳如等已同意。下午招待亚洲妇女代表会议各国及本国代表参观，约百余人。翠明庄招待所大火。

十二月十六日（星期五）。晴。

李鸿庆、赵万里参加华东区工作团，明日南下。函万里请其在沪将十余年前所假墓志拓本携回见还。晚工会覆选代表，职员当选者为杭承艮、杨宗荣、孟宪臣、张景华、冯先铭、王碧书、金书琴、姜有鑫。

十二月十七日（星期六）。晴。

前日在传心殿受寒，腹泻未止，昨在礼堂冷不可耐。今日五时半工会请樊弘来院讲演，仍在礼堂，恐病体不支，下午休息。

十二月十八日（星期日）。晴。

　　昨晤冶秋，询传闻彦祥新近结婚有之否。答以无此事。彦祥昨归自天津，下午来家，以此事告之。彦祥谓适晤冶秋，亦以此见询，答以订婚则有之，结婚则未也。余谓余并订婚亦未之知，汝前此两孩皆有母而无母，以后婚姻希望勿如此草率。彼犹断断置辩，不肯认错，此彦祥最大之弱点。共产党最可爱之一点，即为坦白勇于认错。彦祥骄矜成性，适得其反，未必能符纪律也。闻订婚后已向上级报告尚未批准，窃恐罗女士为旧剧从业人员，为戏曲改进局所辖，上级调查不知有无问题耳。据李乙尊言，彦祥之订婚为九月五日，距今三月余，竟未向余道及，虽婚姻由彼自主，余可不必过问，但视余犹路人恐新旧道德皆不应如此也。

十二月十九日（星期一）。晴。

　　星枢来谈。接寿同香港书，言其妻及三子已抵港，候船来京。谦儿亦将北来，为之稍慰。

十二月二十日（星期二）。晴。

　　闻古物馆由图书馆提取碑帖多种，中有宋拓《多宝塔碑》甚佳，因往观之。除乾隆鉴赏章三方外，别无题跋或印记，"凿井见泥"之"凿"字完好无损，笔锋映带，与普通拓本大异，诚尤物。又有乾隆时所拓曲阜孔庙诸碑，一稍早，约当乾隆初年，一在乾隆中叶，后者拓工较精，此可作衡量清初孔庙诸碑毡蜡早晚之尺度。

十二月廿一日（星期三）。晴。昃。

斯大林七十大寿，本院特别开放以示庆祝。阅曲阜孔庙拓本中之《孔褒碑》，补正《金石粹编》释文五六字。下午二时赴科学院开会，结束西北科学考察团接收该团文物案卷。祝寿晚会请冶秋讲演，余因畏寒未与会。

十二月廿二日（星期四）。冬至节。晴。昃。

明年度陈列计划三馆正在会商，余出席听取报告。外东路拟改为"帝、农对比"。南路文华殿仍旧，而将帝后生活略为撤除，移至外东路，后殿则设《帝国主义侵略史料》陈列室。武英殿改为陶瓷馆。内西路大部分恢复原状，而将"怡情书史"布置农民生活，内东路除钟表、书画、铜器外，余皆为手工艺馆。计划于是确定。得邦华、兆鹏南京书。

十二月廿三日（星期五）。阴。寒。

下午至文整会。与星枢谈，订明日开座谈会。公安局征求住户设置警铃以防匪特。与西邻宝万煤铺商联合装设。

十二月廿四日（星期六）。晴。寒。

　　晨至文整会召集全体职员开座谈会，总结本年业务，研讨明年业务。䌹伯来院谈来京任务，似与前次态度大异，此其进步之处也。同至刘家菜（敦厚里）午餐。周希丁又来自眩，实无法喻之，然处境极窘，一家九口，赖彼人维持，旗族作风，亦有以自取，夫复何尤。

十二月廿五日（星期日）。晴。

　　偕古物馆同人赴张德明所设之义合成铜胎画珐琅工厂参观。潘润云来，不见已十余年矣。从前官僚作风似完全未改。同乡余遂辛来，年老健谈，其子在哈尔滨铁路局服务，日内即将去哈。泰侄来晚饭，当晚返津。

十二月廿六日（星期一）。晴。

　　晨有雾凇。访余遂辛不晤，晤其子光生，似从延安老解放区来，现为铁路局长，明日即侍其父返哈尔滨。签注政务院《禁运古物出口》及《保护各地区名胜古迹文物图书》两令稿意见。

十二月廿七日（星期二）。晴。

以签注令稿交冶秋，并商院务。贺一帆来谈，词（辞）令极佳，惜思想尚未转变。

十二月廿八日（星期三）。晴。

前次宋本《古文苑》为效贤阁书估裴孝先将来，已议价百廿万，而高教会以经济困难，议决暂缓购买，令书主登记，俟有款时再行收购。时裴已回籍，令一学徒接洽，声言书主不知姓名，无从令其登记，要求先将书样取回，未允，其请搁置数月后裴亲来，允由效贤阁以书面登记将书取去。此事迄今月余矣。李濂镗来言，有张芳辰者亦北大同学，有《古文苑》被本院扣留，请求发还。因告以经过，令向效贤阁交涉，其学徒谓书可发还，惟铺中有书面登记，必须挈回。今日送书来，因在开会，不予理会，嘱其明日来。下午开院务会议，至五时半未毕，明晨续开。

十二月廿九日（星期四）。晴。

上午九时继续开院务会议，讨论一九五〇年业务计划。得咸侄①十三日书，其妇景素乘捷盛船来，明后日当可到京。又谓谦儿已到港，候莉珍同来。致启元白书，告以"察司"半印

---

① 马衡五弟马鉴之长子马咸，字寿同。

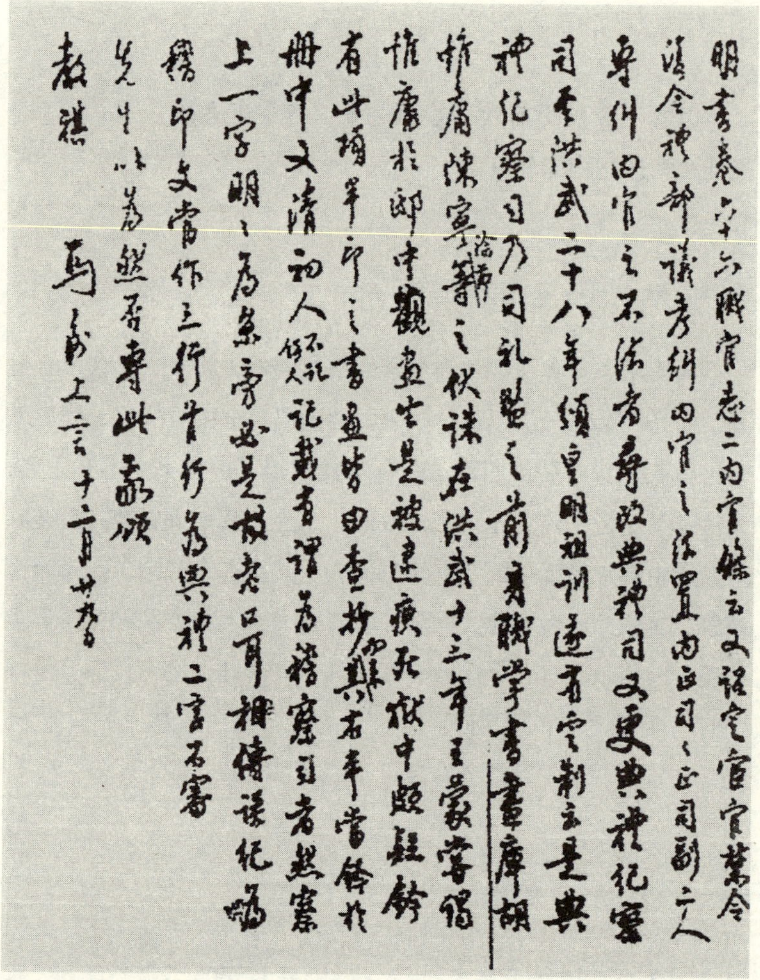

马衡致启功书,告以"察司"半印之由来

元白先生大鑒前在北大博物館時
教詢璽印年月之來歷旋承李君蔭泉
見示鋒俟兄舊藏檢查久矣以報甚歉弟向見此印
目為寬邊不類元以前官印為此刻威存於桂頭朋
兩代前人誤目為宋印心竊之竊見故宮藏
有唐槐馬瑗兩畫皆有此辛卯唐畫為霜浦
歸漁款題又查元馬畫已不復記憶此有年月
皆為元末兩作乃松朋文職官志三官官十二監其
一曰同禮監旋改為典禮司又改為典禮紀察司又
劉若愚酌中志卷十六司禮監職掌古今書籍
名畫冊葉手卷筆墨硯綾紗綢帛紙刻者有
庫貯之選監工之老成者掌其鋪飾又傳作繪

之由来。明洪武初，宦官有典礼纪察司掌理古今书画，其后改为司理监。此项宽边制度，明初始有之，前此所无也。且故宫藏元末人唐棣、马琬画皆有此半印，可以为证。

十二月卅日（星期五）。晴。

工会筹委会将结束，测验学员成绩。十时赴文物局开会，讨论加强防火、防特工作。黄伯川上午来，未晤。晚六时又来，介绍裱旧画工人王子斌，告以今年恐不能添裱工，拟添糊囊工人一名，托其物色。

十二月卅一日（星期六）。阴。下午小雪。

晨召集各单位主管人谈话。下午二时偕许协澄、王世襄、张德泽赴文化部开干部会议，沈部长、周副部长说明部中浪费情形，希望大家节约，并阐述人事关系及今后学习等问题。五时半散会，冒雪而归。会场晤冶秋，言分院文物首批可运一千二百九十九箱。绚伯及纪兴夫妇来晚饭。履儿回家宿。

一九五〇年

一月一日（星期日）。晴。昙。

中央禁止宴会送礼及相互拜年，彼此省事，德政也。王述人来云，近在女一中授地理课，差堪自给。下午为黄伯川书横额。终日未出门，实行休息。

一月二日（星期一）。

侯芸圻、陈彤伯来，询知师大附小二校为京市小学第一，在西单手帕胡同，因以咸侄三子入学事托之。捡得十八年前有人以唐墓志二种属题，尚未缴卷者，为各题一跋，拟寄森玉归之。又捡得《骨筹刻辞》拓本一册，题数语于后，装裱六十余年矣。下午俞星枢来。

一月三日（星期二）。晴。

前日例假，昨日补星期假。今日第一次视事，询知两日特别开放，游人拥挤，尤其招待军人人数浮于常客，幸秩序极佳，

马衡为黄伯川书横额"尊古斋"

平安度过。午间挈思猛就诊于张庆松,因咳嗽已月余,近忽耳聋作痛。张嘱服消炎片并为点药。电梁思成,订六日下午来城晤谈。

一月四日(星期三)。阴。昙。大有雪意。

　　汇编业务计划尚未完成,明日恐不能开会。折实公债,认购十二份,自一月至三月,每月各购四份。

一月五日(星期四)。晴。

　　周鲠生来谈,彼应周总理之邀来京参加外交会议。因论及美帝对台湾只援助国民党残余,必不占领为军事根据地,启第三次大战之衅,彼约勾留数日即返武汉。

一月六日(星期五)。小寒节。晴。

　　上午开第一次院务会议,讨论业务计划。下午继续开会。梁思成病,未能来,于电话中略谈。

一月七日(星期六)。晴。

　　太庙之改为革命博物馆,在半年前已由高教会文物处妥拟办法。文化部既成立文物局,又重申前议。编造一九五〇年概算,从事筹备。乃日前市总工会于政务院召开房屋调配委员会之际,由周总理亲自主持,竟通过议案将太庙移交总工会,作为劳动宫。王冶秋奔走数日,谓此案已无可挽回。查太庙建筑已有五百年历史,为保护古建筑计,似以成立博物馆为宜。乃工会竟以之充作工人俱乐部,私意未敢赞同也。今日为文物界工会庆祝成立晚会,余以畏寒,只得请假。晚会前赴团城与冶秋长谈。

一月八日(星期日)。晴。

访章元善谈京市特种手工艺事,本院拟负艺术之责。商量结果拟于十六日召集一谈话会。下午齐树平来谈,留晚饭。

一月九日(星期一)。晴。

至漱芳斋、重华宫看布置情形。俞星枢来谈。潘润云新至人民保险公司,求余为之作保,婉词拒之。下午外交部王□□陪波兰代办及商务代表团来参观,茶点招待。

一月十日(星期二)。晴。

裴文中来谈。下午庾楼来谈。图书分馆旧本书运回本馆,此事不妨先办。

一月十一日（星期三）。晴。

星枢来谈，梁思成已见到，对纲领赞同，允廿日后有时间开会。南京分院北运计划寄到，召集各单位谈话，商如何筹备。

一月十二日（星期四）。晴。

昨得章元善书。十六日开会，通知已发出，计廿二人，余又请陈万里、张法孟参加。命二、四科筹备，绛雪轩为会所。

一月十三日（星期五）。晴。

与各单位主管人看北运文物临时库。先看奉先殿，殿凡九楹，较太庙略小，似颇适用。但敌伪时期由皇史宬迁来金匮百余具，既大且重，迁徙维艰。嗣看新修之戏衣库廿九间，可容纳千五百箱。九龙壁前作卸车之场，亦可敷用。冶秋闻风而来，亦赞同此议。继看上驷院应拆除房屋，未作决定。

一月十四日（星期六）。晴。

致李兆鹏、欧阳邦华书。苏联摄影队将摄取介绍中国文化影片，由电影局周峰介绍来谈。凡甲骨、铜器、玉器、瓷器、绘画及指南针、印刷、火药等，皆将取材于本院。除甲骨及指南针、火药非我所有者外，余悉为之筹备。约定十七日下午在文华殿集中以备制片。

一月十五日（星期日）。晴。

　　章元善来。叶绚平来。建功应约来谈。自芳若去后，北大情形殊感隔膜。建功所言，不啻新闻矣。翁景素于本月二日到津，今日始来，云已于西城觅得房屋，数日后始可决定。五弟拟于春暖时来此一游。

一月十六日（星期一）。阴。晨。

　　燠如初春，积雪皆融，酿雪天也。与章元善联名召集座谈会，讨论艺术与手工结合问题，到十余人。下午二时半开始讨论，至五时半散会。此为初步交换意见，以后将每月与手工艺生产者开会一次。

一月十七日（星期二）。晨起见霰，不久云开日出，较昨更暖。

　　下午与周峰及苏联摄影队相遇于神武门外，随同至文华殿，相度摄影地点。冶秋电告"虢季子白盘"①已于刘氏后人献出，须先在合肥展览一个月，拟令送至朝天宫分院接收，与本院文物同时运京。为写该盘历史，备在报端先行发表。

一月十八日（星期三）。晴。较昨更暖。

苏联档案专家订于今日来参观，因事改明日来。

一月十九日（星期四）。晴。

周峰偕苏联摄影师就文华殿摄制影片。王冶秋与梁蔼然偕苏联档案学专家米留申来参观文献馆，对整理庋藏方法询问颇详。并参观各库，茶点招待。谈及阿立克谢也夫，谓现为科学院会员，来华男女青年多为其门弟子。茶毕，又往南路参观实录大库及革命史料陈列室。甫入文华门，畅安告余，摄影师坚欲将预存主敬殿中文物悉数迁至殿前阶上，以备选择。畅安请其入内选择，免得耗费人力。周峰以为我等厌烦，劝徇其请。不得已允之。工人搬运之际，不慎将乾隆款大磁（瓷）盘碰碎，同人皆为

---

① 虢季子白盘，西周中期青铜器，盘形制奇特，似一大浴缸，为圆角长方形，四曲尺形足，口大底小，略呈放射形，使器物避免了粗笨感。四壁各有两只衔环兽首耳，口沿饰一圈窃曲纹，下为波带纹。长130.2厘米，宽82.7厘米，高41.3厘米，重215.5千克，是迄今所见最大的铜盘。盘内底部有铭文111字，讲述虢国的子白奉命出战，荣立战功，周王为其设宴庆功，并赐弓马之物，虢季子白因而作盘以为纪念。铭文语言洗练，字体端庄，是金文中的书家法本。此盘由刘铭传后人献出，现藏国家博物馆。

之失色，工作情绪大为减退。冶秋与周峰解释本院规则严密慎重，不能随便。今遭此不幸，彼此皆感不欢，此为责任问题，而非厌烦。余与冶秋走后，其摄影师又擅拉金漆茶几，致一足脱落。此辈摄影师粗鲁不学，与米留申相较，不可以道里计矣。

一月二十日（星期五）。大寒节。阴转寒。

得兆鹏书，知北运文物一千五百箱，廿四或廿五日装车启运，因于下午召集各单位商讨接运事宜，组织接运委员会并赶造预算请款。致寿华书，告以宁波房田契已查有下落，系存在中法银行保险箱，钥匙两把，余与二伯父各执其一。此箱已于一九四二年十二月七日退租，当时声明一钥匙遗失，因此断定此项契据必为夫己氏所乩（乾）没，命其就近与巽伯①交涉，以解决房地产税问题。此函寄玉堂在沪留交。因闻寿华即将来沪也。

一月廿一日（星期六）。晴。昙。风。

星枢来谈文整会事。䌷伯来约明晚往森隆吃鸡素烧。

一月廿二日（星期日）。晴。风。

南京分院来电，文物廿四晚启运，廿六日抵京。邦华、

---

① 马衡二哥马裕藻之长子马巽，又名巽伯。

荣华、洁平押运。下午参加梁任公逝世廿一周年纪念会,到者陈叔通、蓝公武、黄炎培、叶景莘等约十余人。晚赴绷伯之邀。

一月廿三日(星期一)。晴。

电约冶秋会勘存放石鼓地点,未来。下午文整会假绛雪轩开座谈会,商实施纲领到十三机关通过原则修整文字,又建议上级机关凡经整理之文物建筑,应由会领导统一管理之。

故宫藏十石鼓之一

按:马衡先生对石鼓情有独钟,1923年发表《石鼓为秦刻石考》。1933年,故宫文物避寇南迁,马衡克服重重困难将藏于国子监的十只石鼓纳入故宫南迁文物之列,鼓上的字是在石皮上,石皮与鼓身已分离,稍有不慎,石皮就会落下来。马衡先生负责石鼓的迁运,并认真研究装运的办法。他在《跋北宋石鼓文》中记了这件事:"余鉴于此种情状,及既往之事实,知保护石皮为当务之急。乃先就存字之处,糊之以纸,纵使石皮脱落,犹可粘合,次乃裹以絮被,缠以枲绠,其外复以木箱函之,今日之南迁,或较胜于当日之北徙也。"这个办法是成功的。以后屡次开箱检查,都没有新的伤损。文物南迁分五批进行,包括石鼓在内的第四批文物迁运由马衡先生押运。从此这十只各有一吨重的千年石鼓开始了历经十七年的辗转迁移,直至1950年才返迁北京。

一月廿四日（星期二）。晴。

参加接运委员会讨论路线问题。余主张由西车站经西皮市过中山公园桥入天安门、端门、午门，东经协和门南而入新左门。孟宪臣勘路回，谓天安门内路极不平，不如入东华门，余亦不坚持。下午冶秋来，同看中和殿，以储石鼓。冶秋同意。

一月廿五日（星期三）。晴。

与畅安商置石鼓计划。颐和园管理处欲索还南迁文物，来函询问。拟请文物局呈部核定。有王黄锦者来函，家藏俄国十九世纪名画家油画二件，捐献国家。为介绍于历史博物馆。

一月廿六日（星期四）。晨霜重雾大。晴。

至院。景华见告，顷兆鹏由津电告，八时半车自津开，十一时半可到，全院同人莫不兴奋。十一时与冶秋、景华、洪江同赴西车站，职工警皆已到齐。车来尚无确息，因就食堂午餐。车于一时抵和平门，越半小时始入站。共装十一车，卸至半数，余与邦华、冶秋等先返。五时首批到达九龙壁，共装四十六排车，约三百余箱，卸入院中，以备明晨入库。

一月廿七日（星期五）。晴。

晨入东华门，至九龙壁，适文物车到，收箱手续已改善，惜工人堆箱、运箱多不娴熟，往往四五人扛一箱，人力太不经济耳。四时车站存箱已运毕，惟石鼓十一件以换车故，至六时始毕。偕常学诗等勘中和殿，备安置石鼓。景素已借居于东四七条马姓家，嘱为其证明身份，备报户口。

一月廿八日（星期六）。晴。

下午巡视北五所、理事会、延禧宫、戏衣库、奏本处等库。至晚仍有四十余箱未入库，因派岗位守护，待星期一移运。约邦华、洁平、荣华、兆鹏、景华、席慈等来家晚饭。颐和园管理处来函，争取该园南迁文物态度甚强，毫无礼貌。适冶秋来，以此示之，冶秋允向市府交涉。

一月廿九日（星期日）。晴。

景素亲制狮子头偕来午饭。饭后胃甚不适，盖油太重也。晚李道生来共饮。

一月卅日（星期一）。晴。

　　闻西谛昨到京，因偕邦华往访，不晤。在冶秋处略谈。文物局谢辰生来询颐和园文物南迁经过，具告之，并声明本院无此案卷。畅安、景华商北返文物特展，余主张颐和园文物不能参加。须选此次运回之特殊品，如"写字钟""廿五宝"等，在乾清宫暂陈，日期在春节以后。晚冶秋来电话，谓晤三市长，同意文物局请示文教会核定颐和园文物处置办法，并令管理处负责人王雷向余道歉。此大可不必矣。

一月卅一日（星期二）。晴。

　　偕邦华诣郑西谛谈分院事，未得要领。下午捷克魏大使率馆员等来参观，茶点招待之。魏大使谈笑风生，颇具外交人员风度，喜爱中国艺术。馆员十余人多不谙英语。五时半始去。

二月一日（星期三）。阴。九时微雪。

　　与邦华商分院事，即电西谛，谓须慎重考虑。邦华等可先回宁，遂定后日启行。谢辰生①来谈。彼为刚主之从弟，对旧

---

①　谢辰生（1922—），江苏武进人。1946年随大哥——史学家谢国桢去上海，（转下页）

学颇有根底。嘱开示甲骨、金文书目。

二月二日（星期四）。晴。

与荣华谈榆生事，托其转达。下午风甚大。冶秋偕王天木来，同往清史馆看已塌房屋。拟修复为照相、印刷之所。

二月三日（星期五）。晴。

与邦华等商分院事。于思泊、张伯驹①来。邦华、洁平、荣华返分院。工会晚会庆祝解放一周年，余以畏寒不与。

二月四日（星期六）。立春节。晴。

王雷来一道歉书，并附检讨记录。复函谢之。取旧日张菊

（接上页）由文物专家徐森玉举荐担任郑振铎的助手，曾任郑振铎业务秘书，1950年参加抗美援朝战争。回国后，致力于文物保护管理事业。历任文化部文物局文物处业务秘书、副处长，国家文物局副秘书长、顾问，中国考古学会常务理事。倡导创办了景德镇古陶瓷制作博物馆、铜绿山古铜矿遗址博物馆，主持复制了随县编钟和古代珍贵纺织品，并负责开拓水文、地震考古新领域。1995年退休后，谢辰生仍在为保护文物不停地奔波。

① 张伯驹，字丛碧（1898—1982），河南项城人。曾任故宫博物院专门委员，国家文物局鉴定委员会委员，吉林省博物馆副研究员、副馆长，中央文史馆馆员，任燕京大学国文系中国艺术史名誉导师，北京中国画研究会名誉会长，中国书法家协会名誉理事。1956年他与夫人潘素将书画名迹22件献于故宫博物院。

此文为易案而作时在民国廿五年南京地方法院传易寅邨不到因以重金雇用诸魇画家黄宾虹审查故宫书画及其他古物凡涉疑似者皆封存之法院发言人且作武断之语曰帝王家必藏不得有赝品有则必为易培基盗换无疑基颇以臭涙有三字为赋席裁判之章本之余于廿二年秋衔命继任院事时盗宝案犹勷令国里白涅涌但属韩不中人无一肯宾斋之流者余生平爱惜羽毛岂肯投入旋涡但属韩不得乃提出条件祇理院事不问易案同请重点文物别立清册以画樯前後责任既顒黄宾虹锡别期预有绝无问题之精品二被封存者乃草草与以应商务印书馆之徵翌年（廿六年）教育部召开全国美术展览会邀故宫参加故宫不便与法院作正面之衝突乃将被封存者酌列数件情教育部要求法院啓封公开陈列吾是以院大宝姑捂为黄所误罢青其複审曰是浮免禁锢者竟有数百件之多时此文甫发表载二典有力顕

衡者附识一九五〇年一月

抽印本《关于鉴别书画的问题》封三《马衡附识》

生先生七十生日论文集中抽印《关于鉴别书画的问题》一文加以附识，托冶秋致董必老。得蒋朴庵告贷书。

二月五日（星期日）。晴。

吴玉年来谈。下午诣陈叔通新居（灯草胡同卅号），以旧作赠之。晤齐燕铭①，谓曾于罗膺中②家见过，始悟祝书元时代有一齐姓者任职故宫，殆其父也。赴清华园洗澡。在市场购物归。

二月六日（星期一）。晴。

腰酸略瘥，咳嗽加剧。至延禧宫看开箱瓷器，皆无损伤。下午拟就诊于北京医院，而内科在上午挂号。

---

① 齐燕铭（1907—1978），北京人，蒙古族。1930年毕业于中国大学国语系。曾在北平中法大学、中国大学等校任教，并从事进步文化活动。1938年加入中国共产党。后任鲁西北《抗战日报》主编，政治干部学校教务长，冀南行署太行办事处主任。1940年后任延安中央研究院研究员。参与主持创作评剧《逼上梁山》《三打祝家庄》。1945年后任中共赴重庆、南京代表团秘书长，中共中央城市工作部、统战部秘书长。中华人民共和国成立后，历任中央人民政府办公厅主任，政务院副秘书长，国务院专家局局长，文化部党组书记、副部长，中国社会科学院顾问，第五届全国政协秘书长。是第一届至三届全国人大代表。
② 罗庸，字膺中（1900—1950），原籍江苏江都，蒙古族。著名古典文学研究专家和国学家。著有《中国文学史导论》《陶诗编年》《陈子昂年谱》《魏晋思想史稿》等。另编有《汉魏六朝诗选》。

二月七日（星期二）。阴。燠。

昨夜受热，咳嗽甚剧。上午赴北大医院求诊。医生张秉钧尚属精细，劝余电光透视，自十时半到院至透视毕已下午一时矣。药片、药水各一种，值二万四千元，其中有可大英也。

二月八日（星期三）。昨夜微雪，积半寸许。晴。燠。

道途泥泞。䌹伯来御花园赏雪，坚邀赴五芳斋午餐。报载匪机于六日炸沪，电力公司亦受重大损失，全市死伤千余。玉堂服务电力公司，珍儿往孟宅借打长途电话，候数小时未通，晚饭后归。思猛由罗钜壎领去，亦于晚饭后倩送回。余独酌。

二月九日（星期四）。阴。雨地甚滑。

诣团城晤西谛。下午略感萎顿。五时半归。珍儿自孟宅来电话，谓沪电已通，由玉堂亲接，心始安。汇五万元与蒋朴庵。

二月十日（星期五）。

昨夜积雪盈寸。召开院务会议，至十二时甫将工作计划读毕。下午继续开会，至四时散会。以《十五等尺》及小册子赠单庆麟。

二月十一日（星期六）。晴。

以《周刊》借张䌹伯。十一时半赴北大医院诊治，至二时始归。景素携三子来，谓孔德投考，三子均可望录取。三时赴乾清宫视布置情形。五时半归。

二月十二日（星期日）。阴。曇。

以西谛约来谈，故终日未出门，然终未来。履儿上午来。钜埙下午来，挈思猛同出游。珍儿以琰侄生子弥月，参加汤饼宴。余独酌。

二月十三日（星期一）。晴。

赴古物馆看所绘文物经过路线图，因与畅安至保和殿看陈列《十骏》地点，又至乾清宫看所布置"正大光明"匾已悬讫，惜所裱绫边颜色不调和，然已无可补救矣。守卫队员有张稼秌者，品行卑污而貌为前进，其同事皆为所欺。工会选举时得票独多。前次队中购公债，竟侵吞十余份。今日开控诉大会后，将交公安分局，移送法院。似此败类，恐不止张稼秌一人。此举亦含教育意义。

二月十四日（星期二）。阴。昙。

　　至古物馆看达之所绘文物播迁经过路线图，因指正数处，令之改正。下午得寿华书，复之。

二月十五日（星期三）。晴。

　　昨兆鹏返自津，自海关运回文物廿八件，展视皆可留。思成来看国史馆大库，谓可能为明建筑，惟须大修理。下午北朝鲜大使来参观，招待之于绛雪轩。

二月十六日（星期四）。晴。

　　往乾清宫看布置情形。晚景素率其三子来。罗钜壎及李道生来吃分岁酒。道生本小资产阶级，文化水平又不甚高，事事以自身生活为尺度。父业营造厂，以剥削起家，故幼年即获得相当享受，长袭父业遭失败，逃之四川，在电报局任事十余年，胜利后归沪。今应永茂营造公司之征来京任职。

二月十七日（星期五）。阴历元旦。晴。

　　景素挈其三子、纪兴夫妇挈子皆来拜年，留午饭，而李道生亦来。文物局来信为苏联展览中国文物事征求意见，因嘱畅安来商。终日未出门。

二月十八日（星期六）。晴。

齐树平、唐立庵先后来，立庵在此午饭。下午往访西谛长谈。晚俞星枢来。偕珍儿、思猛观《三打祝家庄》于大众剧场。

二月十九日（星期日）。雨水节。晴。

罗福颐来，谓入华大已四阅月，学习颇感兴趣。黄仲良、邵力子、张景华来谈。下午访黄任之①，不晤。傍晚韩寿萱来长谈。

二月二十日（星期一）。晴。

访马夷初，长谈。出示李一氓嘱题之五字不损本《定武兰亭》，甚佳，即一氓嘱为题签者，当时实未示我以拓本也。下午访绚伯于北京饭店，遂偕之归。至九时始去。余自孩提时种牛痘后，直至年近三旬始再种。此后三、五年种一次，终未出过。今年立春同人集体种痘，余亦参加而浆发甚足，近始结痂，乃

---

① 黄炎培，号楚南，字任之（1878—1965），江苏川沙（今上海市浦东新区）人。中国教育家、实业家、政治家，中国民主同盟主要发起人之一。他以毕生精力奉献于中国的职业教育事业，为改革脱离社会生活和生产的传统教育，建设中国的职业教育做出重要贡献。中华人民共和国成立后，历任中央人民政府委员、政务院副总理兼轻工业部部长、全国人大常委会副委员长、全国政协副主席、中国民主建国会中央委员会主任委员等职。

敢洗澡。

二月廿一日（星期二）。晴。

春节放假三日又补假一日，今日首次到院视事，游人仍甚拥挤。俞星枢来。珍儿独游故官，遂偕之归。下午访士远，不晤。至中路遇绚伯于乾清宫前，陪之参观。至太和殿观《十骏图》，郎士宁与艾启蒙各绘五帧，两相比较，郎胜于艾有定评矣。绚伯出东华门，云将访叔通。

二月廿二日（星期三）。晴。

诣冶秋谈文整会事。下午至延禧宫库，又至御花园往看工程。

二月廿三日（星期四）。晴。

下午偷闲至厂甸，仅海王村门外有玩具、食物等摊。南北新华街有少数地摊售卖残书、文具等，游人亦寥寥。到院闻裴文中、王天木来过。

二月廿四日（星期五）。晴。

立庵来，偕赴延禧宫鉴定铜铙，为春秋前后物。并选苏联展览铜器。闻立庵言"舀鼎"①已有下落,在毕秋帆女婿家,谓得之陈叔通,暇当询之。纪兴夫妇来晚饭。

二月廿五日(星期六)。风。晴。

立庵见假《盘亭小录》一册。据吴云跋知"虢季子白盘"出宝鸡虢川司,为郿合徐锡钧所得。是虢川司之名必与西虢有关。因录其释文及题跋。院中今日有晚会,以"高处不胜寒"未赴。

二月廿六日(星期日)。晴。

庆云堂张(彦生)来,示我以"此"字本《石门铭》②,其实为洗石精拓本,不应有"此"字矣。彼新自上海归,谓龚怀西于数月前逝世,年八十一。收藏石刻甚夥,且有汉魏石经残字。因嘱其拓一份来,不知真伪如何耳。下午挈思猛观剧于吉祥。有杨宝森、梁小鸾之《教子》及《打渔杀家》,无甚精采。

---

① 舀鼎,西周中期青铜器。舀一说应作舀,原器已失传,今仅存铭文拓本,约400字,共三段,分别记载周王对贵族舀的策命、舀与其他贵族进行的奴隶交易和诉讼。
② 《石门铭》全称《泰山羊祉开复石门铭》,北魏宣武帝永平二年(509)正月刻,由王远书丹,武阿仁凿刻于陕西省褒城县东北褒斜谷石门崖壁。原汉代开凿的石门道已破废,本崖文所记为赞誉梁、秦二州刺史羊祉"诏遣左校令贾三德"重开褒斜道的开路盛举。正书二十八行,满行二十二字,后段题记为七行,每行约九或十字。此摩崖石刻今已割崖移藏于陕西汉中博物馆。

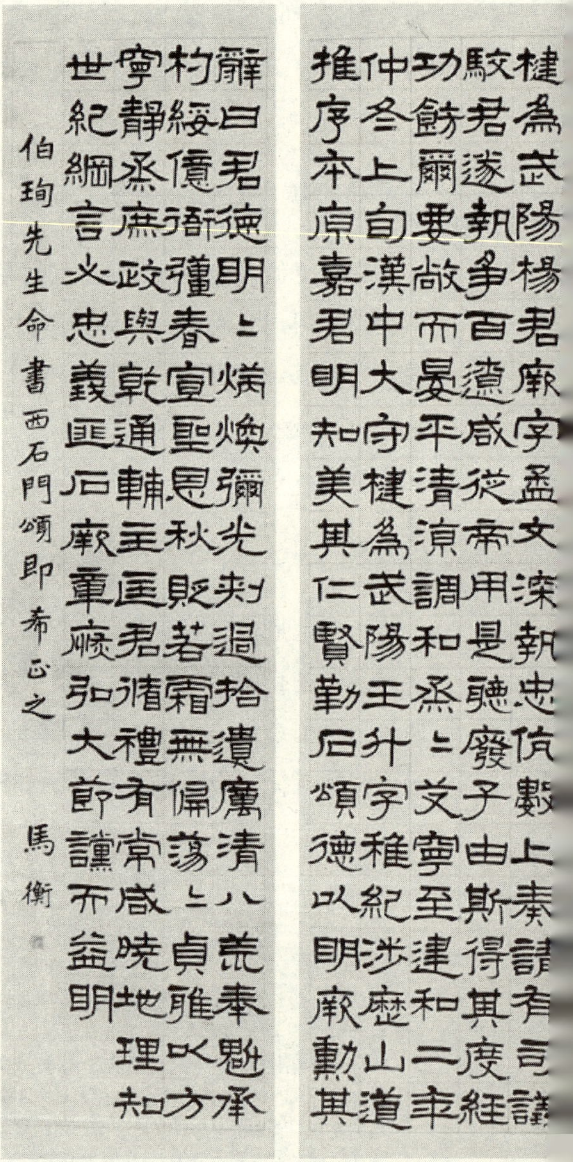

马衡隶书汉代摩崖石刻的代表作《石门颂》

惟坤靈定位川澤股躬澤有所注川有所通余谷之川其子南隆八方所達益域為充高祖受命興於漢中道遣元亨以克漢諟鷹後以子漢中之道由此山乢散 荅復通建定光位凡此四道垓亨元二西夷酋其難其有四幸誥書開余鑿石門中遭元二西夷酋亂

橋梁斷絕于復循上則縣岐木石相距顛下則入冥寫輸淵淺阿凉泥興蔭鮮縣岐木石相距顛下則磨確臨危槍碭廢尾心寒空輿常鞌騎終遷弗尋前惠之虫弊狗蛭袁蟫末秋毒霜稼苗夫殘可具言於是月饑□之蚊者弗安愁苦之難尊

二月廿七日（星期一）。晴。

　　诣太庙看迁徙情形。中殿金漆龛坐（座）甚壮丽，暂不拆迁。东庑有天坛及堂子移来之物。闻总工会渐知不甚合用，颇有悔意，不知能有转圜余地否。六时诣陈叔老，不遇。

二月廿八日（星期二）。晴。

　　冶秋来电话谓合肥县政府偕刘氏后人送"虢季子白盘"来，上午开箱，约往观。盘口径纵约四尺，横二尺余，高一尺，如浴盆。然寻常之盘用以盥手，此盘殆添身者，与"攻吴王夫差

开箱展观虢季子白盘

盘"同一作用也。近年安阳所出大鼎之外，当数此器矣。"盂鼎""攻吴盘"虽大，重量不如远甚。与冶秋、西谛略谈而归。下午约馆处人员开座谈会，商讨三事：（一）机人写字钟，代销公债；（二）上海出版公司代印刊物；（三）上海大众美术工艺社售延光室照相底版。彼此交换意见。

三月一日（星期三）。晴。

赴图书馆，阅《宝鸡县志》，果有虢川司设巡检，又有虢县镇在县城东。下午二时赴文物局开会商苏联中国艺展出品。宋立峰参观故宫东路后来谒，谓昨到京，寓新华饭店，尚有同伴廿余人在外相候，将由中路出午门。匆匆别去，不及细谈。

三月二日（星期四）。晴。

立峰偕顾一泉来。立峰携雪茄一盒、白兰地一瓶见贻。谈三分钟，同游者在外久候，将游西路，遂别去。彼二人皆在上海中纺公司服务，此次应纺织工业部之招来京开会。下午西谛、天木来看捷克展品，六时始去。

三月三日（星期五）。晴。

文物局展览虢季子白盘。晤郭沫若、董必武、陈叔通、张绷伯等。匈牙利大使约下午来参观，期而未至。晚饭后立峰来谈，十时始去。

三月四日（星期六）。晴。

参加小组讨论，又参工会议捐米救灾座谈会。职工警各捐米每月二斤，共四个月。拟低薪者人捐一斤，以次累进。下午发薪。财政部已照二斤比例先扣三个月，此非同人所能堪，因与景华商下半月扣本月，以后按月扣除，款先由院垫付，同人皆无异议。

三月五日（星期日）。晴。

往访华通斋。约顾一泉、宋立峰午饭。饭后陪往琉璃厂看书画。立峰买钱南园行书楹联，值十二万圆。齐树平来晚饭。

三月六日（星期一）。惊蛰节。阴。昙。

与沈洪江长谈。下午召集各单位商讨防空委员会任务以外各单位应筹备事项：（一）撤特展物品；（二）陈列室特殊物收藏入库；（三）库房以延禧宫下层为较安全地库，特殊品应收入此库；（四）各宫殿大玻璃即糊纸帛。

三月七日（星期二）。晨雾，旋晴，继而大风转寒。

珍儿得寿华书云，将于日内偕邱文奎来京。

三月八日（星期三）。晴。

妇女节。女职放假一日。九时赴轻工业部参加手工生产座谈会，由黄炎培致开会词，宋之英报告筹备经过。余以院中有事先离会。下午致邦华书。䌹伯来，不晤。

三月九日（星期四）。晴。

思泊、䌹伯来谈。晚文物局宴刘肃曾（虢盘主人）于同和居。马夷初、沈雁冰、丁巽甫皆在座。沈部长出示陆志韦[①]书，谓王晋卿《渔村晓雪卷》有稍纵即逝之危险。价不出黄金四十两，彼愿借款买下，政府能于三五年内收回，彼当效劳，意殊可感。马济川允送来一阅，明日当函催之。

---

① 陆志韦（1894—1970），浙江吴兴人。语言学家、心理学家。1913年毕业于东吴大学，后赴美国芝加哥大学生物学部心理学系读书，获哲学博士学位。1920年回国后历任南京高等师范学校、东南大学、燕京大学教授、系主任、校长等。后到语言研究所，任一级研究员、汉语史研究组组长。1955年被聘为中国科学院哲学社会科学部学部委员。曾任第一届全国政协委员、中国科学院心理研究所筹备委员会主任、中国文字改革委员会委员、汉语拼音方案委员会委员等。

三月十日（星期五）。风。寒。

函马济川索阅王晋卿《渔村晓雪卷》。函夷初假以《定武兰亭》影本二种。夏伟寿偕赵正之来谈，因同往御花园看工程。下午苏联史学家吉谢列夫在辅仁大学礼堂讲苏联历史科学与历史教学，往听焉。阐述历史唯物主义甚详，由张全新任翻译。礼堂无火，冷不可耐，中途退席。吉君于昨日往团城观虢盘，见马子云①传拓，极愿学习。谓西伯利亚出土碑刻，不谙拓墨之弦，得传此小，庶可流传。

三月十一日（星期六）。风仍未息，比昨日更冷。

下午赴轻工业部开会，报告苏、捷重视我国手工艺品。最近拟召开中国艺展，将来在东欧及苏联之市场颇可注意。五时退席回院。

三月十二日（星期日）。晴。转温。

齐树平、周希丁先后来。下午华通斋来，未晤。宋立峰自颐和园返，来谈。

---

① 马子云（1903—1986），陕西郃阳人。1919年进北京在琉璃厂碑帖铺庆云堂当店员，1947年被招聘入故宫博物院传拓铜器、碑帖，从事金石鉴定和研究。曾任故宫博物院研究馆员、国家文物鉴定委员会委员。主要著作及论文有《汉西岳华山庙碑的三本宋拓》《宋拓武梁祠画像》《谈校故宫藏宋拓〈淳化〉、〈绛帖〉、〈大观〉三帖》《碑帖鉴定浅说》《金石传拓技法》《碑帖鉴定》《校帖随录》《〈善本碑帖录〉补正》。

三月十三日（星期一）。晴。

上午开院务会议，修正《组织条例》至十二时三刻始毕。下午俞星枢来。

三月十四日（星期二）。晴。

至团城晤冶秋略谈，而李一氓来，余遂至承光殿看马子云拓虢盘。候西谛久不归，乃返院。下午至古物馆看捷克展品目录及画卷，又偕畅安至乾清宫看布置情形，复偕杨卫之往西路巡阅一周。

三月十五日（星期三）。晴。

捷克"中国月"展品举行预展，魏大使夫妇于下午三时前来参观，甚表满意。来宾有郭沫若、丁瓒、阳翰笙①等。沫若邀往其家闲谈，遂于散值后赴之。其夫人于立群坚留晚

---

① 阳翰笙，原姓欧阳，名本义（1902—1993），四川高县人。马彦祥挚交。1926年任黄埔军校政治教官、政治部秘书。八一南昌起义时，是起义军第二十四师党代表。1928年为中国左翼作家联盟发起、筹备人之一。1933年入艺华影业公司，与田汉主持编剧委员会。1946年在上海组织联华影艺社和昆仑影业公司。1949年当选为中华全国电影工作者协会主席。中华人民共和国成立后，先后任中央人民政府政务院文化教育委员会副秘书长兼机关党组书记、总理办公室副主任、中国人民对外文化协会党组书记和副会长。著有《义勇军》《李秀成之死》《八百壮士》《天国春秋》《三毛流浪记》《三人行》等剧作。

饭，并言有佳酿待客，不得已扰之。酒为汾酒，名竹叶青，沫若于三月前盛称其美，今日始得一尝，味醇如黄酒而性甚烈。沫若以肠胃病止酒，与立群对酌三杯，以柴显宗未吃饭乃兴辞而归。

三月十六日（星期四）。晴。

沈规徵大夫两月前患肺炎几殆，今已出院回家，命珍儿市一鸡馈之并致慰问。午间景素来言已觅得新居于西四礼路胡同廿□号，商偕玉襄搬运杂物，允之。履儿命人送戏票来，谓今日二时演《千年冰河开了冻》话剧，招待各机关。因与珍儿往观。此剧描写妓院领家之罪恶，即以解放之妓女为演员现身说法，亲切深刻，得未曾有。五时散场赴院。六时访于思泊，未晤。

三月十七日（星期五）。晴。昙。

开始撤火。下午吉谢列夫讲"苏联的考古研究"于北大理学院，并解答各问题。六时散会。

三月十八日（星期六）。晴。风。

诣于思泊托致王晋卿《渔村晓雪卷》。十时赴北大孑民堂参加吉谢列夫考古座谈会，一时归。下午与景华长谈。晚饭后孟目的来谈。

一九五〇年　213

三月十九日（星期日）。晴。风甚寒，入晚尤甚。

黄□□来述长春流出书画中有杨凝式《韭花帖》，为沪人所得。彼曾寓目，较之日人所印一本，真伪立辨。侯芸圻来谈。美术学院实用美术系主任张仃遣代表窦宗淦接洽，拟经常来故宫搜集图案，希望予以协助，允之。嘱其明晨率学生来院，将令刘达之招待。

三月二十日（星期一）。晴。

山东古代文物管理委员会委员郑亦桥来咨询管理办法，介绍畅安与之长谈。闻王献唐自脑病施手术后记忆力顿减，今在济南历史研究会。张仃率美术学院学生四十余人来参观，并商搜集图案资料事，嘱畅安与谈。下午偕郑亦桥赴文物局晤西谛并参观虢盘。

三月廿一日（星期二）。春分节。晴。

得邦华书。偕维钧看乾隆花园工程，假山章法胜于御花园，倦勤斋、符望阁、遂初堂室内结构及镶嵌之巧亦远胜内廷。窃意修缮工程内部所费当超出外部倍蓰也。御花园山桃探春已吐蕊，不出旬日可看花矣。下午匈牙利夏公使夫妇及使馆外交官来参观，匈有其本国语文随员，中有述其种族为蒙古移去者，或为成吉思汗之苗裔欤？归寓后立峰来晚饭，赠以普洱茶四饼、茶膏二合。

三月廿二日（星期三）。晴。

赵正之来谈工程小组事。近日咳嗽甚剧，就刘士豪诊治，计医药费四万元。诣冶秋谈分院事，遇余心清参观虢盘，并为讲解。

三月廿三日（星期四）。

罗马尼亚公使来参观，由外交部王倬如处长陪来，在绛雪轩茶点招待。火炉欠热，似又受凉，下午咳嗽益甚。郑亦桥来参观图书馆并托代索虢盘拓本。因于回家午饭时向冶秋取得一纸，饭后往访不晤，遂留赠之。便道赴新华饭店送顾一泉。宋立峰以其今日返沪亦未晤。至院觉不适，不待散值而归。刘士豪药服后胃纳顿减。

三月廿四日（星期五）。阴。雨。

夜来睡眠不佳，胃纳亦少。午饭时就诊于刘士豪大夫，为余换药两种。赴琉璃厂通古斋看"安阳大甗"，两耳上各有"大"字，器高约三尺，亦罕见也。赴同古堂托张樾丞①为罗钜壎刻

---

① 张樾丞，原名福荫，字樾丞（1883—1961），河北新河人。家境清寒，自幼即入北京东琉璃厂益元斋刻字店学艺，刻苦勤奋，艺有初成。当时一些书画名士经常盘桓于琉璃厂，因而得识并师从陈衡恪，篆刻遂有大进，兼善刻铜，书画界许多名人文房所用刻铜镇纸、墨盒，多出其手。中年后在西琉璃厂自立一图章墨盒店，其时适得一汉铜鼓，以谐音名其店为同古堂。1949年，雕刻中华人民共和国开国之印。

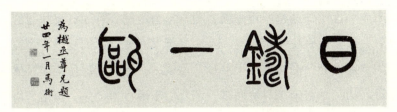

马衡书赠张樾丞"日铸一瓯"横幅

印,即回家休息。晚䌹伯来谈,因以所收古钱示之,无一异品。

三月廿五日(星期六)。昙。

遵医嘱休息。饭后履儿来,竟日整理刘官谔①死事文件。晚饭胃纳稍佳。

三月廿六日(星期日)。晴。昙。

八时余始起床,疲倦已恢复。终日整理刘官谔死事卷。晚理侄来,为述参加土改情形甚详。

三月廿七日(星期一)。晴。

李宇超(济南来)、周而复(上海统战部)、陈同生(南京

---

① 刘官谔,1927年北京大学历史系毕业后入故宫博物院工作。抗战期间护文物西迁。因不胜舟车劳顿、精神压抑、心力交瘁,不幸自杀而亡。生前著有《明宪宗赐朱永铁券考》。

来）三人由郑亦桥介绍来谈。闻谢笙甫之媳于廿四日夜间服红矾，经北大医院洗胃未净，于次晨毒发身死，原因复杂，大致为婆媳不和，闻结婚仅半年耳。复就医，已大致痊愈，医言休息之功。景素来。得寿同书。谦儿仍未离台，奇矣。笙甫来借薪，语言失常，手指抖擞，以衰病之身而受此重大刺激，应有此现象也。王毅来召集全体会，传达财经会薄一波财政报告。余以病未愈不参加。

三月廿八日（星期二）。晴。

十时赴文物局晤冶秋、西谛，谈革命博物馆拟暂假宝蕴楼为馆址，以楼后余屋为办公室，征余意见。余表示无意见，惟添辟新库及迁移文物影响全年工作，值得研究，允日内予以答复。在西谛室内遇通古斋黄静涵，欲以所藏铜器售予公家，云将凑集款项，以缴公债，想系实情。冶秋言文化部将于后日召集文物管理工作会议，嘱准备口头报告。下午嘱席慈草拟，不惬意，遂自拟之。

三月廿九日（星期三）。晴。

沈洪江来，言政务院将令各机关保送职员至革命大学学习，令各人报名，定午后下值前召集职员谈话会。履儿来家午饭。文物局约四时开会，报告保送职员学习事。谓政务院徇若干机关请求，允在本学期革大开学时，各机关得保送职员参加，自科长以下皆报名，年龄四十左右以下、初中以上程度，学习六个月，保留原薪，毕业后保证回本机关服务。遂于谈话会中报告全体职员，并约定明午十二时报名截止，遂散会。李道生来晚饭。

三月三十日（星期四）。阴。昙。时有小雨。

景华以家有病人请假。胡先晋女士来，北大史学系学生，留美十余年，与王毓铨（亦北大史学系生）在美结婚；今始归国，在北大任教，导观虢盘。下午二时赴文化部开会，沈部长主席。听全国文物情况及接收报告，讨论《禁运文物图书出口》《保护全国各地公私有古迹文物图书》两法令草案及《珍贵文物图书禁止出口》《保护有关革命历史文化之建筑物》《古文化遗址及古墓葬之调查发掘》三暂行办法草案。时已六时，尚余两案不及讨论，主席宣告散会，留待下周续开。报名入革大学习者有廿三人。

三月卅一日（星期五）。晴。

革大报名人数太少，再召集各科长发动之。浙大教授朱希亮（习生）、胡稼贻见访，各述别后情况。二君此次先后来京入华大学习，六月毕业。下午报名者已达卅一人，工警中占六人。

电询冶秋,工警概不参加,仅得廿五人,又减去薛书善,实得廿四人。

四月一日（星期六）。昙。燠。

捷克"中国月"展览本院可派一人出国。余初拟派畅安而局方不同意,因往解释。郑、王均坚持不遣,只得作罢。归途赴武英殿浴德堂看新陈列室,尚未开放。二时赴中央美术学院参加庆祝成立典礼,悲鸿报告改组经过,继由郭沫若、沈雁冰、钱俊瑞、周扬、欧阳予倩、田汉等演说。余先退席,至院处理事务而归。

四月二日（星期日）。阴。雨。

李方禹书来,命其负责人寇林泉来谒,谓去冬"彩华"复业,接有一批印刷品,至三月底结束,今又将为业务想办法矣。允为其设法。履儿来午饭,婚礼已筹备就绪,明日下午三时假欧美同学会举行。

四月三日（星期一）。阴。雨。

西谛来看西河沿拆除工程。下午赴欧美同学会为履儿与罗钜壎[①]

[①] 罗钜壎,艺名云燕铭（1927—2010）,广东人。京剧旦角表演艺术家。1950 年加入戏曲改进局京剧研究院（后为中国戏曲研究院京剧实验工作团,又转为中国京剧院）。1958 年调哈尔滨京剧团。

徐悲鸿画《双飞神骏图》贺马彦祥、罗钜壎新婚

婚礼主婚。来宾约百余人,由田汉①先生证婚。新居在西观音寺廿四号,礼成后来家,请证婚人、介绍人来家晚饭,九时始散。

四月四日(星期二)。阴。昙。

刘盼遂、陈彤伯来约星期日往张文襄祠观海棠。闻图书馆

---

① 田汉,原名寿昌(1898—1968),湖南长沙人。中国现代戏剧的奠基人。多才多艺,著作等身。20世纪20年代开始戏剧活动,写过多部著名话剧,成功地改编过一些传统戏曲。他还是中华人民共和国国歌《义勇军进行曲》词作者。1935年秋,华北事件发生,田汉与应云卫、马彦祥组织中国舞台协会。中华人民共和国成立后历任中央人民政府政务院文化教育委员会委员、文化部戏曲改进局局长(马彦祥任副局长)、艺术事业管理局局长(马彦祥任副局长)、中国剧协主席和党组书记、全国文联副主席等职。"文化大革命"中,被迫害死于狱中。

杏花盛开，因往观焉。下午往团城晤冶秋，商捷克"中国月"展览事。俞星枢来。约履儿、钜壎来家晚饭。纪兴于革大未报名而局方令其入学，晚来谓有困难，嘱为疏通。

四月五日（星期三）。清明节。昙。

电冶秋询纪兴学习事，冶秋谓有困难，亦不勉强。外交部以古画一大批送文物局，冶秋约往鉴定，无一真者。继思古画例禁出口，外交部不应以此赠送友邦。亟函冶秋、西谛，告以此意，不如征求现代作品储备赠送。

四月六日（星期四）。晴。昙。

文物局于报考革大名单中又添四人，合前单共十四人，其中三人为未报名者。参加捷克"中国月"展品在北京饭店预展，五时往观。晤洪深，谓出国期尚未定，预算亦未批准。外交部办事似与文化部缺少联系也。

四月七日（星期五）。晴。

俞星枢电话谓梁思成二时来御花园看工程，至时陪往，先看绛雪轩前之天棚，次及于养性斋前，再次看钦安殿两旁小屋。养性斋天棚柱脚已朽，钦安小屋不称，梁皆允拆除，独于绛雪轩天棚则主张保留，取舍标准各异，其说殊不可解。园中探春已开花，形如丁香，亦白色，惟叶之边缘作锯齿形，开时早于丁香约五六日，此为异耳。

四月八日（星期六）。晴转和。

诣团城与冶秋、西谛谈革大学习事。据云尚须政务院批准，则十日开学赶不及矣。

四月九日（星期日）。晴。

立庵电话，询余出门否，拟携其虢盘稿来；余以刘盼遂、陈彤伯约看海棠，请其在楚学精庐相晤。至则立庵已先到，且主人肆筵设席将作款待。盼遂、芸圻皆以师大开会未到。海棠亦尚未开，遂于棠荫下茗叙。立庵拟先走，余亦兴辞，盖主人实未约吃饭也。先送立庵回家。便道诣思泊，示余一铜勺，有四字曰"河南半升"。借归校量新嘉量，适相符合，疑为两汉物也。晚履儿邀至其家晚饭。新妇颇善烹调。

四月十日（星期一）。晴。

接文物局电话，希望畅安参加革大学习，并嘱已加入者于下午一时半赴局集合，往文化部听取报告。畅安欣然加入。晚六时半，工会假神武门楼集合五机关（文物局、故宫、京图馆、历博馆、文整会）参加学习人开欢送会，冶秋讲话，余亦参加讲话。八时后饥肠辘辘,遂先退席。

四月十一日(星期二)。晴。

朱家濂、崔玉棠、吴常林、郑珉中、李经武、冯先铭、赵维明、傅美瑛、王淑芬、于永春、常濬、葛孝先等十二人至文化部集合,听沈部长讲话后以交通车送入革命大学学习,六个月后毕业。下午顾树森来谈,不见十年矣,明日即将返沪。

四月十二日(星期三)。晴。

得寿华书,谓本月二十日后偕邱君来京。

四月十三日(星期四)。晴。

上午召集总务处、古物馆各关系人商接收颐和园文物事。下午赴琉璃厂博闻簃看曹知白《十八公图卷》,图中仅画一松,本干大可数围而甚矮,其上直出十余枝,凌霄直上,所谓十八公盖十八枝耳。可惜已割裂,仅存一图,而冯子振之十八公赋已佚,图首有"皇姊图书"一印。此图见《故宫已佚书画目》,为赏溥杰之物,自长春流出者也。归途赴文物局,与冶秋商提升杨宗荣、白增崇事,得其同意。

四月十四日（星期五）。晴。阴。昙。小雨。

诣冶秋谈保养工程。王世襄入革大学习。博闻簃送《顾恺之洛神图》。绢为宋绢。山与树皆有特殊，作风盖宋人摹本，"明昌""群玉中秘""明昌御览"等印为描朱。《赵孟頫洛神赋》亦伪，惟乾隆御题数则皆真，且亦认为摹本，元人题跋无一足观。

四月十五日（星期六）。大雨竟日。

麦秋可望丰收。本院工程皆暂停，三海疏浚工作恐受影响不少。

四月十六日（星期日）。阴。雨。

房屋渗漏甚剧。九时半玉襄入其住室，见电线走火，即关总电门，幸未成灾。亟召电器工人前来撤线。下午齐树平来谈。黄任之偕其夫人来。据云民国十六年曾来北平，归途过大连，曾致余一函，寄小雅宝胡同四十八号，载在其日记中。不意廿余年后竟与余为邻（今住六十五号）。谈半小时而去。因留树平共饮。

四月十七日（星期一）。阴历三月一（以下不出"阴历"字）。晴。

文物局、文整会以雨后各处屋漏，特来检视。去年修缮保养之工程，屋瓦多已生草，且有漏处。天顺、德源皆不可靠。陈伯衡自杭来书，介清华学生孙纪廉来见，并赠拓本，未晤。

四月十八日（星期二）。二。阴。雨。寒。

朱家濂以痔疾须治，不允入学，返院。天顺、德源所修屋皆漏，通知来院，责其重修。下午三时诣文物局汇报。晚䌹伯偕其夫人来，盖新从上海来也。

四月十九日（星期三）。三。阴。

思猛又受凉咳嗽，命玉襄陪往第二医院诊治。据云受凉别无大病。此儿近太任性，且多谎语，宜慎防之。

四月二十日（星期四）。四。晴。昙。

书画中往往有宽边半印，仅见末行"司印"二字。亦有露前行二字者，上一字存"糸"旁，下一字似"察"字。余曩疑为明洪武时"典礼纪察司印"。今遍检故宫已影印之书画，钤有此半印者凡十余件，资料恐不止此。拟再搜集之，写成一文，以载诸故宫廿五年特刊。思猛下午精神萎顿，以体温计试之，得卅九度三。晚饭后令其就寝。

四月廿一日（星期五）。五。谷雨。晴。

刘厚滋自天津来谒。思猛昨复发热，至今未退，疑其出疹，电履儿陪其就医。履儿陪一董医来诊，果系疹子，遂为处方。盖董系中医而兼西医者。及余回家午饭，则已大部发出矣。

四月廿二日（星期六）。六。晴。昙。

于思泊来，言去岁卖房后，买启新洋灰公司股票，折损不赀。今拟以一部分铜器归诸国家，嘱为留意。此君于前年即有此举，嗣以行政院拨款逾月，指为愆期，坚请毁约；使参与此事者如适之、孟邻等皆感不快。今又重申前请，奈国库支绌何。思猛仍延董医诊治，疹已出齐，可称顺利。履儿、钜壎在此晚饭。

四月廿三日（星期日）。七。昙。

范文津女士来，许诗荃之戚也。前来函介绍未晤，欲谋事，告以须先学习，可请其从兄文澜设法。据云未得结果。门启明来，亦新自南方来者，欲觅工作，因将此间情况约略告之。李乙尊偕其友自沪来，寓长安饭店，谈五分钟而去。

四月廿四日（星期一）。八。昙。

诣团城晤西谛。冶秋于其门首强曳余往永安饭店访皖北来京之（缺姓名字）君，商寿县楚器运京事，遂同往曲园午餐。曲园无电话，累珍儿在家久待矣。五时集体学习文件。

四月廿五日（星期二）。九。晴。

文物局电话白云观有《道藏》一部约三千册，后日由我院前去接收。我院本有一部，凡四千六百廿五册，恐亦不全，得此或能配全。继续学习文件。

四月廿六日（星期三）。十。晴。燠。

运白云观《道藏》拟借文化部卡车，而此车损坏，正待修理，明日不能接收。吴玉年来谈。五时继续学习文件。

四月廿七日（星期四）。十一。晴。

"虢季子白盘"尚未拓墨，与陈万里、马子云商拓全形，付之石印，请其会同刘鸿奎设计。鲍星槎之夫人赍烹对虾及鸡卵来，别十余年矣！未晤。因以之佐酒，盖破例也。

四月廿八日（星期五）。十二。晴。昷。燠。

为于思泊约西谛、冶秋明日下午至其家看古器。与景华赴北京剧场听胡哲人演讲《农村中的几个问题》。下午工会送来罗文质画一帧，奖励捐薪援助失业工人逾五日者。得郦衡叔书并画竹一帧。

四月廿九日（星期六）。十三。昷。

派人赴白云观接收《道藏》二千九百余册。下午，偕西谛往于思泊处看铜器，果与前年议价收买者目录相符。又至草豆胡同十八号看汉永和五年（公元140年）石羊。

四月卅日（星期日）。十四。阴。

齐树平偕庄学本来谈。履儿、钜壎、乙尊先后来午饭。思猛始起床。耳聋已渐愈。

五月一日（星期一）。十五。阴雨。

天安门庆祝劳动节大会，参加各单位皆于十一时集合，三时会于天安门，时大雨如注。毛主席亲临主席，开始游行，并由飞机盘旋市空，散发庆祝劳动节口号三十八条。

五月二日（星期二）。十六。晴。

下午诣文物局汇报，返神武门听景华传达刘少奇同志五一报告。

五月三日（星期三）。十七。昙。

陈万里陪古玩商靳咨宣来谒。靳为张月岩之弟子，藏磁窑枕照片三十张。原物皆已流出海外，底片欲出售，索价百五十万。万里作缘，以九十万元归诸本院。彼尚有他物，约明日往观。西谛约力子来看牡丹，期而未至。履儿约乙尊晚饭，谢媒喜酒也。晚饭后彼等赴大众观剧。余赴文化部听李毅讲"从猿到人"。

五月四日（星期四）。十八。昙。大风。

庆祝青年节。公安纵队派人来院通知暂停售票，不言理由。遂通知游人概不收票，隔日仍可有效。自十一时起即行停止售票，工程亦停，工人遣散，但至晚并无动静。胡铁岩自湘来，寓解放饭店。

五月五日（星期五）。十九。昙。

大风至傍晚始息。下午偕陈万里访靳咨宣看瓷枕照片，以九十万元购之。又有唐石室画像拓本共二十二纸,石已输出国外,此为孤本,亦拟留之。

五月六日(星期六)。二十。立夏节。晴。

王天木来谓:溥修宅所存溥仪之物经本院退回者,内有小人衣服,恐为溥仪幼年所御,宜悉数收回,俾可陈列。余坚持溥仪幼年衣服在十三年出宫时不可能携出。且溥修曾来声明,衣服等皆非溥仪所有,请求还发。当时我院及管理局皆未允其请,更可证小人衣服必非溥仪之物。争辩后同往文献馆点收朱氏捐赠明岐阳王李氏文物,十二时始毕。下午至北大文科研究所参观汉代被压迫人民的画像及李自成等农民起义史料展览。

五月七日(星期日)。廿一。晴。

于思泊以"河南半升"铜器来。余曾借来校王莽铜斗,适合,欲以封泥十函易之。今赍来践约,遂收之。景素挈三儿来。步行访陈叔通及其侄直之。留景素等午饭。饭后履儿、钜壎来。

五月八日(星期一)。廿二。晴。

近日颇觉不适,疑心脏旧疾复发,诣刘士豪医士诊视,尚无显著病状,拟暂戒雪茄以觇之。马鹤天来商,少数民族文物无处展览,拟借陈我院。一切不问,允予考虑。

五月九日（星期二）。廿三。晴。

　　服刘医药似有效。诣冶秋商分院事。又访西谛则已赴我院图书馆，亟返院，略与晤谈。下午以乾隆花园工程厂商宝恒停工，商对付之策。约俞星枢、赵正之明日来院开会。傍晚贺孔才来，亦为此事，因同赴乾隆花园履勘。佥认为符望阁工程太不彻底，不如不修。

五月十日（星期三）。廿四。晴。燠。

　　开会商讨宝恒木厂修缮乾隆花园停工事。文整会参加者为俞星枢、赵正之，文物局为王冶秋、贺孔才，佥以宝恒停工十日仍不复工，已通知保家限三日内来会，昨又满期，不能不诉诸法律；在涉讼期间，应招商继续完成此项工程；花园北部前以牵（迁）就经费，改变工程做法，不如不修，应重行设计。议决此三项办法后又交换意见，改进工程办法，至一时散会。

五月十一日（星期四）。廿五。晴。

　　赴文献馆而张德泽、单士魁已往太和殿，遂追踪而去，至则不遇，询之守卫员，则已北去。见文献馆有组在东庑冠服库，因往观焉。张、单等亦来，偕之再赴太和殿相度明岐阳王李氏文物展览地点。杨学文来，言星枢有电话，遂返办公室电询之，据云宝恒请求复工,谓款已筹得。约星枢同至文物局晤冶秋、孔才商洽,佥以为厂商狡猾不足信,仍主执行昨日决议案。

五月十二日(星期五)。廿六。晴。燠。

陈万里言卫生部事,决计谢绝。西谛来,因以结果告之,西谛又与详谈。下午赴文物局讨论诉状。闻郿原钟今晚将由物主熊述匋送来。局方约在曲园晚饭为之洗尘。熊君健谈。民十二三年余所见者果此器,但所晤者乃其弟耳。

1950年6月26日接收熊述匋捐献青铜器,左起郑振铎、马衡、王冶秋、郭沫若、熊述匋、周扬、沈雁冰、丁西林

五月十三日（星期六）。廿七。晴。

赴文物局再看郘原钟。其形制，舞上不为甬而为钮，钮为盘螭，钲之左右不为枚而为螺旋纹，铣间平衡不为于形。是必春秋末期或以后之物，以奇字之例例之，当为越器。沈、周、丁三部长皆来看，沫若最后来，意见与余同。冶秋、西谛邀往全聚德午餐。

五月十四日（星期日）。廿八。晴。

王世襄来，因同往朱桂辛①家，精神犹昔。正谈话间，陈叔通亦来。章行严②亦住此宅，知余等来，即出款客，知其下月将赴香港。辞出后访立庵。又访李仲揆于六国饭店，未晤而归。院中来两次电话，询知毛主席将于下午二时来游故宫。饭

---

① 朱启钤，字桂辛、桂莘，号蠖园（1872—1964），祖籍贵州开州（今开阳）。中国北洋政府官员，工艺美术家。1902年任京师大学堂译学馆工程提调。1903年任京师大学堂译书馆监督。后任北京城内警察总监。1908年任东三省蒙务局督办。1910年任津浦路北段总办。民国成立后，1912年7月起，连任陆徵祥、赵秉钧内阁交通部总长。1913年8月代理国务总理，稍后任熊希龄内阁内务部总长。1914年兼任京都市政督办。在此期间，曾拆除北京正阳门瓮城，改建前门箭楼，开辟中央公园（今中山公园），拆除天安门前的千步廊成为广场，为北京的市政建设做出了突出贡献。1920年任《四库全书》印刷督理。中华人民共和国成立后，曾任全国政协委员、中央文史馆馆员。

② 章士钊，字行严（1881—1973），生于湖南长沙。曾任段祺瑞政府司法总长兼教育总长，中华民国国民政府国民参政会参政员。1949年9月，章士钊被推选出席了中国人民政治协商会议第一届全体会议。中华人民共和国成立后，章士钊相继被推选为第一届全国政协委员，二届、三届全国政协常委，历任政务院法制委员会委员、全国人民代表大会常务委员会委员等职。

后与世襄同往，至三时半忽接电话，谓主席顷自香山归，倦不能来，遂各散去。约齐树平来晚饭。

五月十五日（星期一）。廿九。阴。雨。

下午二时十分，警报忽鸣，后始知为警器走电，修理时又鸣二次。

五月十六日（星期二）。三十。阴。

时有微雨。熊述匋来游，命曾广龄陪之。至延禧宫、北五所两库视察。下午汇报，西谛言士远事近始查明，公文为文化部遗失，补抄补送。又欲以符定一①为图书馆研究员，谓已却无可却，只得听之。

五月十七日（星期三）。四月初一。晴。风。

颐和园分配文物开始清点。王雷一变其昨日态度，谓我院欲留者彼亦非争回不可，颠顸殆不可以理喻。因往文物局晤西谛、冶秋，请孔才前去仲裁。下午复清点，孔才前去参加，即

---

① 符定一，字宇澄（1877—1958），湖南衡山人。著名文字学家，以《联绵字典》传名于世。任湖南省公立高等中学校长时，是毛泽东的恩师。1948年10月，经毛主席亲自安排到达西柏坡。中华人民共和国成立后，出任政务院文化教育委员会委员，中央文史研究馆第一任馆长，第一届全国人大代表，第一、二届全国政协委员。

行退出,谓王雷无可说服,返局报告。散值前冶秋来电话,谓与市府薛秘书长联系,将撤换王雷,盖王雷已调往西郊公园,本不应参加也。

五月十八日(星期四)。初二。阴。夜雨。

陈万里来谈。下午赴武英殿相度陶瓷馆地址。访金息侯,未遇。

五月十九日(星期五)。初三。晴。昙。

王雷仍来。铜器清点完毕。李任潮约午餐,座有陈叔通、章蓉初、李乙尊等。与王天木赴邮局看诸女方觥,黄镜涵认为伪造,但始终不能看出破绽。天木与之交涉,拟调至文物局,请多人鉴定之。至太和殿看明岐阳王李氏文物。适士远来访,未晤。息侯来函赠诗二首,托辞艰于步履,不能入宫,盖有今昔之感耳。

五月二十日(星期六)。初四。晴。

士远来报到。王雷续来清点文物,以暂停工作拒之。下午赴武英殿与西谛、万里、兆鹏等计划改陈瓷器。西谛拟自来参加。乙尊、履儿、钜壎来晚饭。

五月廿一日（星期日）。初五。小满节。晴。

下午与珍儿访绷伯夫妇于北京饭店，偕游东单小市，得大青田印石一方，有丁龙泓刻面及边款，皆伪作也。

五月廿二日（星期一）。初六。晴。

与俞星枢、夏纬寿、余鸣谦同赴文物局，商起诉宝恒营造厂事并鉴定诸姛咒。遇张葱玉①新自上海来，任文物处副处长。下午西谛来看太和殿盰眙李氏文物特展。余与许协澄、杭承艮赴中山公园音乐堂听周总理恩来报告。报告分两点：一生产救灾，精简节约；二各种关系，包括（一）党派，（二）公私，（三）劳资，（四）财经，（五）工商，（六）城乡，（七）内外，（八）上下，（九）地区，（十）民族等，散会时已八时半矣。

五月廿三日（星期二）。初七。阴。昙。

熊述匋来观文华殿，命人导之。往于陈万里寓所观一瓷瓶，底有款曰"陶务监督郭葆昌谨制"，盖世五为袁世凯所造也。

---

① 张珩，字葱玉（1915—1963），浙江吴兴人。书画鉴定家。青年时期即以书画鉴定闻名。1934年、1946年两度被聘为故宫博物院鉴定委员。1950年被聘为上海市文物保管委员会顾问，同年调文化部文物局工作。任文物局文物处副处长兼文物出版社副总编辑。编著《宋人书翰》《宋人画册》《怎样鉴定书画》。

五月廿四日（星期三）。初八。晴。昙。

至图书馆晤庚楼，言，顷启还京《甘珠尔经》①箱第五八五号，发现一包丝带被剪断，七珍被盗窃情况。有廿九年严庆祒封条，因根据报告函令分院查当年组单及记录具报。颐和园文物已清点竣事，电文物局请与市府重组鉴定分配委员会，我方与园方均不参加，专候委员会解决。

五月廿五日（星期四）。初九。阴。雨。

至文献馆晤士远。下午与立庵约至文物局看诸姁兕觥，思泊、宛峰皆在。器经天木洗刷，已露真型，果为伪造。盖以吴子苾一器为蓝本者，神乎技矣。今后鉴别古器又添一经验。

---

① 《甘珠尔经》为藏文大藏经之一部，共计108函。内容相当于汉译佛经"经、律、论"三藏中的"经"和"律"，涉及天文、地理、医学、农学、哲学等宗教教义。经页为上好的磁青纸，这种纸坚韧、厚实，翻阅方便。经文是用纯金粉手写在深蓝色的写经纸上，笔力刚劲流畅，是我国古代少数民族书法艺术的瑰宝。故宫博物院现藏96函（夹）30523页。台北故宫博物院保存12函（夹）。故宫博物院所存：《秘密经》第一至四卷、九至二十五卷；《二般若经》第一、三、四卷；《大宝积经》第一至三、六卷；《律师戒行经》第一至五、七、九至十五卷；《圣胜法念住经》第一卷。台北故宫博物院所存：《秘密经》第五至八卷；《二般若经》第二卷；《大宝积经》第四、五卷；《律师戒行经》第六、八卷；《圣胜法念住经》第二、三卷；《三大般若经》第一卷。对照目录，可知台北故宫所存正是北京故宫所缺的部分。这部珍贵的藏文大藏经被战乱分割于两地已有半个多世纪，殊为憾事。

五月廿六日（星期五）。初十。晴。

偕景华看茶库、缎库自修工程。冶秋、王毅亦来会，较厂商切实多多可保数年不漏。今后工程队当可组成，不受厂商之剥削矣。领队工人为李芝云，新入党籍，政治觉悟甚强，此皆景华之功也。下午赴古物馆晤万里。

五月廿七日（星期六）。十一。晴。

得分院电，运苏展品及绍兴文物等卅一箱明晨可到。熊述匋明日返津，西谛、冶秋宴之于同和居，余与立庵作陪。亡友黄晦闻[1]之子大辰以其家藏石刻六种捐献，《梁大宝造像》与焉，旧为王廉生所藏，成都万佛寺出土者，今归我院。

五月廿八日（星期日）。十二。晴。

徐正盦来，为介绍于李任潮。

五月廿九日（星期一）。十三。阴。雨。

苏展品等仍未到。晚六时在神武门楼开会，传达周总理政

---

[1] 黄晦闻，字玉昆（1873—1935），广东顺德人。因乡试时抑于主考，遂废举业。曾在上海主笔《国粹学报》，编辑《政议通报》等；1917年后执教于北京大学、清华大学等，一度出任广东省教育厅厅长，越岁辞去，授书终生。诗集有《蒹葭楼诗》行世。

策报告。

五月三十日（星期二）。十四。晴。昙。

科学院派郭子衡赴安阳发掘，得玉磬及各种铜器。曾见玉磬拓本，长几二尺，可谓空前巨制，不知铜器中有何特别史料也。下午汇报，闻安阳文物不久可到，殊令人兴奋也。晤黄镜涵，示余战国铜权拓本，约明日往观。北京市特种工艺品公市开幕，特往参观，其中竟有伪造郎士宁画多帧，一手卷题《宝月食荔图》，尤荒谬，梁诗正题跋中"宁"字竟缺笔作"寍"，可发一笑。以伪字画列入工艺品中，不知作何解释。

五月卅一日（星期三）。十五。晴。

下午赴通古斋看战国铜权，文字不甚清晰，重量约当今权六十余斤，似无如此大秤，颇有可疑。见一铜斗柄上有爻字。至博闻簃，见二爵铭亦为爻字，疑一坑之物也。归途至北京图书馆参观国际儿童节预展。珍儿于一九四五年五月卅一日沉海遇救，今日恰逢五周年。

六月一日（星期四）。十六。国际儿童节。晴。

至景福阁看北还印册，石印及斌珷册，颇有伤损，盖装箱时衬垫未周也。至文献馆晤士远，劝其先往各陈列室了解情况。

下午中央访问团派员陈士林来商借录音机，请其与文化部丁西林①副部长先通电话。适冶秋亦在部开会，遂由部、局两方商定，由冶秋来电话允借，乃点交陈士林携去。

六月二日（星期五）。十七。晴。

防空部刘主任鹏电话，谓聂荣臻市长拟开放景山，嘱为筹备。因命景华、维钧与之接洽，并同至景山视察一周。

六月三日（星期六）。十八。晴。

王天木、张葱玉来商提选赴苏展品事。下午偕景洛赴玄穹宝殿看伐树。外院有槐树八株，不但妨碍建筑物且枯萎中空，恐有自焚之虞。适景华、维钧亦来，因商定全体伐除。晚归寓，泰侄之未婚夫人虞小姐、黄纪兴夫妇、履儿夫妇皆在，理侄亦来，因共晚饭。

六月四日（星期日）。十九。昙。

陈紫蓬来，以其子永锡病告贷。囊括所有，仅得八万元，

---

① 丁西林，字巽甫（1893—1974），江苏泰兴人。英国伯明翰大学毕业。1922年任北京大学物理系教授，后又出任中央研究院物理研究所研究员兼所长、山东大学教授。1949年10月，任政务院文化部副部长、文化教育委员会委员，并兼任中苏友好协会理事、中印友好协会会长。著有《西林独幕剧集》《孟丽君》《初级物理学实验讲义》《绝对测定地心吸力之新摆及其用法》等。

即以予之。访述勤，长谈，知陈仲平在青岛，今年八十四矣。昨琰侄从书箱中觅得宁波房田契交来，以房契寄寿华于上海。晚立庵来谈，十时始去。

六月五日（星期一）。二十。阴。昃。

　　致书陈紫蓬，再送十二万元，并询悉其子永锡服孔伯华药似渐好转。下午开馆处联席会，公安局派员来洽，欲撤回驻院警察，交各小组讨论，汇集各组意见再定解决办法。

六月六日（星期二）。廿一。芒种节。阴。雨。

　　至古物馆。陈万里请病假，与马子云研究"虢季子白盘"拓法。下午续开馆处联席会议，八时始归。

六月七日（星期三）。廿二。晴。昃。

　　下午二时午睡方兴。食草莓，觉下唇麻木，旋觉微肿。赴北大医院就诊，亦不能悉其为何症，仅嘱服消炎片及热敷，但并无苦痛。

六月八日（星期四）。廿三。晴。昃。

　　开院务会议，讨论公安局撤退驻院警察问题。面部益肿。

下午就诊于朱砚农牙医，认为非牙之故，或系淤（瘀）血壅塞所致。与景华看位育斋工程。

六月九日（星期五）。廿四。晴。

陈永锡病竟不治，于七时物故。同人以其工作积极，思想前进，多惋惜之。家有双亲及妻子，赖其一人生活，今后顿失所依，当为之设法以善其后。赵振赓之母死，欲借六十万，批准四十万。犹以为未足，不得已私人赙以十万。下午检视新陈列之嵌珐琅及画珐琅。巡回三小时，殊觉疲惫，老境益臻矣。

六月十日。（星期六）。廿五。晴。

卫生工程局为河流畅通，拟于东、西华门及神武门改建桥梁以通游船。冶秋征求意见，答以原则可同意，惟须不改变原状。下午参加新史学研究会座谈会，郭沫若、吴玉章因事未到，范文澜主席，讨论问题甚多。自二时三十分至七时三十分，历五小时。晚饭时齐树平、孟目的相继来共饮。

六月十一日（星期日）。廿六。晴。骤热。

访陈紫蓬，唁其子永锡之丧。腮肿仍未愈，精神疲惫，颇忧之。傍晚黄仲良来，留其晚饭。

六月十二日（星期一）。廿七。晴。

赴北大医院访问胡院长面肿应请何科检查，承介绍牙科钟子期主任。经与张广炎教授互相研究，疑为淋巴腺炎，嘱照X光小片六张。下午复至总院照X光大片二张，嘱于星期四就牙科问结果。

六月十三日（星期二）。廿八。晴。

面部益肿。黄镜涵来托询文物局以战国至明铜权七事，拟售二千五百万元。适冶秋来，因以告之，恐难成也。下午汇报。晚饭后林斐成①夫人来托为斐成书墓碑，允之。

六月十四日（星期三）。廿九。晴。

面部益肿。亟访胡院长，索阅前日摄影底片，据放射科云已送出，影片大致正常，并无特征。遂至牙科晤钟主任，又介绍张乐天为我诊治，互相研究，嘱往耳鼻喉科检查。挂号处云

---

① 林行规，字斐成（1882—1944），浙江鄞县人。清末民国司法人物。1896年，就读于上海南洋公学（上海交通大学的前身）。南洋公学毕业后，入读京师大学堂（北京大学的前身）译学馆。1904年，考取官费留学，赴英国就读于伦敦大学政治经济学院，获得法学学士学位。1912年回国，担任南京临时政府总统府法律顾问。曾先后担任中华民国司法部大理院推事、司法部民治司司长、法院编查会编查员、司法部部长、调查治外法权委员会专门委员等职务。

须下午应诊。至时晤张庆松，告以连日经过，彼略一检视，断为变态反应。处方交余试服，即回家休息。五时四十分，忽闻轰然一声，后窗震倒，玻璃尽碎。登平台望见东城外黑烟冲天，无何又震如前。事后探知为朝阳门外辅华火药厂失事，不审曾否伤人。

六月十五日（星期四）。五月初一。晴。

报载昨日火药厂爆炸伤亡惨重，治安当局自请处分。昨服张庆松药见效，肿已略消，惟头眩口渴，乃药之反应耳。

六月十六日（星期五）。初二。晴。

天木、葱玉来谈。午饭诣张庆松，据云所开之药乃专治变态反应者，服完可愈。如欲知病源，则须注射六十针（分三日注射）方可确知饮食之所宜忌。余谓如此衰年，不欲注射，苟再发时，仍服此药可也。

六月十七日（星期六）。初三。晴。

黄镜涵来，欲以历代铜权七事出售。靳咨宣以唐石刻画像拓本求售，价一百廿万元，即收下。面肿已渐消。下午访西谛、冶秋。

六月十八日（星期日）。初四。晴。

　　为林夫人书斐成墓碑。下午偕珍儿挈思猛观剧于大众剧场，为李少春、袁世海等之《将相和》。

六月十九日（星期一）。端午节。晴。

　　收购战国时铜权。重今权六十一斤，上有"五年"等字样，多为锈所掩。古来有此大秤，实不可解，俟去锈精办之。回家午饭而李仲驹在，余初以为乙尊也，经说明始知误会。余不见将二十年矣。闻其乃翁故时，颇有不近情理之举动。余询其母健康，则已有半年余不相闻问矣，为之怅然。下午四时大雨，天骤凉。琰侄在此晚饭。

六月二十日（星期二）。初六。晴。

　　张子厚捐献汉永和五年石羊昨移在文华门下，特往观之。又至古物馆看"虢盘"素描。至弘义阁看南京博物院运来运苏展品。下午访林斐成夫人，以所书碑付之。晚七时冶秋来讲话。归家已九时矣。

六月廿一日（星期三）。初七。晴。

　　为学习组总结。参加学委会开会。九时偕处馆同人赴文物局开会讨论明年度概算。下午至葱玉处看杜牧之《张好好诗》①，乃溥仪赏溥杰物，应由故宫收购，而西谛谓字卷可以不收，奇哉！晚䌹伯来谈。

六月廿二日（星期四）。初八。夏至节。阴。昙。

车带泄气，久卸不下。雇车行到院，已过九时。下午三时消防队成立，亲勖勉之。顺道至古物馆看"虢盘"图样。选举区代表。

六月廿三日（星期五）。初九。晴。燠。

昨面部复肿，诣张庆松请注射反应检查针。下午召集各单位开会商养心殿提集事。

六月廿四日（星期六）。初十。晴。

与士远、庚楼等参观养心殿。访张庆松再服反应药，暂停检查。下午看养心殿南库及御膳房。依余个人意见，南库可全部拆除，御膳房可全部修缮，作为库房。归家后林斐成夫人以墓碑格纸来索书。

---

① 杜牧之《张好好诗》，唐杜牧撰文并行书，杜牧传世之唯一墨迹。该卷墨迹后被张伯驹购回收藏，并于1956年捐赠给故宫博物院。

六月廿五日（星期日）。十一。晴。

门启明来。纪兴夫妇来。检寻宁波房产登记证未得，心殊焦急。

六月廿六日（星期一）。十二。晴。热。

下午李鸿庆接运鄜原钟，送延禧宫，往审视，定名为越奇字钟。

六月廿七日（星期二）。十三。午前雨午后晴。

诣协和医院探梁思成病，不晤。遇梁夫人及张奚若。文物局汇报停开。

六月廿八日（星期三）。十四。晴。昙。

与杨卫之、李兆鹏商选择赴苏艺展品事。下午诣文物局开会，商苏联艺展出品。郑西谛欲令历史博物馆选石佛头，余谓帝国主义国家欲得佛头而奸商凿云冈、龙门之佛头以应之，于是石刻遭劫，吾人不当步趋帝国主义之后尘。郑始折服，打消此议。

六月廿九日（星期四）。十五。晴。昙。

终日与张葱玉选书画。

六月三十日（星期五）。十六。阴。午后大雨。

继续选提赴苏展品。

七月一日（星期六）。十七。晴。昙。

景华语余寿康宫事已查有端倪。赴古物馆晤万里、达之，始知马子云与同僚闹情绪，嘱达之调解之。下午赴积古山房看北朝造像，无问题。赴文物局晤冶秋谈万里及寿康宫事。正拟出局，晤立庵，因同看青岛所献其次勾鑃。与西谛谈立庵古物馆问题，立庵允考虑。履儿夫妇来晚饭。

七月二日（星期日）。十八。晴。昙。

答拜张克刚于解放饭店，不晤。芳若自太原来。诣张庆松检查变态反应，今日为第三次，惟蔻蔻有反应。为林夫人书斐成墓碑。

七月三日（星期一）。十九。晴。昙。

参加思想总结会。景华、耀山批评颇中肯，余完全接受。下午维本约往历史博物馆看运苏展品。七时冶秋召集四机关于神武门楼讲精简节约检查。

七月四日（星期二）。二十。阴。

上、下午皆为检查精简节约开会。季明日前汇人民券百万为余寿。老年弟兄知余贫也，作书谢之。

七月五日（星期三）。廿一。上午大雨，下午晴，晚又雨。

冒雨至古物馆看虢盘，透视尚有须修改之处。晚赴林斐成夫人之宴，座有方石珊、潘介泉，介泉即夫人之侄也。

七月六日（星期四）。廿二。晴。下午大雨。

接文化部电话，嘱赴中南海紫光阁参观兵器展览。下午赴文物局开会，报告精简节约检查步骤，并与其他机关交换知识。

七月七日（星期五）。廿三。晴。

七时开检查小组会。晚珍儿备酒肴为余暖寿。履儿及琰、理二侄皆来，饭后立庵来谈并锡寿诗。

七月八日（星期六）。廿四。小暑节。晴。

余七十生日。上下午开精简节约检查小组会，粗具轮廓。午吃面，除景素、纪兴夫妇外有齐树平。晚履儿设宴于玉华台，邀叔通、纲伯、沫若、西林、西谛、冶秋、翰笙、悲鸿、铭德等，诚多事也。

七月九日（星期日）。廿五。晴。

寿华自沪来。王畅安、谢刚主（国桢）先后来谈。晚院中同人十八人（连余在内）聚餐于石金餐厅。

七月十日（星期一）。廿六。晴。昃。

开精简节约检查小组总结会议，自七时半至十二时。下午自三时至五时半，历七小时始毕。

七月十一日（星期二）。廿七。阴。雨。

气候骤凉。下午赴文物局汇报。

七月十二日（星期三）。廿八。阴。雨。

晨开精简节约检查小组会，讨论政务院指示，补充二问题，传达各组继续检查。下午汇齐资料，复开小组会补二条送局。

七月十三日（星期四）。廿九。上午阴，下午微雨。

赴延禧宫看接收北京图书馆之铜器，内有楚器十件，皆有刻款，余亦尚佳。

七月十四日（星期五）。三十。昙。

冶秋偕天木来检查仓库。上午看延禧宫，下午看北五所并看养心殿南库、御膳房及养心殿。晚赴郑毅生、章矛尘之邀于森隆。

七月十五日（星期六）。六月初一。晴。

寿康宫于卅二、卅三年间被盗，少数文物今因提集而发现。令景华密查，已得线索，遂密报文物局处理。悲鸿夫妇来选书画照片。下午三时开会，商普查建筑物史艺价值准备工作。六时开本院学术委员会成立会，委员九人：刘耀山、杭承艮、杨宗荣、王碧书、金书琴、张景华、李正贵、姜有鑫及余。互推金为主任委员，王为秘书。绷伯约晚餐于外交学会，座有叔通、西谛、葱玉及余全家，九时半散。夜大雨。

七月十六日（星期日）。初二。晴。

刘澍霖来，言贵州耆绅杨懋德藏有历代钱币四箱，欲以出售，问公家能收购否。嘱其送目录来以凭定夺。晚履儿夫妇及黄纪兴夫妇来晚饭。

七月十七日（星期一）。初三。大雨。

韩寿萱、胡先晋率北大学生三人来谈实习问题。文整会召集故宫建筑物史艺价值鉴定委员会，委员为林徽音（因）、刘致平、莫宗江、卢绳、俞同奎、张景华、王毅、赵正之及余九人，商普查故宫建筑事。下午赴太和殿、武英殿看陈列苏联艺展品。

七月十八日（星期二）。初四。晴。

刘澍霖以《杨氏古泉》拓本来，索价二亿元，钱数并近代铜元计之亦不过千二百品，偶有难得者，无非赝品。此人胸无点墨，谫陋可哂，考释中充满笑话。下午至太和殿改正玉器名称。葱玉亦来。晚本院食堂开张，同人聚餐，即邀葱玉为来宾，尽欢而散。

七月十九日（星期三）。初五。阴。雨。

开精简节约检查小组会，拟以不计名方式请各人就部、局所示"条件""态度"范围提意见。访冶秋请其作后盾，即在院午餐。赴太和殿看苏联艺展之布置，适冶秋陪余心清亦在太和殿。拟于八月一日在太和殿招待外宾，冶秋力拒之，遂扫兴而去。与冶秋同看乾隆花园工程。晚绚伯来晚餐。

七月二十日（星期四）。初六。晴。

太和殿苏联艺展品布置完成。下午三时预展，与洪深商全部预展事，允以中和、保和二殿为陈列现代艺品之处，于廿八日布置完成。沫若、雁冰皆以开会未来。

七月二十一日（星期五）。初七。晴。

七时开学习会，九时开精简节约检查小组会，直至晚七时始毕。

七月廿二日（星期六）。初八。晴。

继续开精简节约检查小组会。上月发现寿康宫有丢失物品事，因批交景华等八人切实调查，费一月之时间，查得三十二年五月十九日一组有嫌疑。组中人员除敌伪时期人员外，只赵

1950年7月23日,在中山公园水榭阁家摄影。前排左起:马珍、马思猛、马衡、马太龙,后排左起:马彦祥、罗钜墭

广元尚在。因将证件调齐,与景华等反复诘问,赵始终不承认,遂备文经由公安局第六分局转送法院。工友那勋臣患喘病已久,今日扶病往北海,卒于门前,当系心脏病也。

七月廿三日(星期日)。初九。大暑节。

往访李任潮,略谈。即诣陈仲平。陈今年已八十,目已盲,惟精神甚佳,思想前进。一九四八年十月初,其戚邀往福州一游,即顺道至台湾住四月。曾晤吴稚晖,尚引领希望三次世界大战之爆发。去年春返沪一月,转住青岛,近始返京。对共产党之种种措施倾倒备至。高年有此思想,恐进步人士中无有如陈先生者。归寓后宋立峰偕韩君在寓坐候,盖今晨由沪来。寓新华旅馆,湫隘不堪,即邀其来家下榻。下午游中山公园,阖家摄影。天阴欲雨,匆促归寓。寿华带思猛往观剧。

七月廿四日(星期一)。初十。晴。

赴太和殿、武英殿看添选展品。下午以《唐造像》捐献故宫,存入文华门。

七月廿五日(星期二)。十一。晴。

开学委会,金书琴辞主任,佥慰留之。下午文物局汇报。

七月廿六日(星期三)。十二。晴。热。

偕冶秋查看寿康宫。下午致邦华书。章川岛来晚饭。

七月廿七日(星期四)。十三。晴。

至太和殿看展品,已陈列齐全。中和、保和二殿之现代工

一九五〇年 255

1948年5月29日,故宫博物院南京分院与中央博物院筹备处在新落成的中央博物院陈列室内举办了联合展览,马衡与曾昭燏(女)分别代表两部门负责人陪同蒋介石参观

艺品今日开始布置。夏鼐①君来访，新自浙大来就考古研究所副所长之职。刘士能来，未晤。

七月廿八日（星期五）。十四。晴。

赴文整会与星枢商委员会人选。答刘士能于端门西朝房。下午赴文物局开会，听南京博物院曾昭燏②、南京图书馆贺昌群③业务报告。晚，文物局宴曾、贺、刘等于欧美同学会，即往作陪。晤何克之、陆瑞伯。

七月廿九日（星期六）。十五。晴。

华儿今返沪。来此两星期，不为虚行。下午赴太和殿招待董老必武，徐老特立、邵老力子等皆来。郭沫若、沈雁冰、洪

---

① 夏鼐（1910—1985），浙江温州人。1934年毕业于清华大学。后赴英国留学，获伦敦大学埃及考古学博士学位。1941年回国，历任中央博物院筹备处专门委员、中央研究院历史语言研究所研究员。中华人民共和国成立后，历任中国科学院考古所副所长、所长、名誉所长。著有《新获之敦煌汉简》《考古学和科技史》《中国文明的起源》等。
② 曾昭燏（1909—1964），湖南湘乡人。1933年毕业于中央大学。1935年留学英国伦敦大学研究院，获考古学硕士学位。1938年受聘为中央博物院筹备处专门设计委员。1946年代理中央博物院筹备处主任，1948年被吸收为国际博物馆协会会员，1949年力阻将中央博物院文物迁运台湾。中华人民共和国成立后，历任南京博物院院长、南京大学文学院历史学系兼职教授、华东文物工作队队长。主要著述有《南唐二陵发掘报告》《中国铜器铭文与花纹》《论周至汉之首饰制度》等。
③ 贺昌群，字芷云（1903—1973），四川马边人。1922年考入商务印书馆编译所，开始译著生涯。1931年任教于天津河北女子师范学校。1933年转至北京图书馆，任编纂委员会委员。抗日战争爆发后，至浙江大学史地系任教。1942年在重庆中央大学历史系任教。1950年任南京图书馆馆长。著有《汉唐间外国音乐的输入》《敦煌佛教艺术系统》《论两汉政治制度之得失》《贺昌群集》等。

深后至。晤叶誉虎,约明日往谈,寓芳嘉园卅五号。

七月三十日(星期日)。十六。上午阴。

访誉虎,始悉季明在港大之痛苦情形。适黄任之亦来谈,至十二时归。下午与立峰漫谈。晚道生来,因以修屋事托其设计。

七月卅一日(星期一)。十七。晴。

至养心殿看新发现之打簧表廿只及其他佩件。下午与葱玉至太和殿撤除悲鸿参加旧画十一件。

八月一日(星期二)。十八。晴。建军节。

毛主席、朱总司令在太和门讲话。下午立庵来谈。赴太和殿看撤除展品,甚满意。晚宴曾昭燏、刘士能、贺昌群等于本院食堂。席间景华退席两次,后始知有工人铁双全自尽于御花园位育斋中,请法院来验尸。余出院时尚未毕事,闻系家庭刺激所致。夜大雨。

八月二日(星期三)。十九。终日雨。骤凉。

冒雨偕冶秋往勘位育斋。下午写铜器说明。王畅安赴新乡。

八月三日（星期四）。二十。终日大雨。

汽车着水不能行，雇三轮车到院。至午车仍未修好，雇车回家。途遇大雨，衣履尽湿，家中房屋皆漏。文化部派员检查本院之精简节约检查工作，大致尚称满意。立峰偕韩君返沪。

八月四日（星期五）。廿一。晴。昃。

陪刘士能看养心殿南库及御膳房毕，又至养心殿看提集工作。李任潮偕其夫人及子媳孙女等参观故宫，因导之游东路。其长子名沛元，岭南大学农学院院长。据言房顶生草有除草药可用，宽叶植物颇有效，狭叶者效率较差。因请其开示药名，允返粤后寄来。傍晚冶秋来院报告精简节约之意义，以安人心。

八月五日（星期六）。廿二。晴。

偕常学诗赴西华门，常接刘士能，余于武英殿候之。晤王天木，先看武英殿工程计划。曾昭燏来武英殿参观，俞星枢、于倬云亦来会，遂同至宝蕴楼。适革命博物馆迁移，因有人觊觎该处房屋故也。十五时返至办公室，有监察委员会韦绍文、文教委员会孙震、文化部何瀛洲三同志来院检查精简节约。由景华、耀山招待谈话并留饭，余回家休息。约定三时半邀检查小组同人开座谈会。直至七时十分始毕。履儿夫妇来晚饭。

八月六日（星期日）。廿三。昙。

门启明来，谓叶企孙介绍之科学院管理图书。因为之介绍于严慕先。

八月七日（星期一）。廿四。上午雨。下午晴。

士能未来。监委会等代表由刘耀山接谈。访曾昭燏于昭抡家，约其于十四日下午开座谈会，交换经验。余莉珍自德县交通旅社来电，报告文冲在德被扣，原因未详。嘱芳若持电示履儿，与景华、冶秋商办法。金以为须由公安部解决，遂函冶秋转文化部，函公安部电德移京办理。晚，履儿来家，谓明晨派人赴德了解情况。

八月八日（星期二）。廿五。立秋节。晴。

刘士能检查东华门内内阁大库等处，命学诗招待之。孙震、何瀛洲两君来至养心殿看提集工作，并谓将作一报告，以（一）精简节约之检查、（二）组织人事、（三）铁双全案为主题，草拟后将先征我同意云云。下午四时赴文物局汇报，郑西谛谓将请庾楼代收书籍，允之。

八月九日（星期三）。廿六。晴。

士能来勘查外东路。下午赴太和殿视察撤收文物。履儿来电话，谓派往德州之人已于今晨返京。晤莉珍，询知文冲在德州车站等候转车，为警察所盘诘，无解放区居住证，又检查其行李，得婚书，证婚人为匪帮军要人，遂将文冲带去并禁止莉珍离境。经戏改局人为之向公安局证明，始允家属先行。晚间令芳若往接，未到。

八月十日（星期四）。廿七。晴。

刘士能来西路检查。景素来家报告其三子皆考入中小学。郑西谛转来统战部复函，谓徐冰赴青岛休养，文冲事已交齐燕铭办理。

八月十一日（星期五）。廿八。晴。

士能来检查清史馆大库。西谛、葱玉来看位育斋等处，并至图书馆看庾楼。英华殿菩提树结实累累，亦异卉也。晚芸圻来谈。

八月十二日（星期六）。廿九。晴。

赴太和殿看文物装箱。遇曾昭燏，重订座谈会时间，改在十四日上午。文整会开会邀有关机关商抢修城楼问题。决先修安定门城楼及箭楼，东直门、阜成门及正阳门三城楼，预计小米一百万斤。七时晚会，欢送华大学习同人暑假后回校。夜大雨。

八月十三日（星期日）。三十。晴。昙。

莉珍偕小毛自德县来。叶誉虎①来谈，因同往科学院考古学研究所观安阳新出土文物，葱玉偕何叙甫亦至。此次安阳发掘为郭宝钧②所主持，主要发现为殷代贵族大墓。中为木椁已为前代人盗掘且烧。椁左有男骸廿余具，右有女骸卅余具，椁上下之外围有身首分离之尸骸数十具。且有马骨若干具。中有特磬一，上刻虎形图案。陶器、铜器、铜兵、玉器甚夥。最奇者为士刀一柄，长三寸，如今刻印之刀。质为碧玉，俗名菜玉，硬度次于翠玉，以刻甲骨尚能胜任，宛如新琢，不似他玉之有土侵也。晚西谛约晚餐于翠华楼，座有朱桂辛、陈叔通、翁克齐、何叙甫、刘士能、曾昭燏等。大雨，附叔通车归。

---

① 叶恭绰，字裕甫，又字玉甫、誉虎（1881—1968），广东番禺人。书画家、收藏家、政治活动家。早年毕业于京师大学堂仕学馆，后留学日本。留日时加入孙中山领导的同盟会。曾任北洋政府交通总长、孙中山广州国民政府财政部长、南京国民政府铁道部长。1927 年出任北京大学国学馆馆长。中华人民共和国成立后，曾任中央文史馆副馆长。第二届全国政协常委。

② 郭宝钧，字子衡（1893—1971），河南南阳人。1922 年毕业于北京师范大学国文系。1928 年参加中央研究院在河南安阳殷墟的第一次发掘。1930 年转入中央研究院历史语言研究所任编辑员。1949 年参加中国科学院考古研究所工作，并兼任北京大学教授。1950 年后，主持殷墟洹北武官村大墓和洹南四盘磨等处之发掘。著有《殷周车器研究》《中国青铜器时代》《中国古代的铜器艺术》等。

八月十四日（星期一）。七月初一。晴。昙。

九时邀曾昭燏在绛雪轩开座谈会，与会者除本院各单位负责人，有历史博物馆、革命博物馆。十二时散会。晚，莉珍报户口，未允。

八月十五日（星期二）。初二。晴。昙。

下午赴文物局开故宫工程座谈会，除文整会，被邀者有刘士能、卢绳二人。

八月十六日（星期三）。初三。时晴时雨。

赴苏艺术品徐悲鸿之作多不满人意，故多未入选，徐愤甚，乃致函政务院。今晨文化部书来，谓将重陈以备复选，诚多事也。莉珍患痢，珍儿陪之就医。

八月十七日（星期四）。初四。晴。

冶秋约景华赴太和殿，余亦追踪而去。盖现代画为悲鸿所征集，此次大批落选。并其本人之最得意作品亦与焉，因致书周总理，请求重付审查，以平诸艺术家之愤。下午周总理来，丁西林、洪浅哉皆先来相候。审查结果又于落卷中选出数件，悲鸿占二件，皆国画。周谓国画较可藏拙，似亦有理。

八月十八日（星期五）。初五。晴。

　　召集各馆处商讨我院需要博物馆各种制度，以便汇交冶秋调查。下午四时，景华言景山后有人自缢，面目已腐，无从辨认，即分报公安局及地方法院。赴文物局参加保护全国古迹座谈会。景华电话谓死者身上有致毛主席遗书，大致谓追随多年，迄今毫无良果，不能面叙，故致此书。下署"弟不具"，既无姓名，又无月日，面目又不可辨，殊难索解也。

八月十九日（星期六）。初六。晴。

　　偕士能至御花园照相。昨晚有来认尸者，衣履皆不相符，仍不得主名。今晨已由院棺殓，由公安局抬埋矣。新收文物积压已多，拟以太和殿为暂陈之所。寿华来信，已于十六日赴苏州，十七日向华大报到。可谓勇于改变矣。

八月二十日（星期日）。初七。晴。

　　畅安来，昨归自新乡，接收出土文物，已运到。致五弟香港书。沈规徽来。黄纪兴夫妇来午饭。䌹伯来谈，留晚饭，十时始归。

八月廿一日（星期一）。初八。昙。

以武英殿工程决标事与星枢、景洛等赴文物局与王毅商讨，允向部请示。西谛介绍卫生部李新农，要求寄存卫生展品。下午与景华至太和门看房。至端门送士能行，西谛、天木亦至，遂同赴车站送行。晚雷雨。

八月廿二日（星期二）。初九。晴。新凉，大有秋意。

冶秋来。展品中又增入现代画五件，皆华东区送来者。下午三时赴文物局开会，谈全国博物馆分配计划及博物馆业务等问题，七时始散。

八月廿三日（星期三）。初十。晴。

赴大高玄殿视察。殿为明代建筑，清代重修，以为祈雨之所。修械所迁出后，军委会欲暂作兵器陈列所，因会勘焉。下午有香港来之杨燕清女士持赵少昂函来谒，并求书件。晚芳若请吃蟹。

八月廿四日（星期四）。十一。处暑节。晴。

《新民报》记者严灵访问，因以建筑修缮情状告之，并要求其先将原稿送来一阅。下午偕景洛、景华、维钧看符望阁工程。履儿夫妇来晚饭。有雷雨，旋晴。

八月廿五日（星期五）。十二。晴。

赴文物局与冶秋长谈，候西谛，久不至，遂返院。王制五去湘经年，久不得音问。昨得其来书，谓新丧偶，并失业，状颇狼狈。今日有人自湘来，携其所赠元蒙文官印一方来，拟以其名义捐赠故宫。玉甫电约看铜器，均商器，价亦不贵。冶秋来，谓明日可成行。

八月廿六日（星期六）。十三。晴。

冶秋等来，将行李集中太和殿，与展品同运。下午三时赴文物局开会，商讨三年计划，七时散会。履儿夫妇来晚饭。九时赴文物局，与张全新、彦涵同车赴车站，十时十分开车。赴长安饭店访朱士嘉[①]，约其廿八日讲演。归家已十一时十分矣。

八月廿七日（星期日）。十四。晴。

李孤帆赍季明函来访，备述季明近况。齐树平来。下午赴清华园洗浴修脚。

[①] 朱士嘉，字蓉江（1905—1989），江苏无锡人。1924年考入燕京大学历史系。1942年入哥伦比亚大学研究院攻读博士学位。1948年，他积多年研究心得撰写了论文《美国国家档案馆所藏中文档案》。1950年春，毅然辞去了华盛顿大学的优厚职位，回国在武汉大学历史系任教，兼任该校图书馆馆长。他编写了《美国国会图书馆中国地方志目录》，并著录了2900多部地方志。

八月廿八日（星期一）。十五。晴。

朱士嘉来文献馆演讲美国档案馆之组织。经同人等提出种种问题，由朱君一一答复。星枢来述朱桂老对移置天安门前华表狮子之意见，为之转达于文物局。下午开会，商三年计划。五时集体往天安门观军事卫生展览。

八月廿九日（星期二）。十六。晴。

与杨卫之赴景仁宫看铜器陈列室，拟撤除其稍次者，而以杨宁史之物补充之。下午与张景华赴文化宫参观卫生展览会，其第一部已撤，只看第二、第三部。晚饭后陈紫蓬来，状至狼狈，因百端慰藉之。

八月三十日（星期三）。十七。晴。曇。

赴粉子胡同访贾炎生（山西铭贤中学校长），新自香港来，赍有季明书，因往取焉，下午赴文物局开会，商民族博物馆筹备事宜。时狂风骤雨，旋晴。节侄自广州来，在家坐候，因留其吃蟹。

八月三十一日（星期四）。十八。晴。曇。

守卫员常志增于晨七时在武英殿自缢，幸经工友发现急解救，得庆更生。据其母言为家庭细故而轻生。一月之间发生自缢案两起,此皆铁双全之暗示也。以二十万赠陈紫蓬以济其急;送来书画七卷,为之于介绍文物局;其中三僧合作山水皆明末遗民连续画卷,三人合作前此尚不多见;《陈白沙自书诗》写作俱佳,此外无足观矣。六时赴北京饭店,应政务院秘书厅之邀参加米留申(苏联档案专家)惜别之宴。

九月一日(星期五)。十九。晴。

到古物馆看《虢盘拓本》已成五之一,浓淡处尚有改进之处。下午与景洛同赴前青厂陆颖民吊其尊人雨亭之丧。偕常学诗赴保和殿测量石鼓之位置。革命博物馆筹备处王天木、杜民邀晚餐于故宫食堂。归寓时陈紫蓬已在寓坐候,谈至十时去。

九月二日(星期六)。二十。晴。

上午召集各单位商陈列室之设计问题。下午闻常志增已不救,为之悽然。晚郑西谛邀晚餐于团城,为雁北考察团洗尘,赵正之大醉,以汽车送之归。

九月三日(星期日)。廿一。晴。

致唐光晋①书。校吴《天发神谶刻石》。景素携蟹来共啖

---

① 唐光晋,名世隆,号光晋,又字次虎(1901—1968),四川威远人。1934年(转下页)

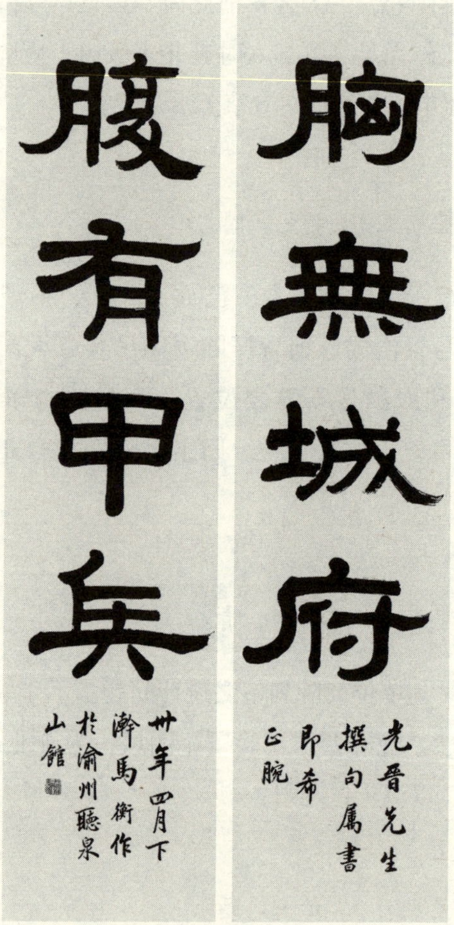

胸無城府

腹有甲兵

光晋先生撰句属書
即希正腕

卅年四月下澣馬衡作於渝州聽泉山館

马衡应唐光晋属隶书四言联

之。是日实行休息,未出门。

九月四日(星期一)。廿二。晴。

绚伯来,同赴图书馆看写经。下午三时开会,听取各单位报告三年计划,交一科汇编。

九月五日(星期二)。廿三。晴。

民族事务委员会高伯玉、马鹤天,文物局王振铎、沈洪江同看慈宁花园、奉先殿及保和殿。一科汇编之三年计划初稿成,开会讨论,明日送局。

九月六日(星期三)。廿四。晴。

赴文物局访葱玉,知溥仪自长春逃亡时携有文物,为苏联

(接上页)冬,任成都卫戍司令部的少将参谋长。抗战爆发后,川军出川抗战,任川军某军少将参谋长。抗战胜利后,负责国民党在川军事机关遣返南京事宜。他生活俭朴,性格孤傲,酷爱书画、金石印章及名人的碑帖字画和古钱等。所藏汉《石门颂》、南朝刘宋《爨龙颜碑》、北魏《郑文公上下碑》《张猛龙碑》拓本均最旧最精,为海内鉴赏家所推许。在重庆任中大主任教官时与许多文人学者颇有交往。如和马衡、徐悲鸿、常任侠、谢无量常在一起研讨书画及藏品,他们亦为唐光晋不少藏品题跋,并赠送其不少字画。有关唐氏生平资料甚少,但从传世名家为其所作书画看,其于民国时期以收藏古碑名帖著名。马衡诗《题唐光晋画册》云:"偷闲作画独输君,落纸云烟迥不群。艺术勋名孰轻重,试看大小李将军。"《徐悲鸿文集》中有"唐光晋将军之作品与龙麟书屋收藏之展览"一节,沈尹默有《跋唐光晋所藏郑文公下碑》,这些资料可提供少许信息。

所俘获，今拟送回，此好消息也。下午王天木①、沈洪江陪同劳动部副部长毛齐华、农业部副部长吴觉农来院看太和门内两廊，拟开劳模展览会。晚约䌷伯、葱玉、树平来吃蟹。

九月七日（星期四）。廿五。晴。

参加馆处联席会议。下午赴文物局开民族文物展览筹备会。

九月八日（星期五）。廿六。白露节。晨昙，午雨。

星枢来商文整会应修故宫工程。与景华、景洛商定南库缓修，先做北五所。节侄来，报告来京旬日所谈工作事，谓事可望成而待遇不够维持生活。召集三馆谈民族文物展品选提事。

九月九日（星期六）。廿七。晴。

为改编三年计划开会四小时半。下午缅甸吴大使来参观，见西南民族之铜鼓，谓缅甸所出甚多，形制与此相同，因上铸青蛙，故又称蛙鼓。抗战期间美军多喜购之，以供不应求，遂多仿制。但仿制者击不成声，不如古代作品之中音律。此又为

---

① 王振铎，字天木（1911—1992），河北保定人。1934年就读于私立燕北大学研究院历史系。1937年受聘于上海中央研究院工程研究所。1939年任国立中央博物院专门设计委员。中华人民共和国成立后，先后任文物局博物馆处处长、文物博物馆研究所副所长、中国历史博物馆研究员。他研究复原了指南车、记里鼓车、候风地动仪、水运仪象台等许多古代科技模型。著有《指南车记里鼓车之考证及模制》等。

西南铜鼓添一掌故矣。得西谛转来统战部秘书处函，谓谦儿过德州时，正在军运护路时期。谦曾探询解放军中情况，引起公安人员怀疑。查其旅行证，为渔商，后又知为军人身份，又发现持有蒋军中之服务证件，遂予扣留。今既查明，已由中央公安部于八日电山东公安厅即日释放，大约日内可来京矣。

九月十日（星期日）。廿八。晴。

节侄来谈情报局事可望成功。下午三时又来，同访徐悲鸿，托以安娜事。徐言如欲向私人特种工艺企业中谋工作，最好托章元善；如欲在美术学院兼课，将来亦非不可能。履儿、纪兴夫妇来晚饭。

九月十一日（星期一）。廿九。昙。

西谛来电话，谓劳动部长李立三电话言劳模事迹展览会非借太和殿不可，问余意如何。余即与景华赴局共同研究，恐不可抗，遂由西谛电李允之。国内各兄弟民族文物展览筹备委员会来院开始办公。下午有雷竺生者自香港来，持季明函来谒。曹必慧持李部长函来洽借用太和殿事。

九月十二日（星期二）。八月初一。晴。

参加兄弟民族文物展览筹委会。有金全印者来告贷，迹近无赖，予以千元。并以其事告本段备案，防此后或有其他事故也。侯、孙两君持总工会函来商劳模参观事。

九月十三日（星期三）。初二。晴。

召集馆处商南路各展览会，我方应争取主动，建议局方执行。宋立峰介绍其侄女锦雯来谒，以其考入燕大，请求保证也。下午开学委会。又赴文物局汇报。孟目的来。

九月十四日（星期四）。初三。晴。

往延禧宫看冯氏捐献之陨石，乃碧玉一片，厚二三寸，大约二尺余。上有太宁三年卞壶题，行书娟秀，乃伪刻也。下午顾鼎梅之子培恂来谒，述其父遗书及拓片等托陈伯衡整理出售。余劝其将南齐《吕超静墓志》①捐献浙江古代文物管理委员会，彼亦首肯。培恂习工程，今在唐山交通大学任课。晚王毅来院讲话，余亦报告。总工会将发动各机关职工捐薪百分之一救济失业工人，希望同人努力响应此号召以完成任务。其中如有实在困难而力不从心者亦不必勉强。八时散会。

---

① 《吕超静墓志》，为南朝齐隋郡王国中军吕超静墓志。1916年浙江绍兴螭阳之谢坞出土，曾归绍兴顾氏。后不知所在。现藏于浙江博物馆历史陈列室。可见顾培恂未对马衡食言。

九月十五日（星期五）。初四。晴。燠。

至文献馆、实录库，参加学习小组。访唐立庵夫人，知立庵在重庆即将赴成都。北大只领到半薪，其余将由故宫致送。至怡情书史看新布置之农民生活展览，殊不满意。访王述勤，不晤。

九月十六日（星期六）。初五。晴。昙。

由文献馆、实录库入太和门看英模、劳模两展览会布置情形。至弘义、体仁二阁看整理仓库。下午致刘士能、欧阳邦华书。

九月十七日（星期日）。初六。昙。夜雨。

雷竺生来，谓已觅得住所，须保证人，婉词却之。盖季明来函介绍，不言其是何职业，余察其言行，似为古玩商，在港作国际贸易者，来历不明，不便负责。畅安谈陈仲年先生于本月八日逝世，余于葬日始得消息，今日特往顶银胡同唁其家属。陈先生无子，以侄图南为嗣，服务于上海金城银行，闻病赶来，病为急性肺癌，痛楚异常。彼于五日到京，已神智昏迷矣。夜雨。

九月十八日（星期一）。初七。晴。

自外廷入太和、保和二殿，皆未布置。三时与张文教召集

马衡与夫人叶薇卿及孙女马伦在北京香山碧云寺留影

三展览会负责人座谈会，三展览者战斗英雄、劳动模范、民族文物也。三会各自为政，亦不与我院联系。经座谈后始发现联系不够，因组织国庆特展联合委员会，委员名单明日由各单位提出，后日三时开会。散值前赴团城访西谛。内子薇卿逝世十周年矣。今日为其忌日，命儿辈以香花供养之。

九月十九日（星期二）。初八。晴。

绚伯偕其夫人来游景山，并贻碧螺春茶叶等，为其夫人自沪携来者。马子云拓"虢季子白盘"全形，历时两月余，今始告成，远望如照相珂罗版，开铜器拓本之新纪元，可谓试验成功。下午正欲赴院，述勤来谈。晚陶北溟来，以汉《芗他君石祠堂记》拓本见赠，记约四百余字，字较《武梁祠画像》题榜尤小，完整无缺，画亦工细，诚汉石中之绝品也。

九月二十日（星期三）。初九。

赴民族文展会小坐，遇士远略谈。下午访陶北溟看汉石。晚履儿来晚饭。

九月廿一日（星期四）。初十。晴。

赴保和殿看民族文物陈列状况。李有义、黄仲良、傅维本等皆在。下午看文化宫之罗马尼亚展览会，布置新颖，入其中

"远望如照相珂罗版,开铜器拓本之新纪元":虢季子白盘拓片

不啻置身罗国。闻此会所费为美金三十五万云。尹子文等自南京送民族文物来，云，在车站见森玉，乃同车来者。天木来，问之，果然。西谛邀晚饭，盖为此也。散值后诣团城访之，遂同赴全聚德吃烧鸭。裴文中率考古发掘队赴东北，今夜启行，亦参加此宴会。

九月廿二日（星期五）。十一。晴。

偕单士魁赴太和门看英模布置。开学委会。下午赴文整会。邦华所编《文物避寇记》①稿寄到，终日为之校阅。

九月廿三日（星期六）。十二。秋分节。晴。

天津博物馆派靳石庵来调查我院业务情况，请刘鸿逵导往陈列室及编目地点参观。赴太和门劳模展览会场了解情况。赴文物局为陈紫蓬催书画卷售款，领到后命玉襄送去。履儿及纪兴夫妇来晚饭。

---

① 欧阳道达所著《文物避寇记》，翔实记录了中国抗战时期故宫文物南迁西迁的全过程。绪言道："故宫文物之南迁与西迁，盖以日帝国主义之深入侵略，避地而免罹于浩劫也……是记叙述，即以文物避寇先后十有五年（1933年至1947年）之经过，分为三期：南迁时期、西迁时期与东归时期，而附以收复京库。此事汇集按期归纳，一期之中，再以子目分析区别。属辞之实，不尚藻饰；随类附表，藉醒眉目。排一漏万，知所不免。倘以研究文物避寇始末之初步史料视之，庶乎近焉。"鉴于当时政治形势，马衡校阅后，在首页批曰："此稿为文物播迁史料，似无印行必要，可存卷备查。"此故宫文物播迁珍贵史料封尘60年后，2010年6月由紫禁城出版社出版，书名为《故宫文物避寇记》。

九月廿四日（星期日）。十三。晴。

致芳若书；致五弟书。下午赴南河沿听徐特立讲"历史学在社会科学中的地位"。晤张绚伯、齐树平等。讲毕，偕树平游百货公司，遂邀之来家共饮。

九月廿五日（星期一）。十四。晴。

赴图书馆参加学习。下午赴文物局。张德明赴港，托其带秋梨膏一瓶与季明，并送其登车。遂赴葱玉泰丰楼之邀。已十余年未履其地，酒肴皆不失先正典型，不觉扶醉而归。

九月廿六日（星期二）。中秋。风。

森玉来谈。到院已九时矣。闻劳模路线已解决，甚慰。下午拟往三殿巡视，不果。校阅《文物避寇记》毕。晚约绚伯夫妇来过节。

九月廿七日（星期三）。十六。晴。

自图书馆赴保和殿，参观民族文物布置情况。下午致邦华书。

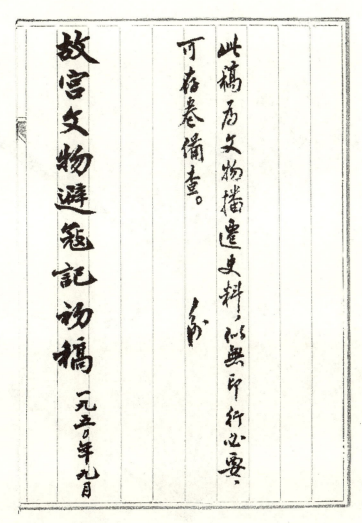

"校阅《文物避寇记》毕。"马衡随后批注:"此稿为文物播迁史料,似无印行必要,可存卷备查。"

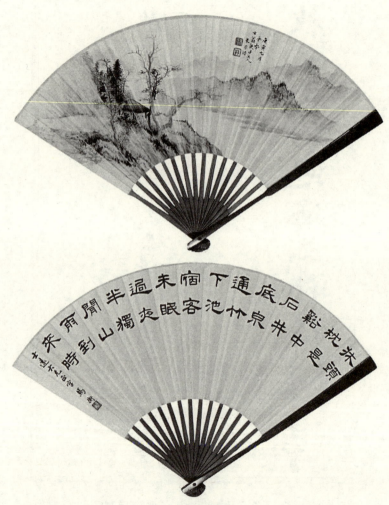

1950年9月，马衡、朱家濟赠沈士远书画成扇

九月廿八日（星期四）。十七。晴。

　　由图书馆至古物馆取回《两周金文辞大系》。建福宫前"善本陈列室"牌子应加一"书"字。午饭回家，书房正拆墙修缮，满案尘土，移坐于南屋。世界青联代表参观南路及东路，由杨卫之招待。西谛至保和殿来看民族文物展览布置，尚未告竣。

九月廿九日（星期五）。十八。晴。

　　郑西谛嘱代表招待参观民族文物展览会之来宾，有乌兰夫等十余人，至绛雪轩，嘱景洛陪往保和殿。文物局亦有文物展览，二时预展。晤邵力子、叶玉甫、邓叔存、张伯驹、于思泊等。文物以沈阳博物院借来之汉墓壁画摹本为最佳。文献馆布置农民生活陈列室于怡情书史，将于国庆后开放。偕景华、士远，单、张二科长同去审查，殊难满意，决计暂不开放。六时开学委会，八时始散。

九月三十日（星期六）。十九。晴。

　　得谦儿电话，知已到京。饭时回寓，始悉谦儿被扣后一切经过。二时赴北海参观出版事业展览会。其第三、第四馆皆在半山，登陟殊感劳顿。返院后得国庆节庆祝大会入场通知，时间为三时，已不及赴会。乃收听广播，乃周恩来总理之报告，惜已尾声矣。

十月一日（星期日）。二十。晴。

　　中华人民共和国成立一周年纪念日，在天安门举行庆祝典礼。余得669号观礼证，以开会时间恐不能支未参加。傍晚率儿孙辈步行至东安市场游览一周而归。晚八时天安门前放焰火礼花，辅以探照灯，吾家平台可以登眺。古人所谓"火树银花"，不啻为此写照，诚大观也。

十月二日（星期一）。廿一。晴。

　　泰侄来，谓昨自津来参加盛会。今晨赴大高殿、午门两处拟看展览会，皆未开放。余因告以近患肠胃病，问谁可以诊视，泰介绍吴洁并电约时间为下午三时。泰欲于次日晨返津，乃又赴天安门略一观战斗英雄、劳动模范等展览会。下午来又告失望。乃同访吴洁大夫，据云可能为胃酸过少，为处一方，嘱明日向北京医院购药。余至院见游人甚多，景华告余可能有四万人。

十月三日（星期二）。廿二。晴。昙。

　　齐树平送葡萄来。下午致程仲皋书。复朱鄘卿书，检出隅卿①所著《鄞古砖录》寄之。晚履儿来晚饭。

十月四日（星期三）。廿三。晴。

命谦儿报户口，恢复工作。民族文物展览会招待少数民族代表参观。下午文物局电话索本院图表，坚嘱五时送去，因召集各单位开会，如期送去。六时往晤徐森玉，以《金石学讲义》赠之。适钱稻孙在座，余未晤面，闻将赴济南作（做）译书工作，待遇尚优。

十月五日（星期四）。廿四。晴。昙。

芬兰青年代表来院访问并录音，与景华等招待之，至二时始回家吃饭。致徐雄飞书。

十月六日（星期五）。廿五。晴。

战斗英雄百余人来参观。下午法院来勘查寿康宫，由景华导往。马子云来询北大约其讲授传拓金石情况，由其谈话中得

---

① 马廉，字隅卿（1893—1935），浙江鄞县人。近现代著名的藏书家、小说戏曲家。曾任北平孔德学校总务长，北平师范大学、北京大学教授。曾主管孔德图书馆。1935年2月19日，在北京大学讲台上因脑溢血逝世。马廉先生是北京大学著名"五马"中的九先生。"五马"说的是马裕藻、马衡、马鉴、马准和马廉五位教授，也是五位亲兄弟。

知厂肆中若干遗闻逸事。

十月七日（星期六）。廿六。晴。昃。

　　王毅以苏联影片译稿来征询一八八〇年北京情况，盖苏联有一新片，须来北京摄一部分镜头也。下午赴北京医院就医于吴洁，以日前经其诊治，已两日未泻，似已见效。自二时候至四时始挨次及余，配药出门已将五时矣。

十月八日（星期日）。廿七。晴。

　　李涵础来谈，今夏研究烟草问题，于清人笔记搜集各种资料颇多收获云。景素携蟹来大嚼。二时赴院，与院中同人如季黄、金毓黻、马士杰、单士元、单士魁、张德辉等研究苏联电影片各项问题。金曾任总理衙门后身之外交部职务，对同末光初之总理衙门情况略能叙述。由王毅报告苏方的要求之后，公推季黄就在座诸人组一小组会，具体研究之。西谛借绛雪轩设宴，邀民族文物展览筹备会有关人约六十人餐叙。

十月九日（星期一）。廿八。寒露节。晴。

　　下午参加影片问题研究会。于文献馆看康熙《万寿图》。

十月十日（星期二）。廿九。晴。

　　文物局介绍西北文物处赵望云、东北王修、华中方壮猷、西南马耕渔来参观。因导之至东路历观各陈列室，并至延禧宫文物库，皆满意而去。下午雷竺生来。苏联电影及艺术家来看文华殿陈列室，并至文献馆看各种图册。茶点招待之。晚六时开会，庆祝本院廿五周年纪念。余报告廿五年之经过，约分五个阶段，（一）一九二五—二八为创立时期，（二）二九—三三为奠基时期，（三）三四—三七为改组时期，（四）三八—四五为保管时期，（五）四六—五〇为革新。并勖勉同人循此方向努力学习，为人民服务。八时散会。

十月十一日（星期三）。九月初一。晴。

　　得新史学研究会函，今年为太平军起义百年纪念（一八五〇），将于十五日开一座谈会，并附提纲，请为准备。因往文献馆搜集资料。下午科学院请吴有训讲演新德国文化状况，盖吴为前往德国庆祝德意志科学院二五〇周年纪念代表之一。三时赴华大工学院听讲。据云在会上中国代表特别受到欢迎。维钧来言李德启、魏建功、傅振伦、黄文弼等五人公宴顾颉刚，皆北大研究所旧同事，邀余作陪，余因加入为主人。庚楼来言刘厚滋中行公司亏蚀甚巨，于数月失踪，至今生死未卜。晚赴惠尔康晚餐，客仅颉刚一人，余皆主人。谈至八时半始散。

颉刚明晨赴陕。

十月十二日（星期四）。初二。晴。

　　下午往古物馆看画珐琅制造过程展览之设计。

十月十三日（星期五）。初三。晴。

　　李响泉来，满口世道人心，无可理喻。八十余老翁，只得笑应之。下午赴古物馆。《半月刊》索日前报告稿，以备登载，遂竭半日之力书付之。履儿来晚饭。致寿华书。

十月十四日（星期六）。初四。晴。昃。

　　开学委会。下午文物局假绛雪轩开文物工作者座谈会，有华东区文物处长徐鸿宝①、唐瞍，华中区方壮猷，西北区赵望云，西南区马耕渔等报告工作。东北区王修已返东北，代以某君，忘其名。余强调建议调查古迹、防止盗掘、防止出口三事。散会后应文物局邀赴同和居晚饭。

---

① 徐鸿宝，字森玉（1881—1971），浙江吴兴人。中国金石学家，文物鉴定家。毕业于山西大学堂，早年从事自然科学研究。1924年11月，参与清室善后委员会工作，1934年任故宫博物院古物馆馆长。1949年以前，历任西北科学考察团常务理事、北平图书馆采访部主任。中华人民共和国成立后，曾任上海博物馆馆长、文史馆副馆长等职，为征集、保护流散文物和图书做出了贡献。

十月十五日（星期日）。初五。雨。

九时赴金钩胡同，士远已先在，为介绍于范文澜入新史学研究会。太平军起义百周年纪念会，参加者约五六十人，并有小型文物展览，徐特立等相继发言。余于十二时先退席。赴李任潮之邀，至则来宾皆为耆老，熟识者有邵伯绚、陈叔通、陈半丁、汪蔼士、齐白石、陈援庵、周养庵等约三十人，但亦有六十以下者数人，通计年龄得二千八十五岁。可谓盛会矣。三时散会，冒雨而归。

十月十六日（星期一）。初六。晴。昙。有风。

陈祖诒者，自言中法大学图书主任；中法线装书皆归北大，内有碧云寺旧藏《龙藏》一部，缺十之一二，北大不要，欲捐赠我院。余颇疑之，姑嘱单士元明日前往了解情况。电询向觉民，则未闻有此书，意者将私相授受耳。苏联摄影队前来参观，正导演新由苏来。寒暄后由翻译人述其语言。影片中有中国学者一角，物色数日，无有如余之合格（指年龄、身份、态度等）者，问余能勉为其难否，余不禁哑然失笑，因婉谢之。下午阴云四布，偶在院中，偶语感寒咳嗽，回家添衣。

十月十七日（星期二）。初七。阴。

庚楼、士元赴中法大学看《藏经》，确为《龙藏》，且非初印。下午送森玉南归,于车站晤觉民,谓已派人赴中法大学询问《藏经》何未移交。中法谓此经为摺叠本,不在线装之列,契约所不能约束,已由中法原主管人自由赠予他处云云。

十月十八日(星期三)。初八。晴。昙。

下午赴文物局访马耕渔,不晤。以《唐明皇投龙简》事交葱玉转达,请先接收,将此件送中央保存。贾炎生来谈铭贤中学之历史并望余加以赞助。

十月十九日(星期四)。初九。阴。微雨。

战绩展览会派裴敏来商,言该会将于月底结束,图片等将交我继续展览一个半月。余谓本院守卫员太少,不能负此责,将商讨后再行答复。下午召开会议,金主拒绝。如彼派员自行照管,只好允其所请,惟我院必须恢复卖票。苏联电影中钦天监博士一角余为物色马士杰担任,马已同意。再度就诊于吴洁大夫,吴谓前此用药既不对症,则腹泻必与胆囊有关,因另处方试服。

十月二十日(星期五)。初十。晴。

豫侄[①]及徐雄飞来谒,徐来已数日,豫甫于昨日抵京,不

[①] 马衡五弟马鉴之三子马豫。在香港参加两航(民航)起义,驾机回大陆。

日即赴天津，将服务于民航公司。下午参观战绩展览会、劳模展览会，颇劳累。

十月廿一日（星期六）。十一。晴。

赴学诗堂看铜胎画珐琅制造过程展览室，遂至文献馆参加戏剧资料展览筹备会。下午参加中苏友协故宫支会成立会，邀徐雄飞、豫侄来家晚饭。纪兴夫妇亦来参加。

十月廿二日（星期日）。十二。晴。

曹玉襄考取户籍警，向余辞职，闻其乃弟在家无职业，命其征求家庭同意代其职务，由玉襄先教导之。访叔通，不晤。下午致五弟书未竟，而齐树平来。履儿来共饭。

十月廿三日（星期一）。十三。晴。

到古物馆与马子云、陈万里商拓越钟全形。下午开学委会。

十月廿四日（星期二）。十四。霜降节。

偕西谛等看乾隆花园工程，至茶、缎库，文献馆，最后至文华殿、主敬殿看帝国主义侵略史料。下午赴文物局汇报。

十月廿五日（星期三）。十五。晴。

官厅水库派孙、李两君来商借柏林寺库存《龙藏经版》[①]，婉言拒绝之。

十月廿六日（星期四）。十六。晴。

上午开会商定一九五一年编制员额。下午开学委会，定下星期一就援助朝鲜问题，再综合各小组意见深刻讨论。

十月廿七日（星期五）。十七。晴。

吴荣培来谈，此君思想一无改变，已屡次拒见。今又来，不得已见之。陈万里调查古窑址定十一月一日出发。星期一时事学习改订明晨提前举行，盖美国空军近又屡犯我东北领空，形势日益紧张故也。下午赴文物局商订编制问题，于增员廿三人计划又减五人，只增十八人。

十月廿八日（星期六）。十八。晴。

景华与植耘言语冲突，诉于余，温语慰之。景华实不脱军

[①] 柏林寺位于北京东城区雍和宫大街戏楼胡同1号，建于元至正七年（1347），明清两代均有修葺和增建，清康熙帝曾题额"万古柏林"。寺内保存的《龙藏经版》，是中国释藏中现存的唯一木刻经版。

人脾气。植耘亦来,余告以才具有余而学习不足,思想距离太远。下午赴文物局谈战绩展览会、劳模成绩展览会事。晤立庵,新自成都归。

十月廿九日(星期日)。十九。晴。

胡兰生及绷伯夫妇先后来。下午赴金钩胡同听冯友兰讲新哲学,遇绷伯、士远、树平等。偕绷伯归其寓庐,看《汤焕草书诗卷》。晚饭后赴团城看敦煌影片,由常书鸿说明。

十月三十日(星期一)。二十。晴。

集体赴文化宫公奠任弼时并看其启灵赴新市区人民公墓安葬。在院午餐。赴文物局开会。

十月卅一日(星期二)。廿一。晴。

战绩展览会今日结束。军委将交我院及历史博物馆接管,继续展览一个月,因约张文教、王天木来谈接收办法。余主张由局统一接收,我与历博分担工作。下午赴文物局校量铜勺之容量,与周、汉斗量不符,似非量器。晚立庵来谈。

十一月一日(星期三)。廿二。晴。

立庵到院,为古物馆同人介绍。民族文物展览会昨日结束,今日开结束会议,遂在食堂午餐。派七人接收劳模展品。

十一月二日(星期四)。廿三。阴。昙。

　　劳模展品接收完竣。下午就诊于北京医院。一月来屡次换药,终未见效。今日之药如再无效,拟听其自然,不再就诊矣。

十一月三日(星期五)。廿四。阴。雨。下午晴。风。骤寒。

　　开学委会,下周学习时事。

十一月四日(星期六)。廿五。晴。寒始见冰。

　　召集各单位开会商讨三年计划中人才之配备,共需技术人员九人,分三年添设。置五一年四人,五二年三人,五三年二人。晚职工警举行晚会,节目有话剧、京剧。

十一月五日(星期日)。廿六。晴。

　　吊俞阶青之丧(曲园之孙,光绪甲午探花,平伯之父);晤北大同人,往吊者甚多。下午文化部沈雁冰部长讲抗美援朝政策。节侄介绍其同事丘陶常来谒,不晤;刘子植托其带一函问候。王硕尔来谒,亦不晤,晚又来,始知其为燃料工业部召开会议,代表淮南煤矿来开会；其父福盦今年七十一，在沪，精神甚佳。

十一月六日（星期一）。廿七。晴。

行政与工会联席会议商发动支援前线者，余未参加。下午召集科长以上请其传达号召支援前线运动。四时由各大组讨论并签名，五时半召集工警两部分在神武门楼开会，传达昨日报告并发动工警签名参军。

十一月七日（星期二）。廿八。晴。

参加抗美援朝工作自动签名之职员共得八人（张景华、刘耀山、杭承良、常惠、姜有鑫、金书琴、邢炳湘、滑景福）；下午召集谈话，请各自考虑。赴文物局汇报。西谛言文化部将联合各机关开抗美援朝展览会，假我院三殿为会场，于十二月中旬开幕，本星期五开筹备会。返院后召集各单位搜集资料。以感觉疲劳提早回家休息。

十一月八日（星期三）。廿九。立冬节。

接沈洪江电，谓图博工作者拟于十日上午召开座谈会，讨论抗美援朝问题；征余为发起人，允之。惟借神武门楼为会场，以既高且寒且无桌椅，请其考虑。下午参加学委会，征求组员援朝之主张。

十一月九日（星期四）。卅。阴。昙。

　　战绩展览品拟办移交，令维钧偕局方代表出席。昨今两日北方炮声甚多，盖红山口试炮也。

十一月十日（星期五）。十月初一。晴。

　　图博文物工作者假金钩胡同开会，商讨共同宣言，并致函朝鲜图博工作者慰问。下午文物局召开"抗美援朝保家卫国展览"筹备会，征求各方合作。并由保卫和平反对侵略委员会主办，组织秘书处，设编辑、征集、设计三部。

十一月十一日（星期六）。初二。晴。昙。

　　国内民族西北访问团沈钧儒昨乘飞机返京，盖高年不胜劳顿矣。下午就诊于北京医院，据吴洁大夫言，前次之药含有麻醉性，仍是试验性质。既知见效，当另处方长服。候诊时间竟达三小时之久，殊不值得。晚纪兴夫妇与节侄夫妇同来晚饭。节妇为德国人，习美术，生一女已五周岁矣。

十一月十二日（星期日）。初三。晴。

　　黄独峰昨赍五弟函来谒，未晤，今晨又来。始知其为高奇峰，张大千之弟子，日本留学生。李乙尊偕其侄绳之自上海来

一九五〇年

沈钧儒嘱马衡篆联

谒，赍邵大宝所赠雪茄一盒见贻。下午齐树平、沈规徵先后来，树平留晚饭。

十一月十三日（星期一）。初四。晴。风。

　　昨晚刘耀山电话言，协兴在本院所设烤箱（烤木材用作家具），因火力过强将墙内木柱燃着，已由消防队扑灭。晨往视察，断为协兴木场疏忽之咎，责令孙星奎修理赔偿。下午赴局问军委欲用景山之理由，西谛言将有军队六百人前来驻防，除寿皇殿不用外，其余皆须腾出。因嘱图书馆将阅览室撤收，移入馆内，小学移至理事会，皆限十五日完成任务。

十一月十四日（星期二）。初五。晴。

　　晨至理事会履勘房屋，足以应用。学生自动搬运，至晚而毕。图书阅览室明日可毕。族人兰陵之子园太（远泰）来谒，谓在沪考取贸易部之蛋品公司，前来服务，职位未定。晚陈紫蓬来，以铜簋盖及玉器托代售。

十一月十五日（星期三）。初六。晴。

　　华北军区部队先一日来，殊出意外，幸任务接近完成。但为搬运木料工友不幸受伤，即送北大医院，尚无大碍。下午持陈氏簋盖及玉器赴文物局，但近日金融冻结，须俟二十日始可决定。晚中路保养工程有一外工于收工时坠伤，亟送北大医院，亦无生命之虞。

十一月十六日（星期四）。初七。晴。

受伤两工人皆无危险，心为之一宽。昨看洛阳出土玉器甚佳，又有一鼎似战国，底盖皆有刻文，"轨"字完全为小篆，必秦器也。

十一月十七日（星期五）。初八。晴。

我院入革大者十二人将于十二月上旬毕业，有葛效先、赵维明、傅美瑛三人志愿参加支前工作队，提前毕业，于今午出发。

十一月十八日（星期六）。初九。晴。

得西谛电话，约与景华谈话。据云文史研究馆将设于故宫内，经再三拒绝，始择定北海静心斋为其馆址。但静心斋为北京图书馆储书之所焉，故宫能腾出房屋，俾北京图书馆迁储，则此事即可解决。因允以静心斋书改存故宫英华殿。下午就诊于吴洁医师，又换药一种，盖就医四十余日，尚未得奏效也。

十一月十九日（星期日）。初十。晴。

　　率文冲谒叔通，允为介绍入革大学习，嘱写一自传交去。谈次，乙尊偕许伯铭继至。嗣见来客益多，遂兴辞。便道访吴仲言于其婿王羽仪家（八大人胡同），谈半小时归。下午景素挈庆芳来，日暮始去。钜壎归自西北。

十一月二十日（星期一）。十一。晴。

　　立庵来谈，并以境丘虎符托转询文物局，拟易钱百五十万。军委文化部邀午餐于萃华楼，同席有西谛、寿萱。下午三时赴文物局开会，分配预算。钜壎来，不晤。

十一月廿一日（星期二）。十二。晴。

　　立庵来位育斋候葱玉点交成都文物，因以境丘符授葱玉。下午抗美援朝展览会借绛雪轩开会，讨论编辑、征集、设计等问题，晚饭后乙尊来长谈。

十一月廿二日（星期三）。十三。阴。

　　军委文化部派王君接洽战绩展品存储事，因以太和门内西南角廊屋三间予之。送革大学习人员除葛孝光、赵维明、傅美瑛三人参加抗美援朝支前服务队外，余九人今日回院。下午开一座谈会，嘱其学习方面多加赞助。

十一月廿三日（星期四）。十四。小雪节。阴。暖。大有雪意。

赴文物局晤西谛略谈。戏曲资料陈列就绪，偕王天木、沈洪江往观。阅是楼布置原状，畅音阁则衣以台衣，戏装、剧本等则陈列于养性殿。下午赴文整会选抗美援朝资料。晚王制五来自长沙，彼自去年三月离平赴湘，辗转数月，经香港、广州而达长沙。今春丧偶失业，顷始挈其二子北来，拟回原籍寄顿二子，再寻职业。余嘱先谒傅作义，托其保送革大学习。

十一月廿四日（星期五）。十五。晴。

八时开院务会议。下午继开，直至四时始毕。与庾楼谈学习事，彼允下星期一参加。

十一月廿五日（星期六）。十六。晴。

赴文物局为立庵催询虎符款。晤西谛。还价百万，并嘱将石经送去议价，因转告立庵。陈紫蓬来，亦为售古物事。告以易县文物可悉数售诸文物局，请其径送文物局，毋须由余转手。院中有抗美援朝晚会，余未参加。纪兴夫妇及钜壎来晚饭。

十一月廿六日（星期日）。十七。晴。昃。

乙尊来晚饭，谈至十一时始去。

十一月廿七日（星期一）。十八。晴。

文化部邀参加全国戏曲工作会议。九时赴会，会场中无火炉，脚冻微痛，听沈部长致开会词后即出场。赴北大文科研究所访罗莘田，为抗美援朝展览会搜集资料。下午巨赞法师来征集西藏文物，卫之以《宗喀巴事迹图》示之，甚满意，托代照相。以《汉魏石经残石》命谦儿送文物局。

十一月廿八日（星期二）。十九。晴。

彣侄①偕徐雄飞来谒。前日自杭抵此。雄飞工作尚未定。下午文物局假绛雪轩招待局方各机关之从革大归来同志开欢迎会，余亦被邀发言。散会后陪往畅音阁参观戏剧资料展览会。

十一月廿九日（星期三）。二十。晴。

赴北京图书馆访曾毅公，征集朝鲜金石拓片。继至文物局

---

① 马衡五弟马鉴之女马彣偕夫徐雄飞来见。

晤葱玉，知昨未开会。嗣晤西谛，请其速为解决，闻将于下午一时半开收购文物审查会。下午访士远，请其注意学习。晤单、张二科长，告以戏剧资料展览会戏衣有回回衣，恐于民族政策抵触，嘱其撤换。晚王制五来谈。

十一月三十日（星期四）。廿一。晴。

整理朝鲜碑版。陈万里调查古瓷窑归来，颇有收获，尤其对汝窑有新的发现。下午履儿偕戏曲界代表来参观养性殿、畅音阁。

十二月一日（星期五）。廿二。晴。

立庵来问虎符事，因电葱玉。谓已解决，价百万，云《石经残石》则依森玉之价三百万，允之。下午诣葱玉看陈紫蓬之古兵，皆收购，偿以三百五十万。紫蓬可卒岁矣。

十二月二日（星期六）。廿三。晴。

至古物馆与马子云谈。偕刘达之赴慈宁宫看木器。下午以朝鲜拓片[1]付张书楹装修，以备陈列。晚乙尊及履儿夫妇来晚饭。

---

[1] 朝鲜拓片是马衡于1925年春在北京大学任职时应邀访朝时所集。

十二月三日（星期日）。廿四。晴。

丘陶常来谒。丘为中山大学教授，节侄与之同事，前来革命大学学习，节侄为之介绍，今节侄来京，彼尚未知之也。诣陈叔老，据云文冲赴革大学习，已由人事部送出，当径通知。彣侄忽患气喘不能来，仅景素率其三子来午饭。金静盦来，为北大于五十一周年布置太平军展览商借用资料。许光宇来，十余年前时相往还，亦研究汉魏石经。赵省吾来，旧在主计处，不见者亦七八年矣。

十二月四日（星期一）。廿五。晴。

赴古物馆看抗美援朝资料。晚赴大众剧场看戏剧观摩晚会，节目中有侯玉林之《嫁妹》，侯宝林之相声，郝寿臣之《普球山》，梅兰芳之《桂枝写状》。归寓已一时有半矣。

十二月五日（星期二）。廿六。晴。

下午以龚业晖事工会开会讨论并面责，龚仍不服，议决明日五时开斗争大会，请龚出席解答。

十二月六日（星期三）。廿七。晴。

诣文物局与西谛谈龚业晖事。与李仁俊科长谈，请其检查

马衡篆联赠许光宇"子安辞章如帛殿,乐天之处同微之"

龚之工作成绩,并责成其不许请假,必须到会。下午检查其卡片数量,与所报之数仅及半数。五时开会,龚竟逃避,遂由群众批评,一致要求开除会籍并赶出故宫。余以会员资格发言,允将群众意见转达上级。八时散会,回家晚饭。赴大众剧场观厉慧良之《挑滑车》及周信芳之《四进士》。周演此剧,可谓炉火纯青。散戏时已十二时有半矣。

十二月七日(星期四)。廿八。晴。

龚果不到院,又不请假。孔德偕安大教授李则纲来谒。下午诣文物局,以昨晚大会告之。西谛言龚之夫胡博苏曩在沪时曾识之,昨来托缓颊,告以群众之事,莫能左右也。

十二月八日(星期五)。廿九。大雪节。晴。

于坚去南京将一年矣,今日来院言分院同人皆颇积极。下午开学委会。乙尊返沪,命珍儿备食品等赠太夫人及邵大宝,交其带沪。

十二月九日(星期六)。十一月初一。晴。

老同学谢仁冰(章汉夫之尊人)来,三年不见矣。今年曾三次来京,均未晤。此次因开会已毕,特来一谈。下午开学委会,决定于下周举行平壤解放讲演庆祝会。晚回家,珍儿以华堂来信参加国防建设的军事干部学校未被批准，并谓半年后尚有机会参加，因而哭闹。谓："一生心血属望华堂，今已变心，因公废私，则一生企望，付诸幻想，使我灰心。"余百般慰藉，莫能解释，此为莱阶逝世后第二次遭遇困难之问题。其实华堂已先二日来信，余固无以慰藉之也。

十二月十日（星期日）。初二。晴。

门启明、胡兰生先后来谈。下午访王述勤，告以谢仁冰来京，拟召集同学聚餐。述勤介绍潘禹言召集。齐树平来。陶北溟来。留树平共饮。

十二月十一日（星期一）。初三。晴。

访西谛，为陶北溟转达求售石刻之意。据葱玉言八百万之价乃森玉所估定，局方则拟给五百万，恐距离尚远也。电潘禹言征求同学聚餐意见，彼甚赞同。胡兰生来午饭，谈至二时始去。六时，访仁冰于辛寺胡同，约定明晚聚餐。

十二月十二日（星期二）。初四。晴。

王天木来。下午参加馆处会，商五一年工作计划，配合预算。晚邀旧同学王述勤、王彦强、潘禹言、胡振平等聚餐，请谢仁冰为特客。皆五十年老友，此等盛会，不易得也。以《天玺纪功刻石》托仁冰带交森玉，托其转售。仁冰以后日返沪。

十二月十三日（星期三）。初五。晴。

龚业晖函宿舍委员会，言已放弃建小屋之议，并已让出一大间，希望减去一间租金，但仍不合宿委会之规定。

十二月十四日（星期四）。初六。晴。

西谛约一时来看拆除工程，因就食堂午餐，同往南天门外及慈宁宫花园、慈宁宫等处巡视一周，又至武英殿看布置情形。陈万里因事赴津，未晤。晚西谛宴楚图南、李则刚、杨□、许广平等于同和居，被邀作陪。八时半回家，陶北溟在寓相候。

十二月十五日（星期五）。初七。雪。

开学委会，检讨过去学习之优缺点，备文物局下午开会讨论之资料。胡改庵来访，彼为七弟太玄之友，抗战时任教于河南大学。今河大改组，政府为照顾计，请其任文教学院教授兼河南文物管理委员会委员。以其家在京，即派为驻京联络员。赵席慈以赵广元案昨为法院传去，至晚始归。今晚其夫人来述其经过，似法院不甚了解，托为探听原因。

十二月十六日（星期六）。初八。晴。

开学委会。下午看工会送来《龚业晖案》。

十二月十七日（星期日）。初九。晴。

谦儿经陈叔老介绍入革大学习，昨接人事部通知，约往谈话，以谦儿不合保送条件，只有投考第二部。今日命谦儿报告叔老。下午雷竺生来，赠以《已佚书画目》一册。陈叔老来谈。

十二月十八日（星期一）。初十。晴。

阅《龚业晖案》，使人益感不快。下午应立庵之约到古物馆看冯大生寄存铜器。伪者甚多，有旧伪、新伪及真器刻字者，旧伪易辨，新伪则技术高明，颇费考虑。

十二月十九日（星期二）。十一。晴。昙。

赴太和殿看抗美援朝展览会之布置，晤王天木等。下午赴文化部听捷克文化代表团团员赫德利奇卡讲捷克之文化机构，其中独未述及博物馆、图书馆。会场无暖气设备，冷不可耐，听完即退席。晚开学委会征求留学革大同人之意见，八时始散。

十二月二十日（星期三）。十二。晴。昙。

张葱玉电话，谓颐和园文物分配案已得市府回信，派杨某出席。局方派罗福颐，院方派唐兰，希望局、院再各派一人组织一审查委员会，我院拟派杨宗荣，定一月三日开始审定。下午抗美援朝会预展，前往招待，来宾不多。晤葱玉，略谈，不耐寒而退。

十二月廿一日（星期四）。十三。晴。

王冶秋归自苏联，拟明晨往访之。

十二月廿二日（星期五）。十四。冬至节。晴。

访王冶秋，谈莫斯科、列宁城两地展览，甚顺利。李兆鹏极为得力。明年一月即可返京。赴太和殿看抗美援朝会，仍不甚满意，将重行布置。许光宇见访。

十二月廿三日（星期六）。十五。晴。

裴文中来言捷克文化代表团明日将参观故宫，因预为布置。下午召集总务处二、四两科商市公安局建议防火问题，拟复文物局。

十二月廿四日（星期日）。十六。晴。

捷克文化访华团九时半来故宫参观，余与畅安在文华殿等候。来者仅赫德利奇卡博士及斯坦姆贝格二人，团长普实克博士及秘书赫德利奇科娃博士因病未来。由裴文中及对外文化联络局陈玉女士陪伴。参观文华殿后，由彼等陪往中路及西路，余即回家。许光宇在寓相候，谈至十二时始去。下午赴故宫，陪赫德利奇卡及斯坦姆贝格参观内外东路。

十二月廿五日（星期一）。十七。晴。

张恨水偕其弟牧野见访。牧野为艺术研究者，毕业于北艺专，自办一学校，敌伪时结束。今年入革大研究部学习，拟觅工作，来了解本院情况。因以实情告之。下午天木来言，西谛拟以长沙出土之《缯书》摹本加入抗美援朝展览，余以为不起多大作用。葱玉来言东德拟办博览会，征求古代手工艺品，希我院选十余种作为现代之标准，约下月交出，允之。

十二月廿六日（星期二）。十八。晴。

至慈宁宫看陈列木器，又至武英殿看陈列明瓷。濮绍戡来访，旧随熊斌在北平市府任秘书，后发神经病南去；在上海复发，送闵行某医院治愈。卅七年又回平，在傅作义处任职；解放后送往石家庄学习，历一年又八月，近始毕业回家，每月领小米五百斤为生活费。邦华来书述南京博物院今秋发掘南京牛首山献花岩古墓，惜早被盗，已无蕴藏。所遗留者仅断胫折肢之陶俑及残缺之玉版哀册，幸尚存有重要部分。其文有"维保大元年岁次癸卯嗣皇帝臣瑶伏以烈祖开基"云云，因以证知为南唐李昇之墓。墓凡三室，前、中二室均各有侧室，左右各一。后室则有左右侧室各三，哀册存于左侧室，有壁画，多不完整。墓之规模结构与装饰均较蜀王建墓为优，惜经多次盗掘，棺木尸骨靡有孑遗。昇子名璟，后又改景，此独作"瑶"，与史不同。此事曾闻天木言之而语焉不详，故特录存之。

十二月廿七日（星期三）。十九。晴。

下午赴文物局晤西谛。葱玉以《三字石经》拓本见示，谓西安樊姓者寄来，云是西安某门旧址出土，字体颇有疑问。因偕西谛、子期、葱玉赴钟粹宫、景阳宫、景仁宫等处巡视。立庵已在景仁宫相候。西谛等先去，余与立庵商酌说明及卡片等，略有修正。五时参加工会选举，投票后即返寓。检西安来《石经》拓本，知系《尚书·康诰》，但字体不合（如"封"字篆文作"𡉄"），疑系好事者所为。

十二月廿八日（星期四）。二十。晴。

下午三时冶秋来讲苏联博物馆之机构，无一不是我院借鉴之资。

十二月廿九日（星期五）。廿一。晴。

　　罗子期来言，参加东德博览会之古代手工艺品明日须送出，望速为准备。因电询葱玉，告以展品已选出，须经审查方可决定，且囊匣未制成，如何送法。葱玉允下午来看。届时久候不来，又电促之，因同至古物馆审查。据万里言，昨参观轻工业部现代出品之展览，除铜胎嵌珐琅外，其余出品窳陋无足观，我院虽非精品，亦相距太远。因与葱玉商博览会而征及旧工艺品，实无意义，最好打消此议。葱玉不敢作（做）主，遂同赴局建议于西谛。西谛亦不能作（做）主。

十二月卅日（星期六）。廿二。晴。

　　电冶秋询国外博览会事，冶秋言须两月后出国，明日送部。乃转送总部，预备展览囊匣，可于展览期中赶制。乃与卫之商撤换一部分娇嫩品及精品，用棉衣包装，于下午送部。葱玉携公文来，谓下午由彼送去。《人民日报》记者朱君来问美帝掠夺文物情况，因以所知者告之。

十二月卅一日（星期日）。廿三。晴。

　　张䌹伯来，以珍儿情绪告之。䌹伯善于词（辞）令，为分析召集青年参加军干意义，谓国家重视人才甚于父兄之对子弟，决不如国民党对青年之不负责任。珍儿颇受感动，以是知词（辞）令不可忽视也。午饭后送绸伯回北京饭店。访唐立庵，同访傅晋生，看新收铜器及旧藏铜器，张葱玉及乔某皆在其中，以乔某新售之尊为最佳。

一九五一年

一月一日（星期一）。阴历十一月廿四。晴。

泰侄偕虞小姐、节侄夫妇来拜年。黄纪兴、胡兰生来。履儿夫妇来午饭。王制五、张德明来。纪兴、节侄、泰侄等夫妇来晚饭。

一月二日（星期二）。廿五。昨夜小雪约半寸，九时晴。

宋麟征来，请发服务证明书，允之。

一月三日（星期三）。廿六。阴。昙。

濮绍戡来谈。下午局方派于坚、罗歌、沈洪江来了解龚业晖案，因召集工会学委会及行政关系人漫谈两小时。晚珍儿赴沪，命谦儿送之，登车临行，敦嘱其勿勉强阻止华堂。

一月四日（星期四）。廿七。上午阴沉，下午雪。

颐和园文物分配经王雷捣乱搁置已历半年。经迭次催促，始由市府派出金恒贵为委员，文物局指定罗福颐，我院推唐兰，组织审查委员会，定今日十时开首次会，结果甚为圆满。大致皆依文化部所指示原则，惟瓷器成对者不作为重复品，清瓷尺度尽量放宽。下午开始审查关于龚业晖案。余昨曾建议罗歌等何妨约彼一谈，借以了解情况，罗歌等采纳，嘱约其于二时半来院。除昨日罗、于、沈三人外，并约刘耀山参加。龚仍固执无低头表示，倔强如故，谈至五时余，无结果而散。

一月五日（星期五）。廿八。终日雪。

十时赴文物局博物馆处开会，商工作总结。我院出席者尚有张景华、刘耀山，历史博物馆为韩寿萱、张文教，革命博物馆为杜民。商讨结果：（一）由上作启发报告，传达于各单位，然后由下而上汇成总结；（二）采取重点；（三）以本月二十日为限。十二时散会。

一月六日（星期六）。廿九。小寒节。

上午雪，下午霁，积雪约尺许，丰年之兆也。开工作总结会，作启发报告，十二时散会。二时赴历史博物馆看原始共产社会展览。西谛、冶秋、文中皆来会。陈列方法新颖可喜，足可效法。四日汉城解放，全市热烈庆祝，我院工会于五时开庆祝会并有余兴。

一月七日（星期日）。三十。上午阴，下午雪。

陈养空来访两次，皆未晤。近卜居五十一号，相距甚近，因往访之。正谈话间，濮绍戡亦至，略谈即返寓。下午访叔通。晚齐树平来晚饭。

一月八日（星期一）。十二月初一。雪仍未霁。

开馆处联席会，研究工作总结计划，十二时散会。龚业晖有信来，续假一个半月，并请求借款六十万元，真不知羞耻。五时半往文物局晤西谛，适于坚在座，以此函示之，并询局方对于此案究拟如何处理，西谛对情况不甚了解，于坚以目前谈话情形告之。

一月九日（星期二）。初二。晨阴午晴。

函复龚业晖拒绝其请求。于坚、沈洪江来，协助检查各单位所拟工作计划。濮绍戡来谈。

一月十日（星期三）。初三。晴。寒。

龚业晖复函附中医陈宜诚药方，谓需休息数月，与景华、耀山商如何答复。景华以为中医不能证明，余以为中医既许存在，即有作证资格，惟所出者非证明书而为药方，且请假者要求发还以便购药，则不能存卷作为证件，耀山拟持此函与局方人事科接洽后再行答复，结果局方以为不必复信，俟其索药方时再面告。"一贯道"取缔之政令公布已逾两旬，而我院职工警之入道者，未闻有退道之表示。公安局对于机关尚未深刻调查，我院应自动发动检查并宣传政府法令，令其各自呈报退道。因与景华、耀山、金书琴研究，工方由耀山召集各组长，警方由李队长召集各班长分别传达政令，令其向所在地区公安机关自首退道，职方则由书琴召集学干会传达。

一月十一日（星期四）。初四。晴。

风骤寒。晚间温度摄氏表约在零下十三度。

一月十二日（星期五）。初五。晴。寒。

立庵来谈，谓盉非酒器，乃盛酒之器，历举函皇父器铭以盘盉连举，有匜铭亦称盉者，将为文以说明之。下午为皮货案与景华、耀山、卫之、品三等研究，尚不能得要领。

一月十三日（星期六）。初六。晴。

八时雾甚大，二丈外不能辨人物，日出后降雾亦所罕见也。傅维本来谈。开学委会。俞星枢来谈。下午约席慈来谈皮货案，亦不得要领。思猛患中耳炎，今日稍愈。

一月十四日（星期日）。初七。晴。

景素返自天津，谓其母自台湾归。寿同将由港北来，并将赴日，但日期未定耳。罗努生、郑西谛以抗美援朝展览会宴参与其事者于文化俱乐部，余亦被邀，以示酬谢之意。饭后至东安市场购物并理发而归。

一月十五日（星期一）。初八。晴。昃。

　　召集景华、卫之等开会讨论皮货案，又实地勘查，断定决非如寿康宫之偷盗。乃从检查组单号码（自卅一年十二月至卅四年三月）入手，查其有无缺号，如有缺号，必是有计划出组提取而抽毁组单者。思猛耳病略愈，仍令其休息。

一月十六日（星期二）。初九。晴转和。

　　昨在内务府倾圮小屋下挖得青田石雕九螭纽大玺，文曰"乾隆敕命之宝"。弘历不用递传之敕命宝，而冠以乾隆，恐非定制，或制成而未用欤？士远昨七十生日，以羊毫、狼毫等笔赠之，未晤。与张、单两科长略谈。濮绍戡来谈。龚业晖案局方来文指示，如能向群众认错，可留院察看，否则撤职。因约其来谈，竟称足疾不来，荒唐可笑。

一月十七日（星期三）。初十。晴。

　　连日日出后大雾，今日正午雾尚未散，北方所罕见也。函约龚业晖仍不来，乃以汽车接之，与刘耀山同接见，由耀山委婉谕之。彼见公事态度较前软化，想已为生活问题着想矣。因嘱其两日内答复。西谛、冶秋约晚饭于同和居，同席有丁惠康、张子厚、常书鸿、李一氓、徐悲鸿等,冶秋后至,谓已接电报李鸿庆等启程返国。

一月十八日(星期四)。十一。晴。

上、下午开工作总结会,审查各单位之初稿,仅将总务处讨论完毕。闻工友方面对龚案之宽大政策甚不满意,尤其对汽车往接,认为太过,只有待后来从容解释矣。

一月十九日(星期五)。十二。晴。

上午续开工作总结会,十二时毕。龚业晖送一信来,致余与刘耀山,并非深刻检讨之悔过书,其大意谓前此之态度有使群众不能接受之程度,但"理直所以气壮,义正所以词严",仍非向群众低头之语,因与耀山商请其赍函赴局联系。

一月二十日(星期六)。十三。晴。风。

与耀山商处理龚业晖案,适龚函又至,述昨晚接工会开除会籍之通知,拟向上级工会控诉,据此情形,益证龚业晖绝无悔过诚意,决计遵照局方指示予以撤职处分,即邀馆长、科长,告以办法,庾楼因病未来。据李科长言,馆中亦曾非正式讨论,咸表示不愿与之合作,是此人已为群众所唾弃,徇群众之要求,无姑息之余地矣。因办稿报局并直接通知本人。下午又来一函,为其夫胡博苏手笔,似含有威胁警告之意。通知收发以后不接受其来信。

一月廿一日(星期日)。十四。大寒节。晴。

日前张菊生先生寄来《庚寅岁暮告存二绝句》,云:"足之跛矣宁忘履,指不若人还自信。八十四翁原未老,一年一度又逢春。""积雪西陲今渐化,怒涛东海讵难平。祈天我欲须臾缓,扶杖来观告武成。"盖菊老素讲卫生,虽年逾八十而耳聪目明,行不携杖。一九四九年秋来京参加政协,返沪不久即患中风。疗治经年.虽半身不遂而犹能写字。次韵和之云:"造化小儿戏弄人,养生有道屈能伸。先生定享期颐寿,拭目同看六合春。""人为刀俎我鱼肉,近百年来久不平。今日解除旧羁绊,国家独立始形成。"今日得暇,写以寄之。下午陈国梁、许光宇、齐树平先后来谈,留树平晚饭。

一月廿二日(星期一)。十五。晴。

龚业晖之妹龚业雅为吴景超夫人,来访刘耀山,恳为其姊转圜。刘谓已报局,势难挽回。下午又来访余,谓其姊昨至清华乞援,今晨同入城,以手足之故,不得不为之奔走。顷至文物局见王局长,陈述其本人深知悔悟而其夫胡博苏屡阻之,遂铸此大错。今拟请求念其在故宫二十年,怜其为人所误,予以减薪处分,询余能设法挽回否。余告前后经过,若不予以严厉处分,则众怒难平,实无办法。就其谈话中知其真实年龄为六十二岁,胡则不满五十六,奇事也。四时半冶秋来传达周总理五一年财经计划报告。方知接见龚业雅者实为王毅也。

一月廿三日(星期二)。十六。晴。

万里来谈陶瓷馆陈列之主要重点。下午开提集委员会,解决开始以来存在的若干问题,推景华、维钧及余为常委,崔仪为秘书。

一月廿四日(星期三)。十七。晴。

开学委会。下午开总结会。约士远谈话。

一月廿五日(星期四)。十八。晴。

继续开总结会。下午赴文物局开会。晚开中苏友好协会支会。

一月廿六日(星期五)。十九。晴。

总结脱稿,审核后发缮。濮绍戡来。下午学委会测验。答陈国梁。

一月廿七日（星期六）。二十。晴。

龚业晖以屡次投书拒不收受，乃托人代寄余寓，书仍致余与刘耀山，表示最后谈话时未能完全接受，悔已无及，现在惟一希望仍予以自新之路，其所以托人代寄者，或仍避免胡某干涉欤。

一月廿八日（星期日）。廿一。晴。

陈盘来取所存书籍四箱。下午赴琉璃厂同古堂，查询仿制

1951年1月28，马衡为许光宇收藏之新莽权衡拓片题跋。为此，是日访琉璃厂黄伯川重温1930年新莽权衡在甘肃被盗旧事

新莽方量，仅记得曾经摹写铭文，实未刻过，原器亦不在彼处。诣庆云堂询张明善何时回京，知柯燕舲于十日前作古。在戴月轩购狼毫卷笔二支，价三万元。赴通古斋访黄伯川，适王世襄亦在座，谈至五时归。

一月廿九日（星期一）。廿二。晴。

访士远长谈。彼对文史研究馆事不愿考虑，但对工作时间已有改进，亦只得听之。芳若来自太原。

一月三十日（星期二）。廿三。晴。

陈万里来谈。中苏友好协会晚会，未参加。罗子期以其父（罗振玉）所藏古物嘱介绍于文物局，并言其母来京即病，医药之资所费甚巨，今将以之偿债云。

一月卅一日（星期三）。廿四。晴。

访西谛，为罗子期作（做）说客。西谛言其状甚窘，当为之设法。下午赴古物馆看错金铜器，并告万里遗失差假证事颇严重，须加检讨。傍晚葱玉来言子期之事，局方意欲照顾，但以本局本处之人，恐遭物议，莫如由院购之。余告以院中预算无收购文物之款，无能为力。允明晨电话接洽。杜民报告国际形势。

二月一日（星期四）。廿五。晴。朝暮有雾。

召集有关人员商改革计划。沈洪江持示上海《新民报》，张恨水投稿报告今日之故宫，甚为无聊。兆鹏归自苏联。

二月二日（星期五）。廿六。晴。

胜德利已承认不端行为，工会拟开大会；余颇不赞同，嘱刘耀山设法说服之，结果交各小组提意见，明午汇齐研究。

二月三日（星期六）。廿七。阴。午雪旋霁。

上午召集有关人员征集改革意见。下午赴文化部开会，商博物馆、图书馆改革及工作计划。周扬副部长发言，独有见地，较为中肯。至七时始散。履儿夫妇来晚饭。

二月四日（星期日）。廿八。立春节。晴。

莉珍、钜壎皆今日生日。谦儿、芳若率思猛、小毛往履儿家吃面。陈紫蓬来谈，大发牢骚，知其无理可喻，姑妄听之。为光宇题《魏石经》整本。文化部晚会有京剧，谦儿夫妇率思猛等往观。

二月五日（星期一）。廿九。晴。

　　胜德利事工会已开除其会籍，并建议行政开除工作，惟局方不同意如此办法。嘱刘耀山前往联系。下午原约有关人员开会，报告文化部开会结果，乃以胜德利事临时与工会开联席座谈会。王毅、沈洪江皆在。自二时至六时，大致皆主张施以教育，不赞成开除行政处分，只得在假期后再行决定。原定之报告会亦改在九日下午。六时回家。

二月六日（星期二）。辛卯正月初一。晴。

　　徐雄飞偕㲄侄率子女四人来拜节，景素率子三人继之，纪兴偕琰侄亦来会。履儿、钜壎先后来午饭。景华来，晤之。王述人、李兆之先后来，未晤。李道生傍晚来，留晚饭。

二月七日（星期三）。初二。晴。

　　张绹伯来长谈，即留午饭。侯堮来言将入革大学习。偕绹伯诣叔通略谈别去。便道访誉虎，夷初甫入门，而立庵见访，遂留晚饭。

二月八日（星期四）。初三。晴。

赴新史学研究会，将出门而孙伏园①来，告以故，遂辞去。史学会到会者约二百人，林伯渠、徐特立、吴玉章、郭沫若皆在，一时始散。下午访邵力子，未晤。赴郭沫若家，萨空了在座，萨去而郑用之至，不见已六年矣。辞出后，赴大众观剧。今日来客章川岛、傅振伦、张葱玉、罗子期、余遂幸、马鹤天、于思泊，皆未晤。

二月九日（星期五）。初四。晨雪旋晴，继以大风。

上午开计划改革会，报廿七日在文化部开会情形，并以此九人会作基础，就局方计划讨论改进方案，先就组织系统表略有修正，定十三日继续开会。下午偕家人赴北京饭店访绷伯。旋赴团城访葱玉。子期到院与耀山商胜德利不名誉案之处理：（一）行为不检，难负领导责任，应取消其组长职务。（二）施予适当教育，留院察看三个月。（三）察看期间暂支月薪小米一八〇斤，除公布外报局核示。

---

① 孙伏园，原名福源（1894—1966），浙江绍兴人。1921年北京大学毕业。1924年与鲁迅等组成语丝社，出版《语丝周刊》，同时担任《京报副刊》主编。1927年任广州中山大学史学系主任。长期从事推动平民文学教育工作。抗日战争时期当选为中华全国文艺界抗敌协会理事，曾任国民政府军事委员会设计委员，兼《士兵月报》社社长、齐鲁大学国文系主任兼教授。抗战胜利后，任四川华西大学和四川大学教授，主持《新民报》副刊。著有《伏园游记》《鲁迅二三事》《山野掇拾》《三湖游记》等。

二月十日（星期六）。初五。晴。

闻工警两方对胜德利案犹有认为处分太轻者，由耀山向之解释。下午答于思泊略谈，即赴武英殿看瓷器陈列室，与陈万里、曾广龄商酌，略有变更。四时始毕。

二月十一日（星期日）。初六。晴。

晨贺一帆来电约立庵于下午二时会于通古斋。赴北京饭店。偕䌹伯答余遂辛，䌹伯邀往惠丰堂小酌。二时赴通古斋，与黄伯川父子闲谈。俟立庵至，即同访薛慎微①，看伯懋父尊及卣。器素无文而铭文颜色甚佳；此外又看书画数件，《唐扶风马夫人墓志》，孤本，题跋甚多，无暇细看。归途送立庵及薛书善回寓。王振洲、叶誉虎及节侄来，均未晤。向觉明来略谈即去。

二月十二日（星期一）。初七。晴。昙。

慈宁宫木器陈列室布置成，拟开放。卫之来商，余以隆宗门南积土甚高，芜秽不整，有碍观瞻；且自启祥门往南二百余步始达慈宁宫观一单调之陈列，又走二百余步而入雨花阁，殊

---

① 薛慎微，字书善。琉璃厂"宝古斋"主人，是学养深厚的金石画家、鉴赏家。京剧旦角薛亚萍之父。

不足饫参观人之望。不如俟天暖时与后殿佛寺及慈宁花园一并开放。下午赴中国科学院开科学史编审座谈会。郭沫若以明日将出国未来，由竺可桢主持，五时半散会。将出一《中国科学史料丛编》。应抗美援朝展览会同人联欢会之邀于故宫礼堂。

二月十三日（星期二）。初八。晴。

开会商本院组织计划，除原有九人外，加入李兆鹏。由兆鹏详述苏联制度，与日前所讨论者仍多不合。为求切合我院实际情况，须推数人先拟一组织系统表草案。被推者庾楼、立庵、士魁、兆鹏及余共五人。下午访陶北溟。开五人小组会议，草拟一表。

二月十四日（星期三）。初九。晴。

开十人会，讨论昨所拟组织系统表，王天木、沈洪江亦来参加讨论，至午修订完成。下午复开小组会，增入景华，拟具改革计划之条文。今日为《中苏条约》签订周年，中苏友好协会在怀仁堂举行庆祝晚会，余被邀参加。因司机柴显宗之母突患中风，又恐晚会或至深夜，遂决定不去参加。

二月十五日（星期四）。初十。阴。昙。下午大风。

九时开大组会，完成改革计划之意见并附组织系统表。下午由兆鹏缮清，四时半携交裴文中。五时冶秋来院报告今年学习计划,局及所属机关皆在。民盟征文,完成《爱祖国的文化》一篇送去。

二月十六日(星期五)。十一。晴。

下午赴中央美术学院参加接受捷克文化代表团赠送艺术作品典礼。团长普实克以华语演讲,全场鼓掌。

二月十七日(星期六)。十二。晴。

开学委会。张䌹伯夫妇来。思猛往北大医院检查,定十九日住院,施行手术。履儿夫妇来家晚饭。

二月十八日(星期日)。十三。晴。昙。

答陈养空、孙伏园,访董希文,皆在附近。十一时半访䌹伯,同往西单饭店,应余遂辛之邀于聚元楼川馆,同座者有沈芑舫,饭后游厂甸,于英古斋遇立庵及汉奸黎子鹤。刘澄清来,不遇。

二月十九日(星期一)。十四。雨水节。晴。昙。

谦儿入革大第二部学习,叔通电话谓接人事部通知,已准马文冲入革大,或许其入研究部亦未可知。

二月廿日（星期二）。十五。晨雪。终日阴。晚又雪。

夜咳嗽甚剧，致晚起，起则头觉微眩，疑温度略高，到院已九时。因以支票、印鉴交席慈而以下午文物局之会托景华，遂就诊于同仁医院刘士豪大夫，温度为三十七点二度，断为感冒，嘱休息二日。

二月廿一日（星期三）。十六。晴。

九时到院，以下午教育部之会嘱畅安代表出席。教育部以大学将设博物馆学、图书馆学两系，征求课程之意见也。下午仍在家休息。钜壎来视疾。

二月廿二日（星期四）。十七。阴。

开学委会。下午仍休息。理所藏六朝墓志。

二月廿三日（星期五）。十八。晴。昙。

孔德开学，送思猛入校。北大医院有电话来，谓床位有空，促思猛下午入院检查。五时往视，思猛甚安静，手术何时可施尚未定。芳若返太原，六时登车。晚饭后陶北溟来谈。

二月廿四日（星期六）。十九。阴。

下午访冶秋谈院务，遂看思猛。医生为之验血，手术期尚未定。莉珍已先在，即与之同归。文冲自校归。履儿夫妇亦来晚饭。谈至十时就寝。右颊又肿，为文冲所发见，揽镜果然。

二月廿五日（星期日）。二十。阴。

沈芑舫约午餐于兴盛馆，价廉而物不美。终日整理六朝墓志。

二月廿六日（星期一）。廿一。昨夜雪。终日阴。

西谛、冶秋偕周扬部长来看武英殿及太和殿筹备七一中共三十周年展览会，与景华等陪同视察。四时往视思猛，开手术尚有待，因医生工作太忙故也。晚继续整理六朝墓志。

二月廿七日（星期二）。廿二。晨雪旋晴。转寒。

有应尚才夫妇自上海来谒。张嘉甫托带雪茄一盒。嘉甫为其姑丈，今年九月七十整寿，精神健旺，惟心脏欠佳耳。回家则有章秋水坐候，为五弟带来维他命丸一瓶，五弟亦健康。

二月廿八日（星期三）。廿三。阴。

　　大风，余入神武门时几为所仆。思猛上午施手术，余于十一时半往北大医院，候至一时始出手术室。履儿、钜壎已候三四小时矣。思猛仍未醒，由钜壎守候之。下午送莉珍往医院，余于五时后往视，则神志已清，惟闭目不语。想甚痛苦，温语慰之，令其暂忍，居然领悟过于成人，可儿也。

三月一日（星期四）。廿四。晴。风寒。

　　开学委会。右颊仍未消肿。思猛已清醒，惟四肢无力，温度三十八度。医云无妨碍，施手术后应有之现象，为之注射盘尼西林二次。下午即退热。余于四时半往观，已渐复常态矣。

三月二日（星期五）。廿五。晴。寒。

　　古物馆新提《大观帖》九册，后又提得首册，有赵松雪、王弇洲像及王禄之跋，"亮"字抹去不拓，"谅""英"等皆将末笔刓去，谓是全拓。收藏印记除王氏外有贾秋壑印，王禄之笔迹固不类，贾印亦未见过。且王跋谓帖归项子京。子京好钤印，此帖画幅上各有二印，帖之本身无一子京印记，皆不无可疑者也。下午参加馆、处联席会议。看思猛精神较昨日为佳。

三月三日（星期六）。廿六。晴。

近日精神不佳，疑心脏病复发，遣人至北京医院挂号，而吴洁大夫请假。遇张效彬于神武门，乃季黄约来看《大观帖》者；据云："系明人杂凑翻刻，一无足观。《星凤楼帖》十二册颇佳。"履儿夫妇来晚饭，言思猛甚好。

三月四日（星期日）。廿七。晴。

许光宇来，以题件还之。访叔通略谈，即赴厚德福，芑舫、遂辛、绸伯已先在。饭毕回家略睡。齐树平来，晚饭后去。致五弟香港书。

三月五日（星期一）。廿八。阴。

下午开会商陈列方法。俞星枢来，示我以杨耀致赵正之函，述李方岚携眷赴西安投永茂建筑公司是弃职潜逃也。不意革大学习之后，尚有此种行动。余曩谓其伪装前进分子，今果然证实矣。携函就商于冶秋，拟严惩之。

三月六日（星期二）。廿九。惊蛰节。晴。

致嘉甫书。下午校《唐马夫人墓志》，跋语不下四十家，乃六舟僧所藏孤本，亦吾浙之掌故。惜薛慎微索价三百万，力不能购,乃浼席慈抄录还之。

三月七日(星期三)。卅。晴。

　　右颊渐平复,就诊于朱砚农,拟将仅存之牙五枚拔去,全口镶假牙,朱言只有一枚不能留,其余均可不拔。下午赴文物局开会,报告检查统战工作。

三月八日(星期四)。二月初一。晴。

　　上午召集各单位开会,传达检查统战工作之任务。下午又召全体干部为启发报告。看思猛精神已恢复,但拆线尚有待。

三月九日(星期五)。初二。晴。昙。

　　部局派员来了解今年工程情况,先看中路,次看东路。适消防队在保和殿后演习试验水力,终不能达到屋顶。留部局人员午饭。饭后会同讨论并定出施工次第。赴文整会与星枢、正之谈。回院看整理统战工作意见。

三月十日(星期六)。初三。晴。

　　濮绍戡、徐士达来,皆为找工作而有所咨询。致邵裴子、陈伯衡、郦衡叔书。履儿、钜壎来晚饭。谦儿因革大校庆,留校未归。

三月十一日（星期日）。初四。晴。

　　孙伏园来。许光宇以余所缺之六朝墓志见赠。陈养空夫妇来看房。傍晚陶北溟来，谈至七时半始去。

三月十二日（星期一）。初五。晴。

　　九时诣朱砚农牙医，拔一牙，并不觉，回家休息。下午赴院，觉拔处微痛，五时即归。

三月十三日（星期二）。初六。阴。昙。

　　晨赴文化部列席全国文化行政工作会议，听取沈部长报告，十二时半始毕。下午到院为文整会工程人员名义、待遇问题与俞星枢、赵正之、夏纬寿及罗歌详谈两小时。履儿来电话，谓思猛施手术处已拆线，明日将整外形，约两星期可竣事，较最初计划更彻底矣。

三月十四日（星期三）。初七。晴。

　　赴文化部参加会议听取东北、西北两大行政区报告。下午听取华东区、上海市报告。履儿言思猛胆怯，不愿局部麻醉，医生不得已施以全身麻醉，经过良好。

三月十五日（星期四）。初八。晴。

　　赴文化部参加会议，听取中南、西南两大行政区报告。下午有内蒙（古）、河北、山西、天津四报告，余未列席。往看思猛，嘴已缝上，留一隙以进饮料。闻须两星期始能拆线，剥夺两星期说话权利，其苦闷可知矣。但愿早日解放恢复自由。

三月十六日（星期五）。初九。晴。

　　参加文化部会议，听取北京、平原、绥远、察哈尔四报告。下午赴院，守卫队、消防队开联欢晚会并庆祝队长李正贵任职一周年纪念，余讲话后即归。八时始吃晚饭。

三月十七日（星期六）。初十。晴。昙。

　　午刻大风骤寒。下午由《人民日报》介绍田文彝携绞料数珠十八粒来求售，云是古月轩，希望得重价，其实为门外汉，无可理喻，因婉谢之。履儿、谦儿、钜壎来晚饭。院内来电话谓烤木料处又起火，已由消防队扑灭，此为第二次失慎，或因风大故耳。

三月十八日（星期日）。十一。晴。

　　各大行政区及各省市文化行政工作者参观历史博物馆及本院抗美援朝展览会，往太和门招待。郭沫若阖第光临，谓不久又将离京，诚可谓席不暇暖矣。一时回家，黄纪兴夫妇在家相候，饭后始去。

三月十九日（星期一）。十二。晴。

　　与刘耀山、张景华、杨卫之谈技术人员待遇问题。旋赴古物馆参加陈列设计会，听取意见。以平台三间租与陈养空夫妇，连水电在内，每月租金二十万元。今日下午迁来，因留其午饭，恐其尚未生火也。下午往提集组临时库看提集物品。王冶秋来谈。李濂镗于晚饭后来，要求调工作。

三月廿日（星期二）。十三。晴。

　　下午开学委会。中级、初级班教师已请定贺竺、杜波二人，皆《人民日报》社编辑，将于四月二日上课。李濂镗昨允在提集组调组而不调工作，忽又变计，仍要求调伏案工作，人言李有神经病，似有理由。

三月廿一日（星期三）。十四。春分节。晴。

往延禧宫库看《星凤楼帖》。余虽不解帖学，但宋帖十二册能至今完整无缺，恐不可能，且第三册有"悦生"葫芦印，为贾似道印章。宋已将亡，岂此帖之刻，如此之晚耶。下午李濂镗又来，余告以考虑结果不如仍调回图书馆工作，但尚未取得张馆长同意，明日仍希望参加提集工作，勿再请假，彼惟惟而去。

三月廿二日（星期四）。十五。晴。

九时召集有关单位评定增薪，以技术人员时感情绪不安也。思猛闻已拆线，惟两唇尚连耳。

三月廿三日（星期五）。十六。晴。

九时赴文化部听周扬部长对文化行政会议总结报告，共十八项。四时半往北大医院看思猛，已能讲话，惟左半连缀，不能清晰。

三月廿四日（星期六）。十七。阴。

永寿宫提集完毕。偕杨卫之往看院内大理石屏风，与景仁宫同，盖成对之物也。五时半召集全体大会，阐明调整少数技术人员待遇之意义。履儿偕钜壎来晚饭。

三月廿五日（星期日）。十八。晴。

　　徐士达来。景素来，谓其伯父咏霓于本月七日抵此，在北京饭店住一宿，即移往他处，曾访问邵力子一次。大约彼之来京，力子与有力焉。二时赴新史学研究会，听王静如讲"中国古代耕犁的发展"，散会后理发并往市场购物。

三月廿六日（星期一）。十九。上午雨。下午晴。

　　冒雨赴古物馆与万里、立庵等谈陈列计划，又至武英殿看陶瓷馆之新布置。下午赴文物局与冶秋谈院务。

三月廿七日（星期二）。二十。晴。

　　与张鸿杰谈职工警福利问题，拟以存车费充之。下午政务院派员来通知四时半有首长来参观中路。余与王毅、刘耀山、杨宗荣等在太和门相候，果有二车自午门入，但系空车，知由神武门入，即往北迎之。遇周总理于乾清门前，陪同参观保和、中和二殿后即观抗美援朝展览，视察甚详。并言资料已嫌陈旧，须请外交部情报司派员前来审查，或可得补充资料也。六时十分离去。

三月廿八日（星期三）。廿一。晴。风。

赴文物局了解本院改革方案之情况。个别晤西谛、冶秋，似对我院所拟之方案毫未加以考虑。嗣晤沈洪江乃知当日在部开会后，部中即将原方案加以修正送至文委，我方所拟未呈部也。文物局夜校假神武门楼举行开学典礼，到有丁西林副部长、沙可夫主任及郑、王两校长。会后尚有余兴，至十二时始散。

三月廿九日（星期四）。廿二。晴。

往图书馆访庚楼，见灰鹳又移至英华殿及西河沿各树上营巢，告景华殿之。下午至延禧宫、景仁宫、诚肃殿巡视一周。六时半冶秋召集五机关在神武门楼传达彭真报告，详述五一年之三大任务：（一）抗美援朝即反帝国主义；（二）土地改革；（三）镇压反革命分子。八时始散。

三月三十日（星期五）。廿三。晴。

武英殿陶瓷馆预展，部中无人参加，局中自局长以下来者甚多。章乃器亦来。报馆皆未来。下午赴文物局开会，商本年三大任务之如何推进。思猛嘴唇已割开，约三四日后可出院。

三月卅一日（星期六）。廿四。晴。

　　上午开学委会商布置三大任务工作之意见，以备四月四日汇交彭真同志。晚王世襄自津回，谈新组织中之任务。

四月一日（星期日）。廿五。晴。

　　前日晤丁西林，始知李仲揆①住遂安伯胡同六十一号，因往访之。较前丰腴而白发比余更多。据云时有失眠之症。下午整理六朝墓志毕事。晚饭后就养空长谈。

四月二日（星期一）。廿六。晴。

　　山桃已盛开。下午诣文物局，适郑西谛将出，遇诸门。冶秋亦不在，因与裴、王二处长略谈。即赴北大医院看思猛。据云星期四五可出院。晚六时半贺笠来讲《实践论》，历二小时。

四月三日（星期二）。廿七。晴。

　　至图书馆看李濂镗新调工作，馆中杏花尚未开。溥仪生父

---

① 李四光，字仲拱，原名李仲揆（1889—1971），蒙古族，生于湖北黄冈。世界著名的科学家、地质学家、教育家和社会活动家，是中国现代地球科学和地质工作的奠基人之一和主要领导人。于1949年12月回国，先后担任了地质部部长、中国科学院副院长、全国科联主席、全国政协副主席等职。为中国的地质、石油勘探和建设事业做出了巨大贡献。

载沣已故,其弟载涛以其遗书捐献文物局。下午接收崔耀庭捐献文物运到,其中惟陶钫、陶屋及彩陶等尚佳,其余皆不够时代之物。

四月四日(星期三)。廿八。晴。

太和殿下午有报告,本欲参加往听,临时未去;彼等十二时集合前去,至六时散值尚未回,余幸未参加,否则精力不支矣。寿华今晨由沪来。钜壎于晚七时产一女。

四月五日(星期四)。廿九。清明节。晴。

开学委会讨论爱国运动之方式方法。沈洪江来,谓局方对余所提出之部级人选完全同意,嘱订期商谈各部之机构及人选。命柴显宗接思猛出院。先取眼镜回家。下午先至乾清宫看新收竹刻。出午门至历史博物馆,看敦煌艺术展览并看燕下都文物之布置。

四月六日(星期五)。三月初一。晴。昙。

召集王世襄、张景华、杨宗荣、金书琴、刘耀山并邀沈洪江,商新组织部级以下之机构。下午偕冶秋看奉先殿及慈宁花园。园中又为鹳鸟所盘踞,明日当再驱之。五时半召集全体职员报告抗美援朝等三大任务在本月内之布置,六时半散会。

四月七日（星期六）。初二。晴。

　　蘅卿挈莉莎、企昕自沪来。傍晚李兆鹏报告赴苏联经过及苏联博物馆之业务。回家后谢刚主来。履儿来，共商宁波田地房产事。余主张放弃房产，函告五弟。

四月八日（星期日）。初三。晴。

　　致珍儿及玉堂书。许光宇下午来，以郭玉堂所著《洛阳石刻出土时地考》借之。履儿来共商宁波土改事。

四月九日（星期一）。初四。晴。

　　谢刚主赴图书馆阅书，余往晤之。见杏花盛开，丁香、海棠尚无消息。下午开学委会，又开新组织准备会。

四月十日（星期二）。初五。晴。

　　九时召集各单位主管人开会，传达上级人事检查之精神，继续开新组织准备会，初步配备人事。

四月十一日（星期三）。初六。晴。

　　与景华、耀山谈昨日所配备之人事。午后继续开新组织准备会，六时始散。仍未熨帖，甚矣。人事处理之难也。晚听贺笠讲《实践论》，九时讲毕。

四月十二日（星期四）。初七。晴。昙。

继续开新组织准备会，配备人事略具规模。下午访胡步曾于静生生物调查所。述及南开大学史学系教授戴蕃豫，四川人，研究国学，颇有根底，亦太炎弟子也。介绍其弟子俞季川为我审查树木。

四月十三日（星期五）。初八。晴。

以胡步曾致俞季川函交景洛往晤之。傍晚冶秋来商新组织人事。五时半开学委会，历二小时始散。

四月十四日（星期六）。初九。晴。

与朱季潢详谈。致西谛书，以其今日赴沪，恐不及晤谈也。下午又以人事问题与畅安、卫之、洪江、景华作最后一度谈话。晚履、谦二儿来家晚饭。齐树平来谈。

四月十五日（星期日）。初十。晴。

晨起眼疾忽作，即俗所谓偷针者，以热敷疗之。䌹伯来谈，留饭。钱秉雄①来，乞写其父墓碑。维钧电话报告冶秋之母今晨病故，以眼疾未能往唁。李道生来晚饭。

四月十六日（星期一）。十一。晴。

眼疾加剧。冶秋之太夫人安葬，与景华、耀山同往执绋。文化部派杨金标等三同志来院了解人事，由九时半谈至十二时始去。下午就诊于毕大夫医院，由其女诊治，嘱我热敷。返院开学委会。

四月十七日（星期二）。十二。晴。

致邦华书。下午沈洪江来商人事编制。

四月十八日（星期三）。十三。阴。曇。晚大风。

抗美援朝书画义卖会假中央美术学院开会，由何香凝、老舍、叶誉虎、徐悲鸿主持，书画家来会者数十人。古玩商会崔耀庭及邱某愿担任发动同行捐出旧书画参加义卖，亦可见爱国运动已普及深入矣。

四月十九日（星期四）。十四。阴。时雨时晴。晚雨雹。

赴文物局晤冶秋，询万里调查古窑址计划应继续进行，调

---

① 钱秉雄，马衡亡友钱玄同长子。

查费仍由局支付。下午以改组人事问题诣局开会。寿同夫妇在家相候,即留饭。

四月二十日(星期五)。十五。晴。

冶秋电话谓部中不同意余屈居副职。下午五时院中开控诉日本罪行大会,陈万里报告浙东鼠疫,为其他控诉案件所不曾道及者,是非但屠杀人民,直欲毁灭人种矣。

四月廿一日(星期六)。十六。谷雨节。晴。

与畅安、景华、耀山、沈洪江谈人事问题,作最后决定。畅安言昨晚之会,会场揭橥"血债血还"四字,关植耘在会场与同人调笑谓"血债血还,再借不难",余询以在旁者尚有何人,则言季黄、维钧、雪塘皆共闻者。个别问之,果有此言。下午招之来,诘以是何居心,彼语塞,无以对。此人在学习中态度言论伪为前进,而在无意流露中时有诽谤或轻蔑政府之语,余等早已注意,思有揭发之,而无真确证据,不意其终不能掩饰其伪装也。

四月廿二日(星期日)。十七。晴。

冶秋来电话谓接政务院电话,班禅将来京,政府拟隆重招待。以西郊公园畅观楼(慈禧住所)为招待之所,所有一切陈设及汽车坐垫皆以黄缎装饰。市内绸缎铺所有黄缎买来尚不敷用,拟就我院存货中调用。因电二科往觅,崔仪查账提选。午间与家人诣惠尔康吃烧鸭。余心清来电话,述调用黄缎事甚详,谓三日来就各市上收购,仅得三十匹,尚欠五六十匹,嘱为帮忙。告以已在查账选提矣。饭后游东安市场。二时半往华大工学院听郭沫若报告"拥护五大国和平公约",签名;听众满座。忽有寻找马院长者在讲台前揭示,因出场询问,乃王毅、崔仪偕政务院派来二员,仍为黄缎事,欲即刻提去。遂于来信上批明"手续补办,先予放行"字样。会后到院,亲视其提去五十匹,交代清楚而归。邦华来电称华东文化部欲借我文物赴苏北展览。

四月廿三日(星期一)。十八。晴。

晨到院。童积荣请假,学习组中关植耘主持。余案头有关之检讨书,首行即云奉院长面询,昨日大会汝言好借好还,再借不难,是何意思云云,以下述其家世、旗籍,平日并无反动之亲友往来。最后检讨其错误只在言语不慎、态度欠严肃而已。阅毕而关至,余问之曰:前日我之谈话,并非"好借好还"四字,而为"血债血还"四字,汝何以擅改我之语言。彼大窘,又承认错误,欲取去改写,余未之允。下午沈洪江来,因与景华、耀山等商处理之方。散后访冶秋,遇之于三座门,遂尾之而去,至革命博物馆晤之。以华东文化部借文物事征其意见。彼以为可允其请。余谓在南京市内展览犹有理由可说,若借运出境之例一开,将来不胜其烦,不宜允之。彼以为即使拒绝,亦让部中去电为宜。

四月廿四日(星期二)。十九。晴。燠。

命关植耘写自传,限在今日写完。致邦华函,允其于下月底来京,又复敬电婉谢华东文化部借文物赴苏北展览。四时赴文整会开会。星枢赴磨石口未回,罗歌亦未到,至五时始开,七时散会。

四月廿五日(星期三)。二十。晴。

关植耘自传错字、夺字甚多,复命其校正。下午又命其写解放后之行动言论,有无违反政策之处,坦白写出,傍晚交卷,仍不能令人满意。

四月廿六日(星期四)。廿一。阴。雨。

召集景华、卫之、畅安及金书琴商修正五一年工作计划,为初步意见之交换。下午沈洪江来谈。诣冶秋谈工作计划,又至北京图书馆晤王有三、赵斐云。

四月廿七日(星期五)。廿二。晴。

丁香经雨后分外香浓。往北五所搜索虢宣公白鼎,亦毫无踪迹，盖邦华来书留字。"颐"字箱仅有一鼎，为方形四足。立庵在颐和园审查留存各器，亦无此鼎，至此已告绝望，终属疑问矣。下午沈洪江来谈。接王有三函，调查关植耘在满洲国历史甚详。寿同、景素在此晚饭。

四月廿八日（星期六）。廿三。晴。

关植耘来询其本身问题，希望从速解决。余告以自传中隐瞒历史，殊欠坦白。在满洲国任职九年而自传中仅云一年，容再调查。晚文物局召集六机关开大会，通过爱国公约。回家已八时。履儿在家吃饭，谈家事。履儿对寿同估计太低，目空一切，余甚为不欢。

四月廿九日（星期日）。廿四。晴。

政务院公布今日不放假，于五月二日补假，故照常办公。思猛亦照常上学。立庵来久谈。吴培均来，不晤。

四月卅日（星期一）。廿五。晴。

文化部开大会，由周扬副部长作"爱国主义"报告，并全体签名于世界和平公约，赴会逾千人，戴爱莲自朝鲜归，亦携战利品来会报告。十二时半散会。傍晚冶秋来谈。

五月一日（星期二）。廿六。晴。

五时起床，六时半到院。中、东各路又检查一次。院中游行队七时出发，余即赴文物局候车。少时电影局车来，乘之赴文化宫。马路已有游行队整队前行，不得已在人行道上开车，直至东华门始驶入马路直抵文化宫。步行至天安门东首看台时已九时。至十时开会。由彭真主席报告大会意义，即开始游行。最整齐者为陆、空、海军，最精采（彩）者为少先队及文工团。自十时至三时始毕，直立五小时，不得略坐，疲倦已达极度。至文化宫后河仍上电影局车，至故宫偕戴浩、韩寿萱下车。入院略憩，分别回家。谦儿已先在。晚饭小饮，以解疲劳，洗浴后就寝。观礼台上晤孙伏园，谓谭仲逵在此，遍觅不得。

五月二日（星期三）。廿七。晴。昃。

傅维本来托写鸿文阁书店市招，命寿华代笔。䌷伯来谈。下午访吴作人，请其作函介绍于齐白石，拟为季明索画。返寓后谭仲逵偕其世兄见访，谓来京已数月，在农业部任顾问，较十年前略丰腴，惟已去须耳。

五月三日（星期四）。廿八。晴。

关植耘又写一补充自传之资料，置余案头，对以往历史较为坦白。班禅将于下午参观故宫，忽又来电话因事不能来。下午开学委会。陈伯衡书来，以《唐天佑乙丑王大王造庵子》及《作水池记》木刻拓本，为余七十寿。此拓余求之数十年不能得，不意老友见贶，犹得于残年饱眼福也。

五月四日（星期五）。廿九。晴。

沈洪江来谈，言部级人事已批准，明日可到。余告以请局暂压，俟组级以下人事批准后同时发下。

五月五日（星期六）。三十。晴。

持吴作人函往访齐白石，为五弟买画三帧，价三十五万元（折现价35元）。黄纪兴夫妇来晚饭。

五月六日（星期日）。四月初一。立夏节。晴。

以旧书画十一件、铜器全形拓本二件、自书二件及绚伯捐旧墨十锭，交叶誉虎为抗美援朝书画义卖之用。约沈子坨夫妇、张绚伯夫妇及履儿、钜壎来午饭。晚绚伯邀往外交学会晚饭。

五月七日（星期一）。初二。晴。

上海大华工程行为南京分院通风设备机器事来求解决；此机器电影局欲购买而不肯出钱，文物局欲其为我建一仓库以为交换，始终未有成议，因往晤冶秋商谈。下午，沈洪江来谈并同游御花园看牡丹。

五月八日（星期二）。初三。晴。

沈令融①、令昭来报告其母于半月前夜起小遗，倒卧枕边，痰往上涌，知觉丧失。令融闻声起视，则已牙关紧闭，呼吸急促，亟延医诊视，断为脑溢血。注射强心针数枚，终未清醒。次日，令昭忽忆及同事葛孝先曾言有一表弟善针灸，胡姓，住东四十二条，亟往延之。出药一丸，谓能灌服此药，即可施针。然病者牙关甚紧，不易挖开。幸有一牙坠脱，乃由其隙灌入，又不能下咽，只能俟其自由渗入，经一昼夜始尽。医为施针，居然牙关微开，知觉渐复。现每日施针，日有进步矣。

下午班禅来游故宫，余与冶秋在绛雪轩招待。班禅年仅十四而高大如成人，性极聪颖，常识亦丰。其父母及弟亦同来。游南路、中路及东路，同来者五十余人，皆称谢而去。五时半召集全体职员报告机构改组及人事配备经过。王冶秋、裴文中相继讲话，名单明日公布。

五月九日（星期三）。初四。阴。曇。

开改组后第一次院会，商改组应办各事。庚楼来与会，不辞而退。夜校教员杜波出差已回，今日不能授课，姑缓一期。

---

① 沈令融，马衡挚友沈尹默先生长女。

五月十日（星期四）。初五。晴。

冶秋来电话，嘱于满清档案中查班禅觐见仪节及册封典礼，以供人民政府参考。乃至文献馆查卷，得乾隆四十五年满文档一件，查是年七月丁酉（廿一日）在热河避暑山庄依清旷殿接见班禅，赐坐赐茶，可见仪节并不十分隆重。册封典礼则在《会典》中捡得，用金册、金印。下午续开院会，定十七日以前交接完毕，十八日实行新组织。五时半冶秋偕中央人民政府梁蔼然处长来看档案，托我将有关班禅来京事迹汇抄，改日送去。致五弟香港书。

五月十一日（星期五）。初六。晴。燠。

士远、立庵先后来谈。下午沈洪江来谈改组事，以为胜利完成。

五月十二日（星期六）。初七。阴。昙。

命柴显宗往北大医院挂号，看颈后疖疮。据云下午始能挂号，因嘱张德山于午后去挂号，亦未挂成，据云已满三十号，须俟星期一再看。因托沈规徵大夫介绍外科大夫，乃举荐张天民，亦不在家。甚矣，诊病之难也。

五月十三日（星期日）。初八。阴。微雨。

赵席慈之二女来询，改组后伊父被降一等，是否因过失之故。告以：汝父身体不好，去年因病请假太久，知其不胜繁剧，特予以轻松工作，并无他意，降等一节，汝父自言并未介意。下午齐树平、许光宇先后来谈。

五月十四日（星期一）。初九。晴。昙。

向席慈解释，请其安心在新岗位工作。偕常书鸿赴文整会，与赵正之谈修整敦煌千佛洞事。材料、工人及地理气候条件之限制，困难甚多，拟组织一勘察团，先去了解情况，再定计划。赴民升医院访张天民大夫看颈后疮疖，张为余注射盘尼西林一针。下午至寿康宫晤王畅安。

五月十五日（星期二）。初十。昙。

又赴民升医院打针换药。下午至团城晤冶秋，并以仿造之建初铜尺借与天木。

五月十六日（星期三）。十一。晴。风。

文物局为七一展览欲向我院借人，召集有关部门人员开会商谈，邀王毅前来参加。复赴民升医院诊治疮疖并开刀打针。

杜波仍未开始讲授。

五月十七日（星期四）。十二。晴。

　　九时许与景华于树下立谈，觉臀部甚痒，扪之有块坟起，以为颈后疮疖已往下移。无何手心及四肢皆痒，痒后突肿，膝部肿痛尤甚，亟赴民升医院换药并询医生以肿痛之原因。医云或系盘尼西林之反应。为余验血及小便，亦不得反应之特征，姑处一方授余。时四肢肿痛更甚，行动不便，回家午饭，几至不能持箸。此病突如其来，心亦不免焦急，拟就诊于内科刘士豪而不在家。乃因沈规徵之介就诊于汪国铮，注射两针防盘尼西林之反应。复至民升医院重换纱布并购药而归。时狂风骤起，微觉寒噤，体温最高时达三十八点二。寿华回家后令其电询张天民，允于六时前来诊视，因推荐皮肤科李鸿迥再行诊断。华儿以汽车往接，不肯出诊，强而后可。李谓非药之反应，乃皮下出血，为余处方而去。诸医之中，以李之诊断为最正确。

五月十八日（星期五）。十三。晴。

　　四肢肿仍未消，但温度已复常。养空偕濮绍戡来视疾，略谈而去。下午朱景洛来，以银行印鉴付之。今日院中开始实行新组织，赵秘书席慈改在保管部保管组工作；电话嘱其移交印鉴于许雪塘，恨余未能到院也。

五月十九日（星期六）。十四。晴。

　　手掌已消肿，腕以上及两腿尚未消尽，或可无虑矣。拟于九时赴院一视即往医院换药。而院中同人召司机回院，将开大车相约来视疾，亟电阻之，而久候司机柴显宗不至，心知有异。无何景华、景洛、洪江、卫之、兆鹏、书琴、耀山皆来，景洛并奉冶秋命，送款百万来为医药之需，却之。俟柴显宗来，往民升换药。接思猛归。王制五来，言三月间曾吐血，近感有寒热，但以体温计测之，则又无有。余嘱以休息，再照 X 光。晚齐树平来，余忽觉两腿又有异状，视之果微肿，亟就寝。以饮水过多，夜起一次。

五月二十日（星期日）。十五。晴。

　　晨兴较昨晚略适，体温为三十六点五。至庭院中看太平花初放。与养空略谈。景素来，谓寿同在津未回，以齐白石画三帧及案头之影青印池交景素付之，俟寿同南旋时交五弟。下午睡起澡身，觉病已去，但仍防其反复。

五月廿一日（星期一）。十六。晴。

　　销假，赴院办公。召集有关人员开会商讨大学博物馆系课程，以教育部有此计划，将于本月卅日开会讨论也。下午仍在家休息。䌷伯谈至十时始去。

五月廿二日（星期二）。十七。小满节。晴。

上、下午各开会。四时商五一年工作计划及改组总结。七时回家，略感疲茶，小饮以解之。钜壎携酒来，余不饮已一星期矣。

五月廿三日（星期三）。十八。晴。昙。夜雷雨。

上午八时士远来谈，谓苏联之组织疗法可以治喘症。立庵来商古代馆陈列法提纲。沈洪江来谓全国委员会组织西南土改参观团，希望我院参加一人。余谓新组织惟办公处、保管部有副职，可于张、朱、杨、李四人中征求一人，朱景洛自愿参加，即作决定。下午清华吴泽霖、李有义来商保和殿民族文物展览事。回家时理发，盖疮疖初愈也。

五月廿四日（星期四）。十九。上午雷雨。下午沉阴。

寿华夫妇陪其沪友邱、方二君游颐和园，莉珍亦携子同去，衣履皆湿。邱君并因受寒而发胃病。晚杜波同志来讲中国革命问题。自今日开始，以后每星期五晚讲授。

五月廿五日（星期五）。二十。阴。时有小雨。

午饭时绚伯来与邱文奎密谈。革命博物馆布置七一展览,已借去四人。王毅又来电欲借兆鹏帮忙,允征求其本人同意。

五月廿六日(星期六)。廿一。晴。

诣图书馆晤庾楼同看英华殿及菩提树,时正着花尚未放也,每花一簇,附着于叶状之蒂,如梧桐然,其子即菩提子,可着念珠。北京只此二株也。下午三时开院会,听取各单位所拟工作计划,七时四十分始散会。

五月廿七日(星期日)。廿二。晴。

吴玉年来谈。老友徐凌云与邱文奎时有往还,为书扇面一帧,托文奎贻之,并为邱、方两君各书一帧,留作此行纪念。今日终日未出门。

五月廿八日(星期一)。廿三。晴。

报载本月廿三日我中央人民政府全权代表李维汉、张经武、张国华、孙志远与西藏地方政府全权代表阿沛·阿旺晋美、凯墨·索安旺堆、土丹旦达、土登列门、桑颇·登增顿珠签订《西藏和平解放协议》,从此大陆上已解放完成,只余台湾矣。昨晚在电台广播此一消息后,人心兴奋,狂欢直至深夜。

五月廿九日（星期二）。廿四。

　　终日大雨。农作可虑。近日脚肿，深恐心脏影响所致。昨询吴洁医师，谓赴东北，只得赴同仁医院就诊于刘士豪医师。据云：旬日前之四肢肿胀，可能为盘尼西林之反应，现在之脚肿，未必为心脏之故。处方取药，冒雨而归。下午开学委会，商检讨《武训》问题。

五月卅日（星期三）。廿五。晴。

　　讨论《武训传》电影。市政府吴晗副市长派周耿来接洽京郊古建筑保管问题，为介绍俞同奎、赵正之供给资料。偕畅安赴教育部讨论博物馆系课程，结果博物馆学不设系，只于史学系内设组，经费按系发给。下午继续讨论课程，六时始散。邱、方二君邀至森隆晚餐。

五月卅一日（星期四）。廿六。晴。

　　本院消防设备，财政部已批准小米百万斤，调卷先行讨论，订明日邀集有关机关洽商办法。教育部召集博物馆组课程讨论会改在文物局继续开会，余因事未出席。邱文奎、方善德二君晚车返沪。

六月一日（星期五）。廿七。晴。

以消防设备事邀市消防总队、自来水公司、历史博物馆等开会商实施办法。立庵来谈。下午寿同自天津回来谈。

六月二日（星期六）。廿八。晴。午饭后大风。骤凉。

开学委会商响应捐献飞机、坦克号召的办法，决定最低限度捐一日薪，定四日晨召开大会。曾昭燏来。故宫小学于六时半在神武门楼开庆祝儿童节游艺会，余未参加。

六月三日（星期日）。廿九。晴。午又大风。

濮绍戡来。张一飞之子来。一飞不见已廿余年，询得其近况不佳。彼在军委会军训局为干部，来此仅一年耳。绚伯来午饭。纪兴为泰侄婚事来商。午后赴院与立庵谈大学历史系博物馆组古文字学课程及古代馆陈列事。

六月四日（星期一）。三十。晴。

开学委会商捐献飞机大炮运动的办法。第一好方法为东筒子朱车房拆除工程。盖上级号召之原意不欲一般人生活降低，希望增加生产，增加收入，以原工资外之收入来捐献武器。此朱车房工程为消防设备中工程之一，预算估价为一千万元，如由职工警自己劳力来拆除搬运,则捐款可得一千万元。但老病不能参加者,应另想他法。为集思广益计,交小组各提意见。晚在小组中讨论,除拟演戏外,亦无其他方案。

六月五日(星期二)。五月初一。晴。

九时开院会,商讨五一年工作计划。下午续开,只讨论三分之二。泰侄自天津来,在此午饭;彼将于十日与余书文女士结婚,彼之同学也。

六月六日(星期三)。初二。芒种节。晴。

上、下午开会继续商讨工作计划完成。消防预算造成,以备后日领款十亿。

六月七日(星期四)。初三。晴。

邦华来自南京。开学委会商捐献武器办法,下午与邦华商南京分院事。六时应文委之邀举行敦煌艺术研究所给奖典礼。晤郭沫若、马夷初、沈雁冰等畅谈,不觉微醺。

六月八日(星期五)。初四。晴。

与邦华谈分院。胡先晋来,谓决向北大辞职,劝之无效,不知其何因也。下午开小组会,改订《爱国公约》。与邦华诣宝蕴楼晤冶秋。回院听大课。

六月九日（星期六）。初五。晴。

　　与邦华谈分院事。下午开干部会，讨论《中共中央纠正文书缺点的指示》，推举八人检查一至四月发出之文件。约邦华来家过节。

六月十日（星期日）。初六。晴。

　　邦华为我带到皮箱一口，衣服、书籍、陶瓷，由洁平代为装箱，大致完好，只损失省油灯一件。王制五来谈，前次咯血已检查，证明为支气管出血，非肺病也。下午往中山公园看文物展览，标价虽廉而精品不多。在中山堂听翦伯赞讲演，题为《从武训谈到其他人物》。未听毕即到来今雨轩为泰侄主婚。余宅主婚人为黎劭西代表，证婚人为吴子昂，余氏新妇之父执也。

六月十一日（星期一）。初七。晴。

　　冶秋介绍西南文教部长李长路来参观，适立庵在座，请其陪往东路。约定十二时在食堂午餐，饭后休息。由于永春陪至南路参观。五时许有受伤初愈之志愿军自丰台来，强欲参观西路，几至冲突。金书琴来请示，许其特别招待，始满意而去。

六月十二日（星期二）。初八。晴。

俞星枢来谈北大工学院学生愿于暑假期间担任文整会调查工作，每日工资人各万元，以一月为期，廿人可得六百万，以之捐献武器，办法甚妥。本院办法则为：（一）拆除东筒子小房，可得千万；（二）书画义卖；（三）捐薪。余无劳动力，不能参加拆房及演剧，只承认书画义卖及每月捐薪十万元，以六个月为限。冶秋电话谓中共中央有毛主席礼品，将交故宫陈列，嘱兆鹏、畅安前去了解，定明日接收。琰侄来午饭，将荣房地契送来。

六月十三日（星期三）。初九。晴。昙。

景华以妻病请假半日，改下午开会。下午景华仍请假。历史博物馆来函，对日前王毓铨等参观故宫铜器、损坏一剑表示歉意，托我院觅人修整，经费由彼担负。余复函谓：此非赔偿损失问题，而为责任。请其检讨后将检讨书寄我一份以备存查，并增进彼方将来之警惕。瑛儿来谒，不见廿余年矣。

六月十四日（星期四）。初十。晴。

景华销假。八时半召集部、处、馆负责人开会，沈洪江亦列席，商草拟组织条例及办事细则事。下午写学习心得。

六月十五日（星期五）。十一。晴。

文物局干部廿余人前来参观，为业务上之学习。买维他命 B_1 一瓶，三百余粒，价仅二万二千元，苏联出品也。

六月十六日（星期六）。十二。晴。

七一展览会工作紧张，前来调人，王世襄等自动前去帮忙。下午赴武英殿晤冶秋，又至文物局晤西谛。西谛甫归自上海，曾到宁波了解天一阁情况。见到冯孟颛等人，谓朱鄮卿在上海亦曾见到。此次自沪秘籍有北宋龙舒郡斋本《金石录》三十卷，自来未见著录，有唐伯虎印，惜遭水渍，为美中不足耳。

六月十七日（星期日）。十三。晴。

濮绍戡来谈。下午陈养空来谈并留共饮。

六月十八日（星期一）。十四。晴。

赴延禧宫看铜器。颐和园金恒贵来谈。下午室内温度达华氏八十八度。

六月十九日（星期二）。十五。晴。

文物局送来王竹楼函一件，并附美国天产博物院盗掘蒙古古生物标本之记载一稿，嘱为审查。此事为一九二八年余主古物保管委员会时所经办，完全暴露美帝文化侵略之真面目及国民政府与美帝勾结下之半殖民地的外交。回忆往事，感慨系之。傍晚开学委会，检查抗美援朝总会所号召之三大任务。

六月二十日（星期三）。十六。晴。

七时赴武英殿，闻七一展览会今日预展，至则闻其无人。据守护者云，工作人员至今晨五时始散，上午休息半日，是今日不能预展矣。立庵来言，裴振山以元代铜犁改造为商器，精美绝伦，将来受欺者恐为章乃器辈矣。

六月廿一日（星期四）。十七。晴。

北京农业大学教授娄成厚、薛应龙以除莠事来院了解情况。因偕景华陪往西河沿及东、中两路，视察一周。定乾清、坤宁两宫院落为试验地点，俟其校课结束后订期前来实验。

六月廿二日（星期五）。十八。夏至节。晴。

邱文奎来，不晤。凌云自沪来，书画扇为报。

六月廿三日（星期六）。十九。晴。

　　上午赴武英殿看七一展览，已大致就绪。余最欣赏二万五千里长征之大渡河铁索桥及雪山二油画。寿华偕邱文彬及范君游故宫来谒。下午约于倬云谈话。傍晚又赴武英殿晤冶秋略谈。邱文奎约晚餐于致美斋，遂赴大众观《兵符记》。归寝已十二时又半矣。

六月廿四日（星期日）。二十。晴。

　　养空、绍戡先后来谈。傍晚答邱文奎不晤，遂就浴于宝泉堂。

六月廿五日（星期一）。廿一。晴。

　　畅安偕景华、维钧约沈洪江等同往中正殿旧址及英华殿等处履勘，并开会讨论，决计照畅安计划修缮。

六月廿六日（星期二）。廿二。晴。昙。

　　晚饭后立庵来电话谓刘子植自广州来，欲来谈，不见八年矣。此次应教育部之邀来京开会。

六月廿七日（星期三）。廿三。晴。热。

新发现手卷七件，一为《赵松雪七札》，二为《无名氏龙舟竞渡》，三为《董香光题右军行穰帖跋》，四为《董香光临关仝山水》，五为《董香光山水》，其余二卷皆清画。约葱玉来观。下午二时参加科学院考古研究所安阳发掘展览。四时半赴民族事务委员会开会，商展览事宜并晚饭。

六月廿八日（星期四）。廿四。晴。

余七十一岁生日。知者不过二三人。顾培恂自唐山来谒。中午回家，途中遇谦儿请假回家祝寿，遂同吃面。傍晚雨。寿华命小邵备两席而客甚少，齐树平、陈养空外皆自家人也。

六月廿九日（星期五）。廿五。阴。

晨开庆祝中共建党卅周年纪念会于神武门楼。开本院组织条例草案审查会。请邱文奎等来家午饭。下午赴团城开会，听取忠诚老实运动报告。拟设临时学委会，自七月二日起至八月十六日止，检查各机关人员的历史及思想。文整会与本院合成一组，委员七人：俞同奎、刘耀山、李正贵、金书琴、杨宗荣、杭承艮及余，以刘耀山为秘书。返院开委员会，拟学习计划，回家已七时半矣。

六月卅日（星期六）。廿六。阴。雨。

今天区党部招待各机关民主人士往先农坛开会，庆祝七一节。余先期谢绝，未敢参加。下午雨更甚。傍晚晴。莉珍率思猛等赴故宫观剧。先农坛庆祝大会余未参加。

七月一日（星期日）。廿七。阴。雨。

中共卅周年纪念日，余终日未出门。王制五来谈。邱文奎晚返沪，下午来谈。

七月二日（星期一）。廿八。阴。

报载李奇微求和，金日成、彭德怀两将军已允其请，好消息也。开主任以上人员会议，报告临时学委会之意义及办法，并解决关植耘问题，使之自动辞职。下午开学委小组会，商讨分组问题。晚赴棉花胡同听沈雁冰、周扬两部长报告，十一时归。

七月三日（星期二）。廿九。晴。昙。

保和殿东崇楼下枋下垂，赵正之设计下加斜撑，景华认为不妥。约赵小朋、于倬云、常学诗，佥认为可以胜重。余因升梯钻入天花，梯层距离不平均，腰腿肌肉甚觉紧张，始感衰老矣。开学委会小组会，商学习方法。明日开始完全占用下午时间。

七月四日（星期三）。六月初一。晴。昃。

下午学习小组易子箴坚持六十岁，群众皆不之信，其忠诚程度尚不如王伦也。

七月五日（星期四）。初二。晴。

汪德庆来报告，崇楼已开工，并力自表白工作如何努力，而名义、待遇仍不能改，不免使心灰。余为分析解释，令其安心。晚文物局宴敦煌、辽西两处来人，邀余作陪。

七月六日（星期五）。初三。晴。

人事部四局丁华局长电话，要求本届大学毕业生工作分配学习会将介绍学生免费参观，约二千余人，昨已允之矣。今晨有北大学生严某率南开学生二百余人来院参观，要求免费。余不知其与丁局长是一是二，未之允。与丁电话联系，丁谓严某可以代表，遂与订定办法，始告解决。晚七时冶秋召七机关开会，报告临时学习之意义，九时散会。

七月七日（星期六）。初四。晴。

下午开临时学委会小组会。晚故宫戏剧义演第四次，全家皆去观剧。芳若前日自太原来，亦与焉。

七月八日（星期日）。初五。小暑节。昙。

马夷初来访。问易寅村在故宫情形及其财产，不知其是何用意，因以所知情况告之。濮绍戬来谈。钜壎来晚饭。

七月九日（星期一）。初六。晴。昙。

赴文整会了解临时学习情况。九时半赴文物局开会，讨论陈列计划。

七月十日（星期二）。初七。晴。

沈仲章来京，为科学院考古研究所设计摄影室，西谛介绍至本院参观摄影设备。与童积荣长谈，提出若干意见；余约其在食堂午餐。晚饭后李乙尊来谈，彼于昨日抵京，寓礼士胡同六十号周作民宅。

七月十一日（星期三）。初八。晴。

七时参加小组长会议。九时半赴文物局开临时学委支会，至一时始散，疲惫不堪。饭后大睡一场。三时开学委小组会，余接俞星枢往故宫，直至六时半散会。

七月十二日（星期四）。初九。晴。昙。

上午开学委小组会，决定明日由余作启发报告，搜集各小组意见。下午又开学委小组会，商订下周学习计划。钜壎来晚饭，谓将赴津演剧。正吃饭间，乙尊来。晚有阵雨，不久即晴。

七月十三日（星期五）。初十。晴。昙。

时有阵雨。上午开学委小组会，商工友学习计划。下午三时对职员作启发报告。

七月十四日（星期六）。十一。晴。

与工会商小学问题：添设六年级则发生教员问题；若停办高小，则现在四年级之三十余学生中，势难全数转学，必有失学者。九时赴文物局开临时学委支会，即以小学问题商之冶秋并陈其得失，冶秋允添聘教员一人。讨论学习来周计划，略有修改。十二时散会。下午开小组学委会，讨论修改计划，并召小组长汇报。

七月十五日（星期日）。十二。晴。

绚伯来。沈规徵来。纪兴夫妇来。除沈大夫外皆在此午饭。午后养空来恳谈。李乙尊抱病来谈。

七月十六日（星期一）。十三。晴。

开学委小组会，定下午三时由刘耀山召集全体工友作动员报告。下午至档案馆参加十四、十五两组，听其讨论。姚昂仍未交代，嘱杨学文、单士魁发动之。郑珉中述其去年在革大时参加支援志愿军后悔事，谓私自写信，请其母来校，申请解约，此为思想动摇之证。会后与沈士远谈。

七月十七日（星期二）。十四。晴。

上、下午开学委小组会，审查所得资料。童积荣因家庭关系神经不宁，对此次运动时怀疑惧。因嘱李鸿庆、童积华劝慰之。

七月十八日（星期三）。十五。晴。昙。

朝鲜建筑家金正熙来参观，约余谈中国古建筑，因约杜仙洲与谈。上、下午开学委会，文化部李新民来参加。下午冶秋亦来参加。晚乙尊来谈。今晨访冶秋谈文整会事。闻文物处接收明后妃墓中殉葬物，因往观之。葱玉示余一卷子，谓是赏溥杰物。乃唐人画仕女，颇精，决为北宋以前物，遂坚请收之。

七月十九日（星期四）。十六。晴。

开学委小组会，又开部级以上会，通过陈列计划，修改五一年计划。下午又开学委小组会。

七月二十日（星期五）。十七。上午阵雨旋晴，傍晚小雨。

冶秋为职员作启发报告，八时半始毕。于坚主持小组长汇报。九时局方开小组支会，十二时毕。下午三时偕维钧赴市政府开会，讨论京市文物调查工作。会者二十余人，吴晗副市长主席。讨论颇热烈，结果关于寺庙古迹应作有重点的保存，文整会应与市府紧密联系；市郊出土文物应开一扩大展览会，以资宣传教育；关于叙述文物之文字，宜力求通俗，以期普及。六时散会。

七月廿一日（星期六）。十八。晴。

看法国巴黎大学北平汉学研究所所赠《汉代画像全编》，为傅惜华所编，无所发挥，仅予编次而已。巴黎大学在中国境内设汉学研究所，研究中国学问，是视中国为殖民地。闻此集拟分四编出版，今已出至二编，而该所即将结束，三、四两编恐不续出矣。下午开学委小组会，拟请冶秋再作一次报告。绚伯邀晚餐于外交学会，同席者有方□□夫妇及其子，并有沙永昌，启新公司职员也。

七月廿二日（星期日）。十九。晴。

　　下午陈君葆来谈。陈与五弟同事于香港大学，相知最深。一星期前来访未晤，屡思答之而不得暇。今日来访，适午睡初醒，纵谈两小时，始知陈君政治觉悟之程度较五弟为高。改日拟于早晨访之。彼于廿八日前离京也。养空来谈，因留其共饮。

七月廿三日（星期一）。廿。晴。热。

　　下午昙，有阵雨而热更甚。十时赴文物局开学委支会，冶秋传达文教委员会学委分会报告，以教育部成绩为最显著。十二时散会。下午开学委小组会，吸收教育部经验，布置今后学习办法，以求深入。新民腹泻发烧，由寿华陪往协和医院诊治。

七月廿四日（星期二）。廿一。大暑节。昙。

　　暑稍减退，盖天津大雨也。沈洪江来谈。约单士元来谈，请其担任图书馆十六组组长。下午参加十六组学习。李濂镗最顽固，李仁俊幼稚而不老实，沈令融较积极。

七月廿五日（星期三）。廿二。晴。昙。

　　访陈君葆于西单饭店，以篆联赠之，并以古铜熊座托其转致五弟。下午开学委小组会,阅已交代问题之资料。

七月廿六日(星期四)。廿三。晴。昙。

　　气压低,闷热。上午开学委小组会。罗子期以家藏《元顾善夫写经卷》及田黄石"石渠继鉴"印嘱介绍于郑西谛,顾卷经《秘殿珠林》著录,"石渠继鉴"恐是伪造,因从未见过也。夜雨。

七月廿七日(星期五)。廿四。晴。昙。

　　下午大雨。听小组长报告。吴廷璆来谈。下午参加第二小组,听贾玉田报告。

七月廿八日(星期六)。廿五。晴。

　　学委小组拟改组各小组,杨卫之以名单征余意见。余略为改订,拟于下周执行之。

七月廿九日(星期日)。廿六。终日阴。下午微雨。

　　陈叔通来。余遂辛来,留饭。下午养空来谈。

七月三十日(星期一)。廿七。晴。

　　到院约陈万里谈话,请其做第十组小组长。应注意某些问题，因今日起将十七个小组重新分配改为十二组也。下午步行至午门参观北京近郊出土文物，遇唐立庵、张政烺、邓广平、余逊等人。今日庆祝八一建军节，神武门有晚会，余未参加。

七月卅一日（星期二）。廿八。晴。热。

闻刘耀山言，北京图书馆有一张曾耀者，青年夫妇皆在馆中服务。此次学习，其夫竟以夹竹桃叶煎汤吞服，幸发觉尚早，得庆更生，不知是何问题也。闻童积荣近日情况尚佳，为之稍慰。

八月一日（星期三）。廿九。阴。雨。

解放军来参观，军委会特派公安部队终日在院照料。上、下午皆开学委小组会。文物局假我院招待局及所属机关军属聚餐，并在神武门楼开晚会。报告开会意义，演讲者有长征战士二人，一为守卫队长李正贵，一为景山驻军女战斗员。军属讲话者有谢辰生之妻。讲毕演电影。

八月二日（星期四）。三十。晴。

上、下午皆开学委小组会。晚冶秋在神武门楼作报告，讲处理问题办法。

八月三日（星期五）。七月初一。晴。

开小组长汇报会。傍晚在绛雪轩邀请服务二十年以上之职员五十七人开谈话会，报告开会意义并勖同人以治病救人的精神帮助他人进步。会后在御花园分组漫谈。

八月四日（星期六）。初二。晴。

上午文物局召开伟大祖国的艺术展览会筹备会。下午开学委小组会，拟于星期一处理第一批问题，明日星期日将加班工作，审查问题。

八月五日（星期日）。初三。晴。

审干工作已到相当阶段，拟发表一批先作处理。今日自晨至暮开学委小组会，审查问题，通过四十余人。

八月六日（星期一）。初四。晴。

上午遣丽莎①往革命博物馆报到并填表。赴文物局开学委支会。下午赴文化部参加学委基层扩大会议。

---

① 马丽莎，马衡之孙女，马太龙之长女。

八月七日（星期二）。初五。晴。

　　交代普通问题者送出七十八人，经支会核准通过者六十人，一般政治性问题者廿四人。立庵来电话谓修绠堂有一铜器，嘱往观，因于六时往。立庵、思泊皆在。器为鎏金铜承旋，上有盖，下有盘，盘底有四五十字（建武廿一年），尚佳，但器大于新嘉量。订明晨往校量之。

八月八日（星期三）。初六。立秋节。晴。

　　清晨携新嘉量方斗模型赴修绠堂，校量建武铜承旋。十斗之外，尚余一寸，盘径二尺二寸，亦赢数分，是所用尺度较新量为大也。下午开学委小组会，审查一般政治性问题十七人。芳若供给刘鸿达资料。

八月九日（星期四）。初七。晴。晚微雨雷电。

　　八时赴团城开学委支会，审查六机关一般政治性问题计五十二人。其中二人定为一般历史性问题，不予处理，一人定为较重政治性问题，须提上级处理；计通过者四十九人。我院凡十六人。七时冶秋在神武门作报告并公布四十九人名单。

八月十日（星期五）。初八。

召集各小组长宣布第一批一般性的历史更正人员六十四人，又已处理的一般政治性人员十三人，并昨日处理的一般政治性人员十六人，共九十三人。文物局分配本院美术设计员梁德媖（女）今日来院，邀其午饭。下午开学委小组会，继续审查。

八月十一日（星期六）。初九。晴。

开学委小组会，审查八人送支会。继开小组会，报下午审查第二类问题者。

八月十二日（星期日）。初十。晴。

学委小组审查问题，得四人，明日送支会，所余者尚有八人。五时半赴北京图书馆参观《永乐大典》预展会，盖苏联送回十一册、张菊生捐赠涵芬楼所藏廿一册，皆归该馆也。

八月十三日（星期一）。十一。上午晴。下午阴雨。

十一时小组长汇报，改并为九组。三时赴团城开支会，审查六机关人员交出问题。晚七时半赴棉花胡同听文化部报告，首由沈部长报告：交代问题已临最后阶段，希各员勿失机会。继报告：由公安部门逮捕者三人，一曹惠齐、二吕达，皆特务，隐藏于电影局；三王子扬，亦特务，隐藏于戏曲研究院。次由电影局蔡□□、戏研院欧阳予倩相继报告。次由典型政治问题者二人报告。次由王子扬之妻报告。最后由周副部长报告。十二时散会，与丽莎返家已一时矣。

八月十四日（星期二）。十二。晴。

八时赴团城开支会。傍晚访董希文，不晤。门启明来，彼在保定省立师范任教。

八月十五日（星期三）。十三。阴。雨。

上午赴团城开学委支会，审查故宫工友四十二人。下午开学委小组会，讨论重点人物问题。终日大雨，晚九时始止。

八月十六日（星期四）。十四。晴。

开学委小组会。下午召集小组长汇报。七时在城楼作报告，公布第二批名单，一般历史问题职员六人，工友七十七人；一般政治性问题职员四人，工友三十九人。

八月十七日（星期五）。十五。晴。

各机关人员交代问题之表格颇不一致，文化部拟发统一表格，自今日起。下午继续学习，由小组发各个人重新抄写。

八月十八日（星期六）。十六。晴。

　　上午开学委小组会，审查守护队廿四人。下午又开学委小组会，审查职员三人，工友三人。晚回家，邵英瑞（字大宝）自上海来，留其晚饭。

八月十九日（星期日）。十七。晴。昙。

　　上、下午开学委小组会，审查五十余人。晚邀邵大宝、应兴华、李乙尊来家晚饭。有阵雨，旋晴。

八月二十日（星期一）。十八。晴。

　　上午开学委小组会，处理问题。薛书善对地主成分承认而否认隐瞒，其持论亦不无理由，与刘耀山辩论甚久。下午赴团城开学委支会，审查问题，并讨论薛书善不能作为隐瞒，应不作处理。六时半散会，自明日起七时半至八时半学习文件（《论人民民主专政》）。定明晨八时继续开会。

八月廿一日（星期二）。十九。晴。

　　八时赴团城开会，通过图书馆职工若干人。下午三时继续开会，通过图书馆五人，故宫工友十二人，守护员廿四人。邵大宝邀晚饭于森隆。

八月廿二日（星期三）。二十。晴。

八时召集有关人员筹商环境卫生突击工作，以防大脑炎之蔓延。九时赴文物局开学委支会，审查廿余人。下午三时赴怀仁堂听周总理报告。一开城停战谈判之情状，二巩固国防，三民主专政，四财经情况，五修正学制、培养人才。七时半散会。冶秋在神武门楼作报告，赶去参加，已讲至一半，只听到检举反动分子及做思想总结。八时半散会。

八月廿三日（星期四）。廿一。晴。

办公房屋修缮竣工，邀各单位分配房屋。继开各小组长会，报告检举办法，限十二时交齐。下午三时开学委小组会，商思想总结办法。

八月廿四日（星期五）。廿二。处暑节。阴。

阅读《论人民民主专政》。冶秋来长谈。下午访王镂冰，问以所藏旧杂志将觅主出售事，据云数十年来喜购杂志，于残缺者必物色于荒摊上以补齐之。抗战后将八百余种杂志装成数十箱，存在天津，自己先赴后方。其子尚在天津，闻日寇将来检查，遂选其中之大半焚毁，所剩仅二百余种。今托效贤阁书铺裴孝先觅受主，将卖一亿元，若归公家，可稍减让。尚有周总理之狱中日记一册不拟出卖之，之与冶秋所说索价四千万者相距甚远，因以电话告知冶秋。三时半开学委小组会，为王世襄作总结。五时开小组长会议，布置思想总结学习。

八月廿五日（星期六）。廿三。晴。

　　七时开学委小组会，审查问题。下午继续开会。六时开学委小组长会议。

八月廿六日（星期日）。廿四。晴。

　　上午未出门。下午赴院继续开学委小组会，大致结束。

八月廿七日（星期一）。廿五。阴。雨。

　　上午开小组长会议，发布总结提纲。下午准备报告稿。邵英瑞返上海来辞行，不晤。

八月廿八日（星期二）。廿六。晴。燠。

　　九时赴文物局开学委支会，审查问题。下午三时继续开会。冶秋报告中央发动各机关人员参加土改工作，自由报名，将分三期出发。文物局共八人，报名后由首长批准。六时半作思想总结报告，土改工作则由刘耀山报告。

八月廿九日（星期三）。廿七。晴。

九时赴文物局开学委支会，审查问题。下午赴延禧宫，又赴太和殿看出国展览。西谛亲自布置，有吴作人等为之帮忙，又至千秋亭看高英修整铜器。参加土改者报名闻有三十余人。晚雨。

八月卅日（星期四）。廿八。晨。雨仍未止。

报名参加土改者共三十二人，开会审查通过六人，报局审查。文整会报名者三人，皆技术人员，未予通过。赴局与冶秋谈礼品馆问题。同至西华门看南薰殿，只有三间，不适用。遇西谛，略谈，拟争取收回大高殿。偕卫之赴古物馆看修理雕牙灯。时雨晴，日出燠甚。下午精神萎顿。晚开小组长会，研究做总结方法。

八月卅一日（星期五）。廿九。晴。

开小组长会，决定做总结方法。赴文物局偕西谛赴政务院开礼品管理委员会，委员七人：齐燕铭、余心清[1]、赖亚力、郑振铎、周子健、汪东兴及余，商处理礼品方法，即在余心清

---

[1] 余心清（1898—1966），开国首任中央人民政府典礼局局长，政务院机关事务管理局局长。从新政协到开国大典的仪式，都有他的设计和主持。1947年参与民革创建，历任民革第一、二届中央委员，第三、四届中央常委，第一、二、三届全国人大代表，常务委员会副秘书长，第一、二、三届全国政协委员，北京市政协第一、二、三、四届委员会副主席，中央人民政府委员会办公厅副主任。1966年9月4日，"文革"开始不久含冤辞世。

家午饭。下午同赴太和门库房选礼品数十种，作中南海勤政殿陈设。旋赴太和殿看出国（赴印度）展览。

九月一日（星期六）。八月初一。晴。

上午召集组长级以上开业务会议，作五二年概算准备。

九月二日（星期日）。初二。阴。

齐树平来谈，留午饭。去后正思午睡而王振洲来。二人皆服务于农业部，交代问题清楚，树平尤引以自豪。濮绍戡在市政府登记，有希望或可于文物管理委员会谋一工作。谭仲逵数月未见，拟往访之。电话询问，终日未回家。

九月三日（星期一）。初三。晴。

开学委小组会，审查守护员问题。十时半赴文物局开学委支会，商订工作总结办法。下午继续审查守护员问题。

九月四日（星期二）。初四。晴。

辅导员等作初步总结。下午赴文物局开支会。晚饭时履儿归自重庆。思猛热度甚高。

九月五日（星期三）。初五。晴。

　　南京博物院派张彬来接洽搜集史料问题，嘱为协助。下午精神不佳。思猛已退热。

九月六日（星期四）。初六。阴。雨。温度骤降。

　　少数民族文物展览会预展于保和殿。下午冒雨往观。中和殿为图表，并有各民族服装附着于人体模型之上，入门印象此为最著。保和殿为各民族生活状态，以模型、实物、照片配合，布置尚差强人意。其中有傣族所用之梳，与汉代者相同。所谓"礼失而求诸野"，于此益信。

九月七日（星期五）。初七。晴。

　　赴钟粹宫审查陈列书画，撤换四件。杨廷宝来。赴文物局开学委支会。

九月八日（星期六）。初八。白露节。晴。

　　赴延禧宫看书画，发现宋贤遗翰中有三通书札系伪作掉换者。下午赴旧古物馆看照相，书画以宋徽宗《听琴图》为最佳（仍恐有问题，不如《锦鸡芙蓉》）。晚赴文化代表团之邀于外交学会。

晤陈翰笙①，不晤已廿年矣，住象鼻子后坑卅二号，暇当访之。

九月九日（星期日）。初九。晴。昃。

终日未出门。周萼生自重庆来书，谓在下曾家岩访得题名刻石数段，试拓"季豫"二字见示，不类隶书，恐非汉刻，复书赠以藏石拓本四种。晚履儿来，吃蟹。

九月十日（星期一）。初十。晴。

与卫之谈抗美援朝捐献问题，拟将乾隆花园于星期日开放，由职工警报名参加守护工作，每券二千元，以所得券价捐献。景华、卫之、耀山等皆赞同。下午开组，前往视察，亦无困难，因于电话中商之冶秋。据云最近有人欲借故宫房屋作疗养所，如开放则人人参观，示人以房屋空闲，恐不妥，不如作罢。

九月十一日（星期二）。十一。晴。午后雨雹。

晨七时半开旧学习小组长会。下午雨后赴延禧宫看《黄山

---

① 陈翰笙，原名陈枢（1897—2004），中国早期马克思主义农村经济学家、社会学家、历史学家、社会活动家。早年留学美国、德国，获芝加哥大学硕士学位、柏林大学博士学位。1924年回国，被聘为北京大学教授。1944年在印度德里大学工作，1950年1月回国。任外交学会副会长、中印友好协会副会长、国际问题研究所副所长、中国科学院哲学社会科学部世界史组负责人。

谷千字文卷》，为鸡毛笔书，"让""殷"二字改为"逊""商"，而"匡"字缺末笔，不改字，"玄""弦""朗"等字不避，伪迹显然，书法不类尚在其次。《宋元宝翰册》赵子昂、虞伯生皆可疑。册中有"典礼纪察司"半印二方。

九月十二日（星期三）。十二。晴。

　　立庵以燕王职矛见示，铭七字，曰："匽王职作黄衣鈩"。下午嘱马子云拓墨，较原器清晰。

九月十三日（星期四）。十三。雨。

　　科学院开扩大院务会议，郭沫若院长报告一年来工作概况和当前任务。金书琴继朱家濂而参加土改工作，今日离职，十六日启行。晚会抗美援朝总会邀观剧于长安戏院，一时半始就寝。

九月十四日（星期五）。十四。先阴后晴。

　　下午寿同自广州来，带来地契一包，以香港无挂号信，嘱为转寄。

九月十五日（星期六）。十五中秋节。晴。

　　偕冶秋、天木参观保和殿民族文物展览会。履儿来晚饭。

九月十六日（星期日）。十六。晴。

晨访谭仲逵，不晤。䌹伯来，新自延安归。泰侄来谓在北大医学院作（做）研究工作，其余女士有肺疾，请假三个月，已赁屋于西什库休养。濮绍戡来谓市政府事有希望。致益侄书，告以宁波房屋捐献市府，已蒙接受事。函谦儿，勖以努力前进。

九月十七日（星期一）。十七。晴。燠。

开学委会，由杭承㫺报告保密学习之提纲及时事学习之总结。十时苏联作家爱伦堡夫妇及智利诗人聂鲁达夫妇来参观，余与冶秋招待。上午参观中路及西路，下午参观内东路。归来略感疲惫，饮酒少许，始觉疲劳恢复。

九月十八日（星期二）。十八。晴。

以五弟交来地契寄鄞县县政府转农会。下午寿同来，谓明日南下，将转港起日。朱景洛自重庆参加土改归来。往返已三月余矣。晚邵英瑞、李道生来吃蟹。

九月十九日（星期三）。十九。晴。

钜壎昨归自青岛，有肥皂、水果带来，嘱柴显宗往取。傍晚约景华、景洛小酌于福春园川菜馆。七时听冶秋报告于北京图书馆。

九月二十日（星期四）。二十。晴。

  晤徐平羽于千秋亭。十时半赴文物局开会，以西谛将出国，召集本局及所属各机关领导人谈话。下午赴科学院开会，听取语言、考古、社会、近代史四研究所报告。以送印度访问团之行先离会，赴东车站。团长丁西林，副团长李一氓，团员中相识者有郑西谛、常书鸿、吴作人、冯友兰、陈翰笙等。晤周鲠生、洪深等于车站。

九月廿一日（星期五）。廿一。晴。

  上午开会讨论清洁问题，突击工作。濮绍戡之侄克先将举行婚礼，陈养空请余证婚，允之。晚书一联为贺礼。

九月廿二日（星期六）。廿二。晴。

  在千秋亭看宋徽宗《雪江归棹卷》、钱选《富春图卷》、《赵子固书画卷》，书精而画伪。晚赴大众观剧。

九月廿三日（星期日）。廿三。晴。昱。

  濮绍戡来。履儿夫妇来午饭。三时赴正昌饭店为绍戡之侄克先证婚。晤王述勤及水钧韶,皆介绍人也。

九月廿四日(星期一)。廿四。秋分节。晴。风。

印尼华侨观光团参观故宫,在绛雪轩招待。沈洪江电话约五时开会。天木言:"文化部令所属各机关将本年一月至九月工作情况作一总结性之报告,限廿六日报局。"回院后召集各单位传达此意,订明日下午交来汇编。

九月廿五日(星期二)。廿五。晴。下午风。

文化部又发动参加土改运动,刘耀山来商人选。余除发动全体人员外并自愿参加。下午局方召集会议,冶秋报告部务会议之三重点:(一)检查九个月来工作情况;(二)一九五二年预算可能较五一年增加三分之一,本院明年度经常事业费可能分配五百万斤,须按此数编造概算;(三)普遍动员参加土改,并订明晚七时作一报告。回院后召集各单位传达一、三两点。

九月廿六日(星期三)。廿六。晴。

赶编一至九月检查工作情况。下午三时赴公园中山堂听宦乡同志时事报告,分析开城停战谈判及旧金山会议,甚为详尽。其结论为:(一)谈判成功;(二)谈判决裂;(三)谈判迁延,时谈时打。三者我方均有充分准备。晚七时冶秋报告国庆节应如何筹备。于坚传达□□□同志报告，九时始散。

九月廿七日（星期四）。廿七（此日未记）

九月廿八日（星期五）。廿八。昙。

上午赴慈宁宫看新布置之陶瓷馆，缺点尚多，恐短时期尚不能开放。又至太和殿看新布置之《伟大祖国艺术》，已接近完成。下午三时参加《伟大祖国的建筑》预展。又赴张庚楼家代表院方慰问其病状，盖所患者为气管炎，余力劝其施行疗法。文化部奉政务院指示，各机关工作人员之有病者，每人发慰问金四万元。人事组将庚楼遗漏，乃由院方购礼物由余携去。

九月廿九日（星期六）。廿九。晴。昙。

各机关工作人员每人犒肉一斤，折钱六千四百元。工会小组我组十三人于中午聚餐。下午二时，赴太和殿参加《伟大祖国艺术》预展并招待来宾。李任潮已先在，因为之讲解说明。五时始散。七时开庆祝晚会于神武门楼，余作报告一次，说明两年来政府之伟大成就，最后以三点号召同人：（一）提高政治觉悟；（二）提高警惕性；（三）提高工作效能。其后，尚有守护队话剧、京剧等各节目。余九时即归。

九月三十日（星期日）。三十。晴。风。

国庆节外宾招待处来电话，谓有一批外宾将于二日参观故宫，告以二日为假期且特别开放，参观人拥挤，干部休息，两不方便，能改订日期似觉两便。彼亦以为然，允请示后再以电话联系。午后有来电话，谓日程先期排定，不便变更。可否暂行停票或少售票，答以不可能。最后决定不参观西路，上午中路，下午东路，允之。四时赴太和殿视察布置情况，门面尚未完成，内部大致就绪矣。

十月一日（星期一）。九月初一。国庆节。晴。

五时起床。六时赴文物局。路上尚能通行。七时冶秋始起。七时半王有三来。八时贺孔才来。四人同乘局中车赴文化宫。见有少数民族戴雉尾者二人，雉尾分插于冠之左右，冠后尚有一白羽，略向下垂。因悟旧剧中表示番邦或非正统人物必以雉尾饰之，以示区别，其来源或即本此，惟不知所见者是何民族耳。余等四人皆登左台。十时毛主席莅场，鸣礼炮，奏国歌。朱总司令乘吉普车巡视全场一周，登天安门主席台，致简短庄严之开会词后开始检阅军队。首为陆军，次海军，次空军。陆海军入东三座门，出西三座门，空军亦自东往西。炮车、坦克及机械化部队无虑廿余队，其中为骑兵队。机械化武器中最新式者为无筒之炮，有轨道八条，每一轨道上下皆有一弹，每发十六弹，闻为苏联新出之武器。飞机十队，每队九架。又有喷气式飞机十四队，每队三架，为超音速机，过后才闻其声如雷。我国有此强大之武力，国防不足忧矣。部队过后则为少年先锋队，继之以工农等队，又继之以机关学校及文工团。至三时半始毕。晚间天安门前放焰火，在平台上即可望见，煞是好看。

十月二日（星期二）。初二。晴。

以国际贵宾上午来参观，赴太和门招待。印度代表团中有□□□者，欲约余谈话，以事辞以他日。是日参观人特别拥挤，印度代表团极为失望，匆匆而去，下午亦未参观东路。因以电话告冶秋向招待处解释。下午苏联代表团来参观东路，因陪同招待，甚觉疲惫。

十月三日（星期三）。初三。晴。燠。

九时赴太和殿变更布置一二处。中午何叙甫①来院，余已回家，在电话中略事寒暄，知其以狭心症来京，休养已匝月，六日将返沪。方国瑜②自昆明来见访并馈云腿二罐，未晤。下

---

① 何遂，字叙甫（1888—1968），祖籍福建福清港头镇占阳村。早年参加同盟会，在民国历届政府任军职。西安事变后和中共中央有了密切接触，还多方掩护和协助已成为中共党员的子女儿媳开展地下革命工作。中华人民共和国成立后，何遂任华东军政委员会委员、司法部部长、政法委员会副主任，是第一、二、三届全国人大代表，全国人大法案委员会委员。
② 方国瑜，字瑞臣（1903—1983），纳西族，云南丽江人。当代著名社会科学家、教育家。1929年曾于北京大学师从马衡攻读金石学。1936年后到云南大学任教，兼任文史系主任、西南文化研究室主任、文法学院院长。主要著作有《云南史料目录概说》《中国西南历史地理考释》《彝族史稿》《元代云南行省傣族史料编年》《纳西象形文字谱》《滇史论丛》《抗日战争滇西战事篇》等。

午入东华门,至文华殿参观《抗美援朝保卫和平》展览,复至太和殿略坐,回至办公室已四时矣。访何叙甫不晤。

十月四日(星期四)。初四。晴。

少数民族代表来参观,方国瑜与焉,因与略谈。彼返滇后在云南大学任教已十五年,生子女三人,长女已十四岁入中学矣。云南拟办博物馆及图书馆,博物馆由彼筹备,虑人才之难觅,托为物色。彼尚须留此若干日,待开某种会议,约其暇时再谈。德国文化代表团三人来参观,来华任务为签订文化协定。谈及柏林博物馆无一存者,其中文物有抢运至西德者,皆为美帝掠夺以去。因思蒋匪掠往台湾文物将来亦有遭受同一命运之可能,一念及此,不觉慄慄危惧矣。下午有少数民族教育会议代表廿余人来参观东、西两路。

十月五日(星期五)。初五。晴。昙。

越南等代表来参观,在绛雪轩招待。北京图书馆招待何叙甫于来今雨轩,晤谈,至三时始散。晚"伟大祖国艺术"展览会招饮于庆林春,同座有倪玉书、陈鉴堂,皆古玩奸商也。酒酣耳热时因乘机讽示之。

十月六日(星期六)。初六。晴。

徐世达二次来访,此人历史大有问题。今营被服厂,闻我院有制服三百套，特来兜揽，告以已成交，只好待来年矣。下午挈思猛赴东华门，令其参观文华殿之"抗美援朝保卫和平展览"及太和殿"伟大祖国艺展"、保和殿"少数民族文物图片展览"两处，两小时后来办公室，因令其午睡，六时挈之回家。

十月七日（星期日）。初七。晴。

九时赴中国史学会参加扩大常务理事会，讨论会章及编辑计划。晤援庵、誉虎、旭生、孟和等。许光宇来，不晤。下午整理书籍。

十月八日（星期一）。初八。晴。

豫侄来院略谈，约其晚间来家详谈。赴文整会商明年修缮工程计划，故宫原列文渊阁及国史馆大库两处，与俞星枢、赵正之协商又列入养心殿南库、实录大库、太和门东西崇楼、紫禁城角楼四处。至前古物馆品评铜器，立庵约于思泊、陈鉴堂、倪玉书等参加。山西博物、图书馆派员五人来院联系并参观保管、陈列各工作。文物局来函谓领导上不希望余参加土改工作，如愿加入参观团即可填表送局。因照所嘱填去。晚饭后豫侄来长谈。拟劝五弟早离香港。

十月九日（星期二）。初九。寒露节。晴。风。

全国劳动模范百七十八人来参观，在绛雪轩招待之。马恒昌、田桂英、郝建秀皆晤及。下午冶秋来电话，谓"伟大的祖国古代艺术展览"之名称被人批评，应将"的"字移在"祖国"下。余谓此事曾与天木等谈过，彼等以为名称早由郑局长定出，不便更改，其事遂寝。今当将太和殿檐上大字易其次序。建筑展览会亦应更改。

十月十日（星期三）。初十。阴。昙。

与王畅安商陈列计划。晚吴泽霖、马学良等以民族展览会名义邀饮于东来顺，商借故宫房屋为民族博物馆筹备处，拟以故宫城隍庙借给之。约先履勘。送景华回家并小坐，又送刘耀山回家。九时余始归。

十月十一日（星期四）。十一。阴。雨。

约唐立庵来谈古代馆计划。立庵大发牢骚，提出种种困难，因电约王天木明晨来会商。晚七时往北京图书馆听文化部李处长讲"毛泽东思想"。

十月十二日（星期五）。十二。阴。

　　九时立庵来，王天木、沈洪江亦来，因与畅安会商。立庵初持前议，谓保和殿陈列柜不适用，不能配合其计划，经再三解释，计划须视客观条件而制定，此柜如不置于保和殿，其他各殿更不能容，至十二时始勉强接受。下午景洛向参加土改之十八人报告其工作经验。七时抗美援朝志愿军回国代表王万霞、张洪林在神武门楼报告其在前线立功事迹，有声有色，智勇并备，听者动容，全场掌声不息，至八时四十分始毕。由小学女生二人献花，全场高呼口号后奏乐欢送出场。

十月十三日（星期六）。十三。阴。

　　下午文化宫有志愿军报告，余未往听。晚饭后冶秋来谈，十时始去。

十月十四日（星期日）。十四。阴。

　　九时赴故宫，招待各大行政区首长参观东路。来宾有贺龙、刘伯承、邓小平、陈毅、饶漱石等，由李伯钊陪来。陈毅对书画特别有兴趣，因取"伟大祖国艺展"未陈列品若干件请其品评。下午有丁沛瑜者来访陈养空，养空外出，由寿华招待，遂与余相见。丁为丁宝桢之孙，系养空之表兄，年已七十八，精神矍铄，犹能健谈。晚应兴华招饮于萃华楼。

十月十五日（星期一）。十五。晴。

　　下午访冶秋，示我以《魏永平造像》，伪作也。同赴阜城门内西三条鲁迅故居参观，已修葺一新矣。傅维本偕吴晗来院，未晤。

十月十六日（星期二）。十六。阴。寒。

　　局方通知参加土改工作者第一批，我院五人为张景华、陈万里、李鸿庆、冯先铭、钟祖培，九时即须赴中山公园音乐堂听报告。我院忠诚老实运动已告结束，部中召集刘耀山、杨宗荣、刘鸿达、常浚、朱家溍、汤有恩、单文质等于下午一时赴部开会，直至六时尚未返院。民族事务委员会派庄学本来商民族博物馆筹备处及陈列室地点问题，余答以筹备会可设在城隍庙，陈列室可设在英华殿，彼甚满意。因谈及照相事，请其帮忙。彼将于月底仍迁至齐树平家。

十月十七日（星期三）。十七。阴。

　　召集人事组、陈列组商谈清洁问题。下午北京图书馆柬邀参观鲁迅生活作品展览会预展，晤王冶秋、章矛尘等。展览说明关于"三一八"惨案有涉及章士钊者，余以为事实固不容否认，但目前统一战线关系，不宜暴露其名。冶秋、重民咸以为然。

十月十八日（星期四）。十八。阴雨。入晚更甚。

八时耀山传达前日文化部处理所属各机关人员：问题较重大者、管制者十一人，登记而免予管制者廿五人，原受管制而解除者四人。金息侯送款三十万来，托代抄圆明等园则例，允之。

十月十九日（星期五）。十九。雨。

徐森玉自沪来，令王畅安迓之。下午赴首都电影院参加鲁迅逝世十五周年纪念会。郭沫若致开会词，陈毅、陈伯达、沈钧儒等相继致词，四时半散会。访森玉于三时学会，未晤。文物局定七时开会，由贺泳主任传达关于明年度预算之报告。余以近四、五日来心脏不佳，辞未赴。

十月二十日（星期六）。二十。晴。

晨餐后胸膈不适，时吐酸水，余恐心脏病复发，不敢吸烟。与朱景洛、许雪塘、刘耀山谈明年预算并及人事编制，精神不振，昏昏欲睡。下午就诊于北京医院，吴洁大夫听诊良久，谓心脏并无异状，当系肠胃病。至院略事部署即回家休息。履儿夫妇来晚饭。闻上午森玉来访。

十月廿一日（星期日）。廿一。晴。

晨二时口腔充满清水，胸膈隐痛，呕出清水升许，始渐平复。九时始起床，电吴洁大夫，告以所苦。吴嘱勿服旧药，尚另处方，因嘱华儿往取方，即于肆中配来，服后似觉略胜旧药。下午邵英瑞来谈。进食极少，终日思睡。

十月廿二日（星期一）。廿二。晴。

胃已稍愈。因明年度预算须于廿五日送出，乃于九时召集各单位开会。上次局方开会谓明年度可增三分之一，最近决定仍按一九五一年原数不增，惟十亿之消防设备费仍加入不扣除。乃公决以消防设备费移作工程之用，以抵文整会代修养心殿南库。濮绍戡来谓邓宝珊将来访。下午请假半日，在家休息。

十月廿三日（星期二）。廿三。晴。下午风。

庄学本来询借房事并索修缮费之概算，因介绍朱景洛、常学诗与之交谈。郭沫若介绍严希纯赍书及张衡、祖冲之、僧一行、李时珍画像四帧来，谓科学院托蒋兆和画中国四大科学家像赠莫斯科大学，附有四人小传稿，嘱录于每帧之上。因近日太忙，无暇自写故也。因携归命华儿写之。下午就诊于北京医院，吴洁大夫谓此次胃病仍为肝胆病所致云。晚华儿写成，款式终不能满意。

十月廿四日（星期三）。廿四。霜降节。晴。

甫起床森玉即来长谈。九时始到院，以画像送还沫若，旋得复书，每帧须补写年月及中国科学院绘制字标。送华儿补写送去。陈万里、李兆鹏来谈。下午王府井人民银行钱世同来言，昨检察文整会库存，缺少廿万元，会计员张凤山自承挪用。傍晚赴会与俞星枢、夏纬寿商，令张凤山自行检讨，以后由夏纬寿切实检查。

十月廿五日（星期四）。廿五。晴。

九时邀景华、耀山、卫之、品三讨论前理事会皮货短少案。彻查既不得要领，又无嫌疑之人，只得据实呈复。十时半赴文物局开学委会，修正学习毛泽东思想提纲。冶秋询《中秋》《伯远》两帖历史①，谓郭昭俊押在香港外人处，本年十一月底即将押绝，郭无力赎取，拟请公家取赎。嘱致函郭沫若，请其设法。下午英国人民代表德利本来参观，在绛雪轩烟茶招待。赴团城

---

① 1933年故宫文物南迁前夕，郭葆昌（郭世五）请当时的故宫博物院古物馆副馆长马衡在家中吃饭，在座的还有徐森玉、庄尚严。郭葆昌将《中秋帖》和《伯远帖》两幅宝帖取出来，展示在马衡面前。马衡震惊了，他知道在1925年故宫博物院成立以前，紫禁城里大批文物珍宝被偷盗变卖，流散丢失，不想在这里与大名鼎鼎的《中秋帖》和《伯远帖》意外相遇。当时郭葆昌曾当来客及公子郭昭俊的面说，在他百年之后，将他拥有的此二希帖，无条件归还故宫，让这三希再聚一堂。然而世事变迁，1949年郭昭俊逃离大陆时财产散尽，将《中秋》《伯远》二帖押在香港一家英国银行。

与景华作别,彼将于明日上午赴皖北参加土改工作。冶秋以东北野葡萄酒一瓶见赠。回家晚饭后陈万里忽来访,彼本以今晚七时半京汉车出发赴川西参加土改,到车站后筹委会忽令中止出发,疑莫能明也。

十月廿六日(星期五)。廿六。晴。

电罗歌请查明陈万里不能成行之原因,陈万里亦送来书面报告。唐立庵来辞行,并交出所拟古代馆计划。罗歌来电话,谓精简土改工作人选为前日周总理所决定,传达较迟,故有此临时举动。筹委会负责人所谓原机关乃指文化部而言,精简原则指年高身弱者,闻其他机关亦有类此情事,云云。方国瑜偕一李君来访,欲觅大理国张胜温画佛像卷照片。下午照相室送来照片四十一张,系选照者。下午为之整理毕事。张景华、李鸿庆于下午启行赴蚌埠。

十月廿七日(星期六)。廿七。晴。

下午就医于北京医院。晚与艺展会、文物局宴杨廷宝、嵇文甫、方国瑜、徐森玉、周子竞、向觉民于萃华楼。

十月廿八日(星期日)。廿八。昙。

森玉昨以《保卣墨本》见示,谓上海市博物馆已以高价购得。晨起审释一过,决为周初之物,大约在武王、成王之际。

景素来。养空来谢楹联，略谈即去。下午摹保卣一帧留作参考。泰侄来谈。晚应于思泊之邀于森隆。除余与森玉、梦家、立庵外，余皆文物局同事也。立庵参加土改，本以今日行，今改为三十日。

十月廿九日（星期一）。廿九。晴。

立庵来计划古代馆之陈列。下午开组长以上会议，商讨陈列部之布置。（一）保和殿扫除，换装玻璃，以为古物馆；（二）将永和宫钟表移至外东路之宁寿宫；（三）保管部配合陈列部大量供给清代馆陈列品。后又讨论学习时间，自十一月一日改为晚间五至六时。

十月三十日（星期二）。十月初一。阴。雨。下午雨止。

赴延禧宫看发还颐和园之铜器。

十月卅一日（星期三）。初二。晴。

森玉来，陪往延禧宫看书画。下午往照相室看倪玉书之提梁卣，器长而腹方，腹之四面各有一孔，作十字形，形制诡奇，为从来所未有。又看华东送来之画卷，宋徽宗《柳鸦芦雁》、李嵩《西湖图》、钱选《山居图》、夏圭《江山佳胜》、文征明《石湖佳胜》，皆精绝。四时赴文物局开学委支会，作一结束。六时冶秋在神武门楼作临时学习总结报告。八时回家。邵英瑞偕一严姓友人在家晚饭,将以后日返沪。

十一月一日(星期四)。初三。晴。

有人拟以石羊、石虎各一对捐献历史博物馆,王天木意欲转入我院,因偕天木往天桥沟尾巴胡同勘查。青白石质,体积庞大,估其重量每具约在一吨以上。天木言与南京明初功臣墓前物相似,或永乐初南方工匠所雕,言颇近理,当不早于明代。下午冶秋来言,《中秋》《伯远》二帖经郭沫若于廿五日晚将余函批交阳翰笙处理,次晨(廿六日)即乘飞机出国。顷据翰笙通知,周总理以为国家未便办此交涉,拟仍请胡惠春①出名,惟须保证其非赝品及安全送至国内。余谓此事可托森玉函胡惠春,冶秋以为然。六时访森玉于三时学会,适葱玉亦在座,因以此事告之。森玉允候信办理,余以车送森玉登车。饥肠辘辘,遂不待开车而归。

---

① 胡惠春(1910—1993),民国年间上海大收藏家、银行家。1949年曾任上海市文物管理委员会委员,后移居香港。受周总理号召,与香港知名学者及教育家陈君葆、当时新任中国文化部部长沈雁冰、文化部文物局局长郑振铎等人,在香港秘密组织国宝收购小组,由内地出资,大量购买战乱散失香港的重要文物,尤其是古籍善本、清宫逸失书画等,运回大陆。其中最著名的有《四部丛刊》《吕氏春秋》《晋会要》》《王梅溪集》等罕本古籍,其中,《晋会要》是清末广东著名学者汪兆镛的手写原稿。胡惠春先生在随后的30余年里,先后以不同形式向上海博物馆捐赠了350余件藏品。

十一月二日（星期五）。初四。晴。

开组级以上会议讨论业务。马夷初约六时在其家谈话。下值后赴之，冶秋已先在，乃以"二希"之始末告之，决定托森玉转托胡惠春办理。夷初约明日晤周总理后作最后决定。

十一月三日（星期六）。初五。晴。

局方嘱将编制表于今晚送去。下午开主任以上会议，商明年度必须补充人数，决定仍维持原编七〇七人名额，惟将技术人员名额略事扩充。

十一月四日（星期日）。初六。晴。

李方宇来，余尚未兴，命寿华见之。问以来意，李言有三事相干，一彩华珂罗版厂将出盘，故宫能接受否；二敌伪时期故宫借彼一镜头，由邵锐经手，后由科长徐姓者以联币二千元强迫收购；三近日窘迫万状，稚子尚无棉衣，欲请资助。以十万元赠之，余二事恐无能力，姑试查之。王制五来问转业故宫事，告以农业部最近将学习资料送来，评不佳，恐难接受，不如就原机关请调工作，其势较顺。

十一月五日（星期一）。初七。阴。上午飘雪。

文化部开改组后之社会文化事业管理局初次会，由王冶秋副局长报告文物局一至九月之工作，王书庄报告科学普及局同时期之工作。继由周扬副部长就两局长之报告略加指示，其中就我院陈列计划言之尤详。谓故宫为国内最大之博物馆，其新计划既定，应本其方向逐步实施，至少二三年内不必变更。最好应呈政务院批准后执行，方不致受人指摘，云云。后经余详述今年计划批准较迟，现在甫经着手布置，明年计划仍本此延续编订。周部长言部中批准尚嫌不足，最好将明年度计划详细修正，争取于本年内呈政务院批准。散会时已午后二时矣。当开会时，阳翰笙来觅冶秋谈话，余知为"二希"事，询之果然。阳索夷初、冶秋及余三人之谈话记录，于四时前送政务院，冶秋嘱余起草。回家午饭后即将该二帖之真伪问题及保证安全运回问题写一记录交冶秋送去。局方在神武门开庆祝十月革命晚会，余致词后即与星枢、于坚、罗歌三人赴首都电影院参加苏联影片展览晚会。时正值夷初致词。苏联大使罗申致词后，即演电影。先演《苏联马戏团》五彩片，后演《俄罗斯航空之父》。余以十时半归，未及观后一片。

十一月六日（星期二）。初八。晴。

冶秋、天木来，以陈列计划须实地勘查，乃偕世襄、季黄等往西路。在漱芳斋遇刘伯承将军，因陪往参观。刘将军于翰墨之事亦颇了解，所提意见多中肯綮，并言故宫能保持完整，

马衡应属为周作民题扇面。此扇现藏故宫博物院

不得不归功于傅作义。嗣由冶秋陪往武英殿,遂与之握手而别。下午冶秋又来云准备赴广州办理"二希"事,部中尚未之知,当与周副部长商之。余回家后冶秋来电话言,周不同意其出差,谓两局合并伊始,不能远离。属意于余,征余意见,余立允之。

十一月七日(星期三)。初九。晴。

冶秋电话谓:徐盈曾与周作民谈及"二希"事,似略知其经过,如能将作民①抓住,似多一重保障。问余同往晤之否?因与冶秋、徐盈同车而往。余与作民不晤将廿年矣,彼此各增

---

① 周作民,原名维新(1884—1955),江苏淮安人。早年留学日本。1935年任金城银行董事长兼总经理。抗日战争时期在上海指挥金城银行各地分行业务。1948年因不堪国民党政府的勒索而出走香港,1951年回到北京并当选为全国政协委员。1952年任公私合营银行联合董事会副董事长。他酷爱收藏,生前收藏有大量古代文物。1957年,他的家属在其病故后遵嘱将各类文物计1407件、图书374种计5300册捐献给故宫博物院。故宫博物院曾举办专门展览,以示纪念。

老态。谈及"二希"与胡惠春之关系,似颇清楚,并知押款为四万港币,允今日与上海通电话,由一与森玉极密切之人,转告森玉,请其电惠春负责办理。如中南不能垫款,当由金城任之。余知此中大有文章,约冶秋下午再谈,遂各分手。下午访冶秋,商致森玉电稿,明白告以作民肯帮忙,请电惠春负责赎回,并请惠春径复冶秋。与冶秋访叶剑英,已于今晨返粤矣。绹伯今晨返自上海,约其来家晚饭,谈至九时半始去。

十一月八日(星期四)。初十。立冬节。晴。

上午以布置古代馆选杨宁史铜器。冶秋电话谓顷接徐伯郊广州电话,仍坚持前索之价。下午继续选颐和园铜器,冶秋寻至延禧宫,授余以抄件,乃政务院同意购回《中秋》《伯远》二帖,指示夷初、冶秋及余以处理办法者。文曰:"同意购回王献之《中秋帖》[①]及王珣《伯远帖》[②],惟须派负责人员及识者前往鉴别真伪,并须经过我方现在香港的可靠银行,查明物主郭昭

[①] 王献之《中秋帖》,东晋书法家王献之的传世书迹。被乾隆皇帝誉为"三希"的三件晋人名帖之一。王献之(344—386),字子敬,小字官奴,琅琊临沂(今属山东省)人。王羲之第七子,官至中书令,人称"王大令"。此帖曾经宋宣和、绍兴内府,明项元汴,清乾隆内府收藏。自明、清以后被认为是王献之的书法名作。在《宝晋斋法帖》中刻有宋米芾旧藏的王献之《十二月割帖》《中秋帖》的文字系从《十二月割帖》中节录而成,所以一些古书画鉴赏家指出,该帖系后人的节临本,风格与米芾书法相似。此卷现藏故宫博物院。

[②] 王珣《伯远帖》,系东晋书法家王珣书写的墨迹真本。王珣(350—401),字元琳,小字法护,琅琊临沂(今属山东省)人。此帖曾经北宋内府收藏,明董其昌、安岐等人递藏。清乾隆年间收入内府珍藏,列为"三希"之一。民国时期,溥仪将《伯远》《中秋》二帖携带出宫,辗转流入民间,1951年政府以重金将二帖收回,现藏故宫博物院。

《中秋帖》(局部)

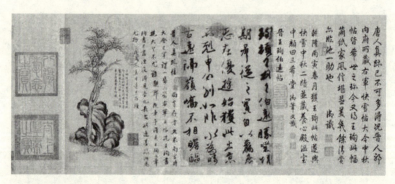

《伯远帖》(局部)

俊有无讹骗或高抬押价之事，以保证两帖能够顺利购回。所需价款确数，可由我方在港银行与中南胡惠春及物主郭昭俊当面商定并电京，得批准后垫付，待《中秋帖》及《伯远帖》运入国境后拨还。以上处理手续，请与薄南雨同志接洽。"冶秋已访薄南雨同志，未晤，已与国外营业处面洽，电香港照办。

十一月九日（星期五）。十一。晴。

访冶秋。适徐伯郊①自广州来电话，谓已与其乃父通电话，悉周作民已电王逸陶与之接洽。问以押价是否卅余万元港币，则谓胡惠春所言如是，确否亦不详云云。余始终对胡惠春辈怀疑，因访作民。作民问押价究为若干，告以余此来正为此事，君日前谓四万港币，究得诸何方？作民谓在森隆席上听森玉与誉虎等所谈。余问以誉虎之外尚有何人，则有周叔弢、叔迦、昆仲。余以伯郊所言数字告之，作民谓彼等谈此，仅从旁闻之，或系误听。以此等名迹，仅押四万似嫌太少耳。并谓如此巨数，约合人民币十六七亿，然则余之垫款，尚待考虑。因告以款或无须垫付，当由在港银行设法。下午与马子云赴北五所选铜器。傍晚访冶秋请其与森玉通一电话，仍托其与胡惠春接洽，并告以余等行期大约十五日以前必到广州。

---

① 徐伯郊（1913—2002），徐森玉之子，是香港著名的鉴藏家之一，也是中华人民共和国成立之初我国文化部为抢救流失海外文物而成立的"香港秘密收购小组"的负责人，为国家收回大量的文物，其中包括著名的国宝"二希帖"、顾闳中《韩熙载夜宴图》及董源《潇湘图》。

十一月十日（星期六）。十二。晴。

作民电话谓森玉已知余明日南行，并建议此事若由森玉出面与胡惠春交涉，则一切中间隔阂俱可迎刃而解。因电冶秋，请其电森玉赴粤一行。森玉允明日启行。下午开组级以上会议，宣布余将离京，组织临时小组以处理院务，推定朱家濂、杨宗荣、王世襄、常惠、刘耀山、李正贵组织之。傍晚赴文整会晤星枢，请其暂为负责。履儿来晚饭。

十一月十一日（星期日）。十三。雨。

纪兴夫妇及钜壎来午饭。下午访誉虎，询以在森隆与森玉等谈及"二希"事，不得要领。回至团城访冶秋并取车票及护照。晚八时寿华、丽莎送余登车。冶秋后至。八时五十分开车，十时就寝。

十一月十二日（星期一）。十四。晴。

车至济南。起床补写日记。下午听冶秋谈冯玉祥与韩女士恋爱故事，娓娓动听。

十一月十三日（星期二）。十五。晴。

昨夜月色甚佳，晨二时左右渡江时惊醒，至下关开车始入睡，起床时车抵常州。大雾。车误时刻，到达上海时已误四十余分（京沪车应于九时七分到沪，沪广车十时开），深虑交涉卧铺等事必无时间，今日不能成行。不料军政委会宋、戴二君接冶秋电已买妥车票，居然于五分钟时间内将行李全部过车，实为始料所不及。惟有两事不能如意：（一）赴广通车票作废。（二）珍儿及玉堂来站相晤，无暇交谈，即匆匆挥手而别。车经嘉兴、杭州，渡钱塘江大桥，又经诸暨、金华、衢县、上饶，时已夜十时余，因就寝。

十一月十四日（星期三）。十六。

晨六时车抵向塘西，大雨。经樟树、新余、宜春、萍乡、醴陵而达株洲。至此接粤汉路经衡山、衡阳、耒阳、郴县。余始就寝。是夜月明。

十一月十五日（星期四）。十七。晴。

七时起身，车抵英德。经源潭而达广州，十二时十三分准时到达，完成三千三百十九公里行程（京沪一五〇〇公里，沪广一八一九公里）。森玉及其郎公伯郊来接。尚有马永庆君，乃随森玉自沪来者。同至利口福小饭馆午餐，肴馔甚佳，五人仅费十四万元。赴胜利大厦（市府招待所）安顿行李后由伯郊陪往市府，四市长及秘书长皆不在。伯郊与香港通电话，约胡惠春于明晨十一时候接电话，晚饭后洗浴就寝。是日积雨初晴，热不可耐。胜利大厦所在地为沙面,是帝国主义在广州最早根据地,百余年来又回到人民手中。

十一月十六日(星期五)。晴。昙。

闻朱光市长今晨自汉口回,约午后往晤。上午与胡惠春通电话,森玉耳略重听,不得要领。徐鹿君自沪来询其一九四七年"二希"存在上海中南银行事,已印象模糊。如约往晤朱市长。朱劝余等赴港一行。潘明训宝礼堂藏书已由后人捐献,由伯郊自港运来,现存市府。中有《刁光胤牡丹》一轴,取出共赏。绢本设色,钩金,款作飞白体,以泥金书于石根。为刘位坦旧藏,似非赝品。归来照相、买船票。准备明晚取道澳门赴香港。买西服上装,余与冶秋各一件,化装成商人模样。晚饭后谈至十时余就寝。

十一月十七日(星期六)。十九。晴。

冶秋往晤朱市长,余与森玉闲谈。伯郊将手续办妥,余等整理行装。五时进餐毕,即登利德轮。余与冶秋同室,谈至十时就寝。

十一月十八日(星期日)。二十。晴。

十时抵澳门,住国际大酒楼。闻道途有阻,乃共同商讨,须以安全为上，切不可冒险致闹笑话。在四强吃饭。雇汽车二辆游行全市一周。葡萄牙统治澳门采取放任主义，市内金店、赌场、押当（"当"谓之"按"）林立，真毁人坑也。傍晚闲步街市，遇一道院，入内参观，不知所供何神。又午后在半山见一妈祖阁，亦不知其何神也。晚饭后看中央酒楼之大赌窟，闲步而归。

十一月十九日（星期一）。廿一。晴。昙。

晨兴在楼下餐厅进早餐。中南银行裴延九由香港折回，未能登岸且受侮辱，因鹿君而识之。十一时冶秋与胡惠春通电话，请其与闵一民晤谈并约定十二时再通话。胡已与闵见过，闵将赴广州，委托一沈君会同胡惠春与郭昭俊或郭妻谈判，约明午十二时半再通话。裴延九邀往利为旅饭店吃西餐。下午鹿君、延九、伯郊往国华银行商去港办法，决定乘小船，三人皆乔装船员，闻有百分之八十把握。偕冶秋、森玉往海滨散步，并在黄成记进晚餐。

十一月二十日（星期二）。廿二。昨夜小雨。晨晴午阴。

至金门进早餐。与森玉、昆仲闲谈，鹿君颇赏识太龙，劝其入五行联营银行（金城、中南、盐业、大陆、联合合并），其意可感。冶秋与胡惠春通电话，悉胡、沈已与郭妻晤谈，见到押据副本，押款本息共为港币四十五万八千三百七十六点六二元，约明日与债权人波哥（英教士）晤谈后再通话，物主应得若干亦望明日答复。至利为旅饭店吃午饭,回寓略事休息。与森玉、冶秋往海滨散步,闻鹿君等去港已有办法,将于今夜启行,因共同商定明晨乘公路车返穗。赴龙记晚餐,确系家常风味,与筵席不同,但价亦不廉。回寓后候鹿君、伯郊等启行,直至十一时半尚未成行,乃就寝。

十一月廿一日(星期三)。廿三。晴。

五时半兴,准备返穗。询知鹿君、伯郊昨未成行,乃商定先听胡惠春电话,以明日返穗。森玉约往六国饭店早点,回寓后与冶秋、森玉散步,至山下乘公共汽车而归。复至龙记进午餐,裴延九亦在,竟代汇账。冶秋与惠春通话,谓原物已见到,遂告以伯郊不能来之故,决定今夜续谋渡港,并盼以总数字(包括郭款)径电广州。午后无聊,又信步游行。

十一月廿二日(星期四)。廿四。晴。

悉鹿君、伯郊昨夜仍未成行,余等即乘公路车出发,由何宝裕送至石岐。在拱北关检查行李,冶秋所购皮尺二具征税四万余元。沿途以桥梁未成,过渡七次。过羊额时又检查一次,至五时始抵广州,仍寓胜利大厦。午后大风骤凉,易衣而出,同往老乡亲晚餐,贵而不佳,颇为失望。略感疲乏,因即就寝。得伯郊澳门电,谓与惠春通话,郭款未商妥,总数字仍不能确定。今夜仍将渡港。

十一月廿三日（星期五）。廿五。小雪节。晴。

　　同往市府，未晤朱市长，遂游光孝寺，今为文艺美术学院，由负责人杨君陪往参观南汉铁塔。东塔为大宝十年造，西塔为六年造。又有唐经幢。西塔与幢皆已残坏。复往越秀山参观市立博物馆，由负责人胡根天导引，馆中除出土陶器外无其他佳品。归至土特产交流会场吃川菜馆，尚佳。下午四时伯郊电报、电话均未来，深虑其到港被扣，而限期迫促，后日为星期日，爰与冶秋商先问闵之消息。冶秋遂往中国银行而伯郊香港电适至，谓已安抵，晚与沈、胡约郭会谈。冶秋回云闵尚在澳门，旦夕即至。同至土产交流展览会场吃狗肉，不过尔尔。归寓，得伯郊第二电话云：给郭三万元，共为港币四十八万八千三百七十六点六二元。京来电话，王毅与阳翰笙先后报告总理，已批准五十万元港币。因以总数分别告之，并草一电稿携往市府。托朱市长以密码发致翰笙转总理报告详细经过，并催速电港行垫款赎回。十一时半始就寝。

十一月廿四日（星期六）。廿六。晴。

　　晨同出早餐，由三轮车送至长隄大公餐厅，较一般茶楼为佳。归途购物，冶秋则往中国银行晤闵一民并电港，指示沈垫款。北京来电话谓款已汇出。下午借车往谒黄花岗七十二烈士墓,并至中山大学访冯乃超副校长。晤刘子植、商锡永①。商陪同进城看九曜石而归。朱市长上下午各来一次,均未晤。晚锡永偕市立图书馆主任康殷来谈,并电约容希白明日在家相候。

十一月廿五日(星期日)。廿七。晴。

九时锡永及朱市长先后来。朱携董源、王蒙画各一帧,皆不真。康殷亦来,遂同往河南岭南大学晤陈寅恪。年少于余九岁而血压甚高,体弱多病,略谈即出。至文物馆参观铜器,以栾书缶②错金书为最精,陈侯午錞一器亦未经著录。磁(瓷)器则以佛山石湾陶器为佳。管理人为冼玉清③女士,京中旧识也。希白④来晤,陪往其家,饭后同至市内锡永家,看长沙器物,一漆几、一漆案最精。重渡河至海幢公园,亦南汉时旧刹

---

① 商承祚,字锡永(1902—1991),广东番禺人。古文字学家、金石篆刻家、书法家。1923年入北京大学研究所国学门当研究生。1927年任广州中山大学教授,讲甲骨文字及钟鼎文字研究。1930年回北平,在女子师范大学、清华大学、北京大学任教授。1933年秋,任金陵大学教授兼中国文化研究所专任研究员,从事甲骨文、金文及古文物资料的搜集整理研究工作。1948年秋,回广州中山大学任教授至终。著有《殷契佚存》《长沙古物见闻记》《长沙出土漆器图录》《石刻篆文编》等。
② 栾书缶,春秋中期晋国执政者栾书铸造的青铜器。鼓腹,有盖,器与盖各有四环钮。腹外一侧有错金字五行四十字。错金字与青铜的色彩对比鲜明。
③ 冼玉清(1895—1965),广东南海西樵人,画家,著名文献学家。1923年岭南大学毕业。曾任岭南大学教授。中华人民共和国成立后,任中山大学教授。著有《碧琅玕馆诗稿》《粤东著述录》《广东艺文志解题》《岭南掌故录》《赵松雪书画考》等。
④ 容庚,本名肇庚,字希白(1894—1983),广东东莞人,古文字学家。1922年入北京大学研究所国学门为研究生,1926年毕业,先后任教于北京大学、燕京大学,曾主编《燕京学报》。著有《金文编》(1925年)、《金文续编》《商周彝器通考》(1941年)等。马衡的学生。

也。同返寓，留锡永、康殷晚饭。

十一月廿六日（星期一）。廿八。晴。

　　早饭后刘子植来谈。与冶秋、森玉往文教厅访萧启先，看新收及海关没收之文物。错金铜剑文字不佳。建安弩机错金望山上刻尺度，自来所见弩机无此之精者，惜下缺悬刀耳。其余瓷器有康、雍、乾官窑，书画则无甚佳品。厅长杜国庠甫归自武汉，尚未办公。下午往游南海神庙，在东山之东，黄埔之北。庙建于唐，旧有韩愈碑文，今已佚。宋元明清碑凡数十，以开宝四年修庙碑为最早，碑阴刻宋至清题名数段。庙右有浴日亭。东坡《浴日亭》诗碑为明人摹刻，又有陈白沙、彭玉麐和韵之作，皆立碑于侧。归来接伯郊电话，诸事办妥，"二希"已在中国银行库中。晚饭后阳翰笙电话，谓款已由南行长径汇香港，因以任务完成告之，俟原件到达国境再通电话。锡永来谈。

十一月廿七日（星期二）。廿九。晴。

　　冶秋往晤杜国庠厅长并至光孝寺摄影。森玉偕余至岭大医学院访陈国祯教授并请其诊治感冒处方，买药而归。下午候伯郊电话久不至，焦急万状。冶秋往打电话，亦未在家。三时十分伯郊电话始来，定明日偕何宝裕乘火车送来。朱副市长约往其家看书画，因与森玉、冶秋赴之。朱收藏不少，其中惟马远《水图卷》、郭熙《山水卷》、关仝《山水卷》等数件较为可信，皆得自长春,为溥仪赏溥杰之物。余皆自郐以下矣。锡永送照片来,余以不适先就寝,解衣后始悟近日回暖而余之衣服未减,殆所谓热伤风也。

十一月廿八日(星期三)。三十。晴。

　　杜厅长来谈,见解高超,条理分明,与一般抱本位主义者有别。至市立图书馆晤康殷并观所藏善本,复由康偕至省立图书馆晤杜定友馆长参观书库,殊不及市馆。马永庆赴车站调查车辆情形,以为由汉转道不若由沪之便,因与冶秋商定与森玉同行。下午赴番禺中学瞻仰毛主席办农民讲习所旧址,又至北郊三元里看平英团遗迹。一八四一年英帝国主义开始侵略中国,清政府无能而民气愤激,与帝国斗争,有三星旗及各种武器陈列于文化馆。归途游六榕寺小憩。至车站候接"二希"并往川馆痛饮。

十一月廿九日(星期四)。十一月初一。昙。

　　上海车票不易购,粤汉路亦有问题。托伯郊向省市政府设法,如粤沪拥挤即买广武线车票。康殷来,欲同赴中复中路五桂堂看木鱼书。余以不敢冒风谢其盛意。下午伯郊买到武汉车票。晚朱光市长约吃蛇羹于文园。晤梁广副市长、陈秘书长。闻蛇羹价每碗需三十万元,未免过奢矣。饭罢微雨。归寓休息。十一时与冶秋登车,森玉、伯郊冒雨来送。

十一月三十日（星期五）。初二。

晨兴，车抵乐昌。晴，旋雨，过耒阳后雨止，沉阴渐寒，两次添衣尤欠不足。过株洲时我室来一旅客，亦往汉口者。

十二月一日（星期六）。初三。

六时廿二分抵武昌，随众过江，大雾不辨咫尺。八时半始到汉口，寄顿行李于新亚饭店。偕冶秋诣璇宫饭店访方壮猷，因前日有电托其代购车票。不料文化部已不在璇宫，迁至卢沟桥路，距离甚远。借电话询问，方以参加土地改革工作，离机关已一月。由一张同志派人来新亚接洽。冶秋偕之赴铁路营业处，亦不得要领。乃托旅馆接客人熊姓于下午排班往购，居然购得。惟卧铺票只买到第一夜，须上车交涉。傍晚文物处张君来谈。廿三时卅五分开车。中夜甚热。

十二月二日（星期日）。初四。晴。

车抵驻马店始兴，感冒益甚，终日昏昏欲睡。过郑州后买到第二夜卧铺。

十二月三日（星期一）。初五。晴。

盥洗处无水，餐车无食物。八时十分抵京。王毅、张鸿杰来接，谓院车亦来，出站后不见院车，拟附局车去。而朱景洛、刘耀山乘车来，遂与冶秋分道，先送朱、刘回院，然后归家。下午到院办公。

十二月四日（星期二）。初六。晴。

闻履儿亦患感冒。电询冶秋两帖已报告政务院否，冶秋谓只夷初看过，须由三人小组作一报告，余力任之。邱文奎自沪来，住余家。䌷伯来访，因留午饭。下午草报告。

十二月五日（星期三）。初七。晴。

以报告稿与冶秋，斟酌修正后由彼持示夷初，再行誊清签名。遇赵万里，将以今晚出差赴沪。宋立峰来开会，数日前曾来余家。芳若参加土改，顷知余已归，特来候安，因留共饮。

十二月六日（星期四）。初八。晴。

上午星枢来院商调整工资。感冒仍不见轻减，五时即回家休息。余之参观土改，闻已批准，冶秋力主不必参加。盖三星期旅行期间，处处得冶秋照顾，见余体力不胜，亦深以为虑，其意殊可感也。

十二月七日（星期五）。初九。晴。

赴文物局。报告又经夷初删改，打字数份，经盖章后送交总理办公室，阳翰笙主任转呈周总理。冶秋以我院陈列计划召开一会，以作明日院外专家讨论之准备，十二时散会。古代馆尚缺殷商白陶，拟请文物局向上海市文物管理委员会商借。

十二月八日（星期六）。初十。大雪节。晴。

民族事务委员陪同东北、华东少数民族参观，在绛雪轩烟茶招待。下午二时在绛雪轩召开陈列计划会议，院外专家到者十余人。致开会词，报告继续上次会议并补充四种陈列方式之意义，冶秋就本院计划方向加以说明。开至晚六时始散。履儿在家相候。余略感寒，测得体温为三十七点六度。

十二月九日（星期日）。十一。晴。

起甚迟，测体温为三十七点二度。咸侄来，彼亦参加土改工作，将以明日赴武汉，所参加者为十八团，易名吴立。下午昏昏沉沉睡了一下午，验体温仍为三十七点二度。晚钜壖来晚饭。芳若将以明日出参加土改廿五团，晚饭后来。

十二月十日（星期一）。十二。晴。

晨兴体温为三十六点八度，已恢复正常。王世襄、杨宗荣相继来别，将以下午出发。午饭后在家略事休息，即往延禧宫选玉器，准备作古代馆之陈列品。但玉器之研究正在摸索中，尤其商周秦汉时代，不易辨别。与丽莎谈今后做人及工作之道。

十二月十一日（星期二）。十三。晴。

赴斋宫拟选旧玉，竟无可选者。工友夏崇厚解放以来向称前进，而年余以来利用其组长地主（位）从中剥削，积逾至百余万，诚非始料所及。局方主张移送法院，亦教育群众之一道也。今日本拟就诊于吴洁，以病已瘥减作罢。

十二月十二日（星期三）。十四。晴。

筹备古代馆以应办各事托陈万里。宋立峰来询，知巽伯近状不甚得意。

十二月十三日（星期四）。十五。晴。

请陈万里以所选铜器移至古物馆，以便为审查工作。至文物局，冶秋示余盐业所押溥仪文物目录。闻张全新押运赴苏文物返国，后日可到。下午，查溥仪与盐业银行押款卷，摘其要点录示之，以便解决此问题。

十二月十四日（星期五）。十六。晴。

迁移铜器尚未毕事。下午开部馆处联席会议，通过组织条例草案。陈叔通来，未晤。

十二月十五日（星期六）。十七。晴。

赴前古物馆看铜器，命杨宗礼开始洗涮。此次陈列酒器中独少角，闻马子云言太和殿有此器，问以何方借，答言不知。乃往太和殿参观一周，不觉受寒，咳嗽大作。组织"说明"编拟小组，以单士元、单士魁、张德泽、金书琴、王碧书五人组成之。召集首次会。诣陈叔通略谈，悉黄小松藏汉魏碑百种在京，约期往看。张全新自苏联归，六时往车站接之。晤王重民、韩承铎及冶秋等。

十二月十六日（星期日）。十八。晴。

下午宋立峰来长谈。

十二月十七日（星期一）。十九。晴。

文物局召开扩大会，通过局方节约检查委员会名单，余被推主任委员。故宫亦成立一委员会，计九人，设办公室，主任为朱家濂。副主任为刘耀山、李正贵，秘书为杭承良，下设检查三组，分任职工警之检查。

十二月十八日（星期二）。二十。晴。

到院。刘耀山告余局方办公室贺泳①主任昨夜投北海自杀，原因不明。赴古物馆看铜器，选商器先行洗涤。下午赴文物局晤裴文中，询知贺泳之交代问题本已欠坦白，部中处理为登记而免予管制，已属宽大。昨公安部门派人来了解，仍欠忠实。当晚即自裁，知前所交代者尚有未尽也。邱文奎今夜返沪。

附录：国家文物局关于贺泳同志平反的决定［91］文物字131号

贺泳同志夫人王惠君及其子女：

贺泳，别名贺培新，字孔才。一九〇三年生，河北省故城县人，大学文化程度，本人成分：自由职业者。

---

① 贺培新，字孔才（1903—1951），1949年改名贺泳。幼时从祖父学古文。后拜吴北江为师，学文学，从秦树声习书法，从齐白石习篆刻。历任北平市政府秘书、北平市古物评鉴委员会会员、中国大学国学系副教授、河北省通志馆编纂、国史馆编纂。1931年在北平积水潭畔建藏书室。1949年4月，将家藏的自乾隆嘉庆年间收藏的图书12768册、文物5371件，分别捐给北平图书馆和历史博物馆。所捐藏书内有元刻本《唐音》《朱子大全》，明刻本《元文类》《郢史》《唐文粹》《周礼》《大学衍义》《尹和靖文集》和《百川学海》等孤本。北平市军事管制委员会为此专门颁发了通令嘉奖。著有《天游室文编》《潭西书屋诗钞》《说印》等。

一九四九年五月参加革命，历任解放军四野南下工作团研究室研究员，武汉市文教部接管顾问兼武汉大学接管组办公室主任，中央文化部文物局办公室主任等职，一九五一年十二月不幸逝世。

经查，贺泳同志不幸逝世的主要原因，是在一九五一年肃反运动中，贺泳同志交代过历史上在一九四六年三月曾接到过被国民党中央执行委员会任为"北平市特别市党部执行委员"委任书一事。据此，当时的文化部文物局学习委员会（肃反运动的领导组织，简称"学委会"）报经文化部学委会批准，将贺泳定为"国民党骨干分子，曾一度被任命为北平市国民党执委"，处理意见是"依法登记"。文物局经文化部将上述案报公安部备案后，即让贺泳进行登记，贺泳同志说明理由拒绝登记，于是文化部保卫科约公安部来人到文物局与贺"谈话"，责令其按国民党骨干分子、历史反革命进行登记，其在与公安部来人"谈话"的次日清晨在北海自溺身亡。贺泳同志在死前给其夫人及子女写了遗信，同时也给王冶秋局长写了遗信。从三封遗信中可以清楚地看出贺泳对定他为国民党骨干分子按历史反革命进行登记是不服的，总有一天会弄明白事情真相。贺泳同志死后当时文物局组织上未做妥善的善后处理，仍依历史反革命对待，给其夫人王惠君及子女们在政治上、经济上造成了较大损失和影响。事实情况是，贺泳没有参加过国民党，也没有担任国民党北平市党部委员，而是他接到国民党中央执委的委任书之后，当即表示拒绝接受任命，并写了辞呈，贺泳是在四六年四月初接到的委任书（委任书的日期是四六年三月二十八日），写了辞呈不久，四月二十五日即被"照准"辞呈，时间只在二十天左右，贺也根本没有参加任何活动（委任书和照准通知原件都保存完好），根据原始材料充分证实，贺泳同志在一九四六年并没有接受国民党的委任。因此他不承认自己是国民党骨干分子、历史反革命，拒绝登记是符合事实的，而当时办案的有关同志忽略了这些重要情节，将他定为"国民党骨干分子，一度被任命为北平市国民党执委"，并责令其进行登记，显然是错误的，由于组织上的错误定案和错误的处理方法，造成了贺泳同志不幸溺水身亡，实属错案，应予以彻底平反，恢复其政治名誉。经查证，贺泳同志在解放前是一位爱好古文、书法、篆刻研究和制作并有较深的造诣，同时也是传世的古书籍和文物的收藏家。北洋军阀政府和国民党政府时期曾任过北平市政府和晋察绥靖公署的文职秘书等职务，但都时间不长即辞职，专门从事大学教授和书法篆刻等专业工作。他思想较开明，和齐燕铭同志曾是同学，一九三四年齐燕铭同志在北平从事地下党活动被北平市宪兵三团逮捕，贺泳曾为营救齐燕铭同志出狱进行活动并找了铺保，使得齐燕铭同志很快出狱。抗战胜利后，继续与我北平地下党外围组织和有关同志保持联系，并在经济上给予一定的帮助，思想上追求光明与进步。一九四九年二月北平市和平解放，贺泳同志衷心拥护中国共产党、拥护人民政府，从政治上看到了祖国的光明前景，兴奋异常。同年三月他将家藏的古书籍一万余册、各类文物五千余件，无偿地捐给了国家（北平市图书馆、历史博物馆接收的），为了表彰贺泳同志的爱国精神，北平市军管会通令嘉奖、颁发奖状，嘉奖"贺先生忠于人民事业、化私藏为公有，首倡义举，足赏楷模"。同年四月二十八日《人民日报》头版刊载了这一消息，还发了记者专访，成为当时北平市的一件有政治影响的事情。同年五月贺泳同志积极参加了解放军四野南下工作团，在武汉潘梓年同志的领导下，负责武汉市文教系统的接管工作，十二月回到北京，由当时在政务院工作的齐燕铭同志介绍到文物局工作，任文物局办公室主任。贺泳同志到文物局工作后，精神愉快，政治思想要求进步，积极靠近党组织，要求加入中国共产党，工作上积极主动，办事认真，文字水平和工作能力都较强，为建国初期的文物事业做了大量工作。

纵观贺泳同志的全部历史，他是一位致力于中国传统文化、艺术研究、教学和文物、古书籍收藏的高级知识分子，是受我地下党的影响，思想上追求光明与进步，反对国民党反动政府，拥护中国共产党、爱国的进步人士。

一九九一年三月七日

抄致：贺敬之、高占祥、部办公厅信访处、北京图书馆、中国历史博物馆

十二月十九日（星期三）。廿一。晴。

十时赴团城开节约检查委员会，通过局方所定日程，各机

关依此进行。并就各单位之重点拟具办法,明日下午送局。下午开本院节约检查委员会,报告总会决议并拟具重点,由会办公室秘书杭承艮起草。晚七时赴文化部听沈部长动员报告,同时由欧阳予倩、彦祥、罗静宇等先后报告。至十一时散会。

十二月二十日(星期四)。廿二。晴。

动员陈万里赴满洲里接运文物,并电冶秋如派人只有万里可派。万里可以接受,但张全新等多候数日即可完成任务,今先期返国,致浪费人力、财力,应予检讨,并应由张全新或戴泽前往接运方是正当办法。冶秋允再考虑后以长途电话与满洲里外交部联络站联系,允由联络站派员押运前来,其议始决。张伯英(钫)、傅佩青(铜)、徐旭生(炳昶)来访,陪往西路一游。五时冶秋陪同文化部办公厅李守宪主任来院,就神武门楼各作动员报告,七时始散。

十二月廿一日(星期五)。廿三。晴。

今冬奇暖,雨雪稀少,疾病甚普遍,吾家除一二人外,几于皆病。报载寒潮已于今晨侵入国境且有风雪,此好消息也。

十二月廿二日(星期六)。廿四。晴。

冶秋约下午四时开节约检查局本部委员会,嘱余主持,通过各位检查办法草案九件。

十二月廿三日（星期日）。廿五。冬至节。昙。

　　夷初约沈衡老、陈叔老、李任老及章伯钧等至团城看"二希"，冶秋约往招待。夷初我见甚深，指《中秋帖》为出自老米所摹，不知老米正从大令出也。见米未见王，故有此见解耳。

十二月廿四日（星期一）。廿六。阴。大有雪意。

　　王天木来商组织条例及陈列计划草案。下午四时在神武门楼作动员报告，就我院特殊情况说明五点。刘耀山补充报告，杭承艮作典型自我检查，六时散会。

十二月廿五日（星期二）。廿七。昙。

　　赴古物馆，中途折入长春宫怡情书史看布置钟表陈列室，退出后与万里、子云审查商周铜器。闻运苏联展览文物明晚可抵京。

十二月廿六日（星期三）。廿八。昨夜小雪。晨雾。午晴。

　　下午至保和殿看陈列柜。晚景洛赴车站，闻今晚非将返国文物全部运回不可。邀刘筱波夫妇在家晚饭。

马衡应马叙伦属隶书《封龙山颂》碑文成扇

十二月廿七日（星期四）。廿九。晴。

赴文华殿看苏联返国文物，已于昨夜一时左右运齐。冶秋送"二希"来，并谓商锡永之楚漆器二十件拟以一亿购之，嘱电商，请其于年内复电。下午偕王天木赴中和殿看新做之陈列柜，又至保和殿、慈宁宫看武英殿旧柜。

十二月廿八日（星期五）。十二月初一。晴。

赴古物馆看铜器，又剔除三器。下午刘耀山以调整工资表见示，又为斟酌损益，拟于今晚作一报告。余以畏寒，请朱景洛、刘耀山报告。晚履儿、钜壎来晚饭。李乙尊饭后来谈，十时始去。

十二月廿九日（星期六）。初二。上午晴，下午阴。

冶秋召集本院及文整会两单位之节约检查委员会及其办公室同人作汇报，十二时散会。商锡永复电，遵命照办。以原电转冶秋请其径电锡永，商交接手续。

十二月卅日（星期日）。初三。晴。昙。

下午绚伯来谈，傍晚始去。

十二月卅一日（星期一）。初四。晴。

陈叔通来书，谓《清河书画舫》已言《中秋帖》为唐人摹本，非真迹也。下午赴怡情书史及古物馆。四时半冶秋来作报告，余与李正贵、姜有鑫、刘耀山皆作检查报告。

一九五二年

【按】1951年10月，在全国开展的爱国增产节约运动中，人们揭发出大量的贪污浪费现象，针对这一现状，中共中央提出从1951年12月至1952年10月在各级党政机关、学校、团体、军队、党派中进行反贪污、反浪费、反官僚主义的"三反"运动。1952年2月3日，中共中央要求"三反"运动和整党运动相结合。"三反"又称"打老虎"：贪污1000万元（旧币，下同）以上者即为"老虎"，贪污1亿元以上者为"大老虎"。中央规定，这次"三反"运动是以反贪污为重点。运动高潮期间，一些地区和单位曾发生逼供信的现象，制造了一批冤假错案。马衡日记中所记故宫博物院"三反"运动全过程，也真实地反映了故宫当时"三反"的过激状况，这次运动改变了包括马衡在内的许多老故宫人的命运。王世襄、朱家溍先生生前都曾撰文回忆了这惊心动魄、刻骨铭心的人生一页。

一月一日（星期二）。十二月初五。晴。

　　景素、节侄夫妇、理侄、黄继兴及履儿、瑛儿、钜壎来拜年。李乙尊亦来。饭后家人皆外出，惟余与蘅卿在家。乙尊、履儿看戏后又来晚饭，乙尊谈至九时始去。

一月二日（星期三）。初六。晴。

　　偕景洛赴怡情书史看钟表陈列室，较东路已有进步，但仍有时间上之缺点，因就徐文潾父子从事研究拟随时掌握时间。下午偕维钧赴太和殿看"二希"之陈列并纠正播音地点。

一月三日（星期四）。初七。晴。

　　九时半赴团城开节约检查委员会总会，报告我院"三反"运动进展情况，并听取各单位之报告以交流经验。冶秋报告此次运动为毛主席亲自主持。最近听到薄一波同志报告，认为有若干机关尚未能将群众发动起来，限本月十日前由各机关领导人以身作则动员群众。自今日起，下午停止工作以全力作此运动。下午二时冶秋又召集十机关科长级以上人员在我院小礼堂作报告，希望各级领导人起带头作用。散会后我院又召集本院委员会商讨具体办法，决定四、五两日先由组长级以上人员互相检查后再开一次动员大会，由各级领导人作检查报告。

一月四日（星期五）。初八。晴。

开组长级以上会议，传达节委会昨日决议案，请大家准备互相检查。继开节委会办公室会议，调整各学习小组长。回家时途遇冶秋偕徐伯郊、韩承铎赴东来顺吃涮羊肉，邀余加入，遂挈思猛赴之。徐伯郊今晨自沪押运潘氏宝礼堂及瞿氏铁琴铜剑楼善本书抵京。下午开组长级以上领导人检查会，费时四小时。仅余与景洛二人讨论终结，颇有收获。

一月五日（星期六）。初九。晴。

与曾广龄、李仁俊、李濂铿、张德泽、单士魁个别谈话。参加节委会办公室会议。闻消防队班长卢耀宗以压制批评，昨夜为公安局逮捕。下午一时半文化部在北京剧场开大会，由沈雁冰部长、沙可夫主任作检查报告，北影厂赵双作典型贪污报告，五时散会。返院开组长级以上会议，准备明日上午向大会作检查报告。履儿来言钜壎今晚来家晚饭，彼不能来。

一月六日（星期日）。初十。小寒节。晴。

今日不休假。八时召集全体工作人员在神武门楼开大会。余首先作检查报告，朱家濂、常学诗、朱家溍、李濂铿相继检查。大风严寒。下午二时冶秋来作检查报告，四时散会。各小组讨论。搜集反映意见汇报局节检委员会。

一月七日（星期一）。十一。晴。

　　各小组反映对余之检查以为不够深刻，不够全面。而对朱家濂认为满意。冶秋之检查则启发作用甚大。下午参加小组，一致怂恿再作一次全面检查，时间不允许也。

一月八日（星期二）。十二。晨雾旋晴。

　　冶秋来听各小组长汇报，并指示今明两日须各级领导人自我检查，互相检查。部方介绍杨金标、宋广祥、王汝霨三同志来了解运动情况。下午三同志参加各小组。余赴群众工作部帮助常惠①检查。六时听取小组长汇报。九时回家晚饭。

一月九日（星期三）。十三。阴。曇。

　　据昨日情况，职工警三方皆已发动起来。上午开办公室会决定工警两方先召集积极分子谈话，筹备各开大会听取反映。

---

① 常惠，字维钧，笔名常悲（1894—1985），北京人。民间文艺学家。早年在北京法文学堂、北京大学预科和法文系学习，1924年北京大学毕业后留校任助教，兼任孔德学校教师。1922年至1925年任北京大学《歌谣》周刊的编辑。1927年到古物保管会、北平研究院史学研究会工作，曾参与马衡主持的河北易县燕下都考古发掘。抗日战争爆发后，到四川乐山故宫博物院负责西迁文物保管工作。抗日战争胜利后回北京，在故宫博物院主管展出事宜。1958年退休。退休后参加了北京鲁迅博物馆的筹建工作，被聘为鲁迅博物馆、中国民间文艺研究会、中国民俗学会、中国歌谣学会的顾问。

警方大会定今晚六时召开，工方则定明日下午三时。节检委员会薄一波主任报告广播，全体往城楼收听，以语音关系多不真切。六时听各小组长汇报。八时回家。

一月十日（星期四）。十四。晴。

参加节委办公室会议，解决若干问题。赴图书馆访庾楼，昨曾来，久病后精神颓唐，今日又未来。下午工方开大会，群众提意见甚多，多对刘耀山不满。昨晚警方开大会意见亦甚多。八时回家，工方之会尚未结束，亦可窥见群众发动情况。

一月十一日（星期五）。十五。晴。

参加办公室谈话。赴团城听冶秋传达文委报告。下午开办公室会议，决定明日工警两方再分别召开大会，有部方杨金标、宋广祥、王汝霖参加。会后召集工方积极分子廿余人谈话，作次日大会之自酝酿。八时回家。

一月十二日（星期六）。十六。晴。

苏联返国艺展品会同对外事务联络局及张全新等开箱检视，并筹备文华殿展览。徐伯郊来谒，以廿七万元（合港币六十四元）偿其代买毛衫之款。参加办公室谈话会。布置下午工警两方大会。工方会自二时半开始六时散会；警方自五时开始至八时。余离院时尚未散也。

一月十三日（星期日）。十七。晴。

绷伯来谈。侯芸圻来未晤。下午乙尊来谈。履儿来。晚饭后分别散去。

一月十四日（星期一）。十八。晴。

约蒋博光作启发性之谈话。参加办公室会议，感前日工方大会有呼口号者殆不合理，杨科长拟纠正之。刘耀山检讨稿有过火处，阅读一遍归之，下午刘加以修改。复参加办公室会议，与杨金标、沈洪江商明日大会刘耀山检查事。沈召集工方积极分子十余人谈话。余听各小组长汇报，八时始归。

一月十五日（星期二）。十九。晴。

参加办公室会议。科学院考古研究所派傅乐焕来，了解黄仲良在西北科学考察团所得《文心雕龙残卷》事，余未之闻也，因以其自私作风具告之。下午以陈万里事办公室就陈列部及保管组两小组开联席会，余约万里来谈话。嗣朱家㴫来请余与万里前往参加并说明迭次谈话经过，于是群疑消释。

一月十六日（星期三）。二十。晴。

开第二次节检会，冶秋来参加布置下午之大会。一时半开会，由朱家濂报告开会意义。刘耀山作检讨。休息十分钟，由群众提意见，发言者十余人。六时半散会。履儿来晚饭。

一月十七日（星期四）。廿一。晴。

王天木、李涵础来谈院务。下午与常学诗谈其检查内容，认为不能满意，劝其尽量坦白。晚七时赴团城开局方总节检会，听冶秋传达乔木同志及毛主席指示。十时回家。警方今晚又开大会。

一月十八日（星期五）。廿二。晴。

徐伯郊送来南海潘氏捐献宝礼堂藏书中有《宝庆四明续志》，可与故宫所藏《四明志》合成全帙。向文物局要求拨交我院保管。下午在城楼开全体大会，常学诗检讨，群众提意见甚多。七时散会。

一月十九日（星期六）。廿三。晴。

参加办公室会议。下午继续开会。

一月二十日（星期日）。廿四。晴。

　　十时赴团城开节检总会，听取冶秋传达薄一波同志报告。下午二时，冶秋在城楼又作一次传达报告，三时半散会。开办公室会。六时听取各小组汇报。履儿来家晚饭。

一月廿一日（星期一）。廿五。晴。

　　启发蒋博光。开节检委会。与思猛赴四川菜馆午饭，令其乘公共汽车回家。赴城楼开大会，听蒋博光、王文善检查报告，均不彻底。自十二时半至六时半计六小时，群众所提意见甚多。散会后复开节检委会布置明日工作。八时半始归。

一月廿二日（星期二）。廿六。晴。

　　个别与于宝平、赵玉林、张琨等谈话。与职方小组谈话，请其速开小组会公推组员参加下午之突击小组。第一小组对象为常学诗，第二小组对象为蒋博光、傅连兴，第三小组为王文善。一二两组余皆参加，均有进展。晚开节检会审查第一批处理人员。八时半赴团城开总节检会审查总会处理人员。十一时归家。

一月廿三日（星期三）。廿七。晴。

　　召开办公室会议布置明日工作，拟集中火力于财经部门，以李经义、贾玉田、张书瀛为对象。下午复开办公室会议，采纳群众意见，调整调查小组人选，取消田人洁等五人。听取突击小组汇报，又召集突击小组组员布置明日任务。八时归家，履儿夫妇来晚饭。

一月廿四日（星期四）。廿八。

开节检委会。下午文化部在音乐堂开大会处理各贪污分子。我院工程师常学诗贪污三千六百十八万得到戴罪立功处分，可谓宽大之至。另有大贪污犯二人，一为戏剧研究院音乐队长杨培，一为北影厂王权国，当场交人民法院桎梏带去。散会后回院开办公室会议。回家晚饭，乙尊偕其妻女来谒。

一月廿五日（星期五）。廿九。阴。

开办公室会议。十时赴团城开总节检会，冶秋传达薄一波报告及文化部指示。下午开节检会讨论调查小组人选调整事，未得结果。六时听取突击小组汇报，未有任何进展。谦儿今晨归自安阳。

一月廿六日（星期六）。三十。晴。

开办公室会议。下午姜有鑫加入突击小组交代问题。六时冶秋来城楼作报告，传达中央节检委员会薄一波报告。今日结束第一阶段，自明日起至二月五日为第二阶段。有问题者得有反省之机会。九时回家，履儿夫妇在家相候。企昕昨入医院，今晨割扁桃腺，至晚九时已三次入手术室，想相当严重也。

一月廿七日（星期日）。癸巳年正月初一。晴。

　　陈养空、胡兰生来。兰生自五〇年冬初请假返沪后久未来京，据其自述去年之去却是情绪波动，今已思想搞通适全心全意为人民服务。九月间即已来京，埋头学习，此老确有过人之处。赴院，刘耀山、宋广祥、王汝霖、朱景洛咸在。与姜有鑫谈话。十二时归。景素率其三子来，未晤。黄纪兴、琰侄及其二子在座，因留午饭。下午沈规徵来探晶儿消息，因具告之。李乙尊来。履儿来。傍晚李乙尊夫人及其女来。即以酴酥宴飨之，十时始去。

一月廿八日（星期一）。初二。阴。

　　侯芸圻、王述人先后来。下午李涵础来。午前钜壎挈新民来拜节，新民已十阅月，似有夙慧不减思猛当年。

一月廿九日（星期二）。初三。晴。

　　九时赴院。李经义、姜有鑫等正执笔交代问题。姜甚狡猾，谓合作社借行政上一千万元似陆续还过七百万，最后三百万则开支票付还，惟未收回借据。午刻返家。则彡侄偕徐雄飞已来过，未遇。绸伯尚坐候，因留午饭。二时赴院开节检会，讨论调查小组问题，决定人选不动。对群众解释说服。委员会委员姜有鑫、刘耀山撤换事，俟彼二人在大会检讨后再作决定。群众要求召回土改人员张景华、杨宗荣、王世襄事则以未有确实事迹，不便擅自召回作为解答之理由。会后又赴团城报告，冶秋亦以为然。

一月三十日（星期三）。初四。晴。

十时半局方开节检会，冶秋传达部节检会指示，一时半散会。三时开院节检会，议决调查组人选，除赵启顺撤出外其余一概不动。履儿来家晚饭。

一月卅一日（星期四）。初五。晴。

八时召集小组长传达节检会议决案。今日突击组二组分别突击姜有鑫、田涛。赴团城晤冶秋、西谛。六时听取汇报，闻各小组对议决案尚无反应。

二月一日（星期五）。初六。晴。寒。

赴太和殿看"伟大祖国艺展"新换书画。十一时收听公审大贪污犯大会广播。公审者共七犯,死刑者二人①,徒刑者三人,不予刑事处分者二人。末有薄一波报告处理经过。至一时半散会。五时半听突击组汇报复布置明日工作。八时回家。

二月二日(星期六)。初七。晴。

上午突击组对象为姜有鑫、田涛、商承和三人。下午开大会斗争姜有鑫,先由于坚代表文物局节检会公布撤消本院委员会委员刘耀山、姜有鑫职务。补充杨金标为主任委员,沈洪江为委员办公室主任,朱家濂易尹君彦副主任,为沈洪江添一秘书李经武。姜作检查报告,主席台上忽闻烟火气,暂时休会检查,乃门缝布条着火,即行扑灭。盖门外有人吸烟遗火所致。继续开会斗争甚烈。散会后开办公室会议。九时始归。

二月三日(星期日)。初八。晴。

九时开委员会听取办公室汇报并分配委员工作。十二时半散会。听取李经武召集突击组长、组员汇报,牵涉甚广。一时回家午饭。二时至院与杨金标、沈洪江谈话。五时半召集突击组员谈话,动员组员明后两日下午回本组交代问题。继由杨金标与组员谈话。组员提出意见甚多,由杨分别答复。听取突击

---

① 1952年2月1日,北京市召开公审大会,并通过电台实况转播公审7名大贪污犯。原公安部行政处处长宋德贵、原中国畜产公司业务副处长薛昆山因贪污罪行严重(宋贪污6.4亿元以上,薛非法所得23亿元以上)又拒不坦白而被判处死刑。

组长汇报，姜有鑫、商承和合作社问题已被突破，为今日之最大收获。九时回家晚饭。

二月四日（星期一）。初九。晴。

嘱李仕宗调查城楼遗火问题，对伊德义、蔡恩元之历史尤须调查清楚。下午开办公室会议至八时散会。与杨金标共同与被管制人谈话。九时归家。谦儿赴安阳。

二月五日（星期二）。初十。立春节。晴。

昨日文物局将王文善调去彻夜追问，始悉工程组经管材料者有集体贪污情事，乃分别对各重点人突击。六时听汇报。后回家晚饭，复回院参加突击组员积极分子会议，由杨金标纠正其上午突击组员全体会中不正确之言论。一时始归。

二月六日（星期三）。十一。微雪。午晴。

王□□夫人来，以□□交代问题四项中有瓷炉退还款十一万元及佛头楠木座一件，由办公室收下。前昨两日群众提出问题甚多，殊感头痛。六时听一般小组汇报，又听突击组汇报，研究明日对策。余主张突击对象为工程材料与合作社两案，宜调齐材料与各组长研究，明日上午暂停突击，以便商决战略，众咸赞同。十时半回家晚饭。

二月七日（星期四）十二。晴。

参加突击组长会议。下午局节检会开会，由西谛传达文委报告。六时返院听取突击组长汇报。八时回家。

二月八日（星期五）十三。晴。

听取昨夜突击组汇报。冶秋来电话促参加科学院斗争黄文弼①大会，追逼甚急。黄仍顽强如故，结果限十一日午将所隐藏公家文物全部交出。三时捷克魏大使以所收商甗及陶俑等捐赠我院，因赴团城参加茶会。沈雁冰部长已先在。魏大使赍文物来，摄影而别。回院听取突击组汇报。八时归家。

二月九日（星期六）十四。晴。

开节检委员会。晚听取突击组汇报，布置明日工作。履儿、钜壎来晚饭。

---

① 黄文弼，字仲良（1893—1966），湖北汉川人。中国现代考古学家，西北史地学家。1918年毕业于北京大学哲学系。1919年到北京大学研究所国学门任教，并于1927—1930年参加中瑞西北科学考察团的内蒙古、新疆考察活动。1934年任西北科学考察团专任研究员，1935年又以中央古物保管委员会委员身份派驻西安任办事处主任，进行整理碑林等工作。抗日战争期间任西北联合大学和四川大学教授。1947年任北平研究院史学研究所研究员。中华人民共和国成立后，任中国科学院考古研究所研究员。1957年，年过花甲的黄文弼第四次进新疆，与同事共考察了古城、遗址及寺庙约127处，并在焉营、库车做了一些发掘工作。1964年被选为中国人民政治协商会议全国委员会委员。

二月十日（星期日）十五。晴。

九时到院。尹君彦、沈洪江皆未来。宋广祥与朱家濂个别谈话。回家午饭时乙尊坐候，饭后略谈即赴院。文化部节委会派来马列学院李遇寅、黎明、王华冰、王子洪等四人为我院节检会委员，李、黎并任副主任委员。尚有十四人由各机关参加土改工作人员调来参加我院工作。从此阵容一新，于工作发展上大有裨益。五时半听取汇报。八时回家，履儿在家相候。

二月十一日（星期一）十六。晴。

接局方节委会通知，我院副主任委员朱家濂、委员兼办公室秘书杭承艮均撤消在委员会职务。开办公室会议分配职务，以陈绍煋继杭承艮为秘书。下午赴团城听取电教所报告打虎经验。冶秋谈如何惩治古玩奸商。告以唐立庵今晨回京，可请其寻找线索。今日无汇报，六时半即归。

二月十二日（星期二）十七。小雪不盈寸。

卫诚昨日坦白交代贪污千万元，嘱其写材料。今晨又翻供，因邀其谈话，反复启发。始承认受"德昌裕记"先后共计千二十二万，受"宝恒"五十万，仍嘱其自行写出。六时听一般小组汇报后，又谈组长应注意事项。王华冰、杨金标、黎明发言最多。十时始归。

二月十三日（星期三）。十八。阴。下午雪。

　　卫诚坦白书已交来，但闻其又翻供，置之不理。下午出席局方节检会，回院后又与卫诚谈话，又不否认，遂鼓励之，嘱其彻底交代，可望恢复自由。六时听汇报。十时归。豫侄在家相候，将于明晨返津。

二月十四日（星期四）。十九。雪。

　　下午开节委会拟解放李经义、姜有鑫、张国桢、曹士英四人，将朱家潽撤职留院反省，以观后效，等待处理。五时半开大会当众宣布。会后约李经义等四人谈话令其回家。

二月十五日（星期五）。二十。晴。寒。

　　交代院工在我家服务问题。今为最后一日，交代问题者突形踊跃。晚八时听取汇报，直至十二时始毕。规章之执行松弛，致文物亦遭损失，尸位素餐愧悔莫及。

二月十六日（星期六）。廿一。晴。寒。

　　开节检会由黎明传达文化部报告。接总节检会电话十时开会，因与沈洪江同往。冶秋亦传达文化部决定；并要各机关于十七日下午将第二阶段总结送局以便汇编。会后与西谛、冶秋谈话，拟自请处分；冶秋谓可于总结中表示态度。下午汇商由尹君彦、沈洪江起草。六时听汇报。九时归。

二月十七日（星期日）。廿二。晴。风寒。

九时半赴院。晤王淑芬谈及其父锡英在敌伪时期曾盗卖学生寄存书籍。校方认为不够坦白，淑芬回家启发之。沈洪江写第二阶段工作总结未成，待至一时始脱稿，看完后归家。则绷伯夫妇及履儿皆在此午饭，已先去矣。傍晚乙尊来晚饭。饭后余往团城开总结会。丁西林部长亦在座。十时归家，知履儿又来，已与乙尊同去矣。

二月十八日（星期一）。廿三。晴。

文教委员会对我院特别注意，拟请公安部特别警戒，公安部派武振□处长前来联系，问所需要。余与李遇寅与之谈话，请其派干部十余人，警察三十人，消防队十五至二十人。张景华、李鸿庆参加土改工作，于今晚八时零四分抵京，由尹君彦接其来院，即留院学习。李允交代问题，张则谓无问题可交代。

二月十九日（星期二）。廿四。晴。

履儿屡来不晤，今午在家相候，交换意见。饭后往汇文中学看校长高凤山贪污赃物书画,殊少佳品,即群众认为郎世宁《太液饮至图》、赵孟頫《九龙饲饮图》皆属精品,亦不可信。高凤山盖买办之流,对书画一无所知,妄欲以此发洋财耳。六时听取汇报。九时回家,履儿亦在。

二月二十日(星期三)。廿五。雨水节。晴。

午饭后,理侄来告新自沈阳归,将于下周赴沈阳与一党员张姓者结婚,泰侄之同学也。六时在城楼开大会。余与李遇寅讲话,余说明我院右倾思想之严重;李说明政策及对盗窃文物者之处理办法,除毁灭文物将加重处理外,其余自动坦白者皆可从宽。

二月廿一日(星期四)。廿六。晴。

马列学院又派来干部七人,李遇寅为我一一介绍。张宗良找余谈话,谓听了昨晚大会报告后思想起了斗争,今愿交代一问题。谓廿七年有其友人马姓者有王羲之《行穰帖》托其代卖,今尚在其家,五玺皆真,帖则不知真伪。余令其午后交来。去年八月提集组提到手卷五卷中有此帖之董其昌跋,而失去原帖意即一物,下午视之果然。宋徽宗"双龙图玺"及"宣和长玺"似非赝品,而王帖则似勾填。因告以能交代固甚佳,但态度太不老实,举二证以折之,始承认于点收时盗窃。汤有恩谈话态度狡猾,已受张宗良之唆使。令其留院反省。

王羲之《行穰帖》(局部)

二月廿二日(星期五)。廿七。晴。

张伯英来访,拟借《千唐志斋墓志目》,并嘱题三字石经拓本,婉词却之。六时听汇报。张宗良交代问题甚多。尹君彦、黎明、王华冰指示各组长以方法。九时归家。

二月廿三日(星期六)。廿八。晴。

午间为了解刘士元工作及学习情况,至文华门与之谈话。

下午四时半赴文物局晤沙可夫、范长江及西谛、冶秋,李遇寅、黎明,谈"三反"运动事。群众对黎明有意见须撤回。五时半冶秋在城楼报告三点,一政府对故宫运动之方针,二对文物之政策,三调整委员会之意义。余与尹君彦相继发言。散会后开节委会决定分工,研究今后工作。八时回家履儿已先在,乙尊继来。五弟今日生日,年正七十,老弟兄只我两人,惜留恋于生活条件终不肯离开香港而进入内地,屡函规劝竟犹豫不决。奈何,奈何。

二月廿四日(星期日)。廿九。晴。昃。

数周来未得休假,今日充分休息。孙伏园前两周两次见访皆未晤,今往答步,略谈而退。思猛昨晚小病,今亦痊愈。

二月廿五日(星期一)。二月初一。昨夜雪。竟日飘扬未止约积寸余。

八时半局方开总节委会。甫出神武门,见杨宗荣迎面来,谓昨日返京。至团城门首,又见王世襄、傅振伦,谓今晨到即由车站来此报到。余嘱世襄不须回家先到院参加学习。散会后回院,王世襄坐候,即告以"三反"运动之意义,嘱其坦白交代问题。杨宗荣来亦详告之。旋与李遇寅、尹君彦谈王、杨留院问题。李以为可不必留院,余以应与张景华、李鸿庆同样对待,遂向冶秋请示,冶秋又电询文委决定留院。正谈话间,有人来报马列学院新来之廖焕星在吃饭时忽晕倒,疑为中风。亟与李遇寅往视之,已不能发言。余谓若系中风须送医院,惟经车上颠簸恐影响溢血过多,不如先请医生诊断再作处理,众以为然。乃赴协和医院访刘士豪,刘谓久不出诊当转荐虞诚之。先以电话联系,赴东四十一条门楼胡同偕虞赴院,甫至门首即闻已入北大医院。遂送虞回家,备致歉意。返寓吃饭已二时矣。亟回院,知马列学院杨副院长在院由李遇寅介绍相晤。李即偕杨赴医院视疾,谓旧病复发,希望甚微。布置检查陈列室工作,以明日开始。与张景华、汤有恩个别谈话。八时归。

二月廿六日(星期二)。初二。晴。

九时开行政会议,商讨五一年工作总结,就局方指示提纲四项,以今明两日由行政组讨论草拟,廿八、廿九两日由部、处、馆汇编,一日、二日汇总编成,三日送局。李遇寅往视廖焕星疾,由苏联医生诊治,谓无变化可往好转。陈万里报告下午检查内外东路陈列室四处。六时后归。思猛又病,喝粥后即睡,体温三十九度以上。新民亦患流行性感冒。

二月廿七日(星期三)。初三。晴。

十时刘鸿逵来报告,检查原状陈列室至丽景轩,发现风门玻璃破碎,内有一鹰不敢开门入内,请示办法。因往视察,果如所言。命即启封开门放鹰出。巡视一周只餐桌上玻璃器损坏二件，余皆无恙。所幸此事发生于丽景轩，独无古物，又幸此鹰尚未飞去，众目共观，否则疑案难明矣。傍晚冶秋电话约谈，亟赴之。乃为盐业银行押死清室文物事，此中疑窦甚多，现存文物其为账外，乩（乾）没之物无疑。复看王希孟《千里江山卷》，乃宋徽宗赐蔡京者，后有京跋。希孟供奉画院，经宋徽宗亲为指示，画成此卷青绿山水，乃王右丞一派，年仅十八而卒，恐为世间孤本也。回家见乙尊、履儿在座，谈至十时始去。

二月廿八日（星期四）。初四。晴。

开文物检查组会，研究陈列室文物检查事并说明文物陈列与原状陈列性质之区别。十一时散会。下午赴琉璃厂博闻簃、通古斋，调查马济川、陈鉴堂偷运文物赴港事。张德山踪迹而至，谓沈洪江有话谈即回院。知五时有大会将有重大意义之报告。四时半冶秋来电话嘱赴团城一谈。至则郑西谛、范长江①、沙可夫皆在。范首先谓公安部得报告故宫分子复杂，据密报有反动分子阴谋纵火，中央决定将所有人员全部迁出，仍彻底作"三反"运动学习，停止开放以策安全。遂同至城楼，宣布当

---

① 范长江，原名希天（1909—1970），生于四川内江。新闻记者，社会活动家。1949年1月31日，北平和平解放，奉命接管国民党在北平的各新闻单位，组建北平解放后的第一张党报《人民日报·北平版》。1950年1月，范长江被任命为《人民日报》社社长。"文化大革命"时受到"四人帮"的残酷迫害，长期被关押。1970年10月23日，在范被关押的河南省确山的一个农村机井里发现了范长江的遗体，怀疑为自杀身亡。1978年12月27日举行了范长江同志追悼会，为他平反昭雪，恢复名誉。

晚全部人员分作两大队，第一大队至西郊公安干部学校（白云观），第二大队至东郊公安干部学校（东岳庙）。余回家取行李复至故宫，由西谛陪至白云观暂住。

二月廿九日（星期五）。初五。晴。风。

上午黎明来谈，将派人前往检查开放路线及各陈列室。告以易庄、如司铨非去不可，其余可派陈列组一人。并以第一第二两大队名单留此备查。下午黎明陪范长江来谈学习计划，拟将节委会扩大，在一二日内开会。谈一小时而去。

三月一日（星期六）。初六。晴。

下午范长江、郑西谛、丁西林来参加第一次改组节委会。到会者杨时、徐欣三、黎明、王碧书、李增麒、王子洪、王华冰、李经武、秦德海、李仕宗、张述震。发表新名单，共十六人，除到会十二人外，尚有李舒亨、白经栋、陈万里、李德会。商定学习计划分配工作。王碧书留住此间，任节委会秘书，孟

【按】据朱家溍先生回忆："1952年2月26（28）日，范长江来院，在神武门楼作动员报告，宣布故宫博物院全体职工和警卫一律不准回家，分成两个队。在神武门广场集合，事先已准备好若干辆卡车，由公安人员点名押送上车。一队开往白云观附近的公安干校，一队开往东岳庙的公安干校。我被分配在白云观的公安干校。"（见文物出版社《朱家溍》，第86页）

昭泰亦迁来。

三月二日（星期日）。初七。晴。大风。

竟日与王碧书闲谈。晚间接第一大队办公室报告，已由正副大队长黎明、杨时分别讲话，群情已渐安定。

三月三日（星期一）。初八。晴。

王碧书、孟昭泰往西仓库慰问诸同仁，晤黎明、杨时、王华冰、赵泰诸同志，因宿舍移动关系已将四队改并为三队。接第一办公室汇报，群众有要求余交代者。

三月四日（星期二）。初九。晴。

上午王碧书赴第一办公室，黎明昨返马列学院未回。带回三日汇报报告，发薪及公议伙食事。下午复往商，汇报仍合两队每三日往上汇报。

三月五日（星期三）。初十。惊蛰节。晴。晨感霜浓雾重。

九时偕王碧书赴二大队（东岳庙）访问，晤刘兴同志。由教育科李云导往各组慰问一周。干事陆敬自言为颖民之子，美秀而文，不类公安干部。回家午餐后往宝泉堂理发洗澡修脚。四时偕碧书返白云观。碧书往第一办公室联系。晚间长谈。

三月六日（星期四）。十一。阴。

古物陈列所自成立至并入故宫，经过卅三年不可能毫无问题。该所旧人又皆在疑有攻守同盟之约，因写一意见书，下午托碧书交黎明请其注意。

三月七日（星期五）。十二。阴。

写"我的社会关系"未完。晚黎明来长谈，十时半始去。

三月八日（星期六）。十三。晴。

今日为国际妇女节，有女航空员驾飞机六架经天安门而绕行全市。继续写"社会关系"脱稿。

三月九日（星期日）。十四。昙。

与王碧书往观天宁寺塔。相传为清代建筑，寺有驻军谢绝参观，只于墙外遥瞻而已。塔下二层或为原址，其上焕然一新，似最近重修者。信步入西便门，寥落如偏僻县城无物可买。废然而归。

三月十日（星期一）。十五。晴。

　　黎明作启发报告，分析学员思想情况颇细致。王碧书往听，见沈士远、张允亮皆已来队。

三月十一日（星期二）。十六。晴。

　　在阶下曝日绎读碑文，知白云观为玉器业公会会所。乾隆五十四年有玉工张国英者首创，斯会其时正在大小金川战役之后，统治阶级征取大量玉璞从事雕琢，张国英殆造办处玉工欤。

三月十二日（星期三）。十七。昙。

　　报载政务院命令公布中央节约检查委员会《关于处理贪污浪费及克服官僚主义错误的若干规定》，今后贪污盗窃分子之拒不坦白者可以觉悟矣。

三月十三日（星期四）。十八。晴。

　　写稿。黎明在大会报告第一阶段（端正学习态度）情况，以后将转入第二阶段（交代历史及社会关系）。晚黎明来长谈。

三月十四日（星期五）。十九。阴。

　　清缮"检讨思想"稿。晚赴队部注射预防鼠疫针。与黎明谈半小时。

三月十五日（星期六）。二十。晴。暖。

　　以"思想检讨书"送交黎明。二大队第二次汇报仍未来。

三月十六日（星期日）。廿一。晴。

　　魏建功不来，遂于九时廿分雇三轮入城。悉思猛患急性肝炎于六日入协和医院治疗，今已将愈。履儿拟搬回家，曾请陈养空迁让，陈养空来谈因具告之，并请其谅解。四时半履儿来家，略谈亟雇车出城。晚接二大队快报，李濂镗、程文瀚、王世襄、马世杰交代问题甚多，而且严重。

三月十七日（星期一）。廿二。阴。

　　写商周铜器分类表，黎明所要求也。黎明来谈，十二时始去。下午更凉，晚雨。

三月十八日（星期二）。廿三。雨。下午晴。

  杨宗荣经其女启发后终日思索，神思不属，似在思想斗争中。

三月十九日（星期三）。廿四。晴。

  写"五代以后书画家简目"送交黎明供其参考。

三月二十日（星期四）。廿五。晴。

  晚赴队部晤杨时、黎明，悉沈士远已回家，张允亮患病亦拟送其回家。

三月廿一日（星期五）。廿六。春分节。晴。

  夜大风怒号。

三月廿二日（星期六）。廿七。晴。

  竟日大风至晚始息。

三月廿三日（星期日）。廿八。晴。

　　八时半入城。乙尊来以雪茄十支见赠。履儿言思猛已痊愈，但尚须静养一月，拟明日接其回家。三时半至市场购物即回白云观。北风甚大。

三月廿四日（星期一）。廿九。晴。

　　九时半黎明来谈。刘华盗窃瓷器除已交代者外，尚有百余件在"三反"开始时投入雪池①之冰窖中，日前发动消防抽水检视几无完整者，此人真不可宽恕矣。

三月廿五日（星期二）。卅。上午晴下午阴。

　　出第二期快报，赵广元案已破，赵德喜、赵宝林皆共同犯，已自动坦白。一九五〇年八月一日自杀之铁双全即赵德喜之父。盖闻赵广元送法院畏罪自杀也，事隔九年终于大白。群众力量可谓伟大矣。

---

① 在景山公园西门至北海公园东门之间，有一条东西走向的古老的陟山门街。从陟山门街中段往北一拐，就是雪池胡同。在清朝，这里有六座皇家冰窖，如今还残存两座。雪池胡同，也是因冰窖而得名。

三月廿六日（星期三）。三月初一。上午雨下午晴。

偕王碧书赴第一大队部看张宗良交出赃物,已于昨日展览后收藏。据黎明言大部为金器。

三月廿七日（星期四）。初二。晴。

伙食账共九十分,以二三七一计算为廿一万余元。

三月廿八日（星期五）。初三。晴。

珍儿五十生日,如何使我不老。余与王碧书《交代历史问题》已写成,由碧书送交黎明。昏后雨。

三月廿九日（星期六）。初四。晴。

搬家。学习已整月,成绩显著,惟尚有拒不坦白者,如汤有恩等不知是何心肝。昨容庚寄来《药书缶》拓本,今晨审释,惟丩字不可识,余皆可通读。

三月卅日（星期日）。初五。晴。

回家。思猛已出院,惟尚须休养。履儿钜壎来,正修理南房安装水管。

三月卅一日（星期一）。初六。晴。竟日大风。

　　傅庄霖昨交代盗窃文物二百余件，多半与滑瀛仙在寿康宫所为。

四月一日（星期二）。初七。晴。

　　今日报载《追缴贪污分子赃款赃物的规定》。而我院尚有多数人未交代清楚，见此退赃规定恐将大受影响。下午三时半，赴队部注射霍乱、伤寒及副伤寒甲乙共四种混合预防针。继晤黎明谈话忽觉发冷，距注射时不过半小时，亟偕王碧书返寓，如厕毕忽晕倒，幸有孟昭泰随去照顾，否则更狼狈矣。蒙头大睡体温极高，孟为我请来校部医士谓全体三千人余为反应最甚之第七人。体温略降尚有三十八点二度，医言再度注射时须减轻分剂分日注射。

四月二日（星期三）。初八。晴。燠。

　　体热退净，惟四肢无力。早餐后全部呕出，卧床休息，渐次恢复。傍晚略感饥饿，进馄饨一盎。黎明来谈，九时始去。

四月三日（星期四）。初九。晴。

　　写"思想检讨"，精神尚觉疲乏。

四月四日(星期五)。初十。晴。燠。

昨眠不安。晨起嘴旁边发热疮,盖三日前高热度所致也。继续写"思想检讨"。文教委员会在中山公园音乐堂开"三反"大会。王碧书七时赴队部参加,晚八时始回。该会由范长江主持,处理者十六人。其中十二人不作刑事处分,逮捕者三人,由本机关管制一人。下午群众当场检举。

四月五日(星期六)。十一。清明节。晴。

山桃盛开。仍写"思想检讨"。

四月六日(星期日)。十二。晴。

回家。黄纪兴、李乙尊来,午饭谈甚久。履儿夫妇来。五时前返寓。晚有骤雨。

四月七日(星期一)。十三。晴。昙。

写"思想检讨"完成。

四月八日(星期二)。十四。昙。晚前有黄沙。

注射第二次预防针。张舜丞医师告余用零点一分剂注射皮内，乃苏联新法决无反应，试之果然。

四月九日（星期三）。十五。晴。

　　终日读《两周金文辞大系》①。

四月十日（星期四）。十六。阴。

　　读《两周金文辞大系》。夜风骤寒。

四月十一日（星期五）。十七。阴。终日风。

　　报载冯国瑞在永靖发现炳灵寺石窟二百余，并引《水经注·河水篇》唐述谷文及《法苑珠林》（五二）记载证为西晋初年所造，是可注意也。冯国瑞疑即青海发现汉赵宽碑者，赵宽碑已毁于火，又发现此窟，可谓巧矣。

四月十二日（星期六）。十八。昙。

　　杨时副主任报告廿七人已无问题，今日离队回家。王碧书代送"思想检讨"于黎明，黎明以为应再深刻检讨，将来由节检会通过。

――――――

① 青铜器铭文研究著作，郭沫若著。

四月十三日（星期日）。十九。阴。昙。

　　晨回家。赴孙琢良处检查眼镜，候甚久已逾十二时，定下星期再去。乙尊夫妇来午饭，将于十五日返沪。履儿亦在，雇工掘葡萄上架。

四月十四日（星期一）。二十。晴。风。

　　上午与王碧书讨论思想问题。下午重写"检讨"。竟日北风怒号，所居旁铁道风挟车声益形可怖。

四月十五日（星期二）。廿一。晴。

　　上午黎明陪一沈同志来谈，多所启发。允深刻检讨以作今后改进之南针。

四月十六日（星期三）。廿二。晴。昙。

　　注射第三次防疫针仍为零点一皮内注射。晚有黄沙，日没后狂风骤起，竟夜不息。

四月十七日（星期四）。廿三。晴。

　　狂风竟日。丁香、海棠皆被摧残。写"思想检讨"。

四月十八日（星期五）。廿四。晴。

　　抄录并修改文稿。

四月十九日（星期六）。廿五。晴。

　　修改抄录文稿成。王碧书晚饭后回家。

四月二十日（星期日）。廿六。谷雨节。晴。

　　进城配眼镜于孙琢良。理发于孔雀。陈养空已搬家（孙家坑四十四）。履儿下午来谓明日迁来。

四月廿一日（星期一）。廿七。晴。昙。

　　上午与王碧书访黎明谈甚久。归来重写"检讨"。

四月廿二日（星期二）。廿八。昙。

　　写稿。傍晚与王、孟二人出外散步。

四月廿三日（星期三）。廿九。晴。

　　写稿。

四月廿四日（星期四）。四月初一。阴间有微雨甚凉。

竟日抄录稿件。

四月廿五日（星期五）。初二。晴。

大队部展览偕王碧书参观赃物。分三室陈列其中，亦有非故宫物品。归来修改稿件。

四月廿六日（星期六）。初三。阴。

赴队部再参观赃物展览。与黎明谈至十二时归来。补写"关于用人问题"。

四月廿七日（星期日）。初四。阴。雨。

九时半回家。绚伯来谈。李道生来。皆留饭。四时同出门而别。

四月廿八日（星期一）。初五。晴。

写稿。

四月廿九日（星期二）。初六。晴。

　　修改稿件。

四月三十日（星期三）。初七。晴。

　　上午补抄。下午访黎明长谈。

五月一日（星期四）。初八。阴。昙。傍晚雨。

　　天安门庆祝劳动节大会，我院未参加。十一时偕王碧书、孟昭泰步行至新北京。仅至万寿路，雇三轮折回。

五月二日（星期五）。初九。晴。昙。

　　各机关休息一日。偕王碧书入西便门至广安门大街报国寺前饭铺午餐。寺旧名慈仁寺，清初有书摊见清人笔记中，旁有顾亭林祠、唐开成井栏，不知尚在否。

五月三日（星期六）。初十。晴。

　　晚黎明来参加晚会看电影。余以夜凉先就寝。

五月四日（星期日）。十一。晴。

　　晨七时入城。大中小学将在天安门开会庆祝青年节。履儿理书已渐就绪。景素来谓咸侄须五月底始能返京。晚饭后出城。

五月五日（星期一）。十二。立夏节。晴。

　　访黎明长谈。谓马列学院开课已半月，今晚将离队返校。今后诸事由杨时处理。未作总结者不过十余人，将继续学习。□□□实系国特，在淮海战役后曾询余意见，余谓共产党之成功将决定于此役，彼即据以报告国民党。此事已自承。下午五时半偕王碧书访黎明，谓今晚返校，明日午后再来办理交代。

五月六日（星期二）。十三。晴。

　　王碧书赴队部未晤黎明。

五月七日（星期三）。十四。晴。

　　上午北风甚凉。队部招碧书往谈，以二大队欲了解许圣敏情况也。

五月八日（星期四）。十五。晴。

下午杨时偕沈同志及凌欣女同志来。先报告一大队共三百二十八人有廿四人未来，实数三百零四人。除先走者外参加学习者计二百九十二人。已分三批结束，回去者已有二百四十七人，尚余十二人须继续学习。连加入打虎队者共四十七人。拟移并二大队日内即将迁。所有交代问题统计为一百二十二人，占总人数百分之四十一。盗文物者十五人，盗非文物者五十八人，盗文物与非文物者廿人。纯政治性者六人。三种具（俱）备者五人。盗文物及政治问题者九人。盗非文物及政治问题者九人。后谈文物西迁之经过至六时始去。

【按】马衡上述所记仅为一大队所报打虎"战绩"，有问题者占百分之四十一，可谓触目惊心。马衡对此未加评论。那段故宫博物院"三反"历史和故宫人的遭遇早已尘封，当事人多已作古，真相已经无从考察，唯有当年蒙冤受害的两位高寿老故宫人王世襄、朱家溍留下了故宫博物院1952年那些不堪回首的记忆。据王世襄先生生前回忆："我被送往东岳庙，名曰'学习'，实为逼供，纠集了一大批'打虎英雄'，……工作方法简单而粗暴。他们大声恐吓喊叫，用力拍桌子，勒令交代问题。交代不出来则夜以继日，轮班逼供，名曰'疲劳轰炸'。……不料第二天停止一切活动，特别为我召开一个全体大会……命我跪在神道正中方砖地上，两旁士兵持枪排列。宣布王世襄罪大恶极，不仅自己拒不交代，还破坏他人交代，罪不容诛。批斗时千人高喊口号，声震殿瓦。对这从未见过的阵势，未免有些恐慌。随即宣布已呈报上级，批示后，立即枪决。"'打虎英雄'认为我是马院长的亲信，在追究院长的问题时，也企图以我为突破口得到院长的盗宝证据。他们先逼问马院长如何指使我为他盗宝并设法潜移院外。我说：'绝对没有。'又追问马院长可曾指使我拿文物给他。我说这倒有过。他们一时兴奋起来，问：'你给他拿的是什么文物？'我说：'宋代名画。'他们更兴奋了，又问：'随后又怎样？是否送到他家？'我说院长命我送往陈列室展出。他们恼羞成怒，说我没有端正态度，在开玩笑。我说：'不是开玩笑，是事实，而且是你们要我讲的。'"（见三联书店2007年出版的王世襄著《锦灰不成堆》，第46—48页）

五月九日（星期五）。十六。晴。

上午偕王碧书访杨时，谓明日将迁居，余先归。午后碧书来言，一时半最后一批将回城，孟昭泰亦在内。遂匆匆去。

五月十日（星期六）。十七。晴。

与王碧书赴大队部访杨时不晤。下午王碧书又去送最后学员启行。杨时亦随去。余之住处尚未定，暂候通知。碧书四时回家。

五月十一日（星期日）。十八。阴。

回家早餐。许季华之子国璋来谒，彼于一九五〇年十二月由中学参加海军学校，今调京学习，皆将来国防干部也。晚饭后出城。

五月十二日（星期一）。十九。晴。热。

迁居通知仍未来。晚饭后与王碧书散步至附近某菜圃，见温室中仍有菜蔬，多为番茄、王瓜之类。

五月十三日（星期二）。二十。晴。

与王碧书讨论思想问题，拟再作检讨。

五月十四日（星期三）。廿一。晴。

　　写稿并与王碧书讨论。

五月十五日（星期四）。廿二。晴。昙。

　　写稿。王碧书批评已较前深刻。

五月十六日（星期五）。廿三。阴。雨。

　　写稿，随时与碧书讨论。

五月十七日（星期六）。廿四。晴。

　　脱稿。下午誊写。碧书赴东岳庙与杨时联系。

五月十八日（星期日）。廿五。晴。昙。

　　昨夜誊写未竟，晨起完成之。早饭后回家。王制五来谈。与碧书通电话，将"分期检讨我的思想"寄杨时。晚饭后返寓。碧书言杨时希望余略述"易案"之经过。

五月十九日（星期一）。廿六。晴。

　　写"我所知道的易培基盗宝嫌疑案"。

五月二十日（星期二）。廿七。晴。

　　上午写毕。下午誊清。碧书晚饭后入城购物即托其赴邮。

五月廿一日（星期三）。廿八。小满节。晴。

　　写"我对三反运动工作之检讨"一文。

五月廿二日（星期四）。廿九。阴。雨。

　　抄录昨拟文稿付邮寄杨时。晚饭后与碧书散步，入西便门至广安门大街沽酒而归。

五月廿三日（星期五）。三十。晴。凉。

　　竟日阅书未著一笔。

五月廿四日（星期六）。五月初一。晴。

　　阅《思想改造文选》。

五月廿五日（星期日）。初二。上午雨。下午晴。

　　唐兰、齐念衡先后来谈。听唐谈话似在北大尚有问题。齐言陆志韦问题极严重,曾在燕大开过展览会,将其致司徒雷登信照相陈列,简直是特务间谍。节侄夫妇来午饭。傍晚李道生来。七时十分返寓。十时雷雨。

五月廿六日(星期一)。初三。晴。

　　阅周立波《暴风骤雨》。

五月廿七日(星期二)。初四。昙。时有小雨。

　　阅《暴风骤雨》竟。

五月廿八日(星期三)。初五。晴。晚有雷雨。

　　午餐特别丰盛,表示过节。晚饭后偕碧书散步至公路以有雨意沽酒后即回。

五月廿九日(星期四)。初六。晴。

　　读碧书新买小册。

五月三十日(星期五)。初七。晴。

　　上午与碧书漫谈,估计范长江或丁西林将再来。明日已居月终，姑静候之。

五月卅一日（星期六）。初八。晴。

下午碧书赴二大队访杨时。傍晚大风雷雨。

六月一日（星期日）。初九。晴。

七时入城。沿途小学生排队赴文化宫，络绎不绝庆祝儿童节也。与碧书通电话，谓昨晤杨时，云下星期将开大会争取结束。七时半返寓。

六月二日（星期一）。初十。晴。风。

碧书今晨返寓，谓杨时言易显谟[①]有反映材料，略云第一批南迁文物有永字九号箱珠宝曾经法院检查，有装箱清册未载之，溢出物品不知作何处理，问余尚能记忆否。当即写一简短说明寄去。大意谓，苟有溢出物品不可能即作处理，记忆中已无此印象，应将此项材料寄南京，由欧阳道达解答。

六月三日（星期二）。十一。晴。风。

阅丁玲《太阳照在桑干河上》。

---

① 易显谟，原古物馆科员。1933年5月文物南迁后故宫博物院被裁减人员。

六月四日（星期三）。十二。晴。

连日扑灭蚊虫似已肃清。

六月五日（星期四）。十三。晴。热。

晨兴颇感疲惫，下午始愈。晚为白蛉所苦。

六月六日（星期五）。十四。晴。

杨时电话谓下星期始能结束。

六月七日（星期六）。十五。
昨夜雷雨。晨晴旋阴有东北风骤注有小雨旋晴。

王碧书邀游新北京市区，未往，彼即入城。

六月八日（星期日）。十六。阴。

八时抵家觉凉甚。下午有裘子贞来访，子原之弟。新从成都来，谓有苏某者久在甘肃任法官，为东坡后裔，藏有敦煌宗教画一帧，已归博物馆。七时返寓。

六月九日（星期一）。十七。晴。

　　杨时电王碧书，谓已全部结束。我二人何时迁回，请径与王冶秋接洽。碧书又电冶秋，则谓本周内候信。

六月十日（星期二）。十八。晴。风。

　　下午王碧书往访王冶秋，冶秋正拟前往开会商讨处理故宫问题，允再通电话。

六月十一日（星期三）。十九。晴。

　　碧书九时半回寓，谓冶秋对故宫节检会情况亦不了解。

六月十二日（星期四）。二十。昙。

　　碧书与冶秋通电话，由高履芳答谓未有决定仍属暂候。晚饭后与碧书赴广安门搭公共汽车至珠市口，回寓已近九时。

六月十三日（星期五）。廿一。昙。

　　晨兴略感疲乏，午间始恢复。竟夜白蛉所扰。

六月十四日（星期六）。廿二。晴。

　　碧书上午往访冶秋询其究竟。向校部办公室商借蚊帐。

六月十五日（星期日）。廿三。晴。

　　入城极早。绷伯、道生相继来。余以脚指甲三月未剪步履甚艰，乃赴宝泉堂洗澡修脚并理发。十二时半回家，则侯芸圻及陈养空夫妇亦来，遂共午饭。王冶秋两次来电话，因电询之，冶秋拟来晤谈，约以三时往访，谈一小时而归。晚饭后回寓已八时半。

六月十六日（星期一）。廿四。阴。昙。

　　王碧书协助余整理行李算清伙食账。六时半与王碧书①雇车回家。今日为余七十二生日，昨已吃面，今午重复举行。竟日追录日记。

六月十七日（星期二）。廿五。晴。下午风。

　　追录日记竟。琰侄来祝寿，盖误记也。

---

① 王碧书是马衡北大任教期间的学生，北大同人魏建功先生之夫人。在白云观近四个月隔离期间，马衡受到王碧书多方照顾。

六月十八日（星期三）。廿六。晴。风。

　　理书得石棋局照片，昔日郭玉堂①寄来者。棋如今之象棋，惟易第二、第四之卒为火，又于士角增二；棋局为三面，每面之间设一城中心；亦有一城字不可辨，字为隶书，类近代人所伪作；且于每局上固定排列不能对局，疑出伪造。

六月十九日（星期四）。廿七。晴。风。

　　下午咸侄自天津来，略悉季明及蒙侄等情况。乙尊自上海来，留晚饭。九时陈紫蓬之孙来，言其祖父于今晨逝世，意欲告帮。紫蓬为易县地主，其女婿又为特务，解放前后余皆有所资助。后以其言论反动，断绝往来者已年余矣。余告以服从组织，不便帮忙。且陈氏亲属在京者不乏其人，必能料理，无待乞援外人也。

六月二十日（星期五）。廿八。晴。热。

　　下午李道生来，谈成都往事，已如隔世矣。

---

① 郭玉堂，字翰臣（1888—1957），河南孟津人。近代洛阳著名金石学者和拓片收藏家。20世纪20年代至30年代马衡赴洛阳考察与其相识，后聘为故宫博物院考古采访员。中华人民共和国成立后先后在河南省文管会、省文史馆工作。

六月廿一日（星期六）。廿九。夏至节。晴。热。

　　故宫及历史博物馆每逢星期一停止开放。

六月廿二日（星期日）。闰五月初一。晴。

　　黄继兴夫妇来晚饭。

六月廿三日（星期一）。初二。晴。

　　晚饭后李乙尊来。

六月廿四日（星期二）。初三。晴。

　　咸侄赴广州。蘅卿患神经痛求诊于针灸科，最初为郭医四次未见大效，继为杜医两次而仍未愈，今就诊于张医三针皆深入内脏，病已十去八九。亦云奇矣。

六月廿五日（星期三）。初四。晴。

　　久不得雨，河北平原等省已有部分旱象，殊属可虑。美帝侵略朝鲜今日为二周年。

六月廿六日（星期四）。初五。晴。昙。

晚饭后乙尊来谈。

六月廿七日（星期五）。初六。阴。夜雨。

政务院发布防旱指示。晚乙尊来谈。

六月廿八日（星期六）。初七。

阴雨，惜未霑足。

六月廿九日（星期日）。初八。阴。傍晚晴。

上午濮绍戡来。下午沈子槎①来，谈上海"五反"情形。晚乙尊来。

六月三十日（星期一）。初九。晴。

清理旧书信，案上顿觉整齐。

---

① 沈子槎（1881—1969），浙江吴兴（今湖州市）人。1948年，与印度人合资，在香港开办永大行。1947年加入中国民主建国会。1949年出席中国人民政治协商会议第一届全体会议。沈子槎爱好收藏古泉，1955年至1963年间，将所藏古泉4494件分别捐赠给上海博物馆、南京博物院、吴兴县博物馆、宁波市古物陈列所和嘉兴市中心博物馆。1959年，又将珍藏的古泉3863件捐赠给中国历史博物馆。

七月一日（星期二）。初十。

共产党建党节。连年是日大雨，今日独晴。晚乙尊来谈。

七月二日（星期三）。十一。晴。

濮绍戡来，言昨晤述勤对其子世襄事，谓愧对老友，其实非述勤之责也。张绹伯、沈子槎来晚饭。以吴攘之临书谱屏四条赠绹伯。

七月三日（星期四）。十二。晴。

晚王述勤来，为言世襄于六月廿六日被公安总局传去，今尚未回。其撒谎交代之"赃物"被公安局提去者，已全部领回。

七月四日（星期五）。十三。阴。晚雨。

上午陈养空来谈。李道生来午饭。晚李乙尊来。

七月五日（星期六）。十四。晴。

拟赴市场购物，以骄阳肆虐不果。

七月六日（星期日）。十五。晴。

　　下午四时忽阴云密布，六时大雨如注，杂以冰雹，沟渠皆盈。虽云好雨，但庄稼受损矣。

七月七日（星期一）。十六。小暑节。阴。时有阵雨。

　　今日为日本侵华十五周年纪念日。大山郁夫等六人致毛主席书，代表人民致歉谢之意。王碧书来，言于上月下旬回院工作；昨日大雨恐房屋不免添漏，嘱其致意沈洪江及早检查。

七月八日（星期二）。十七。阴。时有阵雨。

　　整理零星旧拓片。

七月九日（星期三）。十八。晴。昙。

　　咸侄自天津回，将以明日赴广州。闻五弟将再度施手术，殊可念也。

七月十日（星期四）。十九。晴。

　　晚王碧书送本月工资来。

七月十一日（星期五）。二十。晴。

常维钧来，述其学习期中受迫情形甚详。晚乙尊来晚饭。

七月十二日（星期六）。廿一。晴。昙。

至新华书店尚未开门，折至市场购物而归。傍晚思猛在门外见有木偶戏，召入来表演，名阎殿臣，住鼓楼西铸钟厂四十号，全市只此一人。彦祥拟由公家罗致之，而加以改造，借以发扬民间艺术。

七月十三日（星期日）。廿二。晴。

孙伏园来漫谈。沈规徵来并馈西瓜二枚。今日为夏至后第三庚日，为初伏之第一日。

七月十四日（星期一）。廿三。昨夜大雨晨晴。午后又有阵雨旋霁。

整理书发现《独笑斋金石考略》（光绪丁亥刻本）二册，为北大研究所藏书。当再搜索，不知尚有他书否？应一并送还。晚乙尊来。

七月十五日（星期二）。廿四。

　　昨夜又有雨，晨晴。旋雨阴晴不定，凉爽如秋。

七月十六日（星期三）。廿五。晴。昙。

　　跋《元景造像记》。读《卜辞通纂》。

七月十七日（星期四）。廿六。晴。昙。

　　读《卜辞通纂》。

七月十八日（星期五）。廿七。晴。热。

　　检书时第四柜内发见《小屯》一大册，盖胜利后返平所买者。甚矣，余之衰老健忘也。

七月十九日（星期六）。廿八。晴。热。

　　再跋《元景造像记》；据《元则墓志》，乐安王良之子，则之父曾为营州刺史，谥曰懿，惜漶石书其名，疑即景也。

七月二十日（星期日）。廿九。阴。

　　李道生、张绚伯相继来，道生在此午饭。乙尊傍晚来谈并

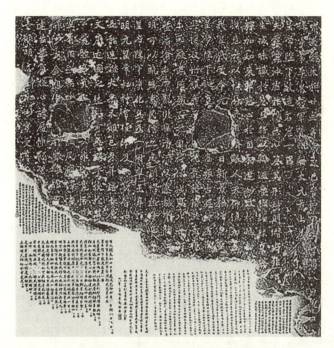

马衡跋《元景造像记》，现藏故宫博物院

按：上图为马衡识文及马衡三段跋《元景造像记》文：金静安君据《孝文吊比干墓文》碑阴题名有景名，其时前于此记五年，疑即一人是也。按平东府中兵参军元则墓志称则为明元皇帝第二子乐安宣王范之曾孙，乐安简王良之孙，左卫将军大宗正卿营州刺史懿公之第二子。明元子孙而为营州刺史与此记合，惜志不称名，无由知其果为景否。姑志于此，以俟续考。一九五二年七月衡再志。

徐州刺史之元景，实名昺。《北史》以避唐讳改称其字寿兴。及叙其自作墓志铭曰："姓元名昺，又易昺为景。"《魏书》昭成子孙卷缺，后人以《北史》补之，故其文悉同。昺为徐州刺史时在官贪虐，失于人心。诏尚书崔亮驰驿检覈其事。又见亮传云："徐州刺史元昺抚御失和，诏亮驰驿安抚。"字正作昺，又隋元公墓志缺书元公之讳而述其先世则甚详。志云六世祖尊，高祖素，曾祖忠，父最，悉与《北史》合。是可证徐州刺史之景即昺也。此造像人景为明元子孙，《北史》叙述简略，未及景名，其事迹不可考矣。一九五二年七月衡又记。

元景之名又见《魏书》昭成子孙寿兴传、寿兴为晖所潜，赐死刑。自作墓志铭曰："洛阳男子，姓元名景，有道无时，其年不永。"是寿兴亦名景也。吊比干文固与此同时，寿兴于宣武初为徐州刺史，时代亦可衔接。不知二石刻之景即寿兴其人否？卅八年三月平马衡识。

留晚饭。

七月廿一日（星期一）。三十。

昨晚彻夜大雨至晨方止。余为屋漏声所惊醒。

七月廿二日（星期二）。六月初一。上午晴。下午大雨。

汉魏石经出土已将三十年，所集材料亦甚丰富，但在此时期因接办故宫之故，不能从事整理研究。今日开始工作，以期完成此著作，但不审能如愿以偿否。

七月廿三日（星期三）。初二。大暑节。终日阴雨。

先整理熹平石经。

七月廿四日（星期四）。初三。阴雨。

华东区沿海一带风暴甚烈。乙尊来晚饭。

七月廿五日（星期五）。初四。晴。

汉石经《鲁诗·国风》五十余石校毕。恐尚有遗漏，俟随时发现补入。

七月廿六日（星期六）。初五。晴。

　　校汉石经《鲁诗·小雅》告一段落。

七月廿七日（星期日）。初六。阴。

　　上午胡兰生来谈其学习经过。齐树平亦至十二时始去。

七月廿八日（星期一）。初七。上午大雨。下午阴。

　　出门理发。校《鲁诗》毕。碎石可连缀者尽量合之。计得百五十五石。

七月廿九日（星期二）。初八。竟日大雨。温度降至华氏八十度以下。

　　校《公羊传》毕。合连缀者计得三十四石。

七月卅日（星期三）。初九。阴。

　　校《春秋》毕。计得五十七石。晚社会文化事业管理局送来考古人员训练班教学计划。列余名于"文物常识、铜器及古代铭刻"教研组内，拟与立庵联系后再作准备。

七月卅一日（星期四）。初十。阴。

　　校《论语》毕。共得卅二石。

八月一日（星期五）。十一。晴。

　　立庵来商考古训练班课程之分配。余拟讲古代铭刻之石刻部分，共五小时。校《仪礼》毕。计得□□□。

八月二日（星期六）。十二。晴。

　　下午校《易经》毕。计得十六石。

八月三日（星期日）。十三。晴。

　　各经拓片所缺尚多。今日又觅得一包，缺者俱在。当重新补校之。

八月四日（星期一）。十四。晴。

　　唐立庵、张宛峰来商考古训练班教课大纲。补校《诗》《礼》《易》《春秋》四经毕。

八月五日（星期二）。十五。晴。

　　补校《公羊》《论语》《尚书》毕。傍晚挈思猛出外闲步。

八月六日（星期三）。十六。晴。

　　草教课讲义。

八月七日（星期四）。十七。立秋节。晴。昙。

　　草讲义。训练班送来课程表，余排在廿四、廿五两日。

八月八日（星期五）。十八。晴。昙。傍晚风有雨意。

　　草讲义完成大半。

八月九日（星期六）。十九。侵晨小雨。终日阴。

　　陈养空来谈。忆在重庆时，雅安曾出汉建安石椁，双流出晋泰始墓门拓本不在手边，苦思不得其名。记忆力衰退一至于此。晚碧书送工资来。

八月十日（星期日）。二十。阴。傍晚雨。

　　草讲义稿毕。

八月十一日（星期一）。廿一。晨雨。竟日阴。

　　录讲义清稿，而目光昏眊时作时辍，自晨至夕尚未毕事，此从来未有之现象也。

八月十二日（星期二）。廿二。（此日未记）

八月十三日（星期三）。廿三。上午晴。昙。燠热。下午阴雨。

　　谦儿归自新乡。

八月十四日（星期四）。廿四。上午阴。晚晴。

　　石经拓片所缺尚多，竟日搜索只补充小凸者若干。其字多者如《乡饮酒礼》《篇题书序》等石仍未觅得。乙尊来晚饭。

八月十五日（星期五）。廿五。晴。爽。

　　检孙伯恒《集拓汉石经二编》及吴宜常《自拓册》，得遗漏者不少。孙集第一编为余所辑，余独无之。他日皆当假校。咸侄自香港归，夜与景素见访。述五弟健康已恢复。甚慰。

八月十六日（星期六）。廿六。晴。

　　终日校汉石经无所获。

八月十七日(星期日)。廿七。阴。昙。

单士魁①来未见;留一书谓石鼓将陈列于中和殿,询余意见。因上书社会文化事业管理局,请其注意数事。

八月十八日(星期一)。廿八。晴。

校汉石经,收获甚微。

八月十九日(星期二)。廿九。晴。夜微雨。

䌹伯自北戴河归来谈,并出陈仁涛所著《金匮论古初集》嘱为批评。陈为䌹伯之戚,方药雨藏钱全部为其所购。抗战期间以投机营业获利,遂收购铜玉书画等一切文物。解放后携其所有逃居香港,延徐镕为之著书。此其初集,异日尚有续出。初收为铜玉诸器多长沙、安阳出土,亦有藏家流出者,审其图版"邾公华钟",可确知为伪款,其余非见实物,无从判断也。

---

① 单士魁(1905—1986),曾用名单秉彝,北京市人,明清档案专家、清史专家,研究馆员。早年肄业于民国大学国文系。1925年在清室善后委员会工作。同年10月故宫博物院成立,调该院总务处工作,先后任书记、事务员、办事员。后调院文献馆任科员、科长等职。1980年以后,在中国第一历史档案馆编辑部、研究室任研究馆员。

八月二十日（星期三）。七月初一。晴。

日前检出《两汉会要》，有王国维①及北平图书馆印记，《独笑斋金石文考》有北大研究所印记。皆整理木简时由西北科学考察团借来者。尚有德人康刺特著《楼兰》一册，系著者赠罗振玉，而罗又赠研究所者，为钱玄同借去，钱又转借予卓君庸。辗转二十年，抗战胜利后钱已物故，余屡向卓索取，始于解放前交来。今一并检出，于上午送研究所□□□君收。赴北大红楼晤裴文中、唐立庵，接洽考古人员训练班讲课问题。

八月廿一日（星期四）。初二。晴。热。

校石经颇有所获。约立庵参观北大研究所石刻。晤严文儒。其中以郭季妃、郭仲理二墓石为最早亦最精。晚吴妈来电话续假，其女已以大脑炎症死去，吴嬬居十余年仅此一女，小学已将毕业，思想颇前进，廿日前以外祖母暴病随其母前往省视，竟罹此厄，惜哉。

---

① 王国维，字静安，号观堂（1877—1927），浙江海宁人。是马衡的金石挚交。中国历史学家，语言文字学家，文学家。中国新学术的开拓者，连接中西美学的大家，在文学、美学、史学、哲学、古文字学、考古学等领域成就卓著。1927 年 6 月 2 日投颐和园内的昆明湖而死。马衡其后有文曰："忆自十二年秋，衡得石经残石，先生亦于是时来北京，乃相与摩挲、审辨，有所发明则彼此奔走相告。四年以来未尝或辍，而今已矣，未复质疑问难之人矣。"现国家图书馆藏有马衡致王国维书 46 封，故宫博物院藏有王国维致马衡书 40 封，早已远去的二位国学大师当年的往来书信，为后人留下了他们学术追求执着不苟的经典。

八月廿二日（星期五）。初三。晴。

在考古工作人员训练班讲古代铭刻、石刻一小时。晤侯芸圻，知安定门东拆城缺口时，发现元碑矗立于城基内，为《漕运使王公去思碑》，其文则欧阳玄所作。意其地为漕运使官署遗址。明永乐间筑城时，即砌入城垣之内，未予仆毁耳。

八月廿三日（星期六）。初四。处暑节。晴。

赴考古人员训练班讲课两小时，觉甚累。黄纪兴夫妇携其两孩来午饭。谦儿原订今日行，以火车须先一日购票至车站折回，购得明日午车票。

八月廿四日（星期日）。初五。上午阴雨。下午晴。

校石经收获甚微。谦儿赴单县中学就业。

八月廿五日（星期一）。初六。晴。

赴北大红楼讲课二小时。思猛投考育才已被录取。校石经无所得。

八月廿六日（星期二）。初七。晴。晚有雨。

老妻吸毒时之烟具等已于二十日缴局。今日写一书面述其经过，并说明本户其他有吸贩关系者已启其自来交代。考古训练班学员参观北大文科研究所，为之指导说明。

八月廿七日（星期三）。初八。晴。

　　校石经略有所得。

八月廿八日（星期四）。初九。晴。

　　访绚伯以《金匮论古初编》还之。步行而归。昨晚将未检出之石经残字画图列表。今就各经已检得之文复检一遍，竟发现可连缀者不下十石，方法较精密矣。

八月廿九日（星期五）。初十。阴。

　　履儿送思猛入育才住读。校石经，有新发现，颇感兴趣。

八月三十日（星期六）。十一。晴。昙。下午雷而不雨。

　　校石经无所得。

八月卅一日（星期日）。十二。晴。

　　校石经，毫无收获。乙尊来谓今晚赴沪，并谓其表兄潘润云，在人民银行保险公司被撤职。此因早在意料之中也。

九月一日（星期一）。十三。晴。

　　校石经略变方法，取其类经者汇为一类，从头一一校之。今日先从《鲁诗》开始，略有所获。

九月二日（星期二）。十四。晴。

　　继续校《鲁诗》。

九月三日（星期三）。十五。晴。

　　整理《仪礼》《春秋》《论语》毕。咸侄偕其二子重芳、庆芳来。二子孪生，聪明才智相著，同入少年儿童队，今年在小学同校同班，毕业又同被保送师大附中，肄业学行皆在水平线以上，亦一时佳话也。

九月四日（星期四）。十六。晴。

　　校《易经》《尚书》《公羊》毕。无所获。

九月五日（星期五）。十七。晴。

　　重理一遍仍无收获。傍晚自大雅宝胡同豁口出城闲步，信步而返。

九月六日（星期六）。十八。晴。

又检得许光宇藏石拓本，多罗氏未著录者，喜出望外。思猛归来述学校一切制度殊满人意。

九月七日（星期日）。十九。晴。

昨得许光宇拓片补阙不少，现所渴望者如《仪礼·乡饮酒》《尚书序》等石，记得我皆有之，至今尚未发现，为闷闷耳。

九月八日（星期一）。二十。白露节。阴。下午晴。

校石经仅得二石，石各一字有半。今后缀合工作成绩无多，当从事于分经校其异同，以为备订旧文《从实验上窥见汉石经之一斑》之资料。

九月九日（星期二）。廿一。晴。

校《鲁诗》，知罗叔言疏略处，亦仍不免如《邶风》遗字，及"我今不说"，引书多误。

九月十日（星期三）。廿二。阴雨。

校石经毕。《鲁诗·郑风》订正罗氏亦有"扶苏"一石之误。

九月十一日（星期四）。廿三。晴。

校石经《鲁诗》至"节南山之什"。濮绍戡上午来。黄纪兴下午送枣来。

九月十二日（星期五）。廿四。晴。

罗氏集录于《小雅·大田》一石，有一"晞"字，疑为"湛露""匪阳不晞"之"晞"，今于此石之外又发现"湛露"后题一石，其前行适为"瞻洛"后题，可证罗氏假设之不误。惜罗氏未之见也。

九月十三日（星期六）。廿五。晴。

洗澡、修脚。校《鲁诗》毕。思猛回家。

九月十四日（星期日）。廿六。晴。

旬日前考古训练班约集体前往清河镇参观。订今晨七时半，余至红楼时才十五分，全班已先时出发，怏怏而归。取

《鲁诗》残石之不知何篇者，逐一复检仍无所得。遂校《尚书》。晚道生来。

九月十五日（星期一）。廿七。晴。

校《尚书》毕。颇有收获。

九月十六日（星期二）。廿八。晴。

校《易经》未竟。

九月十七日（星期三）。廿九。晴。

校《易经》毕。继校《仪礼》。

九月十八日（星期四）。三十。晴。

校《仪礼》毕。䌹伯来谈。

九月十九日（星期五）。八月初一。阴。晚大雨有雷。

上午咸侄来。下午陈养空来。校《春秋》未竟。知《公羊经》较《左》《穀》多字者，石经多不增字，往往与《左》《穀》同。

九月二十日（星期六）。初二。阴雨。晚晴。

　　校《春秋》未竟。

九月廿一日（星期日）。初三。阴。

　　有胡悦谦者，颍上人，安徽省文管会派来参加考古训练班学习者，携《宋高宗书钱起诗卷》来请鉴定，后有陶宗仪、鲜于枢等跋，乃赝品也。章矛尘偕郑石君来访。石君新自杭州来，在科学院语言研究所工作，不见十余年矣。下午朱豫卿来，彼与徐森玉来自上海，乃社会文化事务管理局约来审定书画者，长谈而去。校《春秋》粗毕。

九月廿二日（星期一）。初四。阴。夜雨。

　　重校《春秋》，并开始校《公羊传》。

九月廿三日（星期二）。初五。秋分节。阴雨。

　　䌹伯偕张鲁庵来访，慈溪人。曾从赵叔孺学刻印，以自制印泥一盒见贶，诚之良佳，以何震刻印报之。䌹伯约同赴萃华楼午膳。散后赴市场购《十三经索引》而归。校《公羊》毕。

马衡赠章廷谦篆书
《甲骨文十言联》

九月廿四日（星期三）。初六。阴。

上午徐森玉来谈。下午咸侄来共饮，九时半始去。校《论语》。

九月廿五日（星期四）。初七。晴。

校《论语》毕。傍晚陈梦家来，言已脱离清华入科学院考古研究所。言外似有惆怅之意。

九月廿六日（星期五）。初八。晴。早晚甚凉。中午甚热。所谓枣核天气也。

从未寻出之拓片中再加搜索，又检出八九石，此后恐更不易矣。张鲁庵上午来，偕寿华阅厂肆，以黄山墨一盒见贶，报以藏石拓本六种。

九月廿七日（星期六）。初九。晴。

将拓本复校一遍。《仪礼》《论语》毕。

九月廿八日（星期日）。初十。晴。

故宫工友尹树□来。下午王制五来，谓已调至水利部。故宫工会开筹委会未赴。李道生来晚饭。复（校）《公羊》《周易》《春秋》毕。于《春秋》《公羊》又有收获。

九月廿九日（星期一）。十一。晴。

赴房地产管理局登记，十时去。十二时返工会，昨开成立大会未去，今日由学习第廿四组组长金玉、副组长张筱卿来传达大会之决定，自今日起开始学习。上午七时半至九时半阅读文件，下午二时至五时讨论。余拟明晨前往参加。今日校《鲁诗·邶风》毕。

九月卅日（星期二）。十二。晴。

七时半赴雁翅楼听报告，关于纪念国庆节及召开亚洲及太平洋区域和平会议之意义。下午二时在余家开小组讨论会，五时始散。赴绚伯家食蟹，晤张鲁庵。八时半闻雷声始归，出门则月色与雷光交辉，亦奇照也。校《鲁诗》，毕"国风"。

十月一日（星期三）。十三。晴。

国庆节盛大典礼未能参加。仍埋头校石经，《鲁诗》已毕。

十月二日（星期四）。十四。晴。

琰侄偕纪兴来午饭。校《鲁诗》校语。"七经"中，校语以

《诗》为独多，知三家异同特多也。

十月三日（星期五）。十五。中秋节。晴。

　　工会学习主持者为薛天恩，讲武装日本问题。下午小组讨论。阅容庚《汉武梁祠画像录》，彼曾假予藏黄小松拓本，以此书酬我。

十月四日（星期六）。十六。晴。

　　又检得石经拓本二纸，一为《春秋》，一仍无着落。

十月五日（星期日）。十七。晴。

　　上午学习测验。下午讨论。小厮曹玉书近一年来听其自流，行为有不检点处。国庆前夕曾约其兄玉襄来谈，知其在夜校结识流氓学生，玉襄曾加以警告，亦不接受。余告以为兼顾双方将来利害莫如及早解雇，令其另觅工作。玉书今午提出质问，告以理由，坚不同意解雇，形同无赖。遂以此事交履儿办理。

十月六日（星期一）。十八。晴。

　　以停止学习。终日致力石经之整理，又发现疏漏之处，再加以订正。

十月七日（星期二）。十九。晴。

　　上下午照常学习。上午回家时买一呢帽。整理石经毕（《易》、《礼》、《春秋》、《公羊》、《论语》）。

十月八日（星期三）。二十。寒露节。晴。

　　薛天恩以余年高，谓组织可以照顾，不必奔波参加学习，婉词拒之。归途至区公所劳动科晤一张姓负责人谈曹玉书事，张谓政府不愿社会上增加失业者，如无重大原因以不解雇为是，此事宜以协商方式处理之。小组讨论时有郑姓干部来。整理《尚书》毕。

十月九日（星期四）。廿一。阴。风骤凉。

　　整理《鲁诗》毕。

十月十日（星期五）。廿二。晴。

　　薛天恩病，由郭书元讲。劳动科来通知余及玉书于三时至科谈话。小组会散后赴之。张君问协商如何，余谓非协商问题，即使协商由我二人在家谈判，可以不必来此，最后不能解决时来此亦不迟。此问题已详细报告第十派出所，允为研究后答复，且候其回话再说。便道往宝泉堂洗澡。无意中缀合《周易》一残石,知《易经》之"窒"字,石经皆作"愼",亦快事也。

十月十一日(星期六)。廿三。晴。

履儿对奶妈已解雇,照一年工资付给。玉书提出要求,亦须七个月工资及伙食,余告以七个月之根据何来,则以照奶妈例对,余告以奶妈之根据为一年合同已付五个月,尚须付七个月,汝之要求七个月殊不合理,可谓毫无根据,无论如何不能取得我的同意。况劳资纠纷之关系亦不过三个月,余今拟以三个月作解雇费,希望汝去考虑。

十月十二日(星期日)。廿四。晴。

工会法之学习今日告一段落。整理石经,程序已较娴熟。再就未寻得出处者细阅一遍。

十月十三日(星期一)。廿五。晴。

学习休息。晨赴劳动科访张君不晤。绸伯在家相候,略谈即去。检阅石经拓本粗竟,亦略有收获。此后恐无甚希望矣。

十月十四日(星期二)。廿六。晴。

开始整党学习。沈洪江介绍院内两月来情况。至东单区政府劳动科谈曹玉书解雇事。下午玉书来要求以五个月工资作解雇费,余允以按照政府规定最高额三个月付给,此外条件不接受。彼态度蛮横,坚持非五个月不可,余知其无理可喻,令其再加考虑。

十月十五日(星期三)。廿七。晴。风。

陈炳讲课。又至劳动科谈话。晚间至十段派出所访负责人,以开会未晤。

十月十六日(星期四)。廿八。晴。

上午至十段派出所晤李姓女同志告以经过,请其调解,彼又与一穿警服者商榷电曹玉书来段,彼等拟于三个月、五个月之间折中四个月,余即接受调解人意见。而玉书不同意,彼等谓既有一方不同意,非本段所能解决,请至区政府法院请求判断。时已十二时,遂归家命寿华处理此事,依照其所提条件以求速决。彼又提出本月半个月工资,寿华亦允之,乃彼又提出要求寄居吾家,可谓无赖之尤,丧失其工人品质矣。傍晚余又至派出所晤负责人周同志,告以上下午谈判经过,彼亦认为要求借住乃超出解雇条件之外,允为解决。晚间付以八十余万元并给以解雇书。彼已去过派出所,不坚持借住问题,但须后日迁出。

十月十七日（星期五）。廿九。晴。

寿华偕玉书赴十段销户口，玉书又向寿华亦索津贴五个半月。盖寿华来京后月给津贴二万元，经寿华晓以津贴之性质严词拒绝之。此儿可谓利欲熏心矣。

十月十八日（星期六）。卅。晴。

陈炳报告政府为照顾工作人员之困难，每人发补助费八分。有此需要者以自报公议方式评定之。不需要者捐入工会作福利费。小组讨论提出金玉、马普喜、张凤祥、白世麟、曹维庆五人，拟再加以讨论。

十月十九日（星期日）。九月初一。晴。

张鲁庵上午来。

十月廿日（星期一）。初二。阴。雨。

读亡友钱玄同《重论经今古文学问题》。下午赴北海参观市政府所展览之北京出土文物；洪承畴、祖泽溥（祖大寿之子）等墓，皆已因工事而被发，汉奸文物尤为人所注目。晤陈援庵、常维钧等。

十月廿一日（星期二）。初三。阴。昙。

薛天恩讲政府照顾职工之精神与意义，发动小组讨论。并由各小组各选一人为评议候选人。我组选叶景韫。赴东南区五个小组中重新票选三人，叶又当选。

十月廿二日（星期三）。初四。晴。

选举福利评议小组委员就候选人十五人中选取十一人。我组叶景韫仍当选。得票最多者为尚增祺。下午讨论本组申请人，以三小时之时间仅说服张凤祥放弃声（申）请。

十月廿三日（星期四）。初五。霜降节。晴。

上下午讨论福利问题，通过白世麟、金玉、曹维庆三人。傍晚有上海来女客二人过访，延入始知为叶又新之女，长适周氏，次适虞氏，以又新家务来问寿华者。旋寿华来电谓在森隆吃点心，亟召之归。

十月廿四日（星期五）。初六。晴。

整党学习今日开始，由何良弼讲课。下午讨论至五时半始散。履儿对莉珍意气太盛，认为不堪改造。殊失治病救人态度。

十月廿五日（星期六）。初七。晴。

与何良弼谈，似甚谦逊，盖部队中政治委员也。晚约张鲁盦、张绷伯等晚饭。

十月廿六日（星期日）。初八。晴。

学习以朝寒改迟一小时。

十月廿七日（星期一）。初九。晴。

立庵来谈陈列计划，因及石鼓，谓石鼓时代后于秦公𣪘，当在灵公时，以四字不作三，乃始于战国之初。余劝其将旧文抄送郭沫若、马夷初等有关人士，请其准备意见，以便开会讨论。晚饭后咸侄来。

十月廿八日（星期二）。初十。晴。

余心清嘱梁蔼然来，谓将为冯玉祥营葬于泰山，并刻其诗一首，嘱为一书。允之。

【按】据查，冯玉祥墓为泰山花岗石砌成，墓壁正上方横镌郭沫若手笔"冯玉祥先生之墓"七个金色大字。骨灰盒在墓壁中央，外嵌冯玉祥先生侧面铜质鎏金浮雕头像以封穴。头像下嵌黑色磨光花岗石方碣，碣高1.09米，宽1.9米，上刻隶书（转下页）

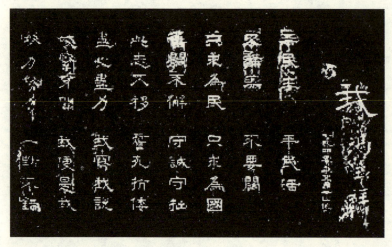

马衡为冯玉祥先生之墓隶书"我"诗

十月廿九日（星期三）。十一。朝雾。晴。

　　上午书冯诗。张鲁庵约晚饭在东单新开路康乐食堂，乃云南、福建两处口味。主人丁姓云南人，林姓福建人。两家妇女皆能烹调，亦无大异人处。晚又大雾。

　　（接上页）冯玉祥1940年5月30日自题诗《我》。
我
冯玉祥
一九四〇年五月卅日
　　平民生　平民活　不讲美　不求闻　只求为民　只求为国　奋斗不已　守诚守拙　此志不移　誓死抗倭　尽心尽力　我写我说　咬紧牙关　我便是我　努力努力　一点不错

　　由于马衡书录《我》诗时没有署名，冯玉祥将军墓的这首言志诗乃出自马衡之手笔，恐怕今已是鲜为人知的事情了。

十月卅日（星期四）。十二。晴。暖。

读刘少奇《论党》。

十月卅一日（星期五）。十三。晴。

读《论党》。

十一月一日（星期六）。十四。晴。暖。

略受感冒。下午讨论会时精神不振。思猛应回家而久候不至，晚饭后履儿来，谓遇其同学，云与诸儿戏，故不来。

十一月二日（星期日）。十五。晴。

薛天恩来讲并作一月来学习总结，拟提纲五题，分各小组讨论。

十一月三日（星期一）。十六。晴。

休息。检出《汉赵宽碑录旧跋》①，拟付装池。此碑于

---

① 马衡于自藏《汉三老赵宽碑》拓本跋曰："一九四三年四月，青海乐都城东（转下页）

一九四二年出青海乐都,旋移置青海图书馆。一九五一年开群众大会,于馆中失慎,碑亦焚毁。庋藏文物之地,防火为第一要务,群众运动根本不相宜也。

十一月四日(星期二)。十七。晴。

　　自今日起上下午学习皆在余家。作本组总结成。

十一月五日(星期三)。十八。晴。

　　昨夜大风至午后始息,气候骤凉。正学习间,白玉佩来,通知下午二时各组去听报告,余如时往,晤薛天恩,谓今日之会乃为评薪,需时三日,余可不必参加。遂回家。

十一月六日(星期四)。十九。阴。寒。始见冰。

　　修改关于汉石经之旧稿。

（接上页）公路旁发见汉三老赵宽碑。询之附近居民,知为一年前筑路时出土。石虽中断,损字无多,全文皆可属读。或疑为建碑未久,仆埋土中,故能文字完好。今藏青海图书馆,余于翌年始见墨本。今则流传较多,罕见精者。"《汉三老赵宽碑》于1949年中华人民共和国成立后收归青海省图书馆,1951年该馆失火,碑在底层,遭火焚楼塌压碎,现碑身仅存碗口大一块,残碑现存青海省博物馆。未毁前拓本极少传世。

十一月七日（星期五）。二十。立冬节。晴。

今日为苏联十月社会主义革命第卅五周年纪念节，又为中苏友好月开始，各处举行庆祝。泰侄自天津来，谓将调赴哈尔滨学习一年毕业，特来辞行。竟日写稿。

十一月八日（星期六）。廿一。晴。

上午至东四买药（鹿茸精）不得。终日写稿。思猛今日又未回家，殊萦怀也。

十一月九日（星期日）。廿二。阴。寒。

竟日写稿。钜壎下午往看思猛，坚嘱其星期六回家。

十一月十日（星期一）。廿三。晴。

上午写稿。下午往看两湖戏剧。《醉打山门》，湘剧，饰鲁智深者为谭保成，武功身段皆臻化境，足以压倒一切。《宇宙锋》，汉剧，较京剧细腻，陈伯华饰赵艳容，唱作均佳。晚间周立来，言彼等开评薪会四日已毕，所有人员皆分配于文化部所属各机关。彼与朱家濂等四十余人分在电影局，明晨即往就业。

十一月十一日（星期二）。廿四。晴。

　　王毅昨日来不值，今午复来传达文物局之意，以为故宫"三反"学习之领导者（公安部）因尚有七人未处理，全案不能结束。拟嘱余先到文整会工作，与星枢计划未来工作。允其明日前往。写稿完毕。

十一月十二日（星期三）。廿五。阴。寒。

　　开始赴文整会工作。局中电话索一九五三年编制表，而上级规定为主任一人，副主任三人。我会并未建立委员会，何来副主任三人，此为组织不健全之确证。解放三年余，而此组织尚未建立，更何责以业务开展，暸时当与领导详谈之。

十一月十三日（星期四）。廿六。阴。寒。

　　社管二处召星枢往商改组文整会，拟改其名为"古建筑管理委员会"。以委员廿四人组成之，设主任委员一人，副主任委员三人，秘书一人，下设业务处、办公处。此为初步计划似为近之。

十一月十四日（星期五）。廿七。

　　昨日初雪颇似江南冬景。局中派罗则文来，将为今年业务作一结束，以封冻后不能再动工程也。

十一月十五日（星期六）。廿八。阴。

选举监察通讯员，当选者贾金锋、张凤山、王真三人。下午访局晤郑西谛、张葱玉并晤立庵。

十一月十六日（星期日）。廿九。晴。

复校石经毕。齐树平来谈。

十一月十七日（星期一）。十月初一。晴。

局方恢复学委会，重行组织布置一个月学习斯大林演说及马林科夫报告，以明日开始。晨赴会传达局方学习计划，并将原有小组重新分配民主选举小组。拟具本会计划。祁英涛等自正定归。

十一月十八日（星期二）。初二。晴。

余为甲组，自由阅读文件。昨接北大文科研究所函，谓该所有余寄存物二件，嘱派人往取。特亲去了解，乃和硕诚亲书一联一匾，玩其联语似满清宗室家祠中物，标明余所寄存。不知何人所书，实非余物，毁之可也。

十一月十九日（星期三）。初三。晴。

　　市政府文委文物组周耿来言，城南第一监狱因疏通下水道发现唐墓规制甚宏，且有壁画，惜为人盗掘，文物无存，只十二神，五石像（龙、蛇、猿、鸡、豕）及墓志。盖篆书曰："大唐故信州刺史河东薛府君墓志之铭"十六字，四周刻图案画及十二生肖甚精细，而墓志已佚。彼谓觅检两唐书不可得。余嘱其于宰相世系表查之。彼谓薛仁贵后裔有一部分居幽州者，该处土人名其地曰薛家坟，或此处为薛氏墓群而为仁贵后裔欤。归来检《新唐书》，书"宰相世系表""金石著录目"皆无端倪。盖余疑其墓志或已先出也。

十一月廿日（星期四）。初四。晴。

　　文整会评薪已批回。有少数变更者，其中张凤山民主评定为三百一十分，批准二百八十分，其人工作繁重而努力，久受委屈。此次又不能如愿以偿，恐其一闹情绪而影响他人，因请其来谈，拟加以解释而说服之。不料其举出种种理由，谓社管局对其有成见，不愿再受其压迫，拟请调至文化部或竟辞职，再三慰藉之，终归无效。但最后声明对人决不妄谈，以免影响他人情绪。下午开大会公布并加以解释，不知有无继张而起者耳。纪兴来不晤，闻因病休养。

十一月廿一日（星期五）。初五。晨雾。晴。

　　有四处工程将与北京市建筑公司订约，该公司系公营，坚持无论保养修缮或新建工程皆保固一年。殊不合理，当再协商。

十一月廿二日（星期六）。初六。小雪节。晴。

　　北京市建筑公司估价过高，诸工程须超出二亿五千万，部方允可追加，嘱造预算。会中拟建立生活会，傍晚召集全体人员作动员报告，拟于下周开始。

十一月廿三日（星期日）。初七。晴。

　　为查"集灵囿"名称之来历，查往年之《新民报》（北京人版）无所获。尚须继续查之。

十一月廿四日（星期一）。初八。晨雾。旋雪落地即融。似江南春雪。

　　前日钱俊瑞作学习苏联文件之报告，余未去。今日由李枫在革命博物馆作传达报告。

十一月廿五日（星期二）。初九。晨霜如雪。晴。

为星枢审查《北京》稿竟。晚饭后阅读斯大林新著《苏联社会主义经济问题》。

十一月廿六日（星期三）。初十。上午雾。下午雨。

星枢著《北京》，独遗"石佛殿之北魏太和廿三年阎氏造像"，因以昔年调查报告示之。

十一月廿七日（星期四）。十一。晴。温暖如春。

阅《文物参考资料》，有建筑家陈明达《述四川汉阙》，谓冯焕阙似西汉物。按，焕为绲之父，安帝时人，非西汉也。

十一月廿八日（星期五）。十二。晴。

上午赴团城社会文化事业管理局开会，讨论本年度工作总结及来年工作计划如何做法。下午召集各组传达，争取各组于十二月六日送来汇编。

十一月廿九日（星期六）。十三。阴。微雪。

履儿自解放后在家庭问题上言论逐渐放诞，对于家人往往作家长式、教训式谈话，近一年来尤甚。昨晚偶谈到其雇用女工陈妈之不称职，彼当时强调其亦有优点，余因有钜壎在座，未予置喙。今晚又与谈及此事，指点出其方式态度之不当，彼又断断置辩，谓吴妈之帮助陈妈未尝不予以言词上之安慰及物质上之报酬，甚且痛诋莉珍为不可救药，非加以劳动改造不可。宽恕外人而看煞家人，一笔抹煞群众意见而唯我独尊，何颟顸一至于此。余甚为激怒，但仍竭力抑制不与深辩，含怒就寝。反复考虑如此下去将使其骄纵之气继长增高，对于个人前途殊属不利，宜耐心说服纠正之。

十一月卅日（星期日）。十四。阴。

傍晚黄纪兴来，述其调职军委学校后因劳累过度百病俱发，已休息二月余，尚未痊愈。询其是何病症，则以精神神经症对，其症状除血压太高外则为痉挛状态。经休养后已渐好转矣。

十二月一日（星期一）。十五。阴。风。

骤寒。报载寒潮自蒙古南流。昨夜为摄氏零下五度，今夜可能为十度。

十二月二日（星期二）。十六。晴。风。

较昨更寒。阅改定本《中国历史概要》，胜初稿多矣。

十二月三日（星期三）。十七。晴。

阅读文件。与市建筑公司订团城衍祥门修建合同。开支学委会做第一单元小结。

十二月四日（星期四）。十八。晴。

阅读文件。与市建筑公司订五龙亭修缮及东西四牌楼油饰合同。

十二月五日（星期五）。十九。晨大雾。晴。

赴社管局参加甲组学习，讨论马林科夫报告第一段。参加者有刘平、王书庄、陈乔、冯仲云等。

十二月六日（星期六）。廿。晴。

本会东墙因歪闪而拆除修缮，发现墙基未轧。是光绪庚子以后迁堂子时偷工减料，今始发现其秘密时，正寒流侵袭滴水成冰。余责其不应全部拆除。复经研究墙基在一二尺下，不致冰冻，尚可打夯，遂继续施工。今日居然高过一人矣。

十二月七日（星期日）。廿一。大雪节。晴。

咸侄来谈工作尚未派定。绷伯夫妇率其孙女来，坐半小时而去。

十二月八日（星期一）。廿二。晴。

　　五二年工作总结展至十二日送达，五三年计划则于十五日送到。与冶秋约谈本会改组事，以便编造计划。

十二月九日（星期二）。廿三。晴。

　　冶秋并未约谈，当再催促之。局方派员陪一某机关干部来言，五三年开始建设施工时，所需一切力量本市颇感薄弱，恐供求不能相应。拟吸收厂商人才，托代为考虑。下午召集工程人员研究办法，拟分头向熟识厂商及建筑业工会先行联系，再定进行步骤。

十二月十日（星期三）。廿四。晴。

　　王毅来电话，谓冶秋今日终日有会，拟明日约谈。履儿今晨出差赴武汉，女佣已易。

十二月十一日（星期四）。廿五。晴。

　　五二年工作总结已脱稿，与星枢同阅，提意见再行修改。

十二月十二日（星期五）。廿六。晴。

冶秋约八点半谈话，与星枢同去，解决了若干问题。上海博物馆将开幕，冶秋明日赴沪。余以总结待缮先归，阅稿缮发。

十二月十三日（星期六）。廿七。阴。

前托邮局代购新川雪茄已一月余，今日始送提单来，原购三百支，而取回则一千支，不知何故，恐烟厂与邮局其中必有一误也。

十二月十四日（星期日）。廿八。阴。风。

陈养空来，以理发未晤。张鲁盦之女婿自上海来。寄书与寿华。

十二月十五日（星期一）。廿九。晴。

送五三年工作计划于社管局。审查星枢稿件。

十二月十六日（星期二）。卅。晴。

审查星枢稿件《北京庙宇之沿革》，觉条理尚欠明晰，请其修改。

十二月十七日（星期三）。十一月初一。晴。风。

审查星枢《北京市街之变迁》。

十二月十八日（星期四）。初二。大雪。竟日积四五寸。

濮绍戡见访邵伯绲，托其转询有其子邵茗生所著《宣炉续考稿》，由陈叔通嘱余介绍出版者，拟索回云云。其事诚有之，并有绲伯在座，但余并未接受，当电询绲伯，或仍在叔通处也。

十二月十九日（星期五）。初三。晴。

电询绲伯《宣炉续考稿》，果在其处。下午往局开会，分配明年工程。

十二月廿日（星期六）。初四。晴。

张葱玉、罗哲文来商明年工程计划。

十二月廿一日（星期日）。初五。晴。暖。

绲伯来谈。下午有许稚簧名成琮者来，为许光宇之父。光宇藏汉魏石经拓本甚多，余曾向其借用《汉石经碑图》及《海岳楼汉魏石经集拓》。此次整理石经既毕，拟还其书而忘其门牌号数，曾托一赵姓者往询，知光宇赴青岛工作。稚簧来正为此事，并谓光宇所藏金石书已全部卖与科学院，此二书已列入，正拟取回，允其日内送去。树平来谈，留晚饭。

十二月廿二日（星期一）。初六。冬至节。晴。

立庵来会见访，谈布置殷代馆事。询余所藏簸箕式铜器肯让否，余拟与同文之兵器同让，但兵器尚未寻获，允日内觅之。询余有殷器土范否，恐未必有也。

十二月廿三日（星期二）。初七。晴。

市建筑公司续订三合同，几经协商已可就范，明日或可签订。

十二月廿四日（星期三）。初八。晴。

开学委会旋开大会，报告此次学习马林科夫文件原订月底结束，今延期至一月十日，故第三单元之讨论继续至本月底，自一月三日至八日作总结。

十二月廿五日（星期四）。初九。晴。

市建筑公司三合同今日始订妥。今年工程皆有交代矣。

十二月廿六日（星期五）。初十。晴。

下午解决于倬云与律鸿年之纠纷。开福利小组会以解决同人生活之困难者。履儿今夜归自汉口。

十二月廿七日（星期六）。十一。晴。

学习小组反映工程组若干缺点，与王真商由学委会向各组传达展开自我批评。

十二月廿八日（星期日）。十二。晴。

许稚簧以罗叔言所印钱梅溪藏《汉石经宋拓本》见示，字体既与汉石经不符，且有极端错误之处，显系钱所伪造，知罗亦为钱所绐矣。

十二月廿九日（星期一）。十三。晨雾。旋晴。

祁英涛以河北各地调查报告见示，其中所载石刻误者甚多，盖由于读碑辨识残字亦殊不易耳。为改正之。

十二月卅日（星期二）。十四。晴。

工程组人员最多，有宗派之分，群众对之意见甚多。今因其生活会特往参加,阐明要使工作做好必须团结,生活会之所以建立亦即在此,今后大家必须互提意见,展开批评与自我批评。

十二月卅一日(星期三)。十五。晴。风。

开福利小组会,采纳群众意见,略为变更补助数字以符众望。综结一年来经验教训,知曩日之洁身自好不适用今日,必须联系群众,采取互助方能为人民服务也。

一九五三年

一月一日（星期四）。十一月十六。晴。

　　晨以钱泳藏《汉石经影印本》还许稚簧。顺道访䌹伯。景淑及黄纪兴来午饭。晚乙尊来。

一月二日（星期五）。十七。晴。

　　开支学委会听取小组长汇报批评与自我批评之意见，并研究如何转达及处理文化部马仲衡。常学诗来与宝恒营造厂张殿昶谈接盘事。又个别与律鸿年、于倬云谈话。

一月三日（星期六）。十八。晴。

　　律鸿年向于倬云携手言欢，尽释前嫌，可知日来之说服教育奏效矣。

一月四日（星期日）。十九。晴。

　　李涵础、许稚簧来谈，二人皆文史馆馆员。稚簧并以所藏汉石经拓本见假，中有罗叔言《六经堪集拓》一册，余未之见也。十之八可补余之所缺，不胜欣慰。

一月五日（星期一）。廿。小寒节。晴。

赴社管局开学委会，马林科夫文件展期至廿日结束。罗振玉《六经堪汉石经残字集拓》中多余所未备之拓本，有罗认为不知何经者三石，其一乃书《康诰》之文，与余所收一拓本衔接。可喜也。

一月六日（星期二）。廿一。雪。午晴。大风骤寒。

上午开学委会。下午听刘平副局长报告于传心殿。

一月七日（星期三）。廿二。晴。

开福利小组总结会并改选小组。开学委会制定学习计划。

一月八日（星期四）。廿三。晴。

许光宇藏石经拓本今日校毕。除罗氏《六经堪集拓》外无新发现。

一月九日（星期五）。廿四。晴。曇。

李毅来谈学委会事。钜壎归自长辛店。王彦强来书约十一日三时陪王君宜来访。

马衡为王彦强篆书《齐侯儋铭》扇

一月十日（星期六）。廿五。晴。

　　召集行政组长及学习小组长开会，布置下周学习应注意之点。

一月十一日（星期日）。廿六。晴。

　　下午王君宜、王彦强来谈，君宜一别五年矣，盲目已稍愈，惟非人引导不能行，谈一时余而去。思敦迁回，肥硕可爱。

一月十二日（星期一）。廿七。晴。

　　下午开学习小组长及行政组长联席会。

一月十三日（星期二）。廿八。晴。寒。

　　开行政组长、学习小组长联席会听取汇报。

一月十四日（星期三）。廿九。晴。

　　工程组、学习小组工作检查，自晨七时半至十二时始散会。今为第三日，甫完成五分之二，尚余五分之三，只明日一日恐不能完也。

一月十五日（星期四）。十二月初一。晴。

　　工程组、学习小组讨论问题至十二时尚未毕。下午开会，拟明日延长半日。

一月十六日（星期五）。初二。晴。

　　工作检查今日延长一日。工程组、学习小组至十二时结束，下午开汇报会，布置明日学习日程。七时半向大会报告，八时半学习文件。

一月十七日（星期六）。初三。晴。

七时报告本会计划及文化部整个计划，八时四十分始毕。附带报告保密、防火、卫生，希大家注意。会后学习《抓紧决定环节发掘潜在力量》文件，延长至十时。

一月十八日（星期日）。初四。晴。

上午绷伯来谈。下午乙尊来谈，即留饭。

一月十九日（星期一）。初五。雾。晴。

上午开学委会。

一月廿日（星期二）。初六。大寒节。晴。

张葱玉来谈本年计划，并述冶秋又病、咯血，不常到局。

一月廿一日（星期三）。初七。晴。

上午开学委会。下午访冶秋恙，在沪时已因劳顿而咯血，犹赴杭州、绍兴等地后，几每晨见血，医生诊断肺部确有嫌疑，但已钙化。现在之血或不在肺部云。

一月廿二日（星期四）。初八。晴。暖。

　　上午开学委会听取汇报。下午开行政组长会，准备解答群众意见。

一月廿三日（星期五）。初九。晴。

　　上午七时半开大会，解答群众所提意见，至九时十分始毕。

一月廿四日（星期六）。初十。晴。

　　群众对昨日报告大致认为满意。下午开学委会布置下周学习。

一月廿五日（星期日）。十一。晴。

　　上午李涵础、陈养空先后来。下午访王君宜。晚李乙尊来。

一月廿六日（星期一）。十二。上午微雪旋晴。

　　开学委会，通过总结。下午约工程组各小组负责人分配京内外十三个工程预算，共一百亿元。

一月廿七日（星期二）。十三。上午微雪旋晴。

　　报告学习总结并提出下届学习辅导员人选，征求群众意见。盖下届学习采取"新民纳尔"制，不分小组。余以为王真、李良姣可能胜任，但李良姣不理于众口或有反应，但提出后众无异议。

一月廿八日（星期三）。十四。晴。

　　上午偕祁英涛赴社管局与傅晋生、张鸿杰谈本会工作范围只有古建筑之修缮，其他名胜古迹及普通大庙皆不在本会范围之内。以财政部亟欲分清界限也。

一月廿九日（星期四）。十五。晨雾旋晴。

　　赴文化部听赵沨传达周总理报告国际形势。（一）两个阵营；（二）两种战争；（三）矛盾规律；（四）错误倾向。

一月卅日（星期五）。十六。晨月食。晴。

　　王碧文者，工程师也，曾参加营造学社，对古建筑有研究，著有《元大都考》。前年文整会拟罗致之，以事不果就。今拟来会服务，令其写自传，以便向华北建筑公司请调。

一月卅一日（星期六）。十七。晴。

赴社管局开学委会，布置《实践论》学习。下午开支学委会。思猛在育才完成其第一学期学业，中午回家。

二月一日（星期日）。十八。竟日雪。

为涵础题《雷峰塔经卷》。下午咸侄来谈，甫归自天津。

二月二日（星期一）。十九。雪仍未止。

晨报告学习《实践论》之布置。下午赴文化部听李声簧学习《实践论》之启发报告。

二月三日（星期二）。廿。上午微雪旋晴。

谦儿返自单县。

二月四日《星期三》。廿一。立春节。微雪。

谢辰生来谈工程问题。

二月五日（星期四）。廿二。雪。

昨晚归来即感不适，初以为饮酒后即可愈，不料晨起感觉体温增高，量之则三十七度七。电话请假休息一日。至晚温度仍未降。

二月六日（星期五）。廿三。晴。

体温已正常，莅会办公。阅敌伪时期之《中和杂志》，见第一卷第五期中有署名"故吾"者写《访殷墟记》（一九四〇年五月一日），略言"近有友人将游安阳，约其偕往。以十月卅日（当系一九三九）出发，十一月八日离开安阳。在此浃旬期间，每日雇用盗掘古物职业家在殷墟探掘，毫无所得，最后于小屯村北二里之棉花地内发见青铜爵及勾兵等。值大雨，次日即北返"云云。此所谓友人者必为日本人，否则不能明目张胆从事发掘及至发现古物即匆匆北返。必日人利用其作向导盗掘古物，既达目的又迫其离去。余在重庆时即微闻其事，为虎作伥者为孙海波，文中有"余家豫南"之语，则所谓"故吾"者必孙之化名也。

二月七日（星期六）。廿四。晴。

下午开学委会，晚开晚会，余未参加。

二月八日（星期日）。廿五。晴。

以铜器五件送故宫任其选择，以殷代馆正在布置需要商器也。

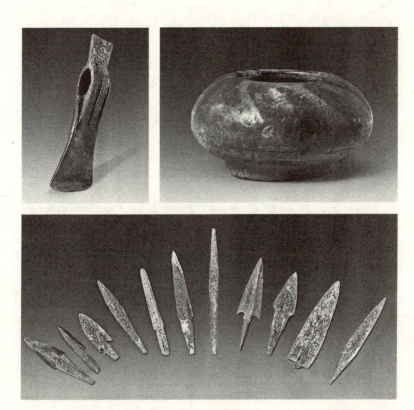

马衡捐献的西周青铜器直纹斧、唐釉褐彩水丞、骨矢镞。现藏故宫博物院

二月九日（星期一）。廿六。晴。

　　文化部人事处派张玉润、关天寅二同志来了解我会情况，自一时半谈至四时半，又陪同参观各工作处所，至六时始去。余感恶寒，回寓后即蒙被而卧。量体温在三十六度以下，旋升至三十八度六。未进晚餐。

二月十日（星期二）。廿七。晴。

　　晨芳若返自太原。余体温已降至三七度二。电话请假。体温时升时降，晚间命寿华往商胡兰生老友胡欣德来，谓本人已与临床绝缘多年。幸有东南医学院郭院长在同院居住，可时备咨询。顷与谈病状，彼亦认为流行感冒。今日最高温度为三十七度以上。

二月十一日（星期三）。廿八。晴。

　　今日温度常在三十八度九。傍晚时且超过四十度。

二月十二日（星期四）。廿九。晴。

　　今日温度虽未上涨，但总在三十八九度间。兰生连来三日，可感也。

二月十三日（星期五）。卅。晴。

因记日记曾到书房，炉火欠温又感寒噤。傍晚量之又升至三十九点五度。昨夜梦魂颠倒，口渴如灼，愈饮则愈渴。梦中所阅者，大抵皆故宫、文整两处文件，阅其由即能悉其内容。其中有已解决者，有未解决者，亦有无从解决者。今晚本拟洗涤以热度太高不敢尝试。

二月十四日（星期六）。阴历癸巳年正月初一。晴。

深夜二时半即起，量温度仍为三十七度六。莉珍亦起，为余热鸡子二枚，旋复睡。至七时半催思猛看日食，而都无意于此，盖昨夜睡太晚也。寿同三子随寿同、景素来拜年，拟介绍其戚翁心植来诊，婉言谢之。胡兰生名为拜年实则诊病。沈规徵大夫来拜年，劝余进医院，且谓可能转肺炎。因电召寿华归，为余服消治龙。徐雄飞来。侯堮亦来，赠以《安清泰诗卷》一轴，请其转交市文物组。琰侄独来，谓黄纪兴病仍无进展。入晚温度开始下降。

二月十五日（星期日）。初二。晴。

胡兰生凌晨即来，闻温度下降亦颇欣慰，坐候至中午始去。徐悲鸿来，病后风采依然。下午张景华来。

二月十六日（星期一）。初三。晴。

　　温度降至正常。胡兰生来，谓本身亦被传染，余深感欠然。开余心清等所赠绍酒，殊不见佳，不足以饷客。

二月十七日（星期二）。初四。晴。

　　温度已复常态。上午尚增祺来，甫谈及"三反"事。而陈万里来，陈言日内将赴广州，以该处近发现一古代窑址，须往鉴定，回程将赴景德镇。旋唐兰亦来谈。至十一时始去。下午齐树平来，章川岛来，均略谈即去。余觉精神不支，量体温又在三十七度以上，因即就卧。晚间仍不佳。

二月十八日（星期三）。初五。晴。

　　起甚迟。会中送文卷来。下午就阅，阅毕而俞星枢来，因托其带去。胡兰生于六时来，谓温度抵三（十）七度七，明后日必可全部退净。黄纪兴来，未晤。

二月十九日（星期四）。初六。雨水节。晴。

　　晨起体温正常。日落时又升至三（十）七度六。

二月廿日（星期五）。初七。晴。

　　晨起体温三十七度。下午批阅公文。傍晚时体温又升至三（十）七度二。

二月廿一日（星期六）。初八。晴。

　　晨起体温三（十）六度四。文整会派夏纬寿、贾金锋来慰问。午餐进面一盂，觉腹痛，初未注意，午睡后腹泻中有黏膜。莉珍持往卫生所检查，云系肠炎，亟服消炎片。六时体温三（十）七度二。

二月廿二日（星期日）。初九。阴。

　　晨起体温三（十）六度七。胡兰生来，谓肠炎为流行性感冒之起因，非别一病也。沈规徵大夫来。李涵础来。下午陈养空来。思猛返校。六时体温三十六度七。

二月廿三日（星期一）。初十。阴。昙。

　　终日体温正常，惟肠炎尚未痊愈。食欲尚佳。但以禁油腻致无下箸处。

二月廿四日（星期二）。十一。晴。

　　风日清和，渐逗春意，移坐廊下曝日，颇感舒适。下午醒来腹泻如故，是肠炎尚未愈也。

二月廿五日（星期三）。十二。晴。暖。

　　病已告痊愈，惟肠炎未愈，仍服磺安片，每三小时一片。谦儿上午赴单县。

二月廿六日（星期四）。十三。晴。

　　服中药（山楂炭与焦麦芽）似见效。下午洗澡。晚间饮酒二杯。

二月廿七日（星期五）。十四。阴。

　　九时到会办公。十二时归，略感疲乏。下午在家休息。仍服中药。芳若下午五时登车赴太原。

二月廿八日（星期六）。十五。晴。

　　到会办公。开学委会。以秘书王真请病假一个半月推李良姣代理秘书。下午绷伯来长谈。绷伯亦大病初愈，精神较余为佳。胡兰生来谈,大发牢骚,竭力安慰之。

三月一日(星期日)。十六。阴。下午小雪。

终日阅杨献珍《关于〈实践论〉》报告。

三月二日(星期一)。十七。晴。

恢复竟日办公。下午至欧美同学会访王述勤、彦强昆仲未晤。

三月三日(星期二)。十八。晴。

清华借练习生二人,遣王汝蕙、何凤兰前去。王真请病假一个半月,明日回家赴包头。贾金锋拟候社管局批回再令其启行,余不同意。

三月四日(星期三)。十九。晴。

请胡兰生吃晚饭,尽欢以散。

三月五日(星期四)。廿。

报载斯大林于一日夜间突患脑溢血症丧失知觉,半身不遂,形势严重。此消息使全世界震惊与关怀。只有默祝其早日恢复健康。

三月六日（星期五）。廿一。惊蛰节。晴。下午风。

　　盼报至十一时，知斯大林病状尚未好转。下午突传斯大林已于昨晚十一时三十分逝世。革命导师与世长辞，全国人民同声悲悼。

三月七日（星期六）。廿二。晴。

　　自昨日下午起，各机关团体及市民集体往苏联大使馆，吊唁者络绎不绝。下午四时，赴社管局开追悼斯大林筹备委员会，决定九日晨在神武门楼开社管局等联合追悼会。

三月八日（星期日）。廿三。晴。

　　贾金锋电话报告，昨夜十时局中开会取消九日晨神武门楼追悼会，而于九日晨五时半集合参加公园追悼会。本日下午五时在故宫集合筹备此会。下午绚伯来谈。祁英涛来看工程。于石生来谈。傍晚佟泽泉电话报告明日改为十一时半集合参加天安门追悼会。

三月九日（星期一）。廿四。阴。

　　斯大林以十二时殡葬，北京时间为下午五时。我会参加者廿五人，余未去，在会中收听广播。追悼会以四时五十分开始，鸣礼炮廿八响，毛主席献花，朱总司令致悼词，各民主党派各团相继致词，最后苏联驻我国大使潘友新致词，遂告礼成。时已六时半矣。参加此会者六十余万人，散会后街衢拥挤，颇难通行。

三月十日（星期二）。廿五。阴。

三日来右臂肿胀且奇痒，日夜搔抑爪痕斑斑。盖肌肉发炎也。

三月十一日（星期三）。廿六。阴。午后雨雹旋晴。傍晚风。

杜仙洲拟《建筑彩画说》引用旧文献殊不恰当，为检王延寿《鲁灵光殿赋》及何晏《景福殿赋》关于彩画者示之。晚又检得《周书·梓材》"涂丹臒"之资料，斯为最古者矣。

三月十二日（星期四）。廿七。晴。寒。

下午故宫为陈列商代馆事召集座谈会，由立庵说明经过，夏鼐、徐炳昶、陈梦家等皆提意见。尚钺、廖华则就党的立场发言，供其参考。余就社管局所指示方向纠正其主题，并就器物名称及用途劝其不必标新立异，不如用大众公认之旧说。会开至六时始散。

三月十三日（星期五）。廿八。晴。寒。

闻张家口降雪。社管局收方志甚多，分予所属各机关。我会得到通知较晚，多为先去者选去，我会仅选得数十种。因检朱士嘉所著《中国地方志综录》，假之以资核对。想无甚珍本也。

三月十四日（星期六）。廿九。朝雾甚重。晴。

近日目疾似慢性发炎。闻毕华德北京眼科医院已歇业，因电询同仁医院，须十八日挂号再订诊治日期。寿华觅得成药为青霉素眼药，始试之。

三月十五日（星期日）。二月初一。晴。

以眼疾故（青霉素眼药未见效）往访毕华德，毕之医院已出卖，住家仍在附近，不知其门牌号数，以沈规徵与毗邻，先往访之，询知为前炒面胡同十五号。至则毕未在家，其夫人问有何事，因具告之，并请其开一药方，约明日往取。访李涵础畅谈，十二时回家。邵力子来，未晤。

三月十六日（星期一）。初二。晴。

七时赴团城，听郑局长解答群众对局方所提意见，亦即对郑之意见，殊觉欠深刻也。九时开扩大局务会议，讨论会议制度，直至十二时始散。

三月十七日（星期二）。初三。晴。

开始停炉火。下午开会务会议商讨各项问题。

三月十八日（星期三）。初四。晴。

下午文化部开反官僚主义检查会，在北京剧场由沈部长简单报告，周扬副部长作详尽之报告。自二时至五时半始毕。

三月十九日（星期四）。初五。晴。

社管局刘平副局长作传达报告，余未参加。下午二时赴历史博物馆开座谈会，为布置宋、元时代陈列室计划草案交换意见。至六时后始散。

三月廿日（星期五）。初六。晴。

七时半赴自然博物馆听杨瑞廷报告，至十时始毕。返会后开小组会，讨论局方官僚主义之具体事实。

三月廿一日（星期六）。初七。春分节。晴。

九时至十二时继续开小组讨论会，检查局方官僚主义。

三月廿二日（星期日）。初八。晴。

以冯登府《三家诗异文》疏证陈乔枞《诗经四家异文考》，再校汉石经，毕《国风》。拟答邵力子，先以电话联系，以不在家而作罢。

三月廿三日（星期一）。初九。晴。

刘平副局长在神武门楼作反官僚主义报告，扩音设备不健全，至全场多未记录。下午四时讨论。

三月廿四日（星期二）。初十。晴。

九时赴社管局，以有若干问题须在局长集体办公日解决也。今日第一次举行，以后每星期二着为定例。

三月廿五日（星期三）。十一。晴。

清史馆大库去年由宝恒营造厂承包修缮，开工一月以气候关系停工。适于此时宝恒为文化部吸收编作部工程队，今当春融,拟继续施工,而宝恒已不存在,应由部工程队完成。部工程队梁明轩、局方张鸿杰及宝恒原负责人张殿昶来会协商,先由宝恒将以往账目交出,并定明日上午验收工程结束原订合同任务,再交工程队继续承做。

三月廿六日(星期四)。十二。晴。寒。

钜壎今晚随剧团赴朝鲜,而于中午流产于其母家。延医诊治,金劝其休养,而钜壎意志坚强,非随团出发不可。结果由履儿十时送之登车,向团长说明经过,指定看护沿途照顾。

三月廿七日(星期五)。十三。晴。

傍晚阴有雨意。星枢请病假。

三月廿八日(星期六)。十四。晴。

星枢销假。为监工员车饭费事与局方指示有矛盾,草拟一稿与之力争,拟于下星期二集办公时提出。

三月廿九日(星期日)。十五。晴。

未出门。阅《实践论》。校汉石经《鲁诗·大雅》毕。

三月卅日（星期一）。十六。晴。

为监工员车饭费事与张鸿杰在电话中辩论，请其列入集体办公议程。下午罗哲文来谈外省工程事，我以为应拟一规则，须文教厅与建设厅合作。每一工程要建设厅派工程人员负责施工，不能依赖我会。四时将合理化建议草案在大会上通过，定四月一日起试行。

三月卅一日（星期二）。十七。晴。

粉刷后院墙今日毕工。赴团城解决外省工程施工问题。下午与四工程师研究外省施工问题。

四月一日（星期三）。十八日，晴。

近患目疾，坐车中辄流泪，就毕华德大夫诊治则以不能门诊见拒，就其医院又须排队，半月来听其自然而深以为苦。今午购得风镜，其患若失，但阅书时仍感劳累耳。

四月二日（星期四）。十九。晴。风。

护国寺金刚殿修缮工程从破毁塑像中取出经卷廿一卷，间有天顺年号，当为明刻本。尚有银制之心脏及楠木制之方柱（说者为脊骨），上书梵文朱字。因将此项文物一并送局处理。

四月三日（星期五）。廿。晴。

　　监工员补助饭费事候文久不至，两电杨林主任皆不在，因语其秘书王毅。

四月四日（星期六）。廿一。阴雨。

　　晚偕履儿观第一届全国民间音乐舞蹈会演大会于北京剧场。是日为中南区代表演出，无甚精采（彩）。只海南岛儿童舞蹈差强人意耳。

四月五日（星期日）。廿二。清明节。晴。

　　绸伯来谈。寿同来晚饭。珍儿之外甥女胡莲芳自上海来，带塘鲤鱼及酱蹄，并言珍儿血压已降低。

四月六日（星期一）。廿三。晴。

　　社管局学委分会送来听讲券，晚七时艾思奇在北京图书馆讲演。下班后即在欧美同学会进西餐，前往听讲。讲题为斯大林思想和事业的几个问题，颇受欢迎。星枢请病假一日。

四月七日（星期二）。廿四。晴。

罗哲文①偕陈明达②来，陈为营造学社社员，对古建筑颇有研究。文化部自重庆调来本为充实本会阵容，而竟为局方留下，不知其意何居。星枢续假，电话询之，谓感冒兼劳累。

四月八日（星期三）。廿五。晴。

九时偕祁英涛③、于倬云④、李良姣赴清史馆大库工地。晤

---

① 罗哲文（1924—2012），四川宜宾人。中国古建筑学家。1940年考入中国营造学社，师从著名古建筑学家梁思成、刘敦桢等。1946年在清华大学与中国营造学社合办的中国建筑研究所及建筑系工作。1950年后，先后任职于文化部文物局、国家文物局、文物档案资料研究室、中国文物研究所等，一直从事中国古代建筑的维修保护和调查研究工作。主要著作有《中国古塔》《中国古代建筑简史》《长城赞》《长城史话》和《中国帝王陵》等。
② 陈明达（1914—1997），湖南祁阳人。1932年经莫宗江介绍到中国营造学社工作，当刘敦桢助手，并参加考察古建筑，整理绘制资料。1935年提升为研究生，1946年任陪都建设委员会工程师。中华人民共和国成立后设计中共西南局办公楼和重庆市委办公楼。1953年到文化部文物局任工程师。主要著作有《应县木塔》《营造法式大木作研究》《中国古代结构建筑技术》《陈明达建筑与雕塑史论》。
③ 祁英涛（1923—1988），古建筑专家。河北易县人。1947年毕业于北洋大学工学院建筑工程系。曾任北京文物整理委员会技士、工程师。长期从事古建筑的维修保护工作。主持设计了山西永乐宫的搬迁工程，主持参与了山西五台山南禅寺大殿的复原工作、河北隆兴寺摩尼殿修缮工作的设计、正定开元寺钟楼修缮设计等重要工程。著有《中国古代建筑的保养与维修》《中国古代壁画的揭取与修复》《怎样鉴定古建筑》等。
④ 于倬云，原名文汉（1918—2004），祖籍天津，中国古建筑专家。1942年毕业于北京大学工学院建筑系，同年供职于北平文物整理委员会工程处任技士（曾任北平建设总署营造科技士），开始进入古建筑保护领域。中华人民共和国成立后，任北京古建筑修整所工程师。1954年调到故宫博物院，为古建部设计组组长，负责故宫古建筑的维修设计。撰有《斗栱的动用是我国古代技术史的一大贡献》《故宫三大殿》等论文。

梁明轩，解决了工地若干责任问题。下午二时开会务会议，星枢销假出席，解决议案七件。

四月九日（星期四）。廿六。晴。

　　成都市文教局派干部林延年来会学习保护古建筑事，由祁英涛就其所需常识为之解说，期以三日，今为第一日，彼甚满意。云，别成都八年矣，颇欲一闻其新设施。则明之蜀王府已作市人民政府，而少城公园仍旧，其他一公园则改作文化宫，西郊之草堂寺、青阳宫、二仙庵将辟作公园动物园。

四月十日（星期五）。廿七。晴。风寒。

　　夏纬寿、贾金锋来谈蔡清山闹情绪怠工事，令彼二人初步说服之。局方介绍荆惕华来任出纳，荆为张景华之爱人，订下星期一来任事。下午开学委会。

四月十一日（星期六）。廿八。晴。寒。

　　山西文化厅派王、任、李三同志来京，谓该省征集废铜时曾检出古铜器数万件，要求鉴定，嘱其寄照片及铭文拓本来。胡兰生来午饭。

四月十二日（星期日）。廿九。晴。

竟日校石经《鲁诗》毕。

四月十三日（星期一）。卅。晴。

气候转和。履儿偕寿华、思猛游颐和园。下午偕祁英涛、余鸣谦、陈继宗赴北海天王殿、五龙亭、护国寺金刚殿三处工地巡视，并作业务学习。护国寺除金刚殿外其余各殿皆毁，惟余台基。赵孟𫖯、危素两碑尚兀立于最后院中，但崇国北寺地产图碑未觅得。

四月十四日（星期二）。三月初一。晴。

星枢赴西郊温泉村及大觉寺等处调查，邀余同往，以会中无人未参加。

四月十五日（星期三）。初二。晴。

市建筑公司又提出加价之要求，因约葱玉面谈。下午到会，葱玉已与傅晋生先在，与夏纬寿、祁英涛共同研究，亦无良好对策。只有待其加价账单开来报部请示。

四月十六日（星期四）。初三。晴。

福利小组报告第一季度分配之情况。余为说明政府此一措施之意义，勖勉同人共同体会精神而努力作（做）好工作。下午张葱玉、陈明达、罗哲文来谈本会工作，至六时始散。晚谦儿归自单县。

四月十七日（星期五）。初四。晴。

局人事科科长张子芳偕萧同志来，因以王璞等事询之，张谓人事部指示，凡调用干部，须先由请调单位征得被调人之单位同意后，再请人事部正式往调。因此局方去信三次，均未得复。当再催询清华，纪玉堂亦请往催。履儿晚赴满洲里。

四月十八日（星期六）。初五。晴。

七时刘平在北京图书馆报告至九时半始毕。下午填写履历表。

四月十九日（星期日）。初六。晴。风。

拟往公园看花，以目疾畏风而止。报载联合国大会于十六日一致通过巴西提案，朝鲜停战其有望乎。

四月廿日（星期一）。初七。谷雨节。晴。

　　新建办公室为省木料计于砖墙上加屋顶，工人以南北两墙太薄，恐有危险。因与祁英涛等赴工地履勘。据祁估算压力足能胜任，余鸣谦复算亦无危险。惟为解除工人顾虑，计于分开处筑一砖墙以增加其强度。

四月廿一日（星期二）。初八。晴。

　　偕星枢及祁英涛、余鸣谦赴社管局开会，商第二季度工作计划及编制问题。自九时至十二时廿分，无结果而散。李全庆又闹生活问题，请求为之设法与人事科张科长谈可否调局画图，不得要领。

四月廿二日（星期三）。初九。晴。

　　与李全庆谈清史馆工程问题并其本人生活问题，请其克服困难并端正工作态度。旋与梁明轩通电话，彼谓用水已有法解决，脚手板因觅购不得，但亦有法解决，不致因此停工而影响工期。晚乙尊来谈，昨甫来自上海，其太夫人年八十四矣，康健如硕，为之欣慰。

四月廿三日（星期四）。初十。昙。

　　杨瑞廷报告于自然博物馆。中共中央行政处派王权来言，中南海之"流水音"有云绘楼、清音阁拟予拆除，重建楼房作医务处，似难同意。约明日上午会同局方前往履勘。

四月廿四日（星期五）。十一。晴。

下午赴协和医院诊目疾，张大夫谓系结膜慢性炎。与毕华德诊断同。

四月廿五日（星期六）。十二。晴。

本会办公室工程在施工过程中又有变更，可见设计时之欠精密也。

四月廿六日（星期日）。十三。晴。

七时赴中山公园，丁香半卸，牡丹始放。归来后，䌷伯坐候。谈片刻濮绍戣来，与䌷伯虽不相识，谈及让三先生始知亦有世谊。至十时半辞去。

四月廿七日（星期一）。十四。晴。

赴市政府开会。首都历史与建设博物馆座谈会，会者二十余人。郑振铎、吴晗主席。谈至十二时散会。下午市建筑公司方、何二君来商工程问题，陈明达亦参加，将商谈结果带局处理。

四月廿八日（星期二）。十五。晴。

十时赴社管局开会，确定古建筑修缮费为七十三亿。与张葱玉谈本年工程计划，拟再减去圣安、法海两寺。下午与祁英涛谈，并嘱其明晨赴保定与河北省建筑公司商明陵等三工程。谦儿上午返单县。

四月廿九日（星期三）。十六。晴。

上午陈明达来商五二年跨年度及五三年工程，仍不得要领，允俟祁英涛回京后会同张葱玉商讨后决定。下午二时至五时学习，会场肃静，发言者寥寥。

四月卅日（星期四）。十七。晴。昙。

文化部工程队队长梁明轩既不信任宝恒旧人，又不谙业务，致种种措施错谬百出。清史馆大库工地用水问题初欲我方供应，嗣由张鸿杰介绍故宫解决，致洋灰工程甫于两日前完成。但浇水不能一日停止，明日五一节停工，东华门一带警卫森严，不允许一切人等出入，于是梁又欲我方负责，竟日避不见面，直至下午四时始与张殿昶设法解决。此工程队之前途甚可虑。局方来电话，谓观礼证送来两张，为余与星枢，但局方以余等年高劝不参加，允之。

五月一日（星期五）。十八。劳动节。雨。

十时天安门开会，雨止，一时散会。乙尊来午饭，四时始去。晚放焰火，率儿童登平台，纵观似较往年新颖。

五月二日（星期六）。十九。晴。

政务院通令以明日之星期例假改在今日休息，明日照常工作。下午王制五来谈，思想仍毫无转变，因明白晓喻之，不知能领会否也。

五月三日（星期日）。廿。阴。

祁英涛已回京，谓与河北省建筑工程局及其所属建筑公司联。电张葱玉、陈明达来会商讨本年计划。至十二时半始毕。

五月四日（星期一）。廿一。晴。

于倬云归自东北。祁英涛偕市建筑公司赴团城看衍祥门工程我之设计，来谈。令其重新估算，速定开工日期。

五月五日（星期二）。廿二。昙。

下午阴云四合，雷声殷殷。以为大雨将至，但略有雨点即放晴。市建筑公司来函催问五二年工程协议书，如不及早解决即有停工之虞。此威胁语也。与陈明达商复之。

五月六日（星期三）。廿三。立夏节。晴。

开学委支会。市建筑公司又以停工相要挟，真难于应付。

五月七日（星期四）。廿四。晴。

赴社管局开会。文化部派商科长参加讨论我会本年度工程计划，尽量减缩，定京内工程五处，预算五十四亿。

五月八日（星期五）。廿五。晴。

约市建筑公司方、何、郑三人来，并邀陈明达共同协商，定出原则五条订入协议书内，始告就范。约定十一日上午来会清算。下午至协和医院诊视结膜炎。

五月九日（星期六）。廿六。上午大雨。下午雨霁。

开学委支会，商讨如何联系实际问题。下午漫谈围绕设计、施工两方面，各抒所见。

五月十日（星期日）。廿七。阴。

校石经《仪礼》毕。以拟胡承珙、徐养原二家之优劣，二家皆校古今文之异同，胡之疏义实胜于徐之疏证也。下午绚伯来谈。

五月十一日（星期一）。廿八。阴。昙。

约文化部工程队梁明轩来谈清史馆大库工程，存在若干问题，并商定新合同底稿。下午及后半夜有雷而雨不大。

五月十二日（星期二）。廿九。阴。昙。

西风甚猛，骤凉。写《实践论》测验文。

五月十三日（星期三）。四月初一。昙。

甚凉。报载寒潮南袭，最冷处可能至摄氏表零度左右。近午时风益猛并降黄沙，但气渐转和。九时开会务会议。

五月十四日（星期四）。初二。晴。

会中购得《支那佛教史迹》，价六百万元。市建筑公司又提出护国寺工程我方所供给之木料一百立方米须收管理费款约计八千万,是何异板门店会场之协商耶。

五月十五日(星期五)。初三。晴。燠。

宿舍工程,建平营造厂估价两亿七千有奇。与原估底价不甚相远,与商定合同。

五月十六日(星期六)。初四。晴。

《实践论》学习开始民主评卷。天津大学教授卢绳来接洽暑假中学生实习事。

五月十七日(星期日)。初五。晴。

晨偕寿华至中山公园看菊叶,归途至东单菜市买菜。下午傅振伦来。校石经《春秋》毕。

五月十八日(星期一)。初六。昙。傍晚雷雨。

下午就协和医院诊治结膜炎。与建平营造厂订宿舍工程合同。

五月十九日(星期二)。初七。昙。

与律鸿年、汪德庆、李全庆谈清史馆工程收料问题,三人者为施工时监工员,以石灰运费及麻刀差价不肯盖章,委过于设计人于倬云。日前会务会议提出讨论，以为运费补送单据于不能及时解决，而收灰不计运费三人皆属疏漏，今日纠纷皆由此二事造成，拟从速解决，不再追究责任。而三人仍坚持应由于单独负责。谈话时陈明达亦参加，未得解决，约明日再谈。

五月廿日（星期三）。初八。雨。

清史馆工程纠纷案主要在运费太高，疑有不实不当之处。因以灰价加入运费寻求单价，较去年十一月我会购灰之价不甚悬殊。前之所疑因与问即律等三人，亦承认无干，但律与于成见甚深，且个性顽强，不肯认错。解决纠纷殊形棘手。

五月廿一日（星期四）。初九。小满节。阴。

开学委会。计算灰价加入运费之单价，据张凤山所得结论，每斤灰之运费价为八十元，与去年十一月间市价不相上下，可证其无问题。惟宝恒送单据分为两截，是此次纠纷发生之因素，宜令张殿昶承认错误。

五月廿二日（星期五）。初十。晴。风。

建平营造厂以料不易购深恐我会挑剔其货不及格，因于合同中订入一条购货时必须由我方会同，以免事后发生纠纷。陈效先亦顾虑日后纠纷不敢单独会同购料,余指示其写工作日记存查,以杜悠悠之口,彼亦谓然。市建筑公司派何凌云来与祁英涛算账,大致可同意。晚胡兰生来谈。

五月廿三日(星期六)。十一。晴。风。

　　日前途遇森玉,云十七日因佛教协会事来京,寓三时学会。今晚下班回家不久即来见访,长谈而去。得珍儿书。

五月廿四日(星期日)。十二。晴。风。

　　复珍儿书。校汉石经《公羊》《论语》二传毕。

五月廿五日(星期一)。十三。晴。燠。

　　为监工员补助饭费事开座谈会。此事久未决,焦点在东华门内工地太近,局方不欲补助,几经磋商已不坚持,嘱我会自己掌握。佥以所费甚微,而影响工作情绪则甚大,议决补助。

五月廿六日(星期二)。十四。晴。

　　陈明达来谈明年计划。下午约张殿昶来,并携各种单据。邀设计监工各员并有关人员谈话。核对麻刀批单,果有二纸,一为十一月十四日批一千斤价二千六百;一为十八日批一千斤价二千八百。白灰运费单据共十一纸，皆有车数及斤数。因交律鸿年、李全庆邀汪德庆会核后盖章。至此一场风波亦可平息。

五月廿七日（星期三）。十五。阴。昙。晚雨。

得陈明达电，局方对市建筑公司提出要求，拟追加三亿余元可以同意，希与订立补充合同。

五月廿八日（星期四）。十六。晴。

星枢、祁英涛偕陈明达等赴居庸关。下午治眼疾，萧医生疑与黄疸病有关，嘱转内科，预约六月六日上午。

五月廿九日（星期五）。十七。晴。夜雨。

梁超往河泊厂监工，以工人反映生活太苦，饭吃不饱，致与建平营造厂误会。今晨约其经理孟君来谈今后双方权限及收料计工办法。孟君人极精干，言论亦颇合理，似较张殿昶为高明也。

五月卅日（星期六）。十八。雨。

民族政策学习。区域自治规定各民族语言文字必须尊重，自是不刊之论。而李维汉报告中对仅有语言而无文字之民族应帮助其创造文字,余以为无此必要。因任何民族必先有语言而后有文字,既未产生文字,何必为之创造,徒使内部外部多此一重麻烦。不如以注音符号,就其语言加以注音,岂不直截了当。同人多以为然。

五月卅一日(星期日)。十九。晴。

　　晨访森玉于三时学会,晤常维钧、谢刚主,遂同至中山公园茗叙。据维钧言,最近故宫案已结束,朱家潽判五年,李鸿庆三年,杨宗荣一年半。十时回家。邵力子来谈,知吴稚晖、于右任①皆健在。

---

① 于右任,原名伯循,字诱人(1879—1964),陕西三原人。我国近代著名政治家、教育家、书法家。早年系同盟会成员,长年在国民政府担任高级官员,1924 年 1 月,于出席中国国民党一大,提出了国共两党"合则两益,离则两损"的著明论断,被选为中央执行委员。于右任擅长诗词、书法,所创"标准草书",深受海内外学人欢迎,著有《于右任诗词集》《标准草书千字书》等。当他滞留台湾孤岛时,对大陆情念颇深。1962 年 1 月 24 日,于右任病中作歌《国殇》:"葬我于高山上兮,望我大陆。大陆不可见兮,只有痛哭。葬我于高山之上兮,望我故乡。故乡不可见兮,永远不忘。天苍苍,野茫茫,山之上,国有殇。"其乡思之苦,溢于言表,成为千古绝唱。

【按】入住白云观后,马衡听到的赵广元畏罪自杀、朱家潽等被判刑都是传言,故宫"三反"运动后期被公安局拘捕人员,终因查无实据而释放。朱家潽先生晚年在其口述《朱家潽》一书中,回忆了他当年在故宫博物院"三反"运动中的冤屈和遭遇:"端阳节过去之后,工作队在正殿开全体大会,当场宣布逮捕李鸿庆,大家喊口号,有几个持枪的战士押送出去。又过了几天,工作人员对我们宣布这里的工作结束,但我们这些人仍然未作结论,暂且回家,听候通知。1952 年 7 月,我们这些未作结论的人,我、王世襄、李鸿庆、杨宗荣、赵启顺、曾广龄、崔仪、赵广元等同时被关进看守所,除每日轻微的劳动之外,并没有斗争批判等等运动的形式,大概就是等候深入调查吧。一年又十个月,到 1954 年 4 月 1 日,管理人员宣布(转下页)

六月一日（星期一）。廿。晴。午阴小雨。

开学委会，布置民族政策学习讨论提纲。下班前报告《实践论》学习总结。陈明达偕人事科何健来了解律鸿年与于倬云问题，余告以已经解决。盖自廿六日邀张殿昶谈话后，律鸿年、李全庆皆无异议也。

六月二日（星期二）。廿一。晴。午微雨。

开座谈会，讨论明年度计划。下午见律鸿年，签呈述清史馆工程六事一著，廿六日之座谈会毫未解决问题者，患卸责于倬云。余大感不解，亟招之谈话，态度乃大变，此中大有蹊跷。适陈明达来，因告以故。而何健亦来，由王真介律鸿年与之秘密谈话，始悟此中有党团员为之支持。故翻然转变态度也。

六月三日（星期三）。廿二。晴。

文渊阁书铺介绍往关祖章家看建筑模型，关为铁路工程师，

（接上页）释放回家，发一张证明可以向派出所报户口，同劳动局请求分配工作。我曾接到一个通知到二机部报到，但我到二机部，门卫不许我进入，只好回家再等。后来又接到一个通知到航空学院报到，我因工作不对路没有去。前后两个通知都是劳动局发出的，最后到1956年7月我接到故宫博物院人事处的通知，即日起仍在陈列部工作，职称仍为副研究员，这才恢复正常工作。"

同建筑法式非其所习,其模型皆凭其意匠设计,往往花样翻新。惟九龙壁等似可收购。其父伯衡好收藏,有郎世宁画狗一幅,为故宫旧藏,十二幅之一。抗战前后祖章曾为余言愿捐入故宫,而未践诺言。余因重申前请,彼谓去年"五反"时欲捐而政府不要云云。至社管局访刘平副局长,告以会中人事纠纷,详述经过,其主要原因当然由于我领导力量不够,而另一方面则党群关系未搞好,非但不能解决问题,反而制造矛盾。希望上级领导机关帮助我解决。刘谓当派员来了解共同解决之。

六月四日(星期四)。廿三。晴。

开会务会议,对清史馆及河泊厂两工地纠纷案组织两小组负责监督与清理。

六月五日(星期五)。廿四。晴。

陈明达来谈,以日来处理诸事告之。

六月六日(星期六)。廿五。芒种节。晴。

上午赴协和内科检查,除大小便外检查血液四种,须抽血十八CC,护士二三人为我抽血,两臂皆未抽得。且四种有一种须星期二临时抽出检查。余谓不如星期二举行,医院亦同意。

六月七日（星期日）。廿六。阴。

　　昨日下午森玉送一藤箱来，上书"MH"字样。乃抗战前寄存福宅者，不知何以在森玉处。箱经开启只存大半箱，仅有文件而无拓片，恐多遗失。但分家书及信札等大致存在。怀安县"汉五鹿充墓"之丝织残片①亦无损失，可云幸矣。尽一日之力检查信件，有郭沫若东京来书一函，竟未开拆，中有寄还铜器拓本一份，书中言及汉石经"藉既"一石乃《鲁诗》"韩奕""公刘"之文，"既"上一字存"山"字，残书为"番"字，毛诗作"繁"。乃与余所释不谋而合。不知当日何以未启此函，亦怪事也。傍晚诣森玉，适值开会，略谈而退。谈及张孝彬所藏商卣，余告以器或不伪，恐系以残底配入他器以里为表，故字在圈底而仍作凹形（普通常例腹内为凹形而底外则作凸形），文字已经剔损，故笔画特粗。彼亦以为然。

六月八日（星期一）。廿七。晴。

　　与路鉴堂谈应县木塔模型事，告以陈明达意见正确，无可

---

① 据《文物参考资料》1958年第九期《汉代五鹿充墓出土的刺绣残片》介绍：这里发表的汉绣残片是马衡先生生前捐赠给故宫博物院的汉代织绣的一部分。这部分汉绣残片，从它片断的图案上看，有缥缈的风云、翱翔的风鸟、奔驰的猛兽、层叠的群山、狩猎和供养的人物以及秦汉铜镜上常见的带状花边等，可以看出它当年是绸本"辫绣"，上面有赋染朱墨、形象生动、构图缜密的狩猎图案，是汉代刺绣图案中表现生活最完美的典型作品，不但表现了劳动人民的智慧巧思，而且表现了汉代丝织刺绣工艺技术的高度成就。

反对。惟须开会解决之。

六月九日（星期二）。廿八。晴。

陈明达持杜仙洲山西来函，商大同九龙壁修缮事。余以为照仙洲所言定烧琉璃则今年不能施工，且经费亦恐不够，不如仍按前议暂作保养，龙身缺处以石膏或洋灰补之，如补铜器。然将来条件足够时再行拆修，彼亦以为然。清史馆工程核对账单，小组昨竟日开会，已无多大问题。而贾金锋认为仍不能强人盖章。今日上午贾赴局开会致小组改在下午续开，结束此案。夏纬寿将单据封存时，贾忽变态度，谓不如先作（做）说服工作，如律、李、汪坚持不盖，则封待上级处理。是或受到局方批评矣。晨八时曾赴协和医院抽血十八CC，以备四种检查。八时半开学委会，仍为《实践论》学习总结作结束也。

六月十日（星期三）。廿九。昙。风。

清史馆工程清理小组依贾金锋建议，召律鸿年、李全庆、汪德庆三人谈话，坚持不能盖章，无结果而散。

六月十一日（星期四）。五月初一。晴。

宿舍监修小组开首次会于河泊厂工地。购杉木檩料问题，似不如所推测之严重。在不重开介绍信原则之下可解决之。

六月十二日（星期五）。初二。晴。下午雷而不雨。

政务院政法委员会拟拆除砖塔胡同之显灵宫，由余鸣谦、曾榷往查，明代建筑也。余谓今后将由房荒而进入地荒矣。诣翁咏霓，略谈而归。

六月十三日（星期六）。初三。晴。

祁英涛、于倬云偕陈明达、罗哲文赴清华大学研究农安塔问题。

六月十四日（星期日）。初四。晴。

翁咏霓、朱景洛相继来，皆稀客也。晚咸侄来，十时始去。容希白日前来自广州，谓晋墓金人之被盗，实由于乾隆金鼎而连类（累）及之。鼎重四十余两，俑仅一两左右。同陈列于展览会，结果俑亡而鼎无恙，冤哉。希白傍晚来谈，谓连日在厂肆收得装帖百余种，平均价每册五千元耳。此君理财之术不亚于乃师，且有出兰之举。

六月十五日（星期一）。初五。晴。风。

今日为端午节，为纪念屈原，在历史博物馆展览楚文物，必有可观，明后日当往一观。

六月十六日（星期二）。初六。晴。热。

　　陈明达来谈。

六月十七日（星期三）。初七。晴。燠。

　　参观楚文物展览，戈之形式有曩所未见者。陶器有包银者，铜鼎有铁足者。以是知楚之文化进展甚于中原，尤其玉具、剑。曩多揣测之词，今见实物名称，始能确定。展品来源，除本馆藏品外，一为长沙文物管理委员会，大半为往年古玩商所搜集；一为科学院，为五一年发掘品；一为南京博物院，多为寿县出土；一为社管局借陈，系收购商锡永藏品。窃以为社管局所收购，应即时拨交各博物馆保管，不应时隔年余尚保存于社管局，此业务界限未划分清楚之话柄也。

六月十八日（星期四）。初八。阴。

　　赴协和内科诊视，据检查报告血液及大小便皆正常，尤无影响目疾之征象。以后可不复就诊矣。河泊厂宿舍监修小组本为解决问题而设，今因购红松门窗口料无着，公营公司及私商皆无货。而建平有旧料三立米，价较公营者略高，但不超过预估之数。贾金锋竟不肯召集会议，谓应由行政决定。可谓巧于趋避矣。惟待料急迫，不能延误工程，嘱陈效先来一签呈，以便批准。凡事不能相见以诚，又缺乏责任感，将一事不能办矣。

六月十九日（星期五）。初九。

　　昨彻夜雨。午晴。下午三时大雨。旋晴。

六月廿日（星期六）。初十。晴。

　　市建筑公司古建科方君来商今年工程。适陈明达亦来，方欲将大慈延福宫工程延迟开工，作为跨年度工程。再三与商请其提早开工，勿跨年度。彼允从长考虑。晚约容希白来家吃饭。今日为余阳历生日。

六月廿一日（星期日）。十一。晴。

　　终日检汉石经，得《论语》"尧曰"一石。乙尊下午来。

六月廿二日（星期一）。十二。夏至节。昙。

　　宿舍檩料事前批交监修小组。而贾金锋久不召集，谓此事应由行政处理。据陈效先报告，已由建平觅得相当材料。我会原购之材料可由建平承包别一单位之工程接受。余与祁英涛商，应由建平指出其发包单位，经我会与之联系属实，商得同意，由该单位开介绍信购妥后互相交换。不容建平上下其手。

六月廿三日（星期二）。十三。昙。

祁英涛、于倬云偕陈明达赴农安检视修塔工程。

六月廿四日（星期三）。十四。昨夜雷雨朝晴。晚又雷雨。

学习选举法。下午讨论，与王真、杨烈辩论良久，二人皆团员也。

六月廿五日（星期四）。十五。晴。

局方以有设计工程，罗哲文来电话欲借二人作设计测绘工作。会中工程师外勤者已有三人，组中人员多在各地监工，实无可抽调，不得已允先调李良姣去。

六月廿六日（星期五）。十六。晴。

办公室续加三间工程，五千万元不够，尚绌一千余万。而跨年度工程结余二千余万又须上缴，姑予估算请上级设法。下午侯仁之讲"首都都市的发展"，颇精采（彩）动听。

六月廿七日（星期六）。十七。晴。

刘平副局长在神武门楼报告学习问题。汪德庆又欲借钱，婉言拒之。以私人名义借与二万元。

六月廿八日（星期日）。十八。晴。

科学院赴苏访问团历史学家刘大年在科学院报告，特往听讲。周纶医生近来京服务于铁路医院，日前莉珍于协和医院遇之，特便道往访未晤。

六月廿九日（星期一）。十九。晴。

局方电话催五三年上半年工作检查及五四年工作计划。余谓前者可照办，后者恐难报命。张葱玉言，此为下年度预算作初步估计，始就已知数酌列，不必求其详也。

六月卅日（星期二）。廿。阴。入夜雨。

拟具五四年工程计划。本市城郊十处，各行政区八处。下午邀张葱玉、罗哲文来谈，即以此为初步计划。

七月一日（星期三）。廿一。雨。竟日阴。

下午三时，科学院访苏代表团代表梁思成、曹言行在地质学院报告"土木"，与星枢等往听。

七月二日（星期四）。廿二。昙。

中南海以拆除云绘楼事，派王苓偕都委会张海泉来问是否同意。告以文整会立场不能同意拆除，必不得已可将此具有特殊艺术之建筑移建他处，以资保存。因其急等回话，遂同赴社管局，西谛告以已与吴晗副市长商妥，将此项建筑完全移建于陶然亭畔。请张海泉向吴市长汇报，并商定办法再行决定。王要求郑局长同往现场一观，郑以有事派罗哲文会同前去。云绘楼北向清音阁，西向皆临水屹立而以回廊联系之，颇具匠心。移建后亦须临水方为适宜。

七月三日（星期五）。廿三。阴。

下午访刘平局长不在。与葱玉略谈。赴神武门楼听唐立庵讲"中国青铜器文化"。前三节讲毕已六时半矣。晚容希白来谈。

七月四日（星期六）。廿四。上午晴。下午大雨。晚晴。

今日为余阴历生日。今年依选举法改正为阳历六月廿日。

儿辈狃于积习必欲今日举行吃面，亦姑听之。傍晚陈养空夫妇及黄纪兴、侯芸圻、李乙尊来晚饭。贾金锋对陈效先抱成见，今日上午与谈并说服之。

七月五日（星期日）。廿五。昙。

今日为履儿生日，阴阳历相符，恐自彼有生以来尚是第一次。上午胡兰生来，分析莉珍病状颇中肯綮。周纶大夫偕其爱人见访，复就莉珍病状加以诊断，谓协和诊案不致大错，可先服其药将结果报告之。晚乙尊来。

七月六日（星期一）。廿六。阴。晚雷雨。

祁英涛四日晨归自农安，今日来办公。陈明达上午来谈明年度工作计划。

七月七日（星期二）。廿七。小暑节。阴。

贾金锋汇报河泊厂监修小组结果，似已有所转变。

七月八日（星期三）。廿八。晴。热。

下午三时赴北京剧场，听刘芝明为学习《联共党史》所作的报告。

七月九日（星期四）。廿九。晴。热（华氏表八十七度）。

下午阴有雨意，温度降至（华氏表）八十四度。初闻蝉声。办公室续加三间工程款已拨来，拟先备料，于廿日开工。

七月十日（星期五）。卅。晴。

余对建筑学为门外汉，今日读梁思成著《清式营造则例》，不啻读教科书也。他日当再读李明仲书①。

七月十一日（星期六）。六月初一。晴。

河泊厂工地瓦工斫砖，有爆炸物自砖中爆发，伤手及腹，贾金锋往工地了解并赴医院慰问。掌心内碎片已取出，尚无大碍。开会务会议至十二时半始散。

七月十二日（星期日）。初二。阴雨。

阅《联共党史》第一至第三章。

---

① 李明仲书即《李明仲营造法式》，诞生于公元1103年，当时宋徽宗赵佶亲自颁布诏书，批准这套书的出版。书中不仅总结了汉唐以来的中国建筑传统，而且用大量篇幅列举了包括石刻、木刻、彩画等13种共176项工程的尺寸标准以及操作要领。

七月十三日（星期一）。初三。阴雨。

邀河泊厂工程监修小组同人研究受伤工人之实际情况。梁超言，工人名鄭富，十一日晨七时余，开工不久，忽闻枪声，循声而往，则见鄭富手足皆有血，而彼尚未发觉。询之始大骇，谓正在斫砖，忽有物爆炸，亦不知何自而来。遂送第四医院。贾金锋去时碎片虽已取出，而鄭受麻醉后固未醒也。下午三时神志略清，即由建平厂送至宿舍。为欲明真相乃公推贾金锋、单少康同往慰问，并听取其自述经过。鄭经医治后眠食皆已恢复正常，惟觉伤处麻木，别无痛楚。询其受伤经过，则与梁超所述者同。因将经过以书面报告劳动局及公安局之前门区分局。同人推测，解放时此处曾驻兵半年以上，或遗有弹药。此次所爆炸者或为雷管之类，为鄭富所拾得，以好奇而斫之，遂肇此祸未可知也。

七月十四日（星期二）。初四。晴。

接上级转来监察委员会通报，自去年"三反"运动后，各部门仍存在着贪污现象。应由各单位严密检查并密切注意。天津大学教授卢绳来接洽学生实习事，并希协助。

七月十五日（星期三）。初五。晴。

据河泊厂工地报告，当开工之初亦曾发现金属物被工人埋于地下。今日由建平营造厂报告前门区公安分局。余得报后开会研究派贾金锋、陈继宗往工地了解，未得其埋藏处所。贾往公安分局联系亦无从追究，只得嘱工地人加强警惕而已。

七月十六日（星期四）。初六。晴。热。

昨日《联共党史》学习未举行，刘芝明部长讲第四章，改于今晚七时半在文化部网球场举行。余未参加。

七月十七日（星期五）。初七。晴。

盼谦儿不至。

七月十八日（星期六）。初八。晴。热。

闻今日初伏。上午检查新建办公室及清史馆大库工程，订期报请验收。晚乙尊携肴来共饮。

七月十九日（星期日）。初九。晴。

闻家人言，前日有马部长来访，忘未报告，意必夷初。遂于傍晚往访，不见已三年矣，须发较余更白，略谈即归。

七月廿日（星期一）。初十。晴。傍晚大雨。

人事部通知，今年因灾荒较重，国家工作人员之工资不予普遍调整。但有存在问题者，中央将统一布置，再行通知。下午开全体大会报告此事。局方派王毅来传达统一办法，宣布八原则。会后又商定方法。接讣告，邵伯䌹本月八日病故，享寿八十二岁，已于十二日安葬。作书致其子茗生唁之。

七月廿一日（星期二）。十一。晴。

邀各单位领导人提名，个别调整待遇共十人。傍晚王毅来共同研究决议，于名单拟定后交各小组提意见，经修正后送局。盼谦儿仍不至。

七月廿二日（星期三）。十二。晴。

与各单位主管人商调整工资，草拟一单。下午王毅来，经讨论后由十人改为八人。

七月廿三日（星期四）。十三。大暑节。竟日大雨。

谦儿归自单县。以调整工资单交各小组征求群众意见。

七月廿四日（星期五）。十四。晴。

听取各小组汇报。下午王毅来，以群众意见无甚出入，仍按原单送出。晚饭后容庚来以《颂斋吉金续录》见贻，云将于廿七日返粤。

七月廿五日（星期六）。十五。晴。

代贾金锋填改变工资表，嘱其于今日送局。贾谓尚有一表未送来，俟星期一送出亦无妨。其意着不甚属意者，殊可怪也。

七月廿六日（星期日）。十六。晴。

上午绚伯来谈。今晚月全食，天未全黑时已入全食状态，登平台眺望甚久不见月影。复收听广播则谓正在全食中，再登平台则已吐光，惟略带红色耳。夜浴时闻电台广播朝鲜停战协定已达成协议，将于明日十时签字。不觉为之欢欣鼓舞。

七月廿七日（星期一）。十七。晴。热。

约建筑公司方科长谈话。祁英涛赴社管局约同陈明达与之在局交换意见。大约午门、雁翅楼决不愿做，即做亦不能解决漆漏问题。大慈延福宫恐不能不跨年度,因琉璃瓦无法解决也。

七月廿八日(星期二)。十八。昙。下午有阵雨。

陈明达介绍建筑工程部设计院来觅资料。

七月廿九日(星期三)。十九。阴。昙。时有阵雨。晚晴。

芳若来自太原,将在科学院学习一年。夜七时半人民大学理夫在文化部网球场作《联共党史》第三次报告。归已十一时矣。

七月卅日(星期四)。廿。晴。

张德泽反映汪德江说怪话。此人非口舌所能教育也。下午学习会漫谈,并推纪思、祁英涛为小组长。

七月卅一日(星期五)。廿一。晴。

刘士能[①]来,至南京。晚刘芝明部长作时事报告。

[①] 刘敦桢,字士能(1897—1968),湖南新宁人。中国建筑学家,建筑史学家,建筑教育家。1927年参与筹组中央大学建筑系,后加入中国营造学社,致力于古建筑文献的发掘和考订。中华人民共和国成立后,任南京大学、南京工学院建筑系教授、系主任,中国建筑历史与理论研究室主任。

八月一日（星期六）。廿二。晴。

　　宣化人来，以清遗楼有危险请派人鉴定并加修缮，嘱余鸣谦去。晚接珍儿书并八十五万五千元汇票，云系晶儿汇来。

八月二日（星期日）。廿三。阴。

　　复珍儿书，久不得晶儿消息，今忽接其汇款而又不言何自而来，因详询之。

八月三日（星期一）。廿四。阴。时有阵雨。

　　与贾金锋、纪思商处理王真事。星枢自今日起公休廿天。陈明达来谈工程事。

八月四日（星期二）。廿五。上午晴。昙。下午大雨。

　　卢绳来，言学生实习工作已告结束，明日将返天津。

八月五日（星期三）。廿六。上午晴。下午四时后雨。

　　晨七时访刘士能于地安门外建筑工程部招待所。下午士能来商模型技工事。晚至文化部听理夫《联共党史》第四次报告，九时半以雨而中辍。

八月六日（星期四）。廿七。阴。昙。

徐琮（《北京日报》记者）以谈颐和园掌故稿来征询意见，错误处悉指正之。王真检讨书送来。与贾金锋所述之事实不同，因其所犯错误远在未来本会以前，故处理方法又须变更。

八月七日（星期五）。廿八。阴雨。

晨八时至大众剧场听胡韦德报告，指示学习《联共党史》方法。与王真谈话，其意不欲公开受惩，是亦人情之常。

八月八日（星期六）。廿九。立秋节。晨大雨旋晴。

理夫于日前讲《联共党史》第七、八章以雨而中辍，今晨在小经厂续讲。此公于《联共党史》几能背诵，讲演时既无定稿而于年月及人名、地名如数家珍。所讲材料多可补简明教程所未及，听众满意。

八月九日（星期日）。卅。晴。

读刘申叔《今文尚书无序说》，驳陈寿祺之十七证，似亦持之有故，言之成理。而新出汉石经竟有廿九篇之序，事实胜于雄辩。以此知考证之难矣。

八月十日（星期一）。七月初一。

晨七时大雨，而儿辈游西郊公园已先发，预料必在途中。十一时又大雨如注，至一时始止。街衢庭院皆积潦盈尺，由吴海①背负登车，殊为狼狈。到家知儿辈已先返，差慰悬念。河泊厂工程已完工。本约定祁英涛等今晨往观，以雨而止。幸三年来政府发动全力下水道成功，否则不堪设想矣。

八月十一日（星期二）。初二。终日阴沉，时有微雨。

祁英涛等往看河泊厂工程，余未参加。祁谓建平工程尚够水平。

八月十二日（星期三）。初三。阴。昃。

至革命博物馆听徐彬如报告《联共党史》学习第九章。自今日开始徐为辅导员。我会与革博合班。徐之报告句句皆联系实际，颇动听。下午漫谈，纪思为本组班长，能掌握会场。

---

① 吴海，马衡雇用的包月三轮车工人。

八月十三日（星期四）。初四。阴。昙。

开会务会议至十二时半始散。

八月十四日（星期五）。初五。阴。昙。

傍晚钜壎归自朝鲜，距离京时已历百四十日，共演出百七十场，最多时日演七出戏。

八月十五日（星期六）。初六。晴。

星枢来，将最近各事告之，闻李良姣已入团，问之信然。

八月十六日（星期日）。初七。阴。

读文件。未出门。

八月十七日（星期一）。初八。阴。

刘士能来谈。祁英涛与市建筑公司商天王殿后部工程颇费唇舌，尚未就范。

八月十八日（星期二）。初九。阴。

与李良姣谈我会之党群关系，希望其今后注意。

八月十九日（星期三）。初十。先阴后晴。闷热。晚有大雨。有雷。

律鸿年掌握工地处处不与人联系，领导及工人方面皆对有龃龉。原设计亦时凭主观变更，至预算超出，受到领导方面责难而又不甘引咎。夏纬寿、祁英涛请示办法，因约其谈话，竟致痛哭流涕。因依其最后计划，责成其随时请示完成任务。

八月廿日（星期四）。十一。晴。

偕星枢赴市政府开会，座谈关于首都古文物建筑保护问题。由吴晗副市长主持，座中有梁思成、林徽因及薛子正发言最多。无非各就其立场自为解释。讨论结果在市政府下设一机构，由文整会、都委会、文物组为骨干，随时研究各问题。散会已下午一时，留饭始各散去。

【按】8月20日，吴晗主持会议，讨论北京文物建筑保护问题。马衡、俞星枢、薛子正、梁思成、华南圭、郑振铎、林徽因、罗哲文、叶恭绰、朱兆雪等出席。

郑振铎说："如有要拆除的最好事先和社会文化事业管理局联系，由（转下页）

八月廿一日（星期五）。十二日。晴。

偕夏纬寿赴河泊厂工地察勘，干部宿舍已完工待验收。工友宿舍砌墙及半。工人已较前积极。约律鸿年、李全庆、舒永泰谈话，指示工人休息时略以表扬以资鼓励，并就律鸿年擅改计划加以批评，已不复如前此倔强矣。下午听刘敦桢讲"中国建筑的艺术性"。

八月廿二日（星期六）。十三。晴。

西郊发现古墓中有壁画。市文物组约我会派员会勘，谋所以保存之。祁英涛、余鸣谦同往。据云墓已早经破坏，四砖柱

（接上页）中央决定，不应采取粗暴的态度。"

吴晗说："全国性的问题请示中央决定。"

林徽因提出："保护文物和新建筑是统一的。保护旧的是为新建筑保存优良的传统。""北京的九个城门是对称的，如一旦破坏，便不是本来的基础了。再如天坛只保存祈年殿其他都拆掉也不是保存文物的办法。"她认为民居建筑的保存也是重要的方面："艺术从来有两个传统，一个是宫殿艺术，一个是民间艺术，后者包括一些住宅和店面，有些手法非常好，如何保存这些是非常重要的。"

梁思成在发言中指出："北京市的发展是要在历史形成的基础上发展，一定要保存历史形成的美丽城市的风格。有些单位（如公安、交通、经济部门）考虑得片面。""在保护古文物建筑工作上，首都应起示范作用，慎重是必要的。"他搬出了苏联经验，提出"在莫斯科建设中，古建筑在原则上尽量保存下来"。他还以"土地私有"讥讽破坏文物建筑的行径："北京各机关好像有'土地私有'的观念，在他们自己的范围内爱拆爱建，一点不考虑整体。"

吴晗作答："在处理中应尊重专家的意见，但专家不能以为自己的意见必须实现。"

会后，由北京市人民政府与文化部社会文化事业管理局等部门共同组织的联合调查小组，对北京城区的牌楼及其他一些古建筑进行调查（摘自《环球人物〈吴晗与梁思成的牌楼之争〉》《中华文摘》2004年7月）。

仅存其二斗拱，甚大。有疑为唐代者，然墓志无存，不能证实。壁画亦残，现正在摹写中。

八月廿三日（星期日）。十四。晴。昙。

　　上午䌷伯、树平相继来谈。下午赴宝泉堂洗澡，便道访周寄梅不值。

八月廿四日（星期一）。十五。处暑节。竟日雨。

　　与律鸿年谈话，勖其抓紧预算完成任务。刘士能偕其同伴来会参观，中有同济大学教授陈从周君，言为蒋平之亲戚，与晶儿亦相识。

八月廿五日（星期二）。十六。竟日雨。

　　王璞子来言，组织上已允许其脱离，但日前嘱纪思询问未得要领，因介绍其与纪思晤谈。彼详述其历史及被调经过，纪允为催询。

八月廿六日（星期三）。十七。上午雨。下午霁。

　　星枢销假。

八月廿七日（星期四）。十八。晴。

刘士能在设计院讲演，工程组全体人员前往听讲。

八月廿八日（星期五）。十九。晴。

罗哲文来谈业务，余建议局方将赵州石桥计划送设计院，请苏联专家审核。

八月廿九日（星期六）。廿。晴。昙。

昨接局函转示文化部函，本会聘朱桂莘为委员。月致送薪金四百三十二工资分。以其年高不必经常到会办公。因与俞同奎、祁英涛、夏纬寿、纪思赴其寓所晋谒。精神矍铄不减当年。谈次始知其原在文史馆，自动请求转入我会，故统战部有此安排。归途遇叶誉虎亦往访桂老者，因具告之桂老拟于九月辞去文史馆。誉虎此去当可商定也。黄纪兴来晚饭，据言一个月前因失眠服安眠药过分几至丧生，可谓险矣。文冲于夜十时搭车返单县。

八月卅日（星期日）。廿一。阴。昙。

傍晚偕芳若散步至东安市场购物而归。

八月卅一日（星期一）。廿二。晴。

　　北海天王殿后部工程市建筑公司坚欲我会供给木料，星枢往园林处协商请其供给，略有端倪。思猛今日入校以明日开学也。

九月一日（星期二）。廿三。晴。

　　朱桂老来会，介诸工程师与之相见。又参观营造学社，所寄存书籍皆其手置者。又看应县木塔模型，谓古塔有建中心柱者，柱为木质，刹为铜质，一遇雷火则中心柱皆焚毁。杭之雷峰塔即遭此劫。所言似有至理，古人犹未知用避雷针也。

九月二日（星期三）。廿四。昨夜雷雨。上午阴。下午晴。

　　赴社管局晤张葱玉商今年工程问题。决定明日八时请张鸿杰、陈明达来会讨论。下午赴大众剧场听刘芝明副部长讲《联共党史》第九章。胡厚宣来访未晤。

九月三日（星期四）。廿五。晴。

　　约张鸿杰、陈明达与市建筑公司开谈判，来会者为古建科傅志仁科长、预算合同科李科长。谈判结果红本库即日开工，实录库即订合同，午门东雁翅楼估价订合同，无论愿做与否，必须接受任务。数月来悬案得告解决，亦可稍慰。

九月四日（星期五）。廿六。晴。

　　古建筑实习组定明日结业，请冶秋来讲话。冶秋以全部总结尚未做出无从讲起，嘱张葱玉、谢元璐、罗哲文来研究决定缓一星期举行。张绸伯六十九岁生日，偕寿华、履儿往祝，晚饭而归。

九月五日（星期六）。廿七。晴。

　　与市建公司商实录库合同并验收北海二工程。

九月六日（星期日）。廿八。晴。

　　六时至文整会，学员等已齐集，局方张葱玉亦到，即开车赴蓟县，为参观独乐寺也。车经通县、三河县直抵蓟县。在通县、三河县交界之箭干河以桥梁尚未完工，以船摆渡需时甚久，直至十一时四十分始到（箭干河又名潢潢河，为通县与三河县分界线）。独乐寺为辽统和二年建，今存山门及观音阁，在蓟县西门内。杜仙洲向学员介绍其特异之点，并登阁作简单勘测及摄影。三时回车抵京已八时矣。未至蓟县卅里，有镇曰"邦君"，市集较城为盛，往返皆会于此。

九月七日（星期一）。廿九。晴。

　　陈明达电话言，大慈延福宫工程，部中决意要做，此与张鸿杰所言相反。祁英涛允明晨约市建筑公司谈判。

九月八日（星期二）。八月初一。白露节。晴。

　　纪思谈人事问题，要求明晨开大会报告，允之。

九月九日（星期三）。初二。晴。风。

　　徐彬如报告并介绍参考文件。人事组纪思在全体大会上报告考勤等办法。

九月十日（星期四）。初三。晴。傍晚雷雨。

　　王毅、张葱玉来商学员结业问题。

九月十一日（星期五）。初四。阴。午有微雨。骤凉。傍晚晴。

　　濮绍勘来访。重书衍祥门匾额。

九月十二日（星期六）。初五。晴。

　　陈聘丞来访星枢，为北大旧同事，别已廿余年，非星枢介绍已不相识矣。古建筑工作实习班今日举行结业仪式，冶秋、葱玉、明达皆来讲话，大会圆满结束。晚聚餐并举行晚会，归已九时矣。

九月十三日（星期日）。初六。阴。昙。

　　胡兰生、张䌷伯先后来谈。周寄梅上星期日来未适，余赴蓟县未晤。今日又来，不见已五年矣。与兰生、䌷伯畅谈许久。下午冼玉清来访，谓四月间至香港晤五弟问以将回国否，五弟谓已不作此想。

九月十四日（星期一）。初七。晴。

　　参加福利小组的讨论，由纪思召集。

九月十五日（星期二）。初八。晴。

　　林是镇来谈云绘楼事。下午局中召集会议，为增产节约号召各机关检查执行。

九月十六日（星期三）。初九。晴。

约陈明达来谈彩画事,后人民美术出版社傅扬、陈鹏来。明达已去,由星枢与谈各条件。下午与星枢作传达及动员增产节约报告。六时始散。

九月十七日（星期四）。初十。晴。

下午小组漫谈增产节约计划并检查过去。占时一小时。发言不普遍,定后日继续。

九月十八日（星期五）。十一。晴。

纪思反应（映）陈继宗三事,亟宜纠正。因与祁英涛商,俟其返京后约其谈话。

九月十九日（星期六）。十二。晴。

上下午开会务会议。

九月廿日（星期日）。十三。阴。

东北派来古建筑实习员。东北区杨烈、山西省周俊贤、酒冠五，今日各回本岗位。史树青①偕冯国瑞来访，冯新从西北来，以新访得《麦积山沙门法生造像记》见示。谓法生即龙门造像中为北海王祥造像之法生，其说近似，当更考之。

九月廿一日（星期一）。十四。昙。

下午小组检查五三年度工作计划及预算。

九月廿二日（星期二）。十五。晴。

下午开全体大会，动员批评与自我批评，并报告调整工资批回，加分者四人，向隅者四人。

九月廿三日（星期三）。十六。秋分节。晴。

分配赴山西、正定和农安的出差人员，预备国庆节后即行出发。与杜仙洲个别谈话，纠正其工作作风。

---

① 史树青（1922—2007），河北乐亭人。当代著名学者，史学家、文物鉴定家。1945年毕业于北平辅仁大学中文系，同校文科研究所史学组研究生。工书法，精鉴赏，尤以考古鉴定驰誉中外。曾任中国历史博物馆研究员，国家文物鉴定委员会副主任委员，南开大学历史系兼职教授，北京大学考古系研究生导师，中国收藏家协会会长，《收藏家》杂志主编，中国博物馆学会名誉理事，中国中日关系史学会理事，中国古文字研究会理事，中华诗词学会理事，全国政协第七、八届委员，全国政协教育文化委员会委员。

九月廿四日（星期四）。十七。晴。

练习生五人转业，实习干部二人。开始评薪，采取自报公议方式。今日未完，待续评。

九月廿五日（星期五）。十八。晴。

练习生评薪竣事。待最后决定。

九月廿六日（星期六）。十九。晴。

下午赴社管局晤冶秋，知森玉来京，偕谢稚柳来京。东北送来溥仪赏溥杰书画中有《清明上河图》《宋徽宗摹张萱虢国夫人游春图》《宋元梅花合卷》。皆精品也。

九月廿七日（星期日）。廿。晴。夜雨至午而晴。傍晚又雷雨旋晴。

孙玉堂之妇杨传淳新自上海来。珍儿带来若干食物。徐悲鸿于日前患中风，昨晨二时逝世。余拟往吊，而不知设灵所在。

九月廿八日（星期一）。廿一。晴。骤凉。

晚履儿言悲鸿设灵在美术学院，已于下午安葬。余为之惘然。卅余年老友,竟未一吊,荒唐,荒唐!

九月廿九日(星期二)。廿二。晴。

  陈明达陪华南工学院龙非了教授来觅教材,为介刘醒民、路鉴堂一谈。托代制模型及彩画。访周寄梅,始知其(与)林巧稚医生同寓。

九月卅日(星期三)。廿三。晴。

  于倬云赴农安。龙非了来,与刘醒民、路鉴堂商制模型及彩画,托我会为之经理,允之。

十月一日(星期四)。廿四。晴。

  余未参加观礼,坐听收音机,略知会场情况。晚约周寄梅[1]来共饮。

十月二日(星期五)。廿五。晴。

  康福源来,乞书楹联以为纪念,允之。

---

[1] 周诒春,字寄梅(1883—1958),安徽休宁人。1913—1918年任清华学校校长,后历任燕京大学代理校长、国民政府实业部次长、农林部长、卫生部长等。

十月三日（星期六）。廿六。晴。

龙非了来以六百万元支票作彩画模型之需。陈明达来商赵州石桥及正定隆兴工程事。决定使余鸣谦六日先行赴正定。傍晚周纶之夫人在寓相候，以《褚河南临兰亭册》及《祝希指楷书》《林酒仙诗卷》嘱为鉴定，皆系赝品。

十月四日（星期日）。廿七。晴。

午饭后诣荣华成衣铺量尺寸，拟制夹中山装一套。归途于什方院遇王□□，其状甚为尴尬，谓内疚于心未敢造访，余漫应之。

十月五日（星期一）。廿八。晴。

路鉴堂谓制造模型工人有要求增加工资之意，嘱纪思先了解情况再作处理。

十月六日（星期二）。廿九。昨夜小雨。晨晴。

陈明达之爱人李淑其上月廿三日由局派来工作，纪思擅自通知总务组由四月份起支薪，甚是怪事。电询冶秋不在，暂搁置俟了解后处理。张法孟晚饭来谒，谓甫自东北来，五〇年初到东北时，曾于辽阳见新发现之汉墓。曾入内探视，壁画精采

（彩），叹为得未曾有，报告当地文教机关，亦认为有教育意义，遂发动中小学生前往参观。今已模糊莫辨矣，惜哉。

十月七日（星期三）。卅。晴。

　　至文化部参加文化会议，听周、刘二部长报告。五四年文化经费将减为七千余亿，较五三年减去二千二百亿元。赵沨传达习仲勋报告，亦甚扼要。遇杨林主任，以李淑其事告之，彼亦认为纪思不合手续，当合理解决之。

十月八日（星期四）。九月初一。寒露节。昙。

　　陈明达来。今夜将与祁英涛、陈继宗、李良姣、律鸿年、李竹君赴山西，先至大同，次至五台转太原。然后分两组赴各县调查，分组时余希望祁、李、律为一组，以可以帮助律也。

十月九日（星期五）。初二。晴。

　　履儿今日赴朝鲜。

十月十日（星期六）。初三。晴。

　　思敦以金妈病送其至外祖母家，家中顿形寂寞。

十月十一日（星期日）。初四。晴。

李涵础、许稚簧来。李以《殷历谱后记》见还。因以所假张国淦《历代石经考》归之，许以《马姜墓记》初稿本及《汉石经〈春秋〉拓本》属题。久谈而去。

十月十二日（星期一）。初五。晴。骤凉。

工会征求会员于十九日参观波兰展会，谓占用办公时间已得行政许可，而余不知有此事，意必纪思所为。下午纪果自承，谓忘未报告。

十月十三日（星期二）。初六。晴。

杜仙洲言，闻之林是镇言，有少数民族参观雍和宫，发现彩画中梵字有反写者，有倒写者，殊失体统，宜请专家检查之。

十月十四日（星期三）。初七。晴。

赴中华门人民英雄纪念碑筹备处，参观其设计模型。略提意见请其改正。

十月十五日（星期四）。初八。晴。

下午局方开会传达培养干部之意义及其办法。

十月十六日（星期五）。初九。晴。

孔德埥以父母来京申请宿舍，审查小组拟畀以一间半。纪思以其与陈继宗太接近，同在宿舍居住更不相宜，拟以一间居其父母，而令其本人仍居会中。余谓宿舍规则不许一家分占两处。陈继宗即有先例，坚持维持规则以便小组易于掌握。彼始勉从。此人斗争性甚强，嗣后当加警惕。

十月十七日（星期六）。初十。昙。

电知市建公司古建科方足三来告，以护国寺金刚殿工程局方不予验收。原因：（一）山墙未按图说做，须改正。（二）逾期五十二日，须按惯例罚款。（三）末期款暂不能付。谈判许久，彼允回去研究后答复。

十月十八日（星期日）。十一。阴。

齐树平来谈。日前于团城遇徐森玉、谢稚柳。今日午后往访之，适于今晨返沪。因于三时赴北京图书馆听郭沫若讲屈原，因扩音机发生障碍，延迟五十分钟。郭所讲分三点：（一）生卒年月。生于纪元前三四〇年正月初七日，卒于纪元前二七八年五月初五日。（二）身份为楚之贵族而无土地，等于平民。（三）他不仅为爱国诗人，而（且）是有远大抱负的大政治家。讲毕由赵丹、白杨朗诵屈原的作品。归时已六时余矣。

十月十九日（星期一）。十二。昨夜雨至晨九时方止。

下午市建筑公司傅志仁、方足三来谈护国寺及实录库工程事。

十月廿日（星期二）。十三。晴。

星枢请感冒假。

十月廿一日（星期三）。十四。晴。

星枢续假一日。上午赴局晤葱玉、冶秋商市建公司事。下午徐冰如在神武门楼作"经济建设中国家总路线"报告。

十月廿二日（星期四）。十五。晴。

星枢销假。下午三时赴局开会，讨论加强增产节约工作。

十月廿三日（星期五）。十六。晴。

传达增产节约报告。组织增产节约小组，并结合国家总路线的学习。从思想上来动员群众。晚李乙尊来自上海，谈至十时始去。

十月廿四日（星期六）。十七。霜降节。晴。

竟日开会务会议。

十月廿五日（星期日）。十八。阴。

李乙尊来。下午偕寿华赴故宫参观绘画馆，觉仇英《职贡图》与民族政策或有抵触，请其注意。归家节侄坐候，略谈而去。

十月廿六日（星期一）。十九。晴。

增产节约小组前日选出五人，为祁英涛、王真、佟泽泉、贾金锋、李淑其。召集开第一次会议，推选王真为召集人。下午与路鉴堂谈模型工人工资问题。

十月廿七日（星期二）。廿。晴。

吴妈以父病请假回家省亲。广播报道寒潮北将来袭，明晨可能骤寒。

十月廿八日（星期三）。廿一。晴。

广播报道寒潮来袭竟不验。午后转暖且有南风，怪甚。下午纪思传达徐冰如报告，余亦参加。

十月廿九日（星期四）。廿二。晴。

　　杨廷宝①来长谈。下午恶寒先归。体温升至三十八度八，余自知为肠炎，服肠胃消炎片。

十月卅日（星期五）。廿三。阴微雨。

　　请假一日。体温降至三十七度八，仍服消炎片。

十月卅一日（星期六）。廿四。晴。

　　续假一日。体温三十七度。

十一月一日（星期日）。廿五。晴。

　　温度正常，肠炎已愈，惟乏力耳。李涵础来谈，并以《赵宽碑》属题。下午周纶之夫人以《王石谷山水》求鉴定。画为直幅横装成卷，殆以绢已敝，为此特殊装裱示不复悬欤。右下角有阴文，王翚印，而无款识。画尚佳，恐非真迹或从抚古大

---

① 杨廷宝，字仁辉（1901—1982），建筑学家和建筑教育学家。中国近现代建筑设计开拓者之一。中华人民共和国成立后，历任南京工学院建筑系教授、系主任，副院长，建筑研究所所长，中国科学院技术科学学部委员，中国建筑学会第五届理事长。一至五届全国人民代表大会代表。

册中撤出可也。为介绍于葱玉。

十一月二日（星期一）。廿六。晴。

到会办公。于倬云已回京，据云农安修塔县府视为调剂人员之所，一年来工资项下已开支二千余万，种种浪费及账目凌乱，情况俀指难数。电话中建议冶秋由文化部派员前往查账实为必要。冶秋言明晨将赴郑州，此事俟葱玉返京再行商议办。

十一月三日（星期二）。廿七。昙。

王毓铨①来问权衡制度，因告以天平与称之别。盖彼正整理长沙出土之楚权也。毓铨为北大旧生，胡先晋之夫。

十一月四日（星期三）。廿八。晴。

毓铨以楚权拓本寄示，铭二字曰"冢登"，下一字可识为"益"字，当为"镒"之本字，旧说有廿两与廿四两二说，未知孰是。能将同时出土各权文字剔出，或能更有所获也。

---

① 王毓铨（1910—2002），我国著名历史学家。1936年毕业于北京大学史学系，1938年赴美留学。中华人民共和国成立后，他毅然回国，在北京历史博物馆任职，1955年调入中国科学院哲学社会科学部（今中国社会科学院）历史研究所从事学术研究。

十一月五日（星期四）。廿九。晴。昃。

　　制建筑模型工人工资三万元已较其他各行为高，乃近又要求增为四万，殊不合理。纪思连日与之谈判尚未就范。今日就商于劳动局，不知有无结果。

十一月六日（星期五）。卅。阴。

　　下午社管局学委会请杜波在神武门楼作时事报告，题为《朝鲜停战协定签订后的国际形势》。遇张葱玉、罗哲文自赵县归来，谓大石桥①毋庸备料，桥下旧料甚多，且栏杆图样亦有标本。此好消息也。

十一月七日（星期六）。十月初一。晴。

　　今日为苏联十月革命卅六周年，社管局所属中苏友好协会在神武门楼开大会，改组协会，以后每一机关皆为集体会员，并请刘大年作访苏报告。晚开三机关庆祝晚会（自然博物馆、革命博物馆及我会）于自然博物馆，并有文娱活动，余亦参加，

---

① 赵州桥坐落在河北省赵县洨河上，俗称大石桥。建于隋代（581—618）大业年间（605—618），由著名匠师李春设计和建造，距今已有约1400年的历史，是当今世界上现存最早、保存最完善的古代敞肩石拱桥。1961年被国务院列为第一批全国重点文物保护单位。因赵州桥是重点文物，通车易造成损坏，所以不允许车辆通行。

八时半归。与邱文奎畅谈。星枢以感冒请假。

十一月八日（星期日）。初二。立冬节。阴。

　　检得汉石经长史残碑，字迹模糊，存字不多。中有"长史"及"司勋"等字，额下有穿，穿下有偃月形之沏痕，似曾作井上辘轳者。碑出于卅年前，不知何碑。竟日批览《隶释》竟无所得。

十一月九日（星期一）。初三。晴。

　　开会商明年度预算之分配。罗哲文来，以赵县通济桥下所得之石刻见示。其一曰："在州南城厢，故通引高贵妻王氏施此勾栏石一间，合家同增福寿。"无年月。不能知其时代，通引之官号史书罕见，惟《五代史·冠彦卿传》云（彦卿）"世事宣武军为牙将。太祖（朱温）初就镇，以为通引官"，而旧五代史则作通赞官。知此官号为唐末五代时之临时官号，故名称亦无定耳。其一曰："汲都安汝功出使本路，宣和乙巳（七年）岁重阳后三日携家过平棘石桥漫留廿字，男持时诗，婿李劝侍行：天矫苍虬脊，横波□步长。匪心坚不□，万古作津梁。"诸人姓名遍查不得。

十一月十日（星期二）。初四。晴。寒。

　　检《赵州志》于"艺文类"中，得《安汝功诗》。而未标出为宋人，所缺二字为"百"字、"转"字，而首二句误释者竟有四字之多。

十一月十一日（星期三）。初五。阴。

模型工人要求增加工资，由纪思与劳动局联系，订定高级技工三万七千元，低级者三万三千元。下午四时赴局开会商讨年终鉴定问题。

十一月十二日（星期四）。初六。昨夜初雪。晨大雾旋晴。

下午作增产节约动员报告。

十一月十三日（星期五）。初七。晨大雾旋晴。

原拟召集各组长布置年终鉴定。因纪思草拟计划未竟，改明晨举行。

十一月十四日（星期六）。初八。晴。

八时召年终鉴定小组长商谈鉴定之布置。下午开增产节约小组会，又开全体会，作年终鉴定动员报告。

【按】安汝功所留廿字应为五言《安济桥》："天桥苍虬卷，横披百步长。匪心坚不转，万古作津梁。"马衡以此否定了日前所检释之词。

十一月十五日（星期日）。初九。晴。

九时冶秋来，因陪其往周纶处诊病。认为与心脏衰弱有关，为之处方。归途邀至家谈会事。下午故宫分院冯汝霖来，自言两月前奉调至本院，并略述"三反"时分院情状。杨传淳来，谓珍儿一周无书来，未悉其健康情况如何。

十一月十六日（星期一）。初十。雨。下午晴。

星枢以徐苹芳函见示，介绍北大政治系毕业生王威，谓已请求分配。奈明年人员名额已冻结何。

十一月十七日（星期二）。十一。昙。

傍晚顾培恂来，鼎梅之子也。问其叔逸农，尚无恙，年七十二矣。

十一月十八日（星期三）。十二。晴。

程仲皋西安来书托购叶昌炽《藏书纪事诗》，寿华于文渊阁觅得付邮寄去。得郦衡叔书，知邵裴子①主持文管会不常到，

---

① 邵裴子（1884—1968），浙江杭州人。1930年7月至1931年11月任国立浙江大学校长。在任期间，主张"学者办学""舆论公开"，办学卓有成绩。抗日战争期间，任浙江省参议会参议、浙江地方银行常务董事。1949年后任浙江省文物管理委员会主任。中华人民共和国成立后，曾任浙江省文物管理委员会主任、浙江省文史研究馆副馆长、全国人大代表、全国政协委员。

明日游新畫山世里船偏

裴子學長兄撰句屬書即希教正

愈年聊習貝書鶩飛齊而怡儷

馬衡

马衡应属为邵裴子篆《撰句十言联》。此联现珍藏于西泠印社以衡叔为副主委。陈伯衡则已离会入文史馆矣。

十一月十九日（星期四）。十三。晴。昙。

吴妈自其女故后，去冬身体大弱，致支气管炎症，今又届冬寒，旧疾复作，有辞职休养之意。此事大费脑筋。

十一月廿日（星期五）。十四。晴。

接葱玉书并《田扑墓表拓本》，云系裴文中在偃师发掘所得。余审其拓本文字花纹皆非秦汉间风格，且字谬误百出。殆洛阳奸商伪刻图利埋至土中，未及达其目的。而已为公家掘出，固不值识者一嗟也。晚邱文奎及乙尊先后来谈。

十一月廿一日（星期六）。十五。晴。

派李全庆、孔德㛀赴正定隆兴寺测量转轮藏备明春拆卸修复，以廿三日启行。

十一月廿二日（星期日）。十六。晴。

为莉珍病状拟托周寄梅托林巧稚特别注意。因访寄梅遇赵深，会林医生适回家。托寄梅转达来意，林医生谓此病人已加注意，令其明晨来院，言毕又匆匆出门。此或莉珍一大好机会也。邱文奎来晚饭，明晨将返沪。

十一月廿三日（星期一）。十七。小雪节。晴。

开会务会议，解决五案。余俟明日续开。

十一月廿四日（星期二）。十八。阴。

晨，纪思病。会务会议改明日续开。下午纪思作年终鉴定报告。命芳若移住书房，以就暖。

十一月廿五日（星期三）。十九。阴。东南风。有雪意。

续开会务会议。芳若以罗心田家有事，襆被往陪伴。

十一月廿六日（星期四）。廿。晴。

于倬云本年赴东北出差数次，以末次为最久，共赔累八十万元，请求分四个月期扣还，遂予批准。张凤山来言本年暂付款应于年底结清，上级已有通知，请再考虑。东北生活较高，而出差费反低皆是事实，此事大费踌躇。

十一月廿七日（星期五）。廿一。晴。

写自我鉴定。瑛儿来午饭。得珍儿上海书，谓上海市近郊将迁墓,问其母如何处理。寿华昨已去信矣。

十一月廿八日(星期六)。廿二。晴。

本会年终鉴定今日开始民主评议。自工程组孔祥珍始,孔对衍祥门监工,认为市建筑公司违反说明书变更水泥和剂,引咎自责。群众亦加以指摘,纪思谓孔之引咎自属当然,但在学习阶段中应予宽恕,群众亦以为然。余谓纪之立言尚称平允。

十一月廿九日(星期日)。廿三。昙。

阅五代孙光宪《北梦琐言》。

十一月卅日(星期一)。廿四。晴。昙。

温暖如春。赴团城与冶秋商会务。文献组鉴定民主评定竟未参加。

十二月一日(星期二)。廿五。晴。转凉。

赴团城参加局务会议,讨论明年度计划也。十二时四十分散会。

十二月二日（星期三）。廿六。晴。风。

纪思作自我鉴定，余亦参加群众评议，特举出其英雄主义一点，并希望其在现岗位上安心工作。寿华恶闻已过，偶规之即反颜相向，奈何，奈何。

十二月三日（星期四）。廿七。晴。

杨林召集局属各单位工作人员传达每户发购粮证之意义及其办法。面粉已计口发卷（券），而私商又欲转其目标于米及粗粮。政府为防止私商之囤积，故按户发证，俾有所稽考。

十二月四日（星期五）。廿八。晴。

下午冶秋在图书馆传达周扬副部长"总路线"学习报告。归已六时半矣。

十二月五日（星期六）。廿九。晴。

余鸣谦等五人昨晚归自正定。市建筑公司古建科方足三来言，奉市府令已并入房地产管理局。嗣后当照事业部门取费，不作企业部门剥削业主矣。此来为未了工程拟作结算。告以稍（少）安勿躁，容向各方联系后再作处理。下午召集全体人员作普选动员报告。

十二月六日（星期日）。十一月初一。阴。

　　王制五来谈，仍有工作不合兴趣之意，因规劝之。下午与寿华谈，似已不如前日之顽强，但稍有进步矣。

十二月七日（星期一）。初二。大雪节。晴。

　　九时至首都电影院听杜润生作"农民社会主义改造问题"报告。李良姣、李竹君归自太原，谓祁英涛等亦同来，已各自回家休息。

十二月八日（星期二）。初三。雪。

　　祁英涛、陈继宗、律鸿年三人谈山西出差情状，因嘱其速写报告并将本年工程各作总结。下午陈明达来谈，告以将印行朱桂老所绘工程做法补图。陈云此非定本，定本尚有纠葛也。

十二月九日（星期三）。初四。晴。

　　写自我鉴定，一份未毕，须再写二份。虐政也。

十二月十日（星期四）。初五。晴。

　　批阅"自我鉴定"。寿华今晨又反抗，中午余回家午饭时，反复说服似稍有领悟,然不敢乐观也。

十二月十一日(星期五)。初六。晴。

批阅"自我鉴定"。下午请四组组长评定余之鉴定。晚饭后乙尊来谈。

十二月十二日(星期六)。初七。晴。

仍批阅"自我鉴定"。晚黄纪兴来,谓九月间病至严重时至不欲生,忽忆张纯亮来京时曾言,此病惟沈阳医院能治。因筹措医药费二百余万盲目附车径赴沈阳。纯亮与泰侄同学,名医也。闻其来亟送医院多方治疗,居然日渐起色。两月余来资斧渐罄,不得已返京。在第七医院公费治疗,而该院无脑系科设备,又转北大医院,挂号后须俟四月八日始能初诊。现正托纯亮出函证明要求提早。

十二月十三日(星期日)。初八。晴。

下午寿同来谈。晚与家人谈话。寻书查阅觉两足无力时虞倾跌,恐系火炉烟囱发生障碍,亟开门吸收新鲜空气,命复兴。派人查勘,忙乱一小时许,时复常态。不知是何原因也。

十二月十四日（星期一）。初九。晴。

评阅年终鉴定表毕事。

十二月十五日（星期二）。初十。阴。暖。似有雪意。

前日星期终日未出门，至晚觉两足无力似欲倾跌，疑中煤气。今晨以炉火太炽又感不适，召炉工修治始无煤气。然竟日昏昏迄未愈也。

十二月十六日（星期三）。十一。晴。风。

约张葱玉、陈明达、罗哲文来会，商谈明年计划及局与会如何分工问题。至十二时半始毕。

十二月十七日（星期四）。十二。晴。

召集各组负责人商五四年计划，分业务、行政为二。工作任务分作四项，一曰工程设计；二曰审核检查；三曰勘查研究；四曰资料整理。而以古建训练班殿之。

十二月十八日（星期五）。十三。晴。

履儿归自朝鲜。

十二月十九日（星期六）。十四。晴。

　　下午召集各干部讨论五四年工作计划草案，意见虽无多分歧，而叙述不够明确。乃定星期一由业务部门小组研究后再行决定。

十二月廿日（星期日）。十五。晴。风寒。

　　绚伯来谈。晚乙尊来谈。

十二月廿一日（星期一）。十六。晴。

　　工程、文献两组讨论五四年计划，大致任务无变更。惟将工程设计与审核检查合并，勘查研究与资料整理合并，实习组仍旧，而以已实行之培养干部入之。如此则重点似更突出。

十二月廿二日（星期二）。十七。冬至节。晴。

　　晚偕寿华、寿庆观剧于大众剧场。是日为新排《猎虎记》，剧本为《水浒》顾大嫂反登州故事。

十二月廿三日（星期三）。十八。晴。

　　报告并通过五四年事业计划。晚象牙雕刻业敬业斋唐敬书来，以所作臂搁二件见示，谓将捐献故宫。告以故宫将成立雕刻馆，此件可送社管局。本段选民榜已贴出，余家并二女工共得八人。

十二月廿四日（星期四）。十九。晴。

偕星枢及夏、祁两组长赴天坛斋宫检查工程。

十二月廿五日（星期五）。廿。晴。

金息侯寄一稿来，皆解放后近作，自吹自擂，读之肉麻。此公为杭州驻防，于戊戌后自命维新，太炎尝称之为满洲革命家。清亡后夤缘于溥仪之门，为满洲顽固派所仇视，终不得逞。少年时曾办报馆，熟于清代掌故，而所著各书多夸大之词，不可尽信。余于民国初年始识之时正办一银行曰东陆，蔡孑民先生谓彼本寒士何来巨资，亦颇疑其别有作用。所往来者皆亡清遗老，如罗振玉、章钰之流。解放后又来北京，屡上书毛主席，时发怪论，如《说文》科学化等，不知其又将作何企图也。

十二月廿六日（星期六）。廿一。晴。

本会工会改选当选者为王丽英、佟泽泉、李良姣、张凤山、孔祥珍五人。

十二月廿七日（星期日）。廿二。晴。

　　昨见选民榜后有续榜，且有法院告示，未及细览。今晨审之，续榜乃各小组之召集人。告示则法院受理处之各地点也。

十二月廿八日（星期一）。廿三。晴。

　　市府吴晗副市长召集开会，讨论各处牌楼问题。对羊市街帝王庙前牌楼主张保留移建，先予拆卸另存；对东西交民巷口牌楼主张拆除；对地安门予以保存，作为安全岛。至讨论东西四牌楼时，梁思成与郑振铎、吴晗辩论殊为失态。吴谓东西四牌楼皆为大市，东为猪市，西为羊市，其地皆为刑场，殊不必重视。余谓古之都市计划市与朝并重，周礼之前朝后市是也。刑人于市乃戏于万目睽睽之地，以示与众共弃之意，市非为刑人而设，不得以曾作刑场，遂曰牌楼为不祥之物，众咸谓然。此问题未得解决，饭后继续漫谈至二时始散。薛子政秘书长以车送余与叶誉虎、俞星枢三人归。晚小雅宝胡同第廿九组选民小组假我家开会，选举小组长以人数不足流会。

十二月廿九日（星期二）。廿四。晴。

　　开第九次会务会议，重要议案为分配五四年业务工作人员。十二时散会。晚乙尊来谈。

位于鼓楼南景山北之地安门、东四牌楼等一批老北京城地标建筑于20世纪50年代被拆除

十二月卅日（星期三）。廿四。晴。

晚廿九组选民小组在余家开会，选出李淑贤、张慕贞为正副组长，旋提名候选人五名。

十二月卅一日（星期四）。廿六。晴。

自然博物馆、革命博物馆及本会，假本会为联欢晚会。余本不拟参加，李良姣来言其二机关首长皆来参加，要余准备讲话，勉从其请。八时始回家晚饭。

一九五四年

一月一日（星期五）。阴历十一月廿七。晴。

　　外孙玉堂妇杨传淳来拜年。传淳因省亲来京已近三月，前次来谒，谓将在此补习俄文，窃疑其与玉堂不睦。致珍儿书中曾询及之，玉堂来书力白无他。春节前即将返沪，询之果然。并探听火车购票手续，希望其早归也。傍晚乙尊来，留饭，谈至十时，余先就寝。

一月二日（星期六）。廿八。晴。

　　至会办公，无甚要事。闻绷伯患头眩，寿华往视，谓脉搏甚缓，恐病在心脏耳。

一月三日（星期日）。廿九。阴。午晴。

　　齐树平来谈。下午翁景淑、寿同相继来，寿同在此晚饭。乙尊来。

一月四日（星期一）。卅。阴。

　　召集四组长重商办公室房屋之分配。

一月五日（星期二）。十二月初一。晴。

　　下午一时福利小组报告一年来之收支，并改选委员，余鸣谦、张凤山、王真、李淑其、王丽英当选。余与纪思皆讲话，就照顾干部说明其意义。

一月六日（星期三）。初二。小寒节。晴。

　　汪德庆虽在昨日听取报告，而恬不知耻又来借薪，余坚持不可复。与纪思、张凤山等协商，由福利小组设法为其解决基本生活问题，即变相的经济共管。乙尊偕其妻女来谒，甫由上海来，因留晚饭。

一月七日（星期四）。初三。阴。

　　检得李颢瓦砚①，乃洛阳出土者。就《罗氏墓志目》检之，典其或有志，竟失望。

---

① 马衡捐献品：李颢款风字形砚，唐砚，长20.5厘米，宽13.8厘米，高4.6厘米。砚陶制，风字形。砚面池堂一体，砚首高翘，内凹呈凤池。陶砚两侧出峰，如刀削成，线条平直而流畅，砚素洁。砚底土色凝重，刀削梯形双足，双足间阴刻"李颢"二字楷书，清晰可见。现藏故宫博物院。

马衡捐献品，李颙款风字形砚

一月八日（星期五）。初四。晴。

历史博物馆王毓铨以长沙出土楚钵拓本八种见示。中有径寸圆印为三印合而为一，文曰▨。余释为"郑华钵"，曩见金元时代之印，即有二合三合者，不知战国时早已有之矣。其他诸印形制文字悉与中原无别。

一月九日（星期六）。初五。晴。

五四年业务计划局方已有指示，须加修正。拟于下周内开会务会议商讨之。寿华晚饭时与莉珍言语冲突，余见其酒后狂态责其自省，乃转而向余冲突，遂不理之。

一月十日（星期日）。初六。晴。

寿华挈女出门去自晚始归。读日本圆仁法师《入唐求法巡礼行记》中有水牛牵船，不见于吾国记载，或唐时有此风俗不久即废耳。

一月十一日（星期一）。初七。晴。

陈明达来谈修改计划事。晚选举小组来我家开会，小组提出五人请小组长访问。九时半散会。

一月十二日（星期二）。初八。阴。

上午赴局开会商讨本年度工作计划。

一月十三日（星期三）。初九。晴。

开会务会议修改五四年计划。下午赴大众剧场听刘芝明部长"如何进一步学总路线"报告。

一月十四日（星期四）。初十。微雪。

下午赴大众剧场听商业部副部长王兴让作"总路线中商业问题"报告。

一月十五日（星期五）。十一。阴。

下午赴大众剧场听国家统计局王思华作"过渡时期总路线

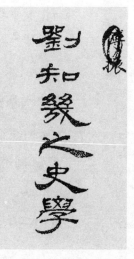

马衡为傅振伦题书签及
致傅振伦书四函

中的几个问题"的报告。

一月十六日（星期六）。十二。阴。午晴。

　　陈明达来商五四年工作计划，十二时散会。下午继续开会务会议，并推杜仙洲草拟古建实习组计划。

一月十七日（星期日）。十三。阴。

　　上午胡兰生来谈。彼于四个月前以公休赴沪曾来辞行，回京后尚未见过。曩曾聆其言论，似思想尚有问题，今日来谈有许多牢骚话，余为详加解释，并劝其靠拢组织，勿为个人荣辱所影响。彼允再去考虑（思想斗争）。晚间选举小组又来余家开会，提出北选区协商名单五人，计李海、李荫梅、庄玉田、钱兰英（蒙）、刘伯衡。讨论许久全组同意。

一月十八日（星期一）。十四。晴。

　　日本僧圆仁著《入唐求法巡礼行记》，乃唐开成间来华求法之日记，东洋文库据京都东寺观智院藏本景印者。此本为正应四年（当元至元间）兼胤法印手钞，虽经其校过，但伪脱仍复不少，且字迹潦草不易辨认。余粗读一过，仍有不能通读之处。

一月十九日（星期二）。十五。阴。

　　下午赴美术学院参加古典美术研究会。会为叶誉虎所召集，为美术协会之一部，到会卅余人，六时始散。

一月廿日（星期三）。十六。大寒节。晴。

　　上午召集余鸣谦、俞同奎、祁英涛商业务执行计划。下午至军委会礼堂听局方传达学习报告。

一月廿一日（星期四）。十七。晴。

　　晚间选举小组在余家开会，传达投票时（廿四日）准备事宜。

一月廿二日（星期五）。十八。晴。

　　认购建设公债百万元，由会分八个月扣清。下午听徐冰如作学习"总路线"报告。

一月廿三日（星期六）。十九。晴。

　　芳若被推为选举服务员。

一月廿四日（星期日）。廿。晴。

今冬不寒，日前且有解冻现象。三日来才开始有三九气候。上午投选举票，即照公示名单无所更易。

一月廿五日（星期一）。廿一。晴。

寿华今晨挈企昕赴汉即返上海。来此两年余既未参加学习亦不争取进步，每日除作印写字外无所事事，情绪亦确属苦闷。年约五十，劝亦无益，只得听之。

一月廿六日（星期二）。廿二。晴。

革命博物馆许之平申请入党，党支部开会审查，纪思邀往参加，因旁听焉。先由许自述出身成分、历史、思想及申请之由，复由介绍人声叙介绍之故并加以批判。纪思为党支书记，谓已经过审查可允入党。请与会讨论，时已将午，发言尚未普遍，因定明晨继续讨论，可谓慎重矣。下午履儿在大众剧场作赴朝慰问报告，极为动人。

一月廿七日（星期三）。廿三。晴。

会中同事共认购建设公债一千三百七十万元。晚乙尊来。

一月廿八日（星期四）。廿四。晴。

　　于倬云、罗哲文归自农安。下午商农安塔暂时结束问题。又与陈明达及杜、祁、夏、纪等商古建实习班教学计划，订十个月结业并另造预算。

一月廿九日（星期五）。廿五。晴。

　　杨烈自沈阳来，将于明日与梁超结婚，乞余为之证婚，许之。托李良姣筹备公份，李以红笺一幅托为题辞，为书"桃夭"三章。

一月卅日（星期六）。廿六。晴。

　　叶誉虎约看大慈延福宫，俗呼三官庙，午饭后赴之。俞同奎、杜仙洲二君已先在，因步行同往勘察。此庙为元代太庙。明初改为道观。现在建筑皆为明制，且西部已毁成民居矣。晚杨烈与梁超结婚，因参加其婚礼。七时半始归。

一月卅一日（星期日）。廿七。晴。

　　下午观川剧于吉祥。归途欲就市场购物，而拥挤不堪几致颠仆，遂悯悯而归。

二月一日（星期一）。廿八。晴。

北大旧生单庆麟自长春来请益，遇之于门，因午饭时无暇多谈，约其春节期中来。

二月二日（星期二）。廿九。晴。

今日为旧历除夕，同人有欲早归者，提前二小时散值。钜壎是日赴津。

二月三日（星期三）。甲午正月初一。晴。

寿同及瑛儿全家来拜春节，外宾来者有纪思、胡兰生、沈规徵及乙尊。

二月四日（星期四）。初二。立春节。晴。

履儿偕思猛赴天津。邓季惺来，并贻大曲酒一瓶。张绚伯、侯芸圻来，绚伯在此午饭，谈寿华事，因具告之。下午齐树平、张德明来，树平留晚饭。玉堂之妇杨传淳前次拜年时曾言春节前当归沪，今日来问以未行之故，则谓其母血压骤高，赴院就医，今已平复，不久当归云。

二月五日（星期五）。初三。晴。

上午尚增祺来。下午向达来，以日本茶壶赠之。

二月六日（星期六）。初四。晴。

开始办公。下午叶誉虎来，不值。

二月七日（星期日）。初五。晴。

上午李涵础来。下午章矛尘来。晚饭后履儿偕思猛归自天津。

二月八日（星期一）。初六。晴。

下午陈明达来谈会务。

二月九日（星期二）。初七。晴。昙。

金豫震病已请假数日矣，闻祁英涛言病状并无寒热，惟呈衰象，恐系心脏衰弱耳。

二月十日（星期三）。初八。晴。

有东北戏曲研究院美术组三人来请协助提供资料，告以我会资料皆属于古建筑，恐不能有助于戏曲界之要求。自大体说来，中国建筑自汉迄今无大变化，斗拱法式之小有异同，非戏曲界之所要求。主要者在服装道具等，虽研究百年亦不能尽符实际。

二月十一日（星期四）。初九。晴。风。

外城圣安寺壁画传为明商喜作。张葱玉偕陈明达、祁英涛往观，余欲同去，而彼等已出发。据葱玉鉴定非商喜笔，乃清代作品也。

二月十二日（星期五）。初十。晴。

据纪思言六日之夜阍人司惠权擅留外来女子住宿，命单少康彻查以肃风纪。

二月十三日（星期六）。十一。晴。

罗哲文来谈赵县大石桥事。下午开全体大会，纪思作年终鉴定报告。

二月十四日（星期日）。十二。阴。

诣叶誉虎闲谈，以长沙楚墓竹简释文见示。似殉葬品之簿录,盖《仪礼·既夕礼》之遣策,共计四十二简。摹写文字似颇失真,不能强释,拟俟照片寄到后再加审核。下午傅维本、王制五相继来谈。晚有员彭年者见访,云系来自西安,程仲皋托其带到哈密瓜干及葡萄干,员为北京医学院学生,寒假回籍甫归者。

二月十五日(星期一)。十三。晴。

召集俞、祁、余三君商业务执行计划。

二月十六日(星期二)。十四。晴。风。

约陈明达来,共同商订业务执行计划及器材仪器调拨事。

二月十七日(星期三)。十五。晴。寒。

有西安段绍嘉之女段莹者持程仲皋介绍函见访,并携善业泥及瓷器等嘱介绍于公家。告以私人不便介绍,且出售文物须由公安部门证明其来历,余与段绍嘉并不相识,尤属不便。幸段莹为转业军人眷属,了解此种情况唯始之而退。

二月十八日(星期四)。十六。晴。

阅金梁[①]所著《雍和宫志》,于寺之历史沿革叙述甚详,不

---

① 金梁,号息侯(1878—1962),浙江杭县(今杭州)人,寄居北京。满洲正白旗瓜尔佳氏。

无可取。此稿为进呈主席者，主席交市府，以其中多须修改暂不付印。余借自文物组。

二月十九日（星期五）。十七。雨水节。晴。

近数日，时感晕眩几至颠仆，已四五次矣。今日十二时许又有此感觉，适夏纬寿来，谓煤气甚重，而余与星枢皆不觉也，亟开门窗并披衣至院中呼吸新空气，始知为煤气作祟，后当慎之。

二月廿日（星期六）。十八。晴。

近日市上缺乏牛羊猪肉。闻春节中宰牲太多，故加以限制，余已素食数日矣。今购得少许亦聊以解馋耳。

二月廿一日（星期日）。十九。晴。

为李涵础题《赵宽碑》。李乙尊来。下午访涵础，交《赵宽碑》拓本，并以《马姜墓记》及《汉石经》托其转交许稚簧。访绸伯晤张子高、叶玉甫及一恽姓者，皆藏墨者。绸伯明晨赴西北等处宣传总路线，将于四月初返京。

二月廿二日（星期一）。廿。晴。

上午开会务会议。星枢患流行性感冒请假三天。

二月廿三日（星期二）。廿一。晴。

　　电询星枢病状，闻已退热，甚慰。贾金锋补作自我鉴定，参加小组评议。下午陈明达来邀教学小组商讨教学进度表。

二月廿四日（星期三）。廿二。晴。

　　星枢销假办公，劝以多事休息，盖流行性感冒复发往往后甚于前，余于去年有此经验也。

二月廿五日（星期四）。廿三。阴。

　　日前会务会议第一议案因星枢未出席，情况不了解，提出重新讨论。

二月廿六日（星期五）。廿四。晴。

　　得珍儿书，谓寿华、传淳皆已到沪。但寿华自离京后迄无只字。

二月廿七日（星期六）。廿五。昨夜微雪。晨晴。

　　王制五索浑源文物照片。

二月廿八日（星期日）。廿六。竟日微雪。

搜寻浑源文物照片未得。谢刚主自天津来谈。

三月一日（星期一）。廿七。竟日微雪。

人民美术出版社以人民币二百万元赠刘醒民，以奖励民间艺人，刘不肯受。会中代为接受，拟在大会中授之。

三月二日（星期二）。廿八。雪。

科学院地球物理研究所开会讨论北京地震问题。邀余参加。以前稽考旧籍列表送去者乃星枢所为，请星枢出席。

三月三日（星期三）。廿九。晴。

星枢言地球物理研究所搜集北京地震资料已甚丰富，但犹希望我会搜求毁坏建筑之资料。下午五时忽觉面部及手足有麻木现象。下班时踉跄走出，摇摇欲倾。归家后亦不以为意，照常饮酒。夜二时许，又觉面部及手足麻木直至天明。

三月四日（星期四）。卅。晴。

履儿赴部报告并代请假。俞星枢偕陈明达来。杨林、张鸿

三体石经《尚书》《春秋》残碑,三国魏正始年间(240—249)刻,墨拓,碑阳碑阴各一纸,裱为对屏。每屏纵245厘米,横110厘米。马衡先生捐赠品。

按:马衡先生就是这样地把残缺不全的碎石拓片拼接成巨屏,去探索研究碑文全貌。碑阳钤鉴藏印章:"光绪壬辰黄县丁氏干圃购得曹魏三体石经""凡将斋藏魏石经残字""马衡叔平"。另有马衡题:"魏正始石经尚书无逸、君奭残碑未断时拓本。十二年秋得于洛阳,翌年冬装成。此石今已凿而为二,损《君奭》篇题一行六字,及前一行七字,后一行十一字。"次年又请王国维为其题跋,王挥墨诗曰:"千载何人知拓墨,二经全帙溯萧梁。开元零落十三纸,皇祐丛残百数行。岂谓风流仍正始,直将眼福傲欧黄。尚余君奭篇题在,梅本渊源待细商。叔平四兄属题。观堂王国维。"

碑阴马衡题:"魏三体石经春秋僖公、文公残碑。今凿损第十六行二十六字,及前一行四字、后一行十七字。"另有民国十四年(1925年)春马衡跋:"此碑正面刻尚书无逸、君奭三十四行;阴刻春秋僖公、文公三十二行。十一年冬出于洛阳城东卅里之朱圪垱村。出土时拓工赵道传拓十二本,次日即为村人白姓者凿成二

一九五四年　647

石。此为初拓十二本之一，余三至洛阳始求得之。其后又出此碑之残字数石，今悉依其原有行次补于阙处。尚书……补三石，春秋……补五石。其尚书'嗣前'等字一石则黄县丁氏旧藏，廿年前出土者也。此本在今日可称为此碑之足本矣。他日更有所出，当续补之。"

民国十八年（1929年）三月马衡再跋："此本既装成，又得残石拓本甚多。其可确知为此碑之碎块者……凡十六石。皆依其次第补装之。盖装成以后，先后补字已三次矣。"

这块魏三体石经于民国十一年（1922年）在洛阳出土后的第二天就被凿成了两段，因此未断时的原拓本更显珍贵，而马衡其后又三赴洛阳才求得此本。此石碑阳刻有《尚书》的《无逸》篇结束与《君奭》篇开头的部分文字，碑阴刻的是《春秋》中《僖公》《文公》部分文字。但在此拓本上，除大块残石外，先生还将搜集到的多块细小残石拓本考订其文字先后位置，尽量地拼合复原裱在轴上。马衡先生将这桩极费苦心的无尽事业进行到他生命的终点。

杰来，计划送医院。旋王书庄来。十二时半单少康乘部中汽车来陪余赴中央医院挂急诊号。检查医师曹姓，淮阴人，谓血压略高，不肯言其度数，处方时竟给药五种之多，并注射一针而归。并订后日尚须检查。

三月五日（星期五）。二月初一。晴。

晨起不扶而能行，但手足仍感麻木。遵守医嘱终日静卧。乙尊偕其女世济来，留饭。

三月六日（星期六）。初二。惊蛰节。晴。

单少康伴往中央医院复诊，医师王姓，检查血压高者百卅六度，低者八十度。已恢复正常，始知前日为百九十度与一百度也。医嘱静养一个月。托少康转达纪思代为请假。芳若晚饭后去。

三月七日（星期日）。三。晴。

瑛儿来午饭。许稚簧、王制五来未见。唐立庵、陈万里先后来，晤之。盖闻之张景华，景华又得云荆惕华耳。会中同事皆遵医嘱不来访问。

三月八日（星期一）。四。晴。

会中夏纬寿、祁英涛、贾金锋、佟泽泉、王真来慰问，并谓明日下午尚须赴院检查，仍由单少康伴往。左肢麻木如故，怪事也。

三月九日（星期二）。五。晴。

　　下午单少康来而汽车未来，由单电部催来。赴中央医院眼科检查血管硬化之程度，而该科郑重其事排至廿三日检查，未免多此周折。左肢麻木略减，但不似右肢恢复常态也。

三月十日（星期三）。初六。昨夜微雪。竟日阴。

　　左肢略有进步，但尚未复元。乙尊下午来，传李任公之言曰，据苏联专家言，一切集会及处理事务勿遇紧张，其疾自愈。旨哉斯言。侯芸圻晚间来，盖曾君告之，稍谈即去。

三月十一日（星期四）。初七。晴。风。

　　下午王冶秋来长谈。彼之高低两血压相差不过三十度，故病状与余不同。谈及周纶钦佩至极，彼等时有接触也。今日左肢较昨似又有进步。

三月十二日（星期五）。初八。晴。

　　左肢仍觉凉。赴宝泉堂洗澡，颇舒适。罗苇田来访问，盖彼以血压高，故休假已年余。据其经验红茶不可饮，绿茶可于平血压有帮助。盖苏联医生之言也。下午纪思来长谈。

三月十三日（星期六）。初九。晴。

雇吴海车赴中央医院，仍由王医师检查，血压一三六度，两臂无大出入。处方如前，预约廿三日再诊。

三月十四日（星期日）。初十。晴。

今晨三时醒来觉左肢麻木更减，似有进步。盖今已第十一日矣。上午思敦来，益可爱矣。乙尊及其女世济先后来。曾权来。尽一日之力，将民十三年家信检阅一遍，是年儿女事特多纠纷，亦时势为之也。

三月十五日（星期一）。十一。晴。

中夜醒来觉左踵微疲，是有知觉之征。大便亦恢复正常。昨夜猫入书柜，金文拓本略被蹂躏，今日整理幸损失不大。

三月十六日（星期二）。十二。晴。

王冶秋来电话，谓周纶于下午四时至其寓所约余往彼晤之，由柴显宗驾局中车来接，因偕莉珍往。甫出门即见星枢来，立谈片刻，邀至车上再谈，送至南河沿口。周纶大夫乃冶秋之友李君所约，李君患肝硬化症，北京医院无法治疗，周为处方已见微效，故约其入城诊治。余之病状据周诊断谓系血栓症，须请脑系科检查始然断定云。

三月十七日（星期三）。十三。晴。

中夜醒来，觉左掌心微疲，（血压）亦高些而未至险也。晚饭后胡兰生来，解释此次之病理，示以预防之各种方法。可感也。

三月十八日（星期四）。十四。晴。

上午风起，下午黄沙蔽走终日，阅《世界美术全集》。

三月十九日（星期五）。十五。晴。风定。

阅《世界美术全集》毕。自此次病后，大便不利，数十年之习惯忘致反常，可怪也。

三月廿日（星期六）。十六。晴。

偕单少康赴干面胡同第二门诊部诊治，据樊医生云，血压高并不严重，成问题者为内科，盖腹中恐有水耳，后日空肚来验血并看眼科。

三月廿一日（星期日）。十七。春分节。晴。

齐树平来谈。竟日阅《急就章》。

三月廿二日（星期一）。十八。晴。

八时赴门诊部抽血。回寓而睡。星枢来始醒，询起会中近事。下午单少康偕赴门诊部眼科检查，五时半始归。

三月廿三日（星期二）。十九。晴。

八时半赴中央医院，单少康已先在。先看眼科，告以昨在门诊部已放瞳孔，是否仍有必要，医生嘱抄录里检查结果送去不必再验，即转至内科。医生为翁心植，验血压只百廿度。告以周验之，无须请脑系科检查。吾带血栓症现象，彼介绍星期一为魏毓麟，可挂号就诊，星期五可先照 X 光，检查心脏。今日所费约十余万元。景素在彼而未告之，今日亦偶遇之。

三月廿四日（星期三）。廿。晴。

咸侄来问疾。

三月廿五日（星期四）。廿一。晴。

　　觅木匠修理葡萄架一日多耳。晚胡兰生来长谈。

三月廿六日（星期五）。廿二。晴。

　　下午赴中央医院检查心脏。晤翁心植，近日带诊。上下午依须（然）瞌睡不起，何以疲倦至此。曹玉襄来，借去五二年六期《学习》杂志一册。

三月廿七日（星期六）。廿三。晴。

　　整理《急就章》，材料又得数种。晚芳若来，九时始去。

三月廿八日（星期日）。廿四。晴。

　　珍儿寄西药十剂，乃投耳药厂出品，大归降低血压之效耳。景素来澄明药价确为九万，因有盘尼西林片故也。

三月廿九日（星期一）。廿五。晴。

　　得珍儿书，详述中西各药之效能。十时赴中央医院，请魏毓麟检查脑神经，据云尚非血栓症。惟忌多用脑及勤心太碌耳。傍晚齐树平来，遂留饭。

郭沫若为马衡遗著《凡将斋金石丛稿》撰序

识文：序

马衡先生是中国近代考古学的前驱。

他继承了清代乾嘉学派的朴学传统，而又锐意采用科学的方法，使中国金石博古之学趋于近代化。他在这一方面的成就是有目共睹的。

马衡先生同时还是一位有力的文物保护者。中国古代文物，不仅多因他而得到阐明，也多因他而得到保护。

前日本帝国主义发动大规模侵华战争时期，马先生担任故宫博物院院长之职，

序

马衡先生是中国近代考古学的前驱。他继承了清代乾嘉学派的朴学传统，而又赋与以科学的方法，使中国金石博古之学趋近近代化。他并且在金石学方面有新就，是有目共睹的。

马衡先生同时还是一位有力的文物保藏者。中国古代文物，不仅由于他的考劝而得到保护，抗日战争时期，马先生竭忠尽瘁，不辞艰险，主持故宫古物迁移工作。故宫所藏古物，即蒙多方维护，运往西南地区保存。即以秦刻石鼓十具而论，其装运之艰巨是可以想见的。但马先生从不曾以此自矜功伐。

马先生为人公正，治学谨严；学如其人，人如其名；真可谓既衡且平了。

马先生复能诗，善书，工篆刻。一九三九年同寓重庆，曾以青田石为我治印一枚，边款刻"无咎"二字。今以钤于文末，以见一斑。

凡德业之以盖人者，人不能忘之。马先生虽颇自谦，然其成就，已应归于不朽。

　　　　　　　　　　　一九六三年八月廿五日　　郭沫若

三月卅日（星期二）。廿六。晴。风。

夏纬寿、纪思来谈，劝不必亟之销假。余谓四月三日嘱再就诊，能否工作悉听医嘱。

三月卅一日（星期三）。廿七。晴。

赴门诊部就诊，樊大夫谓中央医院非其所介绍，因医院须由医师决定，不能由病人选择。此意见非常正确，遂请其转入中直第四医院住院检查。下午单少康往第四医院联系，来电话请赴该院，经急诊处诊治后决定住院。住二一四号室中，先有二人在，一名陈合为肋膜炎，外贸部干部，一名李俊才为风湿性心脏病，中财委干部。

四月一日（星期四）。廿八。晴。

晨间抽血二次计十五CC。下午冯（女）、康（男）二医师全身检查。

四月二日（星期五）。廿九。阴。

晨间又抽血五CC。并在天未明时服一种白色药粉，量剂甚大，颇难下咽。云将由小便中检查肝脏功能。下午莉珍偕瑛儿来探视，莉珍谓昨曾来过院，院系非星期二、五不得见病人，遂将水果留下。主治医生姓袁,每日带七八人巡视各病室,讲解甚详。盖为实习医师上课也。

四月三日(星期六)。三月初一。晴。

透视心脏。住院后大便困难,盖系厕所皆蹲者,不能久蹲,只好起立以待下次机会。今日如厕四次仅得少许。

四月四日(星期日)。初二。晴。

芳若、钜壎相继来。履儿因有客来未同来,以核桃二枚交钜壎带来。思猛闻将申请入队,此儿近来大有进步,或能批准也。

四月五日(星期一)。初三。清明节。晴。燠。

下午体温三十七度三,晚间三十七度七。不知何故。

四月六日(星期二)。初四。雨。

下午莉珍携衣服来。单少康送工资来,告以明后日或可出院。

四月七日（星期三）。初五。晴。

　　各部检查结果良好。袁大夫谓第二门诊部交付任务（检查肝脏）已完成，并未查出问题。拟介绍给中央医院检查。余同意，遂电话告履儿派人来接。十二时以前到家。

四月八日（星期四）。初六。晴。

　　请单少康与中央医院交涉，须重新挂号。请胡兰生来吃晚饭，畅谈至九时始去。

四月九日（星期五）。初七。晴。

　　周纶大夫遣其夫人来探视，并以果品见贻，因留午饭。午睡后乙尊来谈。傍晚星枢来报告会务，各大区保送实习员已满十人，拟于下旬开学。

四月十日（星期六）。初八。阴。昙。

　　单少康在中央医院挂号，订十七日上午。晚咸侄来，托其与翁景素商量，能否由翁心植继续治疗，并请其向第四医院调病历。芳若来，将房中所存衣物移至上房。

四月十一日（星期日）。初九。晴。

　　胡兰生晚来谈，九时始去。

四月十二日（星期一）。初十。晴。

　　整理金文拓本。下午携思猛、明，赴大华看电影。

四月十三日（星期二）。十一。晴。燠。

　　上午赴文整会与诸同仁略谈。适纪思、贾金锋、祁英涛皆在，星枢室中开会商彩画室人事问题，余遂列席参加。

四月十四日（星期三）。十二。阴。微雨。

　　上午偕思猛游中山公园，杏花已谢，丁香未开。晤陈养空。下午纪思来谈人事问题。

四月十五日（星期四）。十三。阴。雨。

　　晚胡兰生来谈，九时始去。

四月十六日（星期五）。十四。雨。

　　泰侄自津来，赴高教部开会。午饭时来，因以病状告之，彼亦以为中央医院较为可靠。

四月十七日（星期六）。十五。晴。

　　赴中央医院诊治，仍为翁心植。告以第四医院检查经过，检查项目，不能确知。必要时可调阅病历。翁云两处检查俱无特殊情况，现在可以断定病源在血管硬化，唯一防止方法在少用脑筋少受刺激，最好每日工作二三小时。余请自星期一起恢复半日工作，翁谓不妨试行。喉头发炎虽已减退，但吃饭谈话偶一不慎即可能发生障碍，翁嘱照相检查食道。十二时始归。

四月十八日（星期日）。十六。晴。风。

　　下午骤凉。晚胡兰生来，以余昨日就诊于中央医院今日来问结果。兰生对我之关怀备至，可感也。

四月十九日（星期一）。十七。晴。

　　开始赴会暂办公半日。古建实习班九时开会，讨论第一单元课程进度表。遂参加焉。

四月廿日（星期二）。十八。谷雨节。晴。

　　古建实习班原定十人，现各大区来者十一人，本会参加者单少康一人，共十二人皆已报到。

四月廿一日（星期三）。十九。晴。热。

　　古建实习班于八时举行开学仪式。郑西谛作动员报告，俞同奎、杜仙洲、纪思先后讲话，至十一时廿分始毕。晚胡兰生来。

四月廿二日（星期四）。廿。晴。

　　昨日邓拓作国际形势报告，今日上午徐冰如作学习报告，余均未去听。

四月廿三日（星期五）。廿一。晴。

　　余鸣谦自正定来书并附施工合同草案，云隆兴寺工程已组成修建委员会，并未包括我会在内，我会乃受该委会领导之机构。询之局方亦不知其组织之由来。乃嘱祁英涛函复即以此意告之，该委员会应包括本会，余鸣谦、张凤山皆应为委员。

四月廿四日（星期六）。廿二。晴。

　　八时赴中央医院食道检查无恙。翁心植大夫出证明二纸，一复第四医院，一致病人服务机关，证明血管硬化工作至多以四小时为限。前所处方可终年常服。晚间工会有晚会，本拟参加，后以牙痛而止。

四月廿五日（星期日）。廿三。晴。

咸侄来，以复五弟书及《称谓录》八册交其转寄。齐树平送滴滴涕粉来，购买处为广安门外南手帕胡同内南观音寺农具农业供应处。张恨水来，彼于四年前得半身不遂症，今竟恢复健康，只右肢仍觉麻木耳。由此可知，余之程度远不如恨水，手足勤作未受影响，些微麻木恐终不能免除矣。思敦今日迁回。

四月廿六日（星期一）。廿四。晴。

与纪思谈余工作时间及待遇问题。自明日起拟下午赴会办公。纪以人事组事繁人少，请求部中速派人相助，余允下午赴部联系。下午先至李涵础处还《古鉴斋藏印稿本》，然后至社管局，葱玉不在。遂访杨林，托其转达人事司从速派人。

四月廿七日（星期二）。廿五。晴。

下午到会。中级初级学习班皆往革命博物馆听报告，余未往。星枢归来谓传达伍修权时事报告，殊未餍听者之意。

四月廿八日（星期三）。廿六。阴。

上午到会邀集俞、夏、张（凤山）、祁、纪谈正定修缮委员会问题，拟具意见六条，交陈明达供局方参考。下午又赴会，值刘芝明副部长在大众有报告，余未往听。晚胡兰生来谈。

四月廿九日（星期四）。廿七。晴。

下午补阅两月来公文。

四月卅日（星期五）。廿八。雨。

昨得全国基本建设工程中出土文物展览会函，订于今日九时至四时在午门预展，约请参观。冒雨而往至，则左阙门扃锁，谓已改期。此函不知何处所发，可谓溢广，被骗者必不止余一人也。

五月一日（星期六）。廿九。晴。昙。

开始重整汉石经，写定《隶释》所录之《鲁诗》"魏""唐"二"国风"残字。收听天安门盛典，今后观礼更无此精力矣。晚放火焰并平台亦不敢登涉。乙尊父女来约明日观剧。

五月二日（星期日）。卅。晴。

乙尊之女世济演剧余尚未看过，昨来面邀以其日场，遂往观焉。贯盛习《定军山》，稳练可嘉。世济演《玉堂春》，自"起解"至"团圆"，到底不懈，前途大有希望也。

五月三日（星期一）。四月初一。晴。

补阅一部分公文。陈明达上午与俞、祁等谈山西晋祠将由太原市修缮，要求我会协助测绘设计，大约须三四人主持此事，为期约两个月。余以为变更我会原有计划，将辽西奉国寺、山西上华严寺延迟，须有书面呈请备案。

五月四日（星期二）。初二。昙。

新入团之青年团员宣誓入团。今日革命博物馆、自然博物馆及本会三机关共有十余人宣誓，在革命博物馆浴德堂举行，会后摄影约余加入，似多此一举。时已将及五时，在徐冰如室略坐即回会。晚间尚有晚会，假我举行，恕不参加。

五月五日（星期三）。初三。晴。

开始学习《联共党史》第十章。推李良姣为小组长，蔡述传为副组长。

五月六日（星期四）。初四。立夏节。晴。

上午赴会召集全体大会，由纪思报告。（一）学习总路线结果；（二）申请福利费问题。下午看门楼，备彩画室扩展之用。

五月七日（星期五）。初五。昙。

会中同人集体往观基建工程中出土文物展览，余以足力不胜未参加。复检日前请柬，明明写五月三日预展，不知何以看作四月卅日，致冒雨徒劳往返甚矣。脑力之就衰也。

五月八日（星期六）。初六。昙。风。

开会务会议，解决六项议案。三、四两月未开会务会议。

五月九日（星期日）。初七。晴。热。

整理汉石经，又得《诗·邶风》一石。傍晚在附近街道散步，归来时胡兰生已久候，遂留晚饭，谈至九时始去。

五月十日（星期一）。初八。晴。

铁道部来联系，有苏联桥梁专家约四时来会谈桥梁问题。

盖彼曾出版一书，专讲世界各国之桥梁。关于中国者搜集不多，拟请我会协助搜集资料。允。祁英涛等赴太原设计晋祠工程，请示上级后予以答复。

五月十一日（星期二）。初九。晴。

南小街自昨日起开始行驶公共汽车，北至安定门豁口外之和平里，南至北纬路。闻公园牡丹将残，特往观焉，八站路程取费九百，可谓廉矣。下午开古建实习班教学小组会。

五月十二日（星期三）。初十。晴。

工会小组以梁超入会及购收音机事开会征求意见。关于前者佥以无问题，关于后者，认为迫切需要似可与行政合买。如张凤山以为行政上挤不出款，工会亦可节省他款自购一具。

五月十三日（星期四）。十一。阴。

余鸣谦归自正定。

五月十四日（星期五）。十二。晴。

上午到会约陈明达、余鸣谦等商正定隆兴寺、赵县大石桥两工程问题。正定修缮委员会俟河北省府报来再行组织。余鸣谦十五日先赴保定再返正定。陈明达拟廿日去大石桥挖掘阑版工作，垫款先做，由汪德庆监工。

五月十五日（星期六）。十三。昙。下午风有雷而微雨。

古建实习班开座谈会，对教学及生活方面皆提意见，由杜仙洲、陈明达、纪思、夏纬寿及余先后解答。五时散会。

五月十六日（星期日）。十四。晴。

晚齐树平来谈。

五月十七日（星期一）。十五。昙。

与杜仙洲、李良姣研究单人宿舍潮湿问题，无结果，尚待再找窍门。

五月十八日（星期二）。十六。晴。风。

星枢等廿人参观官厅水库，明晨可归。与纪思谈，彼之工作太累，引起心脏及肺部旧疾，需要休息而无接替之人。拟明日赴部人事司商办法。

五月十九日（星期三）。十七。昙。

　　上午赴文化部访人事司陈中司长，以我会人事组只纪思一人，近以积劳多病，需要休息，请设法派人。陈谓目前无人可派，须俟部队转业干部者来，始有办法。无结果，只得暂在内部设法。下午告纪思抽调王真帮忙，但王担任实习班辅导事宜须与陈明达、杜仙洲再行研究。

五月廿日（星期四）。十八。昙。

　　本月份福利费应照顾纪思，询张凤山则已办，正征求群众意见中。与仙洲谈教学辅导员谁可替代王真，俾于纪思休息期间暂代人事事宜。杜以为孔祥珍稍为辛苦即可胜任，不必觅人。但孔要考学校，必须备课，应先征其同意。

五月廿一日（星期五）。十九。小满节。上午阴。下午晴。晚又雨。

　　十时赴文华殿参观资源展览会。晤郑西谛、裴文中、杨钟健等。参观毕已十二时三十分，遂赴敦厚里广东食堂午餐即赴会。

五月廿二日（星期六）。廿。晴。风。

　　庭前太平花盛开。傍晚张葱玉、陈明达来谈正定、赵县两处工程事。

五月廿三日（星期日）。廿一。雨。

　　芳若来午饭，乙尊来。

五月廿四日（星期一）。廿二。晴。

　　工程组研究单人宿舍如何改善减少潮湿问题。

五月廿五日（星期二）。廿三。晴。

　　模型工棚材料大致备齐，路鉴堂提节约建议，约同有关人员商讨，部分采纳其意见。又与纪思、杜仙洲等研究临时参加人事组工作之人选，俾纪思得暂时休息。决定调孔祥珍暂帮纪思，而以王汝蕙代孔为教学组副辅导员，以协助王真。

五月廿六日（星期三）。廿四。昙。晚雨有雷。

　　诣胡兰生，询以酵母服法。值其病，略坐即归。幸未遇雨。

五月廿七日（星期四）。廿五。晴。

　　与星枢及杜仙洲、李良姣商谈大慈延福宫修缮问题。

五月廿八日（星期五）。廿六。晴。

牙痛已三日，诣朱砚农请治，值其病废然而返。电会中向门诊部挂了号。烈日中奔波引起伤风涕泪交流，至暮始止。晚饭时牙痛更剧，服青霉素片后早睡。

五月廿九日（星期六）。廿七。昙。

赴第二门诊部，过胡兰生之门入内探视，仍卧床未起。牙医室共五椅，为我诊治者为一男医，年约五十余，群称之为老大夫，余皆女医。余要求拔一牙，而此医欲拔其二，或将四牙全拔，重制假牙。余以其言语不甚可懂，疑为日本人，因出原有假牙示之，彼始会意，即拔一发炎最甚者，手术甚敏捷，益疑其为日人，询诸护士则谓系华侨。

五月卅日（星期日）。廿八。晴。

绚伯来谈，又借去《故宫周刊》合订本一、二两册。下午胡兰生来谈。

五月卅一日（星期一）。廿九。昙。晚雨。

晨八时赴门诊部过胡兰生之门，适与相遇，距八时尚有十分，邀过其寓，出《岳飞墨迹》影印本相示，有海瑞等跋，余断为赝品。牙科检查良好，劝余全拔重镶，漫应之。老大夫闻姓舒，似非日本人。

六月一日（星期二）。五月初一。上午阴雨。下午晴。

　　局方欲李良姣赴德胜门外看其所设计之新建民居。由一刘姓者来电话，余当时拒绝之。盖李实无暇兼顾也。

六月二日（星期三）。初二。晴。

　　日本气候带常病者奇多。杜仙洲、陈继宗以病，曾权则以血压高请假。

六月三日（星期四）。初三。晴。

　　晨赴宝泉堂洗澡，误以为九时开门以八时半往，在门外候至半小时以上，浴罢又步行而归。诣刘伯冲医师检查血压只一百卅八度，尚属正常。星枢今与文物组侯云圻赴潭柘寺，明日可回。

六月四日（星期五）。初四。上午阴。傍晚大雨有雷。

　　十时诣孙家坑访陈养空，并买草花及番茄等秧而归。

六月五日（星期六）。初五。竟日雨。

芳若买时鱼、鸭子来过节。

六月六日（星期日）。初六。芒种节。

写智看手文一通。

六月七日（星期一）。初七。阴。晚雨。

诣叶玉甫取回日本僧圆仁《入唐求法巡礼行记》一函。

六月八日（星期二）。初八。彻夜大雨至下午始止。

气候益凉，伤风更剧。局方约明日派员赴革命博物馆开会，商武英殿修缮问题。请杜仙洲、陈继宗出席。

六月九日（星期三）。初九。晴。下午雷雨骤凉。

上午陈养空来。九时前赴社管局晤王冶秋。星枢及纪思已先到。谈一小时又半。

六月十日（星期四）。初十。晴。

昨宵彻夜未眠，精神惫甚。加以伤风益剧，向各药房觅镇静剂，凡六七家皆无之。晚浴后早眠。

六月十一日（星期五）。十一。晴。傍晚阵雨。

　　伤风仍未愈，请假在家休息。晚胡兰生来谈。

六月十二日（星期六）。十二。晴。

　　鼻仍流涕。下午始止。致祁英涛函，促其早归。

六月十三日（星期日）。十三。晴。热。

　　寿同来，赍到五弟复书。胡兰生来问字。

六月十四日（星期一）。十四。晴。晚小雨有雷。

　　与杜仙洲、李良姣赴文化部开会。为办公厅赵主任所召集，讨论大慈延福宫修缮问题。群对紫微、青、清华三殿仍保留其原有体制，盖小栋三座，而于东院通明殿后盖蹄铁形之三层大楼。复赴现场视察。余先归，又召集体育小组由星枢传达体育分会（由革命、自然两博物馆及我会组成）议决案，加强今后体育运动。

六月十五日（星期二）。十五。晴。

　　汪德庆赵县来函，过污桥亦掘出铜人一具，一尺高。

六月十六日（星期三）。十六。晴。

　　连日为蚤虱所扰，命阿玉将被褥曝晾，并清除床下。闻陈明达昨夜归自太原。

六月十七日（星期四）。十七。昨夜雷雨晨晴。

　　闻思猛申请入队已通过，可喜，可喜。

六月十八日（星期五）。十八。晨阴雨。

　　赴会开会务会议，自八时至十二时才毕四案。下午赴局晤陈明达。傍晚有徐行可者来访。

六月十九日（星期六）。十九。晴。

　　上午继续开会务会议，自八时至十二时毕。五议案尚余一案留下星期解决。下午五时赴会，纪思正报告。会务会议通过为同解决积债原则及福利小组所拟具体方案，六时始毕。余为体育活动作动员报告。晚与思猛观剧于吉祥。

六月廿日（星期日）。廿。昙。晚雨。

原约定齐树平今晨请庄学本①在其寓相候，得电话庄有事，订下午同来我家。胡兰生、郑石君、芳若相继来。下午乙尊来，并未返沪。树平来，谓庄学本为民族事务委员（会）约去做突击工作，下午仍未回家，拟再由电话约定。

六月廿一日（星期一）。廿一。晴。昙。晚有雷雨。

张凤山归自正定。开会务会议，解决单人宿舍修改问题。用李良姣方案报局请予备案。听取张凤山汇报正定工作，佥谓隆兴寺工程宜争取主动，作一整个计划，俟祁英涛来共商之。

六月廿二日（星期二）。廿二。夏至节。昙。

于倬云来，谓昨日始归自东北，农安塔已验收。

---

① 庄学本（1909—1984），上海浦东人。纪实摄影大师。于1934年至1942年间，在四川、云南、甘肃、青海四省少数民族地区进行了近十年的考察，拍摄了万余张照片，写了近百万字的调查报告、游记以及日记。他的照片展示了那个年代少数民族的精神面貌，为中国少数民族史留下了一份可信度高的视觉档案与调查报告。但直至近年，他的影像才被逐步发掘，其在摄影史上的贡献和地位被重新定义。

【按】1953年，农安辽塔进行了第一次修缮。在修缮过程中，在第10层中部发现一块活动的方砖，揭开方砖，里面是一洞室，相当于半间房子大小。里面有一砖台，台上的木制小房内有释迦牟尼佛像、观音菩萨像、银牌、瓷香炉、木盒、银盒、瓷盒等物。这些珍贵文物是研究农安辽塔和辽史的重要资料，现保存在吉林省博物馆内。

六月廿三日（星期三）。廿三。阴。傍晚雨。

八时半徐冰如作学习《联共党史》第十章"农业集体化"的报告，十二时毕。下午会务会议决议之第十案，群众有更省钱省事之办法，即拆去单人宿舍后之大红墙一段而于宿舍后墙开窗通风，明日拟电四处商谈。

六月廿四日（星期四）。廿四。彻夜大雨。午前始止。

余今日生日，履儿约胡兰生、张䌷伯夫妇、芳若来晚饭。其自来参加者有侯芸圻、黄纪兴二人。九时半始散。

六月廿五日（星期五）。廿五。晴。

王冶秋昨晚来电话，谓政务院欲知中国印信问题，嘱简括写一文。因于上午写成，下午送其寓所。晚候庄学本不至。

六月廿六日（星期六）。廿六。晴。

祁英涛、律鸿年、李竹君、孔德埻归自太原。陈明达来谈正定工程事，并拟于七月初约祁同去开修委会。

六月廿七日（星期日）。廿七。昙。下午雨。

齐树平偕庄学本来谈讲授照相事，拟以六或八小时讲授。

惟最近或须出差，则拟列入第三单元。何时出差下星期总可决定，现在可函民族出版社征其同意。李涵础来并以车载夹竹桃、玉簪花各二盆为赠。

六月廿八日（星期一）。廿八。昙。中午雨下午昙。

与祁英涛、张凤山、纪思、夏纬寿、俞同奎等讨论正定工程问题。（一）拟出两种方案报局请示。（二）在七月五日修委会开会以前，祁、纪二人先赴正定。与余鸣谦商谈问题。

六月廿九日（星期二）。廿九。晴。

开始拆除大墙。陈明达来谓罗哲文后日赴赵，嘱我会派一人同去。汪德庆已由赵县回。

六月卅日（星期三）。六月初一。晴。昙。

大慈延福宫明日开工，派杜仙洲为工地主任，杨玉柱为监工员。

七月一日（星期四）。初二。夜雨朝晴。晚微雨。

单人宿舍开南窗果不潮湿矣。

七月二日（星期五）。初三。晴。昙。晚微雨。

上午就刘伯冲处量血压为一四六。赴会中阅文稿缮废。下午开实习班教学小组、生活小组联席会，作第一单元的总结。

七月三日（星期六）。初四。昙。

与张凤山、祁英涛、纪思等个别谈话，以彼等明日将赴正定也。李良姣亦同行，并留正工作。

七月四日（星期日）。初五。昙。

欧阳邦华、丁洁平、冯汝霖来谈。芳若来午饭。

七月五日（星期一）。初六。阴。傍晚雷雨。

昨纪思拟一调整群众组织方案交孔祥珍转呈。拟于明日召集一会交群众讨论，以各组织有为上级批准者，有本机关指定者，有民选者，当分别处理也。

七月六日（星期二）。初七。晴。傍晚雷雨。北城且有雹。

召集党、团、工会及有关负责人开会。以人事组织所拟方案略加修正交各单位讨论，征求群众意见。

七月七日（星期三）。初八。昙。午刻大雨旋晴。

上午胡兰生来谈。

七月八日（星期四）。初九。小暑节。昙。晚彻雨。

纪思归自正定，闻祁英涛、陈明达同车归，祁在保定下车，将以明日抵京。五时半作爱国卫生运动之动员报告。

七月九日（星期五）。初十。昙。

夏纬寿持文化部函问食油除一斤外尚需要否，余谢不须。

七月十日（星期六）。十一。阴。

晨七时赴音乐堂听刘芝明部长作宪法草案报告。祁英涛报告正定开会情况。四时罗歌在革命博物馆传达钱俊瑞赴苏访问报告。小学放暑假，思猛迁回。

七月十一日（星期日）。十二。昙。

芳若来午饭。下午访李涵础，遂同至永光阁晤谢兴尧，主人亦谢姓。

七月十二日（星期一）。十三。昙。时有小雨。如南方之黄梅天气。

祁英涛、纪思汇报正定开会情况。因杂谈会务，有俞、夏参加。

七月十三日（星期二）。十四。晴。

至银行取款，遇孙伏园略谈。下午与陈明达谈正定及大慈延福宫事。五时半纪思报告本会群众组织调整方案，六时四十分毕。谦儿至自单县。

七月十四日（星期三）。十五。上午晴。下午阴。

社管局来电话，谓故宫请求派员参加实习班，已允其请，希为安排。余谒功课已相差一个单元，恐跟不上。陈明达谓于倬云将为之补课。后询知已有三人与纪思接洽，始允之。

七月十五日（星期四）。十六。晴。

故宫来三人参加古建实习班，功课恐怕难跟上也。陈明达谈明陵工程之勘查设计拟列入第三季度，与祁英涛商请其向部中借车赴长陵详细勘查，约住三四日，去时借小车，回时借大车。领导学员参观。

七月十六日（星期五）。十七。昙。下午雨。

八时偕谦儿、莉珍、思猛乘十路汽车游中山公园，参观蒙古共和国文化建设图片展览。

七月十七日（星期六）。十八。晴。

祁英涛以南禅寺勘查报告见示余，意令其访问朱桂老并征求各专家意见。

七月十八日（星期日）。十九。晴。热。

上午胡兰生来谈。下午翁景素来，谓翁文灏①最近已有工作，为出版总署审查科学著作译稿，照字数计酬。芳若来晚饭。钜壎归自太原。

七月十九日（星期一）。廿。昙。傍晚大雨旋霁。

曾权久患高血压症，遵医嘱停止工作两月余矣，今日下

---

① 翁文灏，字咏霓（1889—1971），浙江鄞县人。曾任国民党行政院副院长、院长、总统府秘书长等职。1951年回国。曾任中国人民政治协商会议第二届、第三届全国委员会委员等职。翁文灏原是一位爱国地质学家，因感于蒋介石知遇之恩而步入政坛，成为蒋的高级幕僚，1948年其任行政院长之职期间，曾主持南京故宫文物迁台。是第一位海外归来的国民党高层人士。

午又往第二门诊部诊视取药时，忽以脑溢血晕倒。亟由贾金锋、孔祥珍等前往照料。余与夏纬寿亦六时半后往视，正由医生做人工呼吸，以脉搏尚未停也。门诊部已与第四医院联系，借外科病床暂住，余送其出门而归。十时将就寝，电会询问。贾金锋接话谓甫自医院归，曾妻及子女皆赶到，终于不救矣。

七月廿日（星期二）。廿一。雨。

曾权于昨夜移入贤良寺殡仪馆，经其家属决定火葬。今午送东郊火葬场焚化。余下午上班时已毕事矣，一切善后事由纪思等办理完毕。其长子明日来领遗物。

七月廿一日（星期三）。廿二。昙。

下午三时纪思在文华门传达齐燕铭关于宪法草案的报告。

七月廿二日（星期四）。廿三。雨。

王冶秋召集我会各单位负责人在局开会商谈本会三点问题。（一）领导问题，今后由首长独立负责，局方不再包办代替之举。（二）正定隆兴寺工程问题。（三）古建实习班问题。至一时始毕。晚与谦儿往吉祥听相声。

七月廿三日（星期五）。廿四。雨。

余鸣谦、张凤山归自正定汇报彼处情况。

七月廿四日（星期六）。廿五。大暑节。晴。

与余鸣谦、张凤山、纪思、祁英涛、夏纬寿谈正定隆兴寺工程今后计划，先定出转轮藏及慈民阁两处尽明年冬完成任务。现在县府既已负责，省府如仍如前疲塌，我会即积极负起责任，将人员重行配备，以期完成此一任务。

七月廿五日（星期日）。廿六。晴。

终日未出门。芳若来晚饭。

七月廿六日（星期一）。廿七。昙。晚大雨。

约张葱玉等会谈正定隆兴寺工程问题，张定廿八日上午。

七月廿七日（星期二）。廿八。昙。

昨晚冒雨归受凉，右肋作痛。科学院下午三时开会，讨论地震事。仍请星枢出席。晚八时半会中值日，舒永泰电话来询在何处开会，以其尚未归家故也。

七月廿八日（星期三）。廿九。昨夜大雨朝晴。下午昙。

九时至会陈明达已到，张葱玉、罗哲文十时亦到。乃召集本会各组有关开联席会议，商谈正定隆兴寺工程问题。我会提出两年恢复转轮藏、慈民阁两工程及以后凡备料等事由我会积极负责，不依赖修委会，四处皆赞同。设计三方案，由我会送南京、天津及清华等专家审定，局方不再批示。下午请假。

七月廿九日（星期四）。卅。阴。

下午二时半赴第二门诊部诊病。医生姓刘，即上星期一为曾权诊病者。据云曾为全身性血管硬化，为特殊少见之例。亦为余诊视甚仔细并验血照透视，给药四种，注射盘尼西林一针而归，费时三小时。

七月卅日（星期五）。七月初一。昨夜彻雨朝晴。

十时赴会，星枢赴市府未晤。晤祁英涛，彼拟于星期一赴清华，先谈一具体意见。余谓致刘世能等专家书，最好请余鸣谦起草始能扼要。闻梁思成昨与星枢通电话，拟以金鳌玉蝀桥至景山前扩充街道工程中之测绘等事委请我会，此事断断不可。

七月卅一日（星期六）。初二。晴。

至门诊部诊病，体温已退。下午赴会办公，六时半始回。

梁思成所谈测绘事已由天津工学院担任。

八月一日（星期日）。初三。晴。

　　终日卧床有体温。下午尤甚（上午三十七度四，下午三十七度九），觅胡兰生不得。

八月二日（星期一）。初四。晴。

　　电会与门诊部交涉挂特别号，由佟泽泉陪往候至十二时许，由别一医生，彼谓在第四医院服务时曾识我，此次之又发高烧乃用盘尼西林不彻底，未能将内热完全镇压下去，致较前更高，当时即注射一针而归。有一吴姓妇来访，谓在上海愚园路曾请余鉴别书画，大约为盛春霖之亲戚，余亦不复记忆矣。彼此来系从济南随其子（农业学院教授）来。

八月三日（星期二）。初五。阴。

　　十一时赴门诊部注射盘尼西林归。而泰侄来谈，彼来京招考新生。

八月四日（星期三）。初六。竟日大雨。

　　十时赴门诊部诊病。体温忽降至三十六度七，以为盘尼西林疗效矣。继续注射一针，不服他药。下午仍升至三十七度七。照常吃面不吃粥矣。

八月五日（星期四）。初七。晴。

十时至门诊部注射，遂至会与祁英涛谈明日开会事。清华请专家已约定。桂老亦可能来。开会事完全托俞星老主持。午饭时寿同忽来，盖为音乐堂买票事也。

八月六日（星期五）。初八。晴。傍晚雨。

赴门诊部诊病。先验白血球，竟达一万六千三百之多，康大夫谓注射盘尼西林而结果使白血球增多，实所不解。劝余住院检查以求得其原因，余同意。彼遂与第四医院联系，并开一简明病历作为介绍函件，遂电会备函。下午在家洗浴更衣。佟泽泉来，谓今日之会专家皆到齐，朱桂老亦来。至十二时半始散。余与佟至第四医院住二〇二室五床。旋谦儿亦至，为我买苹果三枚。医生大部陌生。护士如张理达、郭静贞皆为旧人。

八月七日（星期六）。初九。晴。

上午抽血一CC。照透视两次，照X光片子一次。回病房正值袁大夫诊病，为余视察甚详，并将前次中央医院病历调来参考。昨今皆曾检查耳血。惟迄未服药或打针。晚睡甚早，半夜体温三十七度。

八月八日（星期日）。初十。立秋节。昙。

　　闻康大夫今日在院值日，亟思晤之。量体重得四十八点三公斤。九时许护士开始送药来，为酵母二片，鱼肝油一丸，受其酵母而返其鱼肝油。汪大夫来，检查血压在一百三十以下，托汪大夫问康大夫体温来源得出否？治疗办法商定否？希见告履、谦二儿。谦为家购物远至东安市场，仅购手纸三张而归。康大夫来，谓此事已由袁大夫负责，明日或能得出结论。芳若来。晚郭静贞置一漏溺壶于床前，幸余下地小遗未沾床褥。

八月九日（星期一）。十一。阴。雨。

　　竟日换衣服及床单。袁大夫来诊视，问以检查得结果否，答云病在右肺，今日之药除酵母外增勃朗液一杯。护士送痰盂，谓留以送北大检查云。

八月十日（星期二）。十二。晴。

　　上午袁大夫又来诊，谓其学生云问题似仍在左肺，前言右肺者误也。余告以入院后自己感觉体温日增，精神萎顿，请加速予以治疗。彼谓拟注射盘尼西林，自今日十二时起每隔四小时注射水剂盘尼西林一CC，两次后渐觉神志稍清。谦儿及莉珍来。张凤山来，略述六日开会情况。朱、梁之间亦尚融洽。十三日尚须开会务会议调整下半年度工作计划。

八月十一日（星期三）。十三。晴。

三日无大便矣。又透视一次，继续注射盘尼西林。午后如厕居然有大便，但护士等始终未过问，可见其责任心不强。上午体温为三十八度，下午则在三十八度以上，颇不好受。晚间有一女性实习医生（据云姓戴）来询疾苦，告以三事：（一）星期一登记理发，今已三日尚未轮到。（二）厕所龌龊不堪实难插足，在家时每日有大便，来院后有两日无大便者，此由于蹲坑不习惯，坐桶木板皆为溺所浸透无法坐下，致大便延期，此为意外损失。（三）我所应检查者，一星期来皆已查过，实无住院必要，如允许我出院实所欢迎，每日当仍就门诊部打针也。彼允将此意见转达主治医生。

八月十二日（星期四）。十四。天未明大雨。晨仍阴雨。

体温三十七度四。昨晚之戴大夫来言，第一点，理发问题今日可解决。第二点，厕所问题可至二楼（但询之其他护士，云二楼无坐桶）。至第三，出院问题须取决于袁大夫。后袁大夫来以此询之，据云须将检查结果送北大研究，可能在星期六出院，如来不及则星期一必可出院。厕所确不方便，后经施护士长想出溺罐方法，两度试验居然排泄甚多。下午体温略高，为三十八度一。余之左邻为窦居仁，患肋膜炎，系美术学院干部。右邻为张建铮，患贫血症，系外交学会干部。尚有张丙炎者，北京习气极重，自言沈阳人，闻服务于作家协会。

八月十三日（星期五）。十五。晴。

理发问题今晨解决。体温已渐下降，最高时为三十八度一。下午谦儿、芳若相继来。

八月十四日（星期六）。十六。晴。

体温三十七度三。袁大夫来诊，谓我右肺有问题，劝我至北大作支气管镜检查。余谓气管炎固为余之旧病，但现已戒烟，今后能调度得当或可较往年减轻。谚云带病延年亦是消极办法，若须施行手术徒受痛苦，敢谢不敏，况检查目的究为何病，须请明白见告。袁谓可能是肺叶间生瘤。其他医生及同室病友皆怂恿我同意，并谓非施行手术，乃由喉管通一皮管检查。余姑应之，俟到北大详询后再作决定。夜雷雨。

八月十五日（星期日）。十七。晴。

体温三十七度。下午稍高。谦儿、芳若来探病。晚雷雨。体重为四十八公斤。

八月十六日（星期一）。十八。晴。

　　登三楼屋顶间眺。戴大夫来，以支气管镜检查之情况即之。据云X光检查肺部有生瘤嫌疑，须用支气管镜检查，局部麻醉，除引起暂时的咳嗽外别无多大痛苦。北大医院有一刘大夫系此项手术专家，每日检查十余人，从无意外事故，可请放心。袁大夫来诊，谓北大挂号为十八日上午九时，劝我多留一日之痰，明日出院，只得允之。乃于十一时电履儿，明晨十时派人来接。下午体温又略高。

八月十七日（星期二）。十九。晴。

　　体温三十七度二，并未彻底退净。袁大夫来诊，谓今日可出院，在院内所摄片子可由机关来函借去，明日就诊北大时即可携去，庶可节省时间。十时佟泽泉以汽车来接，即交其于下午具函来借，遂偕谦儿归家。下午往宝泉堂洗澡修脚。片子已由佟泽泉送来。体温三十七度三。

八月十八日（星期三）。廿。昨夜雨直至傍午始霁。

　　九时前附履儿车赴北大医院，忘携片子亟电莉珍送来。佟泽泉在部要车徒劳往返，复又至北大以无甚需要，请其回会。内科系一女医生诊视，似不甚赞成余作此检查。余请其转耳鼻喉科再作决定。当即转去，而该科人已拥挤排在明晨十时，乃与谦儿、莉珍分别回家。在内科晤黄纪兴，云将入精神病院。傍晚陈养空来探病。俞星老来报告会务会议情形。

八月十九日（星期四）。廿一。晴。

九时附履儿车至北大医院耳鼻喉科门诊，由刘大夫诊视。刘与谦儿谈许久，结果同意住院检查。又至内科候诊，由李大夫签字住院。因须机关证明，故于归途先至会中托佟泽泉办理。饭后略睡，与谦儿同至北大，佟已办妥手续，住内科二楼六一五病房三十一床。由王、钱二女医反复诊查。瑛儿亦来。体温三十七度三。

八月廿日（星期五）。廿二。晴。

上午仍由王、钱二大夫反复听诊。余要求继续注射盘尼西林，以今日十二时开始每隔四小时注射一针。下午给勃朗液一杯。李大夫率领大夫群略一听诊即去。大约所得结果与王、钱无甚出入也。

八月廿一日（星期六）。廿三。晴。

晨五时余，始注射四时之针，男护士太不负责。体温三十七度六。抽血十五CC。先由一广东口音之男子（不知其为医师或护士）来抽，态度粗暴，未能抽成，告余之血管不易掌握，须由有经验者二人互相协助始能完成此任务。彼乃邀一女护士来扎针三处始达目的。傍午时，王大夫又亲来抽血十余CC。下午李大夫等来，谓星期二可检查。希望家属来办手续。旋谦、瑛两儿来。王冶秋来探病，余深以为怪。谈话终了，出人民币百万元，谓部中公议，由人事司赠送作为饮食营养之费。谦让再三不肯收回，只得留下。

八月廿二日（星期日）。廿四。晴。

钱、王二大夫来，谓有事可找值日大夫。齐树平来探病。谦儿来办手续。下午又送浴巾来。午前体温三十七度三。午后略高。

八月廿三日（星期一）。廿五。

王大夫两次来敦嘱镇静，为明日检查作准备。今日先照透视，十时半赴放射科透视，遇刘醒民在彼候诊，因于透视后与之谈话，彼于一月前医生劝其作支气管镜检查，彼无此勇气，医嘱其始作电疗，今日开始。下午为同房老病人所扰未能入睡。体温三十七度六。傍晚护士来，言耳鼻喉科来商明日甚忙，可否将支气管镜检查移至廿五日，内科已予同意。

八月廿四日（星期二）。廿六。处暑节。晨昙。午雨旋晴。

体温在三十七度以下。谦儿谓墨如意已送交张绷伯贺其七十生日，并约今晚在北海漪澜堂设宴。佟泽泉来，谓刘醒民办手续，略坐即去。下午体温三十七度四。谦、瑛二儿先后来，谦即赴绷老宴。耳鼻喉科刘、冯二大夫来，谓明晨八时检查，嘱安心，勿气馁，勿胆怯。

八月廿五日（星期三）。廿七。

昨夜大雨，竟未知觉。安眠药二片之功也。晨又雨，谦儿来。钱大夫陪同担架舁至耳鼻喉科门诊部第八室。先由一助手作皮下注射，此公动作粗暴，针药皆坠地，予我以不良印象。其次为又一助手为我上麻药，与我来交谈一语，只在上药时发出靠前、靠后、仰面、低头等号令，正在这难解难分的时候，忽忆及刘大夫昨曾问及假牙可否取下之语，因自动手取下，彼亦大感便利。经过十余分钟喷射麻药陆续完成，乃躺在手术榻上，并无多大痛苦，惟觉唇齿间有一手紧按作痛而已。在肺叶间剪取两小块肉，出血甚微。事后发觉右上唇捏肿一块，大约又出自助手之赐也。谦儿、佟泽泉皆在手术室外相候。佟乃代表本会工会前来慰问者，殊可感也。返病房后开始饮牛乳。下午体温高至三十七度八。

八月廿六日（星期四）。廿八。晴。

上下午体温皆不高，约在三十七度四左右。谦儿偕莉珍来，谓绷老欲来，亟使谦儿先去。盖院规探病证只限两张也。绷老对墨如意似甚重视，或彼亦未见过。芳若来。贾金锋、孔祥珍来，谓纪思本约同来，因诊病不果，托为致意。刘大夫问检查后情况，以唇齿间伤痕示之。

八月廿七日（星期五）。廿九。晴。

　　体温三十七度三。医来，谓日内尚须透视。下午体温亦三十七度三。

八月廿八日（星期六）。八月初一。晴。

　　王大夫来诊，语余气管镜检查已得结果，并未查出何种病因，看来问题不大，拟再透视一次。下午谦儿来。

八月廿九日（星期日）。初二。昙。

　　五时兴。下楼散步，花草甚多，约半小时返室。大便甚畅。要求医生试用磺胺剂退烧并在最近出院。钱大夫来答复，谓体温已日渐下降可毋庸试用磺胺剂。透视尚未照过，并须联合有关各科会商后始能作出决定，暂时尚不能出院。如嫌伙食太坏，自今日起改半流为高蛋白何如。允之。莉珍来。中午仍为面条，问其故，则谓仓促之间未及准备，晚饭当改也。下午谦儿来。

八月卅日（星期一）。初三。晴。

　　九时半照透视，十时半返病房。医生正开会，少时李大夫率大夫群来诊，余谓李曰，余终年不解发烧，近年曾发高烧，用磺胺片退烧甚效，现在余再建议改用磺胺片何如？经李考虑后采纳，自今午起停针服药，仍按四小时一次，并嘱多喝水。

八月卅一日（星期二）。初四。阴。雨。

王大夫言，现在除照相外尚须请外科（胸腔科）会诊一次。余要求在本星期内出院，李大夫谓或有可能。纪思来探病，部队转业人员人事组已派到一人，其余一人九月份亦可来。谦儿来。王大夫明日调三楼，接替者为方大夫。

九月一日（星期三）。初五。晴。

方、徐二大夫来诊视，照肺部相片，正侧面各一张。放射科汤（女）大夫来诊，略为听诊即去。

九月二日（星期四）。初六。阴。昙。

李大夫来诊，谓余病已得初步结论，外科及放射科会诊皆不能断定肺部之必无问题。金拟试用电疗，但须俟家属同意后始能决定。余谓电疗不必住院。本星期即可出院矣。彼应曰然。下午陈元柱来，北大旧生，海南岛人，今任华南师范学院教员。履、谦两儿来，即令其与方大夫商谈同意电疗，定明日出院。

九月三日（星期五）。初七。昙。

　　余径往放射科与汤大夫联系电疗开始日期，汤谓可从九月七日开始。但今日俟家属来到后，最好先至放射科门诊部与梁铎教授详谈，并将病历及相片送去请其研究。谦儿来后即与汤、梁先后接触，并陪余与梁见面。梁似深知余者，聚精会神研究有关文件，并与余略谈后请余先回病房候信。彼与谦儿谈话结果不赞成出院，谓每日来院电疗车行颠簸不适宜于老人，且电疗期间难免不发生其他影响，住院则可随时治疗，主张坚决，态度诚恳。依病人服从医生的原则，使余不得不予同意。惟佟泽泉徒劳往返坐候多时，不免使余歉仄耳。

九月四日（星期六）。初八。晴。

　　十时往晤方大夫，问今日能开始电疗否。当即与放射科联系，谓今日停电须星期一再说。因自往晤汤大夫，果系停电。因即以开始日期彼亦不能肯定，再三要求始在黑板上记下，嘱星期一候人来接。下午谦、瑛两儿来。

九月五日（星期日）。初九。阴。昙。

　　下午谦儿来，车票已购，将于明晨七时返单县。

九月六日（星期一）。初十。阴。有风骤凉。

放射科竟未来接。下午瑛儿来理发。

九月七日（星期二）。十一。晴。

八时放射科来接，汤大夫指示朱大夫量度胸部，并用墨水在右半部前、后、侧三部分别画出界线，又经过透视一次然后开始电疗。前后胸各历时三分十四秒。下午三时朱大夫又来病房补量。自昨日下午起体温降至三十六度八。今日下午又降至三十六度七。此为一月余未有之事也。下午莉珍来，带黄焖鸡一盂，葡萄一盘。晚饭后放射科黄大夫来检查并详询病之经过。谓电疗后有何不适随时告之。

九月八日（星期三）。十二。白露节。晴。

昨夜睡不安，又溺壶污床褥，临时撤换床单。益形兴奋，较平时少睡二小时。早十时放射科来接，往候四十分钟，据云梁教授详阅病历，尚有与内科研究之处，今日暂不电疗。回病房觉头部微痛。下午体温又升至三十七度。晚饭后方大夫来，谓已与放射科联系继续电疗，并告我暂停磺胺剂。

九月九日（星期四）。十三。晴。

　　放射科十一时始来接，电疗毕已将十二时矣。晤汤大夫询以究竟，汤答云，此为医院内部事，请不必过问。下午莉珍来。俞星老、祁英涛、夏纬寿及新来之总务组副组长张同志来。晚饭后瑛儿来。

九月十日（星期五）。十四。夜雨朝晴。

　　第三天烤电，为侧面，每历三日烤完一遍。上午体温三十七（度）。下午三十七度二。

九月十一日（星期六）。十五。晴。

　　八时余烤电，为前胸二处。下午莉珍来。夜月甚佳。

九月十二日（星期日）。十六。晴。

　　上午体温三十七度二。下午三十六度八。

九月十三日（星期一）。十七。晴。

　　八时半烤电，为后胸二处。晤汤大夫，将以星期二与梁教授一谈。汤谓星期二有门诊甚忙，不如以星期三十时后来谈。

并将病历留住供其参考。回病房后以计划告之方大夫，方谓当由内科径与联系。

九月十四日（星期二）。十八。晴。

七时四十分提前烤电，以九时后将停电也。所烤为侧面，是为第二遍完成。下午莉珍来，正谈话间俞星老来，谓部人事司送一部队转业女干部简历来，将畀以人事组副组长。但其原来级别高于纪思，特征求我会意见。俞以为是使纪思不安，余亦以为然。余请星老明晨径谒陈司长说明实际困难，不便同意。请其谅解。俞去而履儿来。

九月十五日（星期三）。十九。晴。燠。

烤前后胸。十时半又往晤梁教授，请其诊断烤电对我之病症有无效果，将作出院打算。梁又坚持其理由，谓出院后要再住院即甚难，不如再住一个月，余坚不同意。最后允于明日透视后再决定。同房病人李兴万住院两月余，忽于下午四时后转入昏迷状态。医生发觉后作种种措施扰攘，终于不救。余因此又不得安睡。

九月十六日（星期四）。廿。阴。大风。

八时半电俞星老询人事司交涉结果如何，据云已采纳我方意见，惟仍派在我会，详情未细谈。至放射科，汤大夫为我透视,较电疗前无变化。晤梁教授要求出院,彼见我意志甚坚,允。在病历上批请内科决定。烤前胸及侧面。昨夜失眠,今午仍未能入睡。下午与方大夫谈两次,希望批准出院,如烤电期间认为有重行住院治疗必要时,请按"机卫会诊"定例优先予以便利。方大夫谓只要有床位必可允许住院。莉珍来将应携回物品先取去一部分。晚服镇静剂得美睡。

九月十七日(星期五)。廿一。晴。

烤电后电约佟泽泉来院办出院手续。十时半始来,盖往部中借车也。第四医院出院时为八月十七日,今又为十七日,计住此已廿九日矣。而所检查之病仍不得要领,噫何其迂缓耶。回家仍休息,一如在医院时。

九月十八日(星期六)。廿二。晴。

八时半赴北大医院烤电以调病历,至十时半始烤成回家。电王治秋借车,将于明日访周纶。并电周纶约定,周不在家,告其太夫人转达。晚饭后胡兰生来谈。至九时三刻始去。

九月十九日(星期日)。廿三。阴。昙。

九时部中车来,偕莉珍诣周纶大夫,告以病状,并以X光相片视之。周谓相片中确实拟以电疗为唯一治疗法,恩托同可暂不注射，另买一药为EPROLIN，可托香港熟人购寄两瓶，一寄至京后，我可出具证明书即可提取。十一时始回。下午陈万里来谈。

九月廿日（星期一）。廿四。晴。

放射科在我电疗证上所写病名为"肺癌"，殊是令人彷徨惊惧。因质问汤大夫，为我改为肺炎，殊可唆也。内科门诊挂号时间为十时，一再等候。俟检查血球毕已十一时有半矣。今日饮食过量，后半夜胃部感觉不适，并连次水泄。

九月廿一日（星期二）。廿五。晴。

起床较晚，八时四十分到放射科即提前烤电，出院时尚不及九时，经王府井购物而归。腹泻仍未止。午喝粥。下午体温三十七度七。未进晚餐，瑛来。

九月廿二日（星期三）。廿六。晴。

八时半至北医提前烤电，九时赴文整会晤星老、纪、夏、张等人。至百货公司购沱茶而归。

九月廿三日（星期四）。廿七。秋分节。晴。

八时至放射科先透视后烤电。据云，透视结果较烤电前无变化。下午黄念劬①忽来谒，言到京已半月，问其向在何处，则云数年来皆在上海以借贷为生。此人所言未可信也。

九月廿四日（星期五）。廿八。晴。

　　北大医院停电，未去电疗。曹玉襄来，即以抽屉检出之子弹十四粒交其上缴。

九月廿五日（星期六）。廿九。夜微雨。晓霁。

　　至医院烤电毕即回。下午至新华书店古典部阅览。

九月廿六日（星期日）。卅。晴。

　　上午寿同来在此午饭。下午周纶太太来。齐树平来。人民代表大会上下午皆开会，以争取廿八日闭会也。

九月廿七日（星期一）。九月初一。晴。

　　赴医院烤电。今日人代会选举和决定国家领导工作人员。选出主席毛泽东、副主席朱德，人代会常务委员会委员长刘少奇。通过国务院总理周恩来。消息传出全市腾欢。

----

① 黄念劬，原故宫博物院南京分院职员，南京解放前夕脱岗离职后失业。

九月廿八日（星期二）。初二。晴。

　　照常烤电。下午会中工会主任佟泽泉等三人携慰问袋来慰问，致送慰问金五万元。傍晚胡兰生来谈。瑛儿来晚饭。

九月廿九日（星期三）。初三。阴。微雨。

　　烤电后检查血色素及白血球。履儿被派参加蒙中友好月，以今晨乘飞机前往蒙古人民共和国，临时因飞机不起飞折回。

九月卅日（星期四）。初四。晴。

　　烤电后问验血结果，尚未转到，须四日始能知之。盖国庆及星期日例假共三日也。

十月一日（星期五）。初五。昙。

　　在家休息。于收音机中听取天安门大会消息。拟处理一部分书籍，昨今两日就楼上及南屋存书中检其大部书卷，帙繁重而占地方者计《粤雅堂丛书》三百四十册，《学海类编》一百廿册，《学津讨原》二百册，《汉学堂丛书》八十册，《艺文类聚》四十册。齐树平为我与中国书店联系，星期日有回话也。

十月二日（星期六）。初六。晨阴。旋起风云开日出。

在家休息，看《三希堂法帖》。

十月三日（星期日）。初七。晴。

侯芸圻来，余适在院中负暄读报，遂就阶前设座畅谈病状。拟留午饭，彼坚南锣鼓巷有约，遂不强留。

十月四日（星期一）。初八。晴。

烤电较迟，遂于归途购物归家。见唐醉石名刺云下午四时再来。不见将及十年，甚望交换别后消息。午后三时即来，丰采犹昔。谓此行乃以私事。盖其子在京为《文艺报》编辑，宿舍在东总布胡同贡院西街一号。彼即住宿舍内。来已一星期，下星期将返武昌也。

十月五日（星期二）。初九。雨。

烤电后候至十时卅分就诊于内科，郑大夫看过病历略询近状，未处方，只嘱注意营养。预约十九日复诊。归家已十二时矣。

十月六日（星期三）。初十。阴。

烤电后赴北京图书馆晤曾毅公、赵万里。赵为我代借《汉石经碑图》，携之而归。下午依《隶释》录石经《尚书》残字碑图，亦不尽可依据也。

十月七日（星期四）。十一。阴。入夜雨。

提早赴医院照透视，然后烤电。汤大夫谓略有变化，须照相与前照之相片作比较。并再度验血至十一时始归。下午依《隶释》录《公羊》残字。纪思来谈。张葱玉、陈明达来谈，六时始去。以龙门保管所拟之《龙门石窟说明》稿嘱为审查。

十月八日（星期五）。十二。晴。

余自电疗以来已匝月矣，除星期日及其他原因停止外，实际电疗廿五日。昨经透视及照相，较未疗时已有变化。今晨电疗后汤大夫语余照片已较阅，肺部黑点比前时照片缩小，是电疗有效之证据。梁教授言，照现在估计须再加两倍时间可以痊愈。换言之，即再须两个月治疗也。

十月九日（星期六）。十三。寒露节。晴。

电疗毕才九时，因往会中晤李淑其，问《朝鲜古迹图谱》第十一册会中有之否。是册皆古建筑,经此次战役催(摧)毁者必多,拟赠予会中作参考。祁英涛、纪思将于下午赴正定开会。今日购得河鳗,电约胡兰生来午饭。下午李淑其派人来取书,因腾以《满洲旧迹志正续》三册,皆日文,是侵略我东北之先声也。

十月十日(星期日)。十四。晴。

写《隶释》所录汉石经《论语》毕。段落颇不易分,复取《隶韵》所录字,别纸摘录之。

十月十一日(星期一)。十五。晴。

电疗毕才九时,赴社管局以《审查龙门石窟说明》稿交张葱玉。与王冶秋立谈数语以其甚忙。郑西谛尤忙,入门时与之途遇亦立谈数语。至隆福寺买花而归。以书四种《汉学堂丛书》《艺文类聚》《学津讨原》《学海类编》卖与中国书店得价百五十五万元。

十月十二日(星期二)。十六。晴。

电疗时晤梁铎教授,谓电疗成绩显著,恐非营养充分不克臻此,但咳嗽增剧不审电疗能奏效否耳。梁亦无把握。归途至银行存钱及付水电费,并访唐醉石不值。履儿归自蒙古。珍儿与蘅卿买火腿、瑛儿买糟鱼,托一尤君静者带来,余未归,候良久始去。

十月十三日（星期三）。十七。晴。

烤电归，瑛儿在家相候。五弟代购 EPROLIN 两瓶已到，邮局送通知单来。下午往取，上税五万七千余元取回。

十月十四日（星期四）。十八。晴。

烤电前与朱大夫谈，病人既不能看相片，请允许我家属来看，朱未拒绝。归来后绸伯来谈，至十二时始去。

十月十五日（星期五）。十九。晴。

电疗后赴南小街人民银行取款而归。下午唐醉石来谈。

十月十六日（星期六）。廿。昙。

烤电前检查血球。下午乙尊来谈。

十月十七日（星期日）。廿一。晴。

唐醉石将返武昌，约吃午饭。邀齐树平作陪，适树平有约，不能来。瑛儿来言，十四日曾至放射科看相片，晤梁教授及汤、李两大夫，指出新旧相片不同之点，两相比较新片确已收缩约三分之一强。午饭只一客，由余与瑛儿作陪。适日前寻出威士忌酒一瓶，即以饷客，余亦陪半杯。盖止酒已二百余日矣。傍晚树平来，因留晚饭亦尝半杯。

十月十八日（星期一）。廿二。阴。

烤电回。理发。致珍儿书。履儿赴满洲里接苏联莫斯科音乐剧院人员。入夜有微雨轻雷。

十月十九日（星期二）。廿三。晴。

烤电迟十五分钟，致内科门诊延迟。郑大夫处方止咳。香港寄来之药彼谓无经验，嘱暂勿服。归家已近十二时矣。下午访胡兰生，香港之药可以服。又访顾颉刚不值。

十月廿日（星期三）。廿四。晴。

烤电特早，归家尚不及十时。晚傅维本来，以遇会中同人知余病也。

十月廿一日（星期四）。廿五。晴。

医院九时将停电，故提前就医。先烤电后透视，并审定部位重画界线。据汤大夫言,透视结果较前又有进步。

十月廿二日(星期五)。廿六。晴。

烤电时,觉超过三分四十秒之时,问之果然。以问汤大夫,谓根据体力治疗过程可以增加电量,如发觉疲倦可多饮茶或吃水果。问是否增加二分之一时间,彼云近似。傍晚俞星老、夏纬寿来谈。

十月廿三日(星期六)。廿七。晴。

烤电时间问之王君是否四分五十秒,王唯唯。

十月廿四日(星期日)。廿八。霜降节。晴。

傍晚徐行可①来,以新买汉石经拓片嘱余阅,并谓当有可补我缺遗者即以奉赠。在一百余张之中检得《易·上经》"蒙"至"比"五卦一石,并碑阴校记"童""牛""之""告"等字。此石本为张溥泉所藏,今不知何在矣。《罗叔言集录》收其碑阳而遗其碑阴,当系洛阳拓本未见原石也。

---

① 徐恕,原名急,字行可(1890—1959),湖北武昌人。收藏古书近十万册,又收藏书画、印章、铜镜等文物七千余件。中华人民共和国成立后,徐氏藏书全部捐献湖北省图书馆,包括明清善本、钞本、稿本、批校本近万册。

十月廿五日（星期一）。廿九。晴。

烤电后又检查血球。无意中检得郭玉堂昔日所寄《汉石经拓本》中有两面刻者，皆拓在一纸之上，并标明表里刻字。得此解决了不少问题。殊可乐也。

十月廿六日（星期二）。卅。晨阴。有微雨。

烤电复又看内科，除原方治咳水外又取得喷雾药水一小瓶。履儿归自东北。瑛儿来午饭。

十月廿七日（星期三）。十月初一。晴。午风旋止。

烤电后往访张乾若[①]，住弓弦胡同内牛排子胡同一号，为北京大学宿舍，盖即科学院历史研究所第三部也。承以《汉石经碑图》见赠。下午胡兰生来谈，彼即将出国参加日内瓦红十字会年会。陈援庵来，略谈即去。

十月廿八日（星期四）。初二。晴。

烤电后归途购物前向许稚簪借来石经拓片，内有一包遍寻

[①] 张国淦，字乾若（1876—1959），湖北蒲圻人。学者。中华人民共和国成立之初，为上海文史馆馆员，1953年赴京任中国科学院近代史研究所研究员。1954年任北京市政协委员，次年任全国政协委员。著有《历代石经考》《俄罗斯东渐史略》《中国古方志考》《〈永乐大典〉方志辑本》等。

不得，焦急之至。俟再觅之。

十月廿九日（星期五）。初三。晴。风。

烤电时以《汉石经碑图》嘱吴海送还赵斐云。书柜上书物甚乱，意许氏石经拓片或在其中。因大加整理，扑出积尘竟无所获。结果仍在案头书堆中觅得。天下事着意远处而忽于眼前者，往往有之。但书柜上借此得到清理，计亦良得，非徒劳也。

十月卅日（星期六）。初四。晴。

汤大夫语星期一烤电后请候梁教授诊视，可能得到确实诊断。

十月卅一日（星期日）。初五。晴。

起床较迟。上午顾颉刚来谈，述其此行将家藏书籍全数搬来，载两节车箱，分存宿舍及研究所。上午在所，下午在家整理书籍，近日已将毕事。下午乙尊来谈。

十一月一日（星期一）。初六。晴。

电疗后检查血液。梁教授诊视并透视，谓经过良好，仍应继续电疗以竟全功。余问以能否恢复工作。答言暂不恢复,但为期亦不甚远。问以何时,答言可能两星期。下午访胡兰生话别。并至隆福寺修绠堂以《汉石经集拓序目》及若干石经拓片赠徐行可,答其《易经拓本》之惠也,不值,交铺转交。初至人民市场浏览,各业皆备,惟购者不多耳。购菊花两束归。

十一月二日(星期二)。初七。晴。

烤电后杨大夫为余听诊。盖本月朱大夫调往X光摄影室,我之病由杨兴孙负责。听诊后又至楼上摄取外表之影以供参考。

十一月三日(星期三)。初八。晴。

烤电后时间甚早,至北京图书馆访赵万里不值。

十一月四日(星期四)。初九。晴。

烤电后访赵万里,约后日看馆中所藏《汉石经拓本》。又至会中晤星老诸人,新来办公室主任和良弼乃由故宫转来者。

十一月五日(星期五)。初十。晴。

烤电后与梁教授略谈,约明日照相。至王府井百货公司购稿纸,草《汉石经征序》初稿成,尚须修改。

十一月六日（星期六）。十一。晴。

烤电后又摄影。至北京图书馆看石经拓片，使我大为失望。罗之《六经堪》，山东图书馆屈万里所编者，彼亦无有，浏览一过，不能补我之缺。因嘱曾毅公再为搜寻，想馆藏决不止此也。

十一月七日（星期日）。十二。晴。

寿同来谈。

十一月八日（星期一）。十三。立冬节。晴。暖。

烤电后检查血球。访李涵础，已迁入正房。东屋钱乙藜即将迁出。探听许稚簧住址之门牌，始知其新遭夫人之丧，葬事已毕。其子光宇来奔丧。下午以《六经堪汉石经拓片》一册及零星拓片两包还稚簧，则所居门面已拆改。幸涵础告我以四十六号，否则真不易寻矣。稚簧未在，光宇已于昨日返青岛。以拓片三种交其家人。遂至绸伯处长谈而归。

十一月九日（星期二）。十四。晴。

烤电后候教授不至，询系病假。至内科门诊部候诊至十一时始毕。下午齐树平来谈。

十一月十日（星期三）。十五。晴。

烤电后又经汤、孙二大夫听诊，嘱将第四医院所摄之影送去参考。至北海双虹榭看菊花，得见沈尹默所题七绝云："人人能作米丘林，形色□□见匠心。□□东坡□□□，宋人园艺不如今。"①解放后初次见其作品也。

十一月十一日（星期四）。十六。晴。

以最初X光相片交汤大夫，烤电后即归。梁大夫病仍未愈。下午赴银行付水电费及房地产税。

十一月十二日（星期五）。十七。上午晴。下午阴雨。

烤电后候梁大夫不至，遂归。接濮宅讣，绍戡于本月九日以心脏病不治逝于协和医院。绍戡与养空为郎舅，日前晤养空未闻其病也。

十一月十三日（星期六）。十八。昙。

烤电后至绍戡家存问，始知绍戡于去年年底又发神经病，

---

① 马衡未记下全诗，沈尹默所题七绝应云："人人能作米丘林，形色黄华见匠心。若共东坡夸眼福，宋人园艺不如今。"

较为轻微,即送安定门外某医院治疗,已大致痊愈。最近腿脚浮肿,患有极严重之心脏病,九日经某医院送至协和医院挂急诊号住院,当晚即逝。赠以赙仪五万元。

十一月十四日(星期日)。十九。上午昙。下午晴。

许稚簧、李涵础来谈。《六经堪拓片》许谓有人愿出让,允为作缘,即托之。

十一月十五日(星期一)。廿。上午阴。下午晴。

烤电后梁大夫约谈话,彼主张电疗结束后再经一次气管镜检查,在最近挂内科号会同决定。因往内科门诊部联系,挂十七日十时。晚纪思来报告将于廿日与何凤兰结婚,遂予以同意。

十一月十六日(星期二)。廿一。晴。寒。

开始燃火。今日为最末次烤电,烤完后杨大夫为我检查,明日尚须透视。晤梁大夫,告以不愿作气管镜检查。梁谓此建议须内科与耳鼻喉科同意始能决定。明日且看内科意见如何。下午瑛儿来,谓昨日下午已晤梁、汤二大夫,新相片已见到,较前次又见缩小,惟未完全消灭。据大夫云,继续电疗恐皮肤受不了,拟就此结束。经过如此长久时期虽不续烤而身体中已有电能存在,仍可发生作用。以后每一个月来院检查一次。

十一月十七日（星期三）。廿二。晴。

　　杨大夫为我透视后至内科门诊部候诊。郑大夫谓气管镜检查非直接治疗病，如不愿检查不一定勉强。俟下午将病历看一遍后当将意见写入病历。回家已十二时半矣。

十一月十八日（星期四）。廿三。晴。

　　上午赴银行取款五十万元。检日文考古书十一种，电约中国书店赵君来看，将书名抄去。旋来电话，谓拟出价七百廿六万元，当即允其办完手续送去。晚八时量体温三十七度五。

十一月十九日（星期五）。廿四。晴。

　　上下午体温皆在三十七度左右。晚为三十七度六。下午闻森玉即将返沪。前来未晤，往访之不值。傍晚忽来，谈甚久。彼为高血压兼糖尿病，尤其后者严重。明晨即行。中国书店款由莉珍取来并存入银行。

十一月廿日（星期六）。廿五。晴。

　　体温与昨日不相上下，晚间必高。下午赴市场为五弟觅书不得。

十一月廿一日（星期日）。廿六。晴。

汪德庆来报告正定工作情形。

十一月廿二日（星期一）。廿七。晴。有微雨。

《汉石经征七经提要》已成其五，尚有《公羊》《论语》二种，明日可毕。

十一月廿三日（星期二）。廿八。小雪节。阴。下午雨。

看内科门诊毕已近十二时，欲挂放射科号已不及矣。据郑大夫言体温在三十七度五以下时可毋庸介意，若迹近三十八度再作治疗。其言亦有理。

十一月廿四日（星期三）。廿九。晴。

为五弟临汉石经隶书、魏石经篆书各一纸，来函所索也。下午乙尊来。

十一月廿五日（星期四）。十一月初一。晴。

据莉珍报告痰盂中有带血之痰，问是否昨夜所吐。余觉昨夜咳嗽并不剧烈，痰亦不多。且今日亦无不适，姑看以后如何，似不必介意也。昨今体温已略降。

十一月廿六日（星期五）。初二。晴。

竟一日之力审查《鲁诗》毕，功可先付抄矣。今日体倦，爱睡，本欲访许稚簧以懒而止。晚量体温三十七度七。

十一月廿七日（星期六）。初三。霜甚厚。晴。

今晨体温即在三十七度以上。下午为三十七度九。晚间为三十八度二。早晨痰中带红色，今已三日矣。

十一月廿八日（星期日）。初四。微雪。

体温骤高三十八度以上，下午且至三十九度三。胡兰生返自日内瓦，清晨来访。即以病状告之。胡谓此项体温为必然现象，即所谓吸收热也。约星期三晚间再来。

十一月廿九日（星期一）。初五。得雪二寸许。终日未霁。

清晨体温即为三十八度五。下午三十九度五。晚间三十九度八。此情况在病时亦未有过，恐甚严重也。

十一月卅日（星期二）。初六。阴。

至北大看内科，先由莉珍挂放射科门诊号，郑大夫主张住院治疗，梁大夫暂不提意见。遂至住院处办手续，今日无床位，须候信。回家后电会托佟泽泉去办。最高体温仍为三十九度八。

十二月一日（星期三）。初七。晴。

附履儿车至北大注射青霉素并交涉住院，住七一八房四十床。莉珍送至病房后即回家。盖瑛儿在家相候也。下午瑛儿送牙刷、手巾等来。

十二月二日（星期四）。初八。

瑛儿偕姜大夫来，姜亦三楼大夫也。下午莉珍来。俞星老来。晚间唐大夫语余体温已下降至三十七度八。

十二月三日（星期五）。初九。晴。

天未明咳嗽大作，经服药后始入睡。上午谢大夫来诊，谓拟改用氯霉素，以其镇压细菌范围较广也。

十二月四日（星期六）。初十。晴。

氯霉素效力确较青霉素强。履儿来。

十二月五日（星期日）。十一。

体温已降至三十七度以下。寿同来。下午吴海送丝绵袍来，知莉珍又发烧。

十二月六日（星期一）。十二。阴。

放射科摄影。仍服氯霉素。

十二月七日（星期二）。十三。大雪节。竟夜飘雪及晓已白遍屋顶矣。

唐、黄二大夫先后来诊，俱云体温已正常。莉珍扶病来，戒以静养，勿增我挂念。

十二月八日（星期三）。十四。晴。风。

仍服氯霉素，此药只有内服一种，味苦，函以胶囊入胃后即溶解，时泛苦水伤胃甚剧。食欲大减。黄大夫来诊时要求其停止或减少，彼允考虑减少问题，明日实行。瑛儿来。

十二月九日（星期四）。十五。晴。

　　体温又觉稍升，食欲大减。家中亦未来人，不知莉珍之病如何。

十二月十日（星期五）。十六。晴。

　　停止氯霉素。新增酵母，但胃口已倒，虽勉强进食亦不安稳。午饭后略睡。起来时亦未饮水，只觉胃中水分甚多，势将呕吐，强制甚久终于呕吐，面条等皆未消化，全部吐出。晚饭时瑛儿来，吃粥一碗半。莉珍经第三医院诊视，肋膜中有水，嘱其静养。

十二月十一日（星期六）。十七。（此日未记）。

十二月十二日（星期日）。十八。晴。

　　胃纳仍滞。庆芳送鱼来，太咸，命瑛儿取去。下午履儿来，谓思敬、思敦皆于昨夜呕吐。

十二月十三日（星期一）。十九。晴。

　　要求谢大夫注射青霉素油质三十万单位者，每日二针。下午觉体温略降，胃口稍开。晚饭后瑛儿始来，命其回家取衣服勿使莉珍来。

十二月十四日（星期二）。廿。

　　瑛儿送衣服来，并广柑肉松等。继续注射青霉素。体温似略低。

十二月十五日（星期三）。廿一。晴。

　　继续注射青霉素。下午体温又在三十七度以上。拟再作支气管镜检查。而耳鼻喉科刘大夫未来。

十二月十六日（星期四）。廿二。晴。

　　谢大夫谓今日换药，注射青霉素与连（链）霉素。下午瑛儿与莉珍先后来。

十二月十七日（星期五）。廿三。晴。

　　体温仍在三十七度以上。上午履儿来为支气管镜检查签字。晚饭后张大夫语余，已与刘惠英大夫联系，订明晨八时半检查。嘱余早间勿进食。

十二月十八日（星期六）。廿四。晴。

　　盥洗后又略睡，醒后刘大夫来，谓即将检查。今日为星期六，本非检查日，以情形特殊故有此例外之举。一切经过较上次为佳，盖方法又有改进也。检查后进牛乳一瓯。下午莉珍、瑛儿先后来，烤咖喱饺食之甚美，或胃口可开矣。

十二月十九日（星期日）。廿五。晴。

　　体温三十六度四。方以为病情好转，乃下午体温又为三十七度五。如此顽强殊难索解。余要求医生速予退烧以期出院。至余之病情，希望会同各科提出研究确定名称，并示以以后应注意各点。康、张等大夫允与谢光跃大夫研究。傍晚履儿来。

十二月廿日（星期一）。廿六。晴。

　　谢光跃大夫来。余要求其赶速退烧，争取早日出院。谢亦以为然，但今日用药未变更。

十二月廿一日（星期二）。廿七。

　　内科主任王淑贤来看病房。据张大夫语余，谢主张余之体温为支气管有所感染，王以为可能为肺炎，并拟取痰化验。闻王为肺病专家，不知确否。下午瑛儿来。

十二月廿二日（星期三）。廿八。冬至节。阴。下午雪。

　　近日上午体温正常，下午皆在三十七度以上。谢大夫劝仍服氯霉素，余允考虑。

十二月廿三日（星期四）。廿九。阴。

　　谢大夫来，定余换药，试一二天。余要求星期六出院。谢谓有可能。瑛儿来。

十二月廿四日（星期五）。卅。昙。

　　体温三十六度三。谢大夫谓下午体温若不高，明日下午可出院。瑛儿来，即告之下午三十七度。

十二月廿五日（星期六）。十二月初一。晴。

　　谢大夫来，谓已与组织上及家庭联系，下午出院。下午三时佟泽泉君来办理一切手续，乘文化部车回家。

十二月廿六日（星期日）。初二。晴。

　　寿同来，谓景素以高血压住院检查，现已平复出院。下午至宝泉堂理发、洗澡、修脚。坐候数小时始如愿以偿。归家时已六时余矣。体温正常，惟昨晚间三十七度，或劳累所致欤。

十二月廿七日（星期一）。初三。阴。

　　佟泽泉君又为我至北大医院内科联系挂门诊号（一月四

日）。殊可感也。体温恢复正常。

十二月廿八日（星期二）。初四。晴。

　　下午乙尊抄承澹盦治肺、胃、肝癌中药方送来，久谈而去。晚王鹿英送药来，托佟君代购者。

十二月廿九日（星期三）。初五。晴。

　　整理仲恕所赠《伏庐印谱》以备装订。今日停止氯霉素，晚间升至三十七度二。虽较昨晚仅高一分，但每晚皆觉上升，不得谓之正常。因再服一丸就寝。

十二月卅日（星期四）。初六。阴。下午晴。

　　胡兰生来，为我解释氯霉素非退烧药乃杀菌剂，毋须时停时服。况三十七度上下在医家视为正常，不必介意也。

十二月卅一日（星期五）。初七。晴。

　　自今年三月初患高血压症，后凡三入医院。八月初之微烧乃肺癌症，已由电疗收效。此次之高烧似与去年春节时相仿，去年乃流行性感冒，此次乃肺炎。今后冬季预防不可不慎也。

一九五五年

一月一日（星期六）。甲午年十二月初八。晴。

看孙过庭《书谱》消遣。下午李乙尊来，以五十万元托其带交珍儿，以彼日内将携眷返沪也。齐树平来，留晚饭，畅谈而去。

一月二日（星期日）。初九。晴。

开始校阅《石经征稿》。下午瑛儿来，并食饺子。

一月三日（星期一）。初十。阴。

今日体温晨、午、晚皆在三十七度以上，意昨晚睡眠不稳耳。晚寿同来，七时半始去。

一月四日（星期二）。十一。晴。风。

九时赴北大医院内科门诊，出院时所预约也。护士将我分配在八号医室，闻系张大夫，因往问护士办公室，答云十四号之郑大夫，明日即将调离门诊部。后晤张大夫，则云明日亦将他调，郑大夫既已看熟，今日不如仍请郑诊视。余同意。郑处方专注意咳嗽，并预约于十四日仍在十四号续诊，继之者姓林。

一月五日（星期三）。十二。晴。

校阅《鲁诗》毕，惟校记《尚书》未着手，因校记中大石不少，其碑阳必多经文，惜收集拓本时多离而为二，不能详意其表里之原状，俟许光宇来问之，不知能有所帮助否耳。

一月六日（星期四）。十三。晴。

绚伯来，纵谈国际形势，联合国秘书长哈马舍尔德适于昨日来京，我将就我立场妥为应付。十一时四十分始去。《鲁诗》校记校阅完成，可付抄誊矣。

一月七日（星期五）。十四。阴。

山东图书馆所藏汉石经残石，向疑《鲁诗·节南山·正月》（"南""山""有""实"等字八行）一石为伪作，摒而不收。今复见《商书·盘庚》"于""厥""居"等字八行亦有问题。若此二石皆为伪造，是张乾若《石经图》有以赝之也。

一月八日（星期六）。十五。晴。风。

校阅石经《尚书》毕。履儿归自东北。

一月九日（星期日）。十六。阴。风。

　　胡兰生上午来长谈，在此午饭。浴室火炉有煤气，雇工修理换一节烟囱。

一月十日（星期一）。十七。昙。

　　大扫除，积年尘仍未去尽。校阅《仪礼》，胡承珙、徐养原皆对古今文有所阐发，证以石经似胡胜于徐。

一月十一日（星期二）。十八。晴。

　　谦儿书来，将于廿二日抵家，甚盼其不阻于风雪也。校阅《仪礼》毕。

一月十二日（星期三）。十九。晴。

　　芳若来书，十三日来京转沪。校阅《易经》毕。

一月十三日（星期四）。廿。昙。

　　校阅《春秋》毕。

一月十四日（星期五）。廿一。晴。

九时半赴北大医院内科门诊，郑大夫已调走。余分配在四号诊室，大夫姓贾，彼自己病人不多，而其他大夫遇有疑难之病必来商酌或径邀去会诊，每次十分或廿分钟不等。余为初次就诊之病人排在最后，迨余诊毕，门诊候诊处已无人矣。自十时半候起至取药到手，已一时半矣。回家午饭已二时。大约贾大夫为门诊部之总负责人。

一月十五日（星期六）。廿二。晴。风寒。

思猛、明皆放寒假。校阅《公羊》毕，并将已校过各经拓本编号。

一月十六日（星期日）。廿三。晴。

校阅《论语》毕。下午芳若来自太原，将赴武汉相亲。

一月十七日（星期一）。廿四。晴。

将未检出出处之汉石经拓片重加整理。剔其重复尚有百余张，当就其可能探索者再寻检之。

一月十八日（星期二）。廿五。晴。

晚傅维本来，托写《中国伟大发明——瓷器》封面，是其新著，经出版总署审查出版者也。

一月十九日（星期三）。廿六。晴。风。

收到科学院赠阅之《考古通讯》创刊号。夜十二时半谦儿归自单县。

一月廿日（星期四）。廿七。晴。

借到历史博物馆所藏伪石经拓本，略一翻阅，大抵皆表里具备者，其艺本即张乾若之《汉石碑图》，七经字体如出一手，字亦端正，但"壬"作"王"，"狂"作"狅"，不应误而读者。其最可笑者如"仪礼"误作"聘礼"，"几三"《碑图》误作"凡三"，彼亦误作"凡"。今此残石出现为两行，首行为"如亨礼"三字，次行为"几三"二字，可证明张氏排比之未确，且知此伪不皆依据张氏。

一月廿一日（星期五）。廿八。晴。

检阅伪石经，其中笑话百出。如《禹贡》之"壶口"作"壹"，"公子纠"之"纠"从"斗"作"紏"，"饰"字从"布"

作"怖",处处露出破绽。又作伪者,虽依据《碑图》亦有行款不尽符合处。《论语》每篇之后应记章数,但有二篇独付阙如。不知方公何以如此颠顸,甘受其欺也。

一月廿二日（星期六）。廿九。晴。

以《隶韵》《汉隶字原》《隶辨》三书互校,《汉隶字原》所收石经字较《隶韵》为少,而《隶辨》所收当然更少,但亦有溢出于《隶韵》者。据序言,采自孙承泽所临摹本,则亦未书可据也。芳若赴汉口,上午出门购物,回家时距开车仅半小时,由吴海送去,居然未误,但盥洗之具皆以匆忙而未及携去。此行恐未必能有结果,以思想有问题也。

一月廿三日（星期日）。卅。晴。和暖如春。

携《汉石经》稿访张乾若,甫入门而翁咏霓亦至,谈一小时归。稿留请校阅,其所著《碑图》有不合亦为订正。归家见胡兰生在家相候,留午饭。下午孟山①来,春节后即交八十,健壮如五年前,真可羡也。

---

① 孟山,早年马衡宅门房看门工友。

一月廿四日（星期一）。乙未正月初一。晴。

　　咸侄偕景素、庆芳来拜节。郑阿祖来。下午沈规徵来。杨宗荣来，现在历史博物馆工作。

一月廿五日（星期二）。初二。晴。

　　上午齐树平、侯芸圻、张德明、俞星枢来。下午傅维本来。

一月廿六日（星期三）。初三。晴。

　　履儿患感冒有高热，赴北京医院诊后下午升至三十九度八。劝其明日再往诊，因假期值日医生不及主治医师之有把握，最好能住院诊治。章矛尘来，一年不见矣。正谈间一客继至，似曾相识，又不便叩其姓名，只得寒暄而已。据其自述秋间曾来过，值余在医院，桂英亦曾见过。据矛尘言，余让之中风已愈，其父季豫于廿三日逝世，患半身不遂，卧床已数年矣。孙伏园中风仍在医院，闻已能谈话。杨金甫由东北来京养病，闻系肠病，曾动手术二次，憔悴不堪。其子在地质学院工作，金甫即住其宿舍。

一月廿七日（星期四）。初四。昙。

　　履儿体温已减低，未往医院。下午热且接近正常，盖服药发汗之效也。写《石经征序》。下午瑛儿来，晚饭后去。

一月廿八日（星期五）。初五。昙。

　　十时赴北大医院门诊部诊病，医生为谢大夫，为我处方止咳化痰。归家已十二时半矣。胡兰生来并晚饭。

一月廿九日（星期六）。初六。晴。

　　九时赴会，晤星老，方知讨论我会本年度工作计划是在社管局，余误为在本会自己讨论。今日因事改期星期一，余不拟参加，取计划草案归。纪思旧病复发，就医未晤。

一月卅日（星期日）。初七。晴。

　　上午尚增祺来，甫坐定而绌伯来，旋谢刚主亦至。刚主与绌伯有一面之雅，因加入剧谈。尚先去，绌伯最后去，留其午饭坚不肯留。

一月卅一日（星期一）。初九。晴。

　　草《汉石经概述》。瑛儿来并午饭。

二月一日（星期二）。初九。晴。

　　继续写《汉石经概述》。

二月二日（星期三）。初十。晴。风。

前日瑛儿为我买来九咸堂咳嗽药丸，至今晚止已服一百丸，似有成效。阅《新学伪经考》。

二月三日（星期四）。十一。晴。

近日胃纳不佳，咳嗽减轻。晚饭后颇觉不适，乃屏除一切实行休息。

二月四日（星期五）。十二。立春节。晴。

履儿清晨赴上海参加市人代会。今日不饮牛乳肠胃转佳，知半月以来下午饮乳之不能消化，非有他也，异日当改。上午继续写《汉石经概述》。

二月五日（星期六）。十三。阴。上午微雪。

《汉石经概述》脱稿，病后文思枯窘，精神不集中。甚矣，吾衰也。

二月六日（星期日）。十四。昙。

李涵础来谈。许稚簧本约同来，因近日感冒未果。其世兄光宇则尚在青岛。旋胡兰生①亦来，略述周总理前日之报告，留其午饭，谓已有约。

二月七日（星期一）。十五。晴。

晨十时赴北大医院门诊，晤瑛儿，为我往放射学科联系并挂明日门诊号，十二时回家。钜壎昨夜入同仁医院待产，午饭时得电话，上午产一男。

二月八日（星期二）。十六。晴。

上午赴北大医院放射学科门诊，梁大夫嘱摄影及验血，并增加饮食营养。回家已十二时半矣。下午诣许稚簧未晤，至永光阁晤之，同至李涵础家，坐谈良久而归。

二月九日（星期三）。十七。阴。

上午诣张乾若，《石经》稿尚未阅竟，彼建议应将每一拓片注明见《碑图》第几面，允之。下午略检魏石经资料，以备着手整理。

---

① 胡兰生（1890—1961），安徽歙县人。骨科专家。1916年毕业于上海圣约翰大学医科。1920年获美国哈佛大学医学博士学位。曾任上海同仁医院医师、圣约翰大学教授、国民革命军总司令部军医司副司长、第二集团军军医学校校长、国民政府军政部军医署署长、中国红十字会总会秘书长。中华人民共和国成立后，历任中国红十字会总会副会长、秘书长。是第二、三届全国政协委员。

二月十日（星期日）。十八。晴。寒。

开始整理魏石经。下午胡兰生来谈。李哲元送信来，因将借自历史博物馆之方著伪汉石经拓片一木夹托其带去送还。

二月十一日（星期五）。十九。晴。

许稚簧以罗振玉《六经堪汉石经拓本》来，谓是其友人王益知所藏，不肯说价，拟以其他拓本交换，并须装轴悬挂，题跋时要求双款，只得允之。瑛儿来晚饭。

二月十二日（星期六）。廿。晴。

黎明谦儿赶火车回单县。下午陈养空来。整理魏石经《尚书》，完成一部分。

二月十三日（星期一）。廿一。晴。

整理品字式魏石经完成。文奎堂装订《伏庐藏印续编》六册成，送来，即托其代觅叶鞠裳《奇觚庼诗集》。

二月十四日（星期一）。廿二。晴。

履儿归自上海。检出萍乡文氏藏《易经》残石拓本，装裱尚新，惜祇文无《说卦》。一面题一长跋，赠予王益知君以为交换，因其他拓本皆裱工陈旧不堪持赠也。

二月十五日（星期二）。廿三。晴。

　　整理魏石经《春秋》，完成一部分，未检出之碎块尚有不少，寻检颇费时间，拟尽数日之力完成之。

二月十六日（星期三）。廿四。晴。

　　反对使用原子武器签名运动热烈展开，机关及街道皆于今日举行。佟泽泉携签名单来，就休假人寓所签字，其余同人皆于下午在北京图书馆听王书庄报告后当场签字。

二月十七日（星期四）。廿五。阴。

　　此次整理魏石经可补大碑者又得三块，不知尚能有所增益否。

二月十八日（星期五）。廿六。阴。

　　今日检寻成绩尚佳，约在五石以上。

二月十九日（星期六）。廿七。雨水节。晴。

昨夜起风骤寒。竟日不息。九时赴北大医院门诊，四号医室又易贾大夫，余要求了解 X 光摄影结果，并检查血压。据贾大夫言，放射学科对摄影认为阴影尚未尽去，但并未提意见。俟瑛儿来时嘱其见梁大夫征询有无意见。血压正常。余不拟预约复诊日期，亦不取药，俟有问题时再去挂号，贾大夫同意，但云即无问题最好两三月后来检查一次。回家已十二时。

二月廿日（星期日）。廿八。晴。风。

检寻魏石经略有收获。

二月廿一日（星期一）。廿九。晴。

稍回和暖。魏石本不多，近来整理略有端倪，惟有古体及古篆二体书，大抵皆非正式经文，且其行款亦不必为六十字，此类刻字古篆二体居多。但亦有三体完具者，余谓正式经文皆由专家书丹，三体未必皆是出自一手。此款字迹则为刻工所试刻，多在碑之隐敝处，如碑侧及陷入碑趺之下截皆是也。今出土下截之石一面刻第廿一，一面刻第八字，皆在隔入碑趺界线之下，并有不成文之隶书杂字，碑既树立，则此类杂字不复见矣。诠释所录《左传》残字，疑亦此类。至品字石寘夏书，应作何解释则不敢臆断矣。

二月廿二日（星期二）。二月初一。晴。

魏石经发现有复出之字，《尚书》为《君奭》篇，《春秋》为僖公廿六、廿七年，此二经适为表里著。依已知碑数排比之，《尚书》为第廿二碑，《春秋》为第七碑，此事颇伤脑筋。

二月廿三日（星期三）。初二。晴。

诣许稚簧送石经拓本，请其转交王益知不遇，遂交其家人。至文化部社管局晤张葱玉，久谈知冶秋副局长又曾咯血，最近筹备台湾展览甚忙，不常到局。下午致书郭玉堂于开封文史馆，以三体石经《春秋》整本是否为彼所存。

二月廿四日（星期四）。初三。晴。

魏石经复出文字《尚书·君奭》"公曰"下似无"君奭"二字，故"曰"字与"文"字、"来"字，古篆隶三体皆作"徕"，《春秋》僖公则"夔"字二石笔画小异。

二月廿五日（星期五）。初四。晴。

上午瑛儿来午饭，适余所服九咸堂之止嗽丸于今晨告罄，遂嘱其代购。《隶续》录魏石经之《左传》遗字。臧氏琳著《经义杂记》从其中分《尚书》残字；孙氏星衍《魏三体石经残字考》复以其中《春秋》残字分絜诸公；王氏国维又分为《尚书》"大诰""吕刑""文侯之命"六段，《春秋》"宣公""襄公"经七段，《春秋左氏》"桓公传"两段，并计其字数，定为"五石绘图"以证明之。今日取《隶续》细校，尚未尽合。

二月廿六日（星期六）。初五。晴。

以魏石经大碑第八排比经文，则其前七碑未必皆卅二行，盖自"隐公"元年至"僖公"廿八年"不卒"字止，计有二百五十四行，必有连隐至僖篇题五行在内，二碑为卅七行，五碑为卅六行者。《隶续》所录之"御廪灾"（桓十四年），当为第三碑之首行。其表面为《尚书·文侯之命》也。

二月廿七日（星期日）。初六。晴。昙。

胡兰生来谈。下午齐树平来谈，留晚饭，八时半去。

二月廿八日（星期一）。初七。晴。

出门理发，步履较稳矣。瑛儿送药来，晚饭后去。

三月一日（星期二）。初八。晴。

今日发行新人民币，以元为单位，每元之币值等于旧人民币之万。此种小票面相别十七八年矣。不意迟暮之年犹及见其恢复也。《隶续》所录《左传》遗字，继王静安之后将其碑次求出。

三月二日（星期三）。初九。晴。

　　侯芸圻来电勉强往接，咳呛不已。

三月三日（星期四）。初十。阴。

　　魏石大致整理就绪，明日拟先草《概述》。

三月四日（星期五）。十一。雪。终日未霁。

　　高真同志偕东单区政府萧同志来谈居民委员会选举事，本组须选出委员一人，副组长一人或二人，应事先做准备。晚饭后又来邀请开会，莉珍前往完成选举任务。

三月五日（星期六）。十二。阴。

　　《尚书·君奭》碑下刻"第廿一"，《春秋》"僖公"下刻"第八"之残石，初以为可解决魏石经碑数问题，而案之实际，犹多疑窦，俟更考之。

三月六日（星期日）。十三。惊蛰节。沉阴仍飘雪。

晨十时十五分正与履儿谈话，忽觉头部右边发麻，旋及于右肢神经跳动，亟扶至榻上，平卧移时恢复正常。侯芸坅上午来，因告以晨间现象，彼劝我暂使脑力休息数日，视其成效如何。其言亦有至理，因将整理石经工作暂时搁置。

三月七日（星期一）。十三。阴。

终日以影印书画消遣。

三月八日（星期二）。十五。晴。风。

自今日始又草《魏石经概述》。

三月九日（星期三）。十六。晴。

上午郭沫若来，带来《夨簋》拓本，系陈邦福自苏州寄来者，云由墓中出，伴出者尚有青瓷，知必宋以后墓。而此"簋"为周初器，不知何以在此墓中，岂收藏家亦效唐太宗之以《兰亭》入昭陵耶？后谈及陕西所出之禹鼎，余尚未见过。下午又派人将拓片照片送来，以《啸堂集古录》对勘，和宋人所见之器较此尤模糊，故释禹为成。而其他文缺释者更多，得此可补其缺憾矣。唐立庵以有"乌乎哀哉"句疑为赝鼎，未免失之。

三月十日（星期四）。十七。昙。

摹禹鼎文共二百又五字，较宋人所录穆公鼎已文从字顺矣。首句有"趞趞皇祖"语，可证郭老《叔向父毁跋》中所云"皇祖幽大肆亦必武人"之说是有征矣。今日发见咳嗽后微喘，是前此所未有者。下午赴会中要求请机关卫生处介绍中医李振三大夫，因其治慢性气管炎有特效，而不易挂号也。

三月十一日（星期五）。十八。阴。微雪。

傍晚夏纬寿送机关卫生处介绍中医门诊部函来，预约十四日下午二时。

三月十二日（星期六）。十九。晴。风寒。

今日气喘似稍瘥，但上午已电瑛儿向北大挂号，不知挂至何日也。

三月十三日（星期日）。廿。晴。

上午胡兰生来，谓将有印度之行，盖开亚洲国家会议，其性质为针对曼谷会议而发，且为亚非会议做准备也。寿同夫妇来，即在此午饭。

三月十四日（星期一）。廿一。晴。

　　下午赴中医门诊部，途遇贾金锋，到门时适二时又半，人尚不多，其后即纷至沓来矣。先有一人与我谈病状并写病历，写完后经我说明已与振三大夫面约亲自诊视，始告余在邻室内，可自往接谈，遂有贾君前往交涉。李大夫人甚谦和，问肺部是否尚有问题，如系单纯气管炎则问题简单，其语气似对此症甚有把握者。余告电疗后已经数次检查肺部，已无问题，只须专治气管炎可已（矣）。旋检查血压高者为百廿，低者为五十五。日来头部发麻或为血压过低欤。最后处一汤药方，连服八剂。因将该方交贾君代向同仁堂购买。

三月十五日（星期二）。廿二。阴。

　　会中送药来，谓必须在中国医药公司买药始能报销，故未在同仁堂买。终日觉精神疲倦，胃纳不佳。

三月十六日（星期三）。廿三。晴。

　　精神疲乏如故，上午尤甚，不可解也。

三月十七日（星期四）。廿四。晴。风。

　　服药已至第三剂，咳嗽略有进步，希望其速见效也。

三月十八日（星期五）。廿五。晴。

近日胃口不开，见食觉饱闷，昨日易以面包、黄油，居然引起食欲。下午绸伯来谈，二时半始去。傍晚俞星老来，谈紧缩编制事。

三月十九日（星期六）。廿六。阴。

昨夜小雪屋瓦皆白，去冬冬至前骤寒，至三九、四九时并不冷，今春九九已尽，应撤炉火而寒威未退，实不可解。去年水灾恐于气候有影响也。上午疲倦如故，中药已服至四剂，不能谓不见效，故俟八剂服完再说。

三月廿日（星期日）。廿七。阴。

胡兰生来，言将以廿五日乘车至广州再由香港飞印度。张亦飞来，不见廿余年矣，风采犹芳。此次因其二子在京来视其子，至则即患小肠气进医院动手术，今已痊愈，不久将南旋。晚瑛儿来。

三月廿一日（星期一）。廿八。春分节。晴。

已透春交，想不久可撤火矣。药尚有两包，与夏纬寿君联系，请其电询李振三大夫何时复诊。旋得复电，明日上午复诊。

三月廿二日（星期二）。廿九。晨阴飞雪。下午晴。

中医门诊部仍由另一医写病历，问以今日李大夫能自己看否，则曰李大夫不看。旋以上次处方为李大夫亲笔，则又谓请你自己问问他，后由派来工友去问，则嘱我在旁候诊。又遇纪思，方知其两三日前已由李大夫诊治，居然见好云。

三月廿三日（星期三）。卅。晴。

会中药已送来，今有六味：（一）化橘红；（二）桔梗；（三）百部草；（四）荆苓；（五）白前；（六）紫菀。晚，瑛儿来望问病。

三月廿四日（星期四）。三月初一。晴。

昨夜流泪较少，似有进步。但家人等劝我暂时停服，余谓先与约定，由莉珍等与之谈话，请其注意精神萎顿及流涎之事。夏组长约其明日十一时半……

按：1955年3月24日，马衡在十分清醒的状态下，日记戛然而止。令人很难想象这位一直在与病魔搏斗并坚持金石研究著述，还不时接待访客的老人竟会突然离去。25日下午，马衡先生感觉身体极度不适，但仍坚持在其孙之搀扶下小解净身后自行走出家门，乘车急往北大医院急诊就医，经急救无效，于26日凌晨逝世，享年74岁。其于病中坚持完成之遗著《汉石经集存》《汉石经集存原序》《魏石经概述》，后由次子马彦祥先生分别交付中科院考古研究所、科学出版社与中华书局整理编辑出版。

2005年，马衡先生逝世50周年之际，时任故宫博物院院长郑欣淼先生撰写长篇纪念文章《厥功甚伟　其德永馨》曰："马衡先生1952年离开了他以身相许的故宫博物院，心情当是很复杂的。但他对故宫的挚爱不仅没有改变，反而得到了升华。也就在这一年，他将珍藏的包括宋拓唐刻颜真卿《麻姑仙坛记》卷在内的甲骨、碑帖等400多件文物捐献给了故宫博物院。在他去世后，子女遵其遗愿，又把1.4万余件（册）文物捐给了故宫博物院，有青铜器、印章、甲骨、碑帖、书籍以及法书、绘画、陶瓷、牙骨器等，种类众多，数量惊人，精品不少。这是马衡先生日积月累收购来的，花费了他一辈子心血，现在全部捐给了国家，捐给了与他的生命联结在一起的故宫博物院。这批文物不仅有着巨大的价值，而且其中表现出的马先生的品格和襟怀更是培育故宫人精神和形成故宫传统的宝贵的精神财富。"

附 录

附录一 《马衡日记》中马衡亲属
名讳称谓简介:

马衡夫人叶薇卿。

长女马珍,字静芳。子玉堂、华堂。

长子马太龙,原名马震,字寿华(媳盛蘅卿)。女丽莎、企昕。

次子马彦祥,原名马履,字寿庆(前妻林斐宇,媳罗钜壎,艺名云燕铭)。子马思猛、马思敦,女马伦(小白)、马思敬(新民)。

三女马晶。

四女马瑛。

四子马文冲,原名马谦,字寿昌(媳余莉珍)。子马明(小毛)。

二哥马裕藻,字幼渔。子马巽,又名巽伯、马泰、马节,女马珏、马琰(夫黄纪兴)、马理。

五弟马鉴,字季明,子马蒙、马咸字寿同(妻翁景素,子重芳、庆芳)、马豫、马临、女马彭(夫徐雄飞)。

六弟马权。子马益(妻陈宜)。

七弟马准,字太玄。

九弟马廉,字隅卿。

马雍,字芳若。系马衡同族侄孙。

附录二 《马衡日记》中人物名讳称谓简介：

胡适，字适之。郑天挺，字毅生。袁同礼，字守和。俞同奎，字星枢。周炳琳，字枚荪。朱家濂，字景洛。朱家潽，字季黄（潢）。唐兰，字立庵。叶景莘，字叔衡。韩寿萱，字蔚生。赵万里，字斐云。张继，字溥泉。启功，字元白。毛准，字子水。欧阳道达，字邦华。王世杰，字雪艇。傅斯年，字孟真（绰号胖子）。金毓黻，字静盦。王重民，字有三。傅作义，字宜生。何思源，字仙槎。李培基，字涵础。傅振伦，字维本。向达，字觉明。于省吾，字思泊。章廷谦，字矛尘，笔名川岛。钱玄同，字中季，号疑古。洪深，字伯骏，号浅哉。马叙伦，字彝初，更字夷初。谷钟秀，字九峰。陶北溟，名祖光，字北溟。刘铭志，字盼遂。郑振铎，别名西谛。常惠，字维钧。王世襄，字畅安。王继曾，字述勤（王世襄之父）。范文澜，字仲云。黄文弼，字仲良。徐炳昶，字旭生。钱昌照，字乙藜。李乙尊，马衡世交李菘圃之子，京剧名伶李世济之父。李济深，字任潮。罗福颐，字子期（罗振玉之子）。冯玉祥，字焕章。丁仁，字辅之。王禔，字维季，号福盦。唐醉石，原名源邺，字李侯，号醉石。张允亮，字庚楼。罗常培，字莘田。张元济，字筱斋，号菊生。谢国桢，字刚主。罗庸，字膺中。朱启钤，字桂辛。张珩，字葱玉。郭葆昌，字世五。黄炎培，字任之。王振铎，字天木。徐鸿宝，字森玉。李四光，原名仲揆，字仲拱。容庚，字希白。齐念衡，字树平。金梁，号息侯。沈钧儒，字秉甫，号衡山。陈垣，字援庵。